LES INSCRIPTIONS

DES

PYRAMIDES DE SAQQARAH.

VIENNE. — TYP. ADOLPHE HOLZHAUSEN,
IMPRIMEUR DE LA COUR I. & R. ET DE L'UNIVERSITÉ.

LES INSCRIPTIONS

DES

PYRAMIDES DE SAQQARAH

PAR

G. MASPERO

MEMBRE DE L'INSTITUT, PROFESSEUR AU COLLÈGE DE FRANCE, DIRECTEUR D'ÉTUDES A L'ÉCOLE PRATIQUE
DES HAUTES ÉTUDES.

PARIS

LIBRAIRIE ÉMILE BOUILLON, ÉDITEUR

67, Rue de Richelieu, 67

M DCCC XCIV.

Tirage à part du *Recueil de travaux relatifs à la philologie et l'archéologie égyptiennes et assyriennes.*

I.

LA PYRAMIDE DU ROI OUNAS.

Les fouilles de 1858 avaient porté Mariette à supposer que le Mastabat el Faraoun avait servi de tombeau à Ounas, dernier roi de la Ve dynastie : les fouilles de cette année ont prouvé que le roi Ounas reposait dans la pyramide n° IV du plan de Perring, n° XXXV de Lepsius, un peu au S.-O. de la grande pyramide à degrés de Saqqarah.

Tout ce qu'on savait de cette pyramide se bornait à la notice suivante que j'extrais du grand ouvrage de Vyse (t. III, p. 51) :

« Pyramide n° 4 de la carte. — Elle est située un peu au S.-O. de la grande pyra- » mide à degrés, et environnée de monceaux de pierres brisées et de décombres, formés par » les tentatives d'ouverture dont elle a été l'objet à plusieurs reprises, et aussi par l'enlèvement » du revêtement, qui consistait en calcaire compact des carrières de Tourah.

« La base en est si complètement ruinée et obstruée de blocs brisés et de sable, que » l'étendue n'a pas pu en être mesurée avec exactitude : il semble que la pyramide ait eu » environ 220 pieds de côté et soixante-deux pieds de hauteur.

« La plateforme au sommet est d'environ 30 pieds. »

Les travaux, commencés dans la seconde semaine de février 1881, aboutirent le 28 du même mois à la découverte de la chambre funéraire. Les voleurs, qui la visitèrent avant nous, se gardèrent bien d'attaquer le bloc qui fermait l'entrée du couloir à l'extérieur *I'* : ils démolirent une partie du revêtement, percèrent la couche extérieure de maçonnerie formée de gros blocs de calcaire blanc, dont plusieurs portent encore tracées à l'encre rouge des marques d'ouvrier, et, rencontrant le noyau rocheux sur lequel a été élevée la pyramide, ouvrirent entre ce noyau et la maçonnerie un boyau étroit et sinueux *a, a, a*, de 8,32m de longueur totale, qui, après un premier parcours de 6,90m, tourne brusquement à gauche et débouche dans une première salle *L*, nue et sans hiéroglyphes. J'y trouvai tracée à l'encre rouge, au-dessus de l'issue du couloir *M*, une inscription arabe احمد النجار. C'est le nom de l'un des Arabes qui violèrent jadis la pyramide : si le personnage qui le porte est identique à *Maître Ahmed le charpentier* qui ouvrit la grande pyramide de Gizèh, nous avons la date à peu près exacte de l'ouverture de la pyramide. Ce serait sous le calife Mamoun, vers l'an 820, qu'une véritable bande noire aurait exploité les nécropoles de Memphis.

Quoi qu'il en soit, les gens qui ont pénétré dans la pyramide d'Ounas n'en étaient pas à leur première ouverture de pyramide, et savaient parfaitement comment s'y prendre pour se glisser jusque dans la chambre du sarcophage au prix du moins d'efforts possible. Le couloir *K*, haut de 1,30^{m}, s'enfonce sur une longueur de 5,74^{m} entre des parois de beau calcaire, puis passe entre quatre murs de granit de syène poli sur une longueur de 8,26^{m}, après quoi le calcaire reparaît, mais cette fois chargé d'hiéroglyphes, sur une longueur de 1,45^{m}, et le couloir débouche dans une chambre *B*. La partie construite en granit est interrompue trois fois par trois blocs énormes de granit formant herse : la première fois à 1,29^{m} de l'endroit où cesse le calcaire dans le couloir *K* et le bloc *I''* a 0,62 d'épaisseur, une seconde fois à 0,88^{m} du bloc *I''* et la seconde herse *I'''* a également 0,62 d'épaisseur, une troisième fois à 0,88 du bloc *I'''* et la troisième herse *I''''* n'a que 0,59^{c} d'épaisseur. Les voleurs se sont bien gardés d'attaquer de front les trois herses, comme ils l'avaient fait dans la pyramide de Titi par exemple. L'expérience leur avait appris qu'au-dessus de chaque herse se trouvait un vide, dans lequel, avant l'introduction de la momie, le lourd bloc de granit était maintenu par des supports qui laissaient le passage libre : la momie une fois dans la chambre, les derniers ouvriers en se retirant enlevaient successivement tous les supports et les trois herses, tombant en place, fermaient le couloir. Les voleurs ont pratiqué un trou *k*, de 0,50 environ de large, à la partie supérieure du couloir *K*, dans l'angle formé par la paroi de droite, le plafond et la surface de la herse, et se sont glissés par là dans la cavité *i'*, ont percé successivement les deux parois en calcaire qui séparaient *i'* de *i''* et *i''* de *i'''*, puis arrivés en *i'''*, ils ont creusé à l'endroit correspondant un trou *h* de même largeur que le trou *k* et se sont introduits dans le couloir *H*. C'est le chemin que nous avons suivi pour pénétrer dans l'intérieur, et il n'est pas des plus faciles.

La chambre *B* a les quatre parois couvertes d'hiéroglyphes peints en vert et disposés en lignes verticales. Celle qui fait face à l'entrée du corridor est pleine : les deux autres à droite et à gauche, sont percées chacune d'une porte de 1,34^{m} de haut sur 1,36 de large. La porte de gauche conduit, par un couloir de 1,51^{m} de long, à une pièce basse, sorte de serdab à trois niches, encombré d'éclats de pierre amassés à la hâte par les ouvriers, au moment où ils nettoyèrent les deux chambres pour y recevoir la momie : serdab et couloir sont à toit plat et sans inscriptions. La porte et le couloir de droite sont obstrués par un énorme bloc de calcaire qui s'est détaché du plafond du couloir : les deux parois sont recouvertes d'hiéroglyphes. La chambre *A*, dans laquelle débouche le couloir, est la chambre du sarcophage. Elle est revêtue de calcaire sur trois côtés; mais le fond, qui forme niche pour recevoir le sarcophage, est en albâtre et décoré d'ornements tracés à la pointe et peints en vert et en noir. Le sarcophage en basalte noir était plaqué contre la muraille et scellé au moyen de deux queues d'aronde engagées dans le sol et dans la partie inférieure du sarcophage. Le couvercle arraché violemment est allé tomber en *G*, près de l'entrée. Un grand trou creusé dans le dallage montre que les voleurs avaient cherché un trésor qu'ils n'ont pas trouvé. La momie avait été brisée et il ne restait plus du corps que le bras droit, un tibia, des fragments du crâne, des côtes : une partie du linge était encore éparse en paquets sur le sol. Des recherches postérieures ont amené la découverte d'ossements de bœuf provenant du dernier sacrifice, d'un pot à couleur rempli de noir et d'un fil à plomb de peintre oublié par les ouvriers. Le plafond des deux grandes chambres est en forme de toit aigu.

LES PYRAMIDES DE SAQQARAH

ÉTAT DES FOUILLES EN 1881

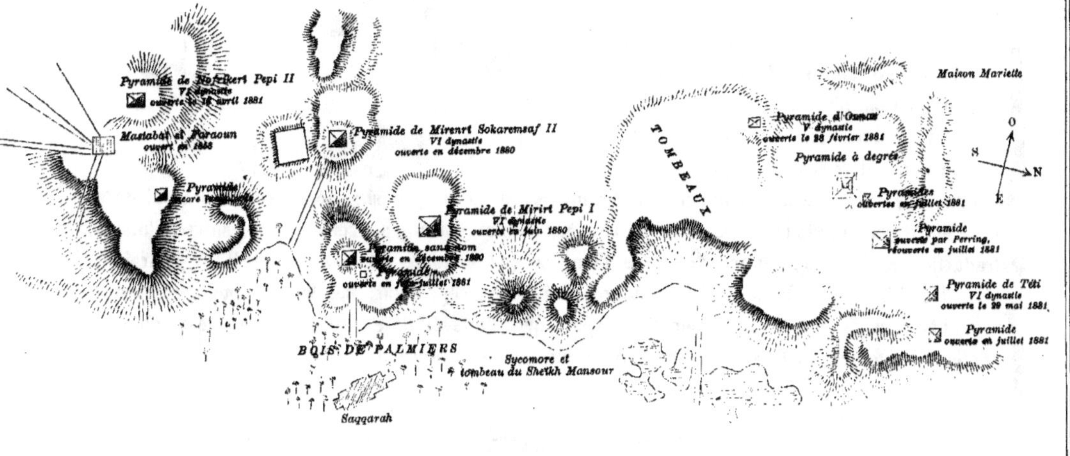

PYRAMIDE DU ROI OUNAS

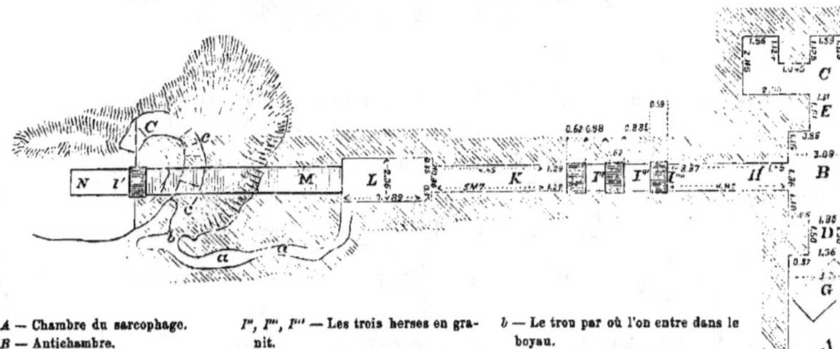

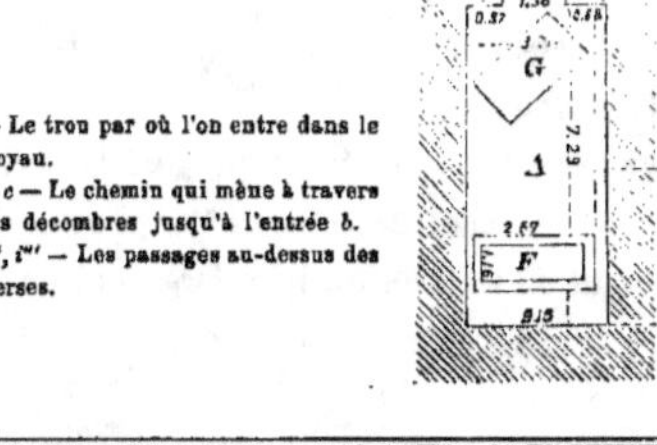

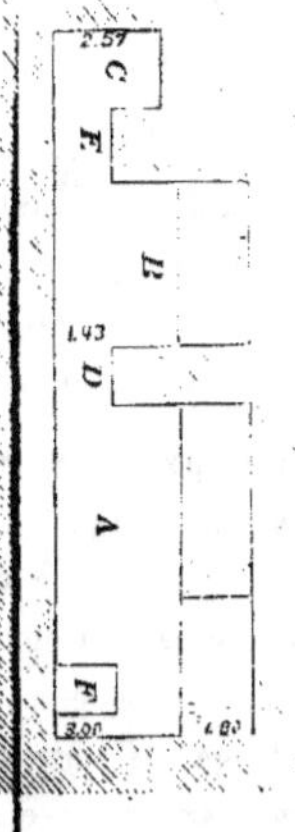

A — Chambre du sarcophage.
B — Antichambre.
C — Serdâb.
D — Couloir de la chambre.
E — Couloir du Serdâb.
F — Sarcophage.
G — Couvercle du sarcophage.
H, K, M — Grand couloir d'entrée.

I'', I''', I'''' — Les trois herses en granit.
I' — Bloc en calcaire fermant l'entrée.
L — Salle d'attente.
N — La partie à ciel ouvert du couloir d'entrée.
a, a, a — Le boyau par lequel on pénètre dans la pyramide.

b — Le trou par où l'on entre dans le boyau.
c, c, c — Le chemin qui mène à travers les décombres jusqu'à l'entrée *b*.
i', i'', i''' — Les passages au-dessus des herses.

Les inscriptions sont disposées comme il suit. Dans la chambre *A*, elles occupent : la paroi *a*, la paroi *b*, la paroi *c*, le pignon *d*, le pignon *e*; dans la chambre *B*, les quatre parois et les deux pignons, dans les deux couloirs *D* et *H*, les deux parois.

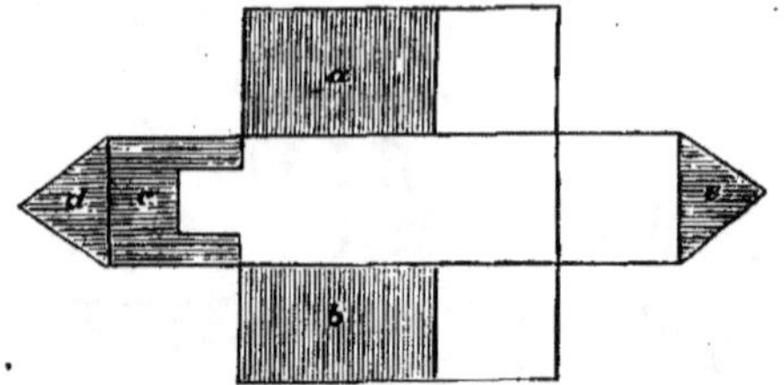

Les textes qui les recouvrent sont de trois sortes, textes ritualistiques, prières et formules magiques. Ils ont été estampés et copiés en cinq jours par M. Emile Brugsch, conservateur-adjoint du Musée de Boulaq et par moi. En les étudiant de près j'ai vu qu'une partie de ces textes nous était déjà connue par une série de monuments memphites et thébains : j'ai signalé en son lieu et place chacune de ces versions. Quant aux textes eux-mêmes j'ai cru pouvoir les faire suivre d'une traduction rapide. Je ne me dissimule point ce que cette tentative a de hardi, et j'aurais peut-être fait mieux de tarder davantage : j'ai pensé cependant que les Égyptologues me sauraient plus de gré d'une publication rapide que d'une étude approfondie, et me pardonneraient les fautes de l'interprétation en faveur de l'importance du texte.

Chambre de l'ouest (A).

(Parois *a*—*c*.)

1) Les variantes prouvent que c'est une forme de *haïr* : la question est de savoir si la métathèse de est une faute de graveur ou s'il ne faut pas y reconnaître un fait linguistique. Divers indices me portent à croire que nous n'avons pas affaire ici à une simple faute de graveur : un des autres mots qui présentent la même combinaison de lettres , se trouve écrit plus loin . A la XXVIe dynastie, la variante est fréquente du nom . Autant que j'en puis juger pour le moment, l'interversion de et de dans la combinaison paraît avoir été une des tendances organiques de la langue.

2) Birch a déjà signalé cette variante et proposé la lecture pour le groupe , qu'il considère comme un idéogramme (*Zeitschr.*, 1871, p. 118). Il me semble que la variante en ⊿ initial peut s'expliquer par une erreur de lecture, où le large des anciennes époques aurait été pris pour un ⊿ allongé : de toute manière je n'ai rencontré jusqu'à présent que la forme . Je la considère comme une variante avec nasale intercalaire de : c'est ainsi qu'on a dans notre texte même pour , etc.

Notre texte ne dit jamais à quelle partie du rituel répondait chaque formule qu'il emploie ; il ne désigne jamais le personnage qui récite chaque prière et présente chaque offrande. Cette lacune est comblée heureusement par les parties correspondantes du *Livre des funérailles* et par les représentations du Bab-el-Molouk. Deux personnages surtout jouent un rôle dans le drame de la mise au tombeau, le ou *célébrant*, le ou *domestique*, celui-là même dont les monuments de la XIXe dynastie nous ont conservé le titre sous la forme plus complète de . Le Khrihib dirige la cérémonie et récite les versets, tandis que le sotmou se borne la plupart du temps à présenter l'offrande et à exécuter la partie matérielle du culte. Khrihib et sotmou figurent à satiété sur les monuments de l'Ancien Empire et paraissent y avoir exactement les mêmes fonctions qu'ils eurent plus tard, au temps des dynasties thébaines.

La cérémonie débute par la purification à l'eau. Le sotmou, debout devant la statue du roi, lui jette par-dessus la tête et successivement le contenu de quatre petits vases d'eau, puis brûle l'encens, pendant qu'on récite la formule :

Osiri, on t'a pris tout ce qui était odieux dans Ounas, — *jeter l'eau* — toutes les paroles mauvaises dites à son nom ! Thot, viens, prends cela à Osiri, apporte toutes les paroles mauvaises dites au nom d'Ounas, et te mets cela dans la paume de la main, — *dire quatre fois*

1) Schiapparelli, *Libro dei Funerali*, pl. XIII, l. 21—22, 24—26. Le manuscrit de l'Hathorienne Saï donne le même texte, mais avec les pronoms féminins (*Id.*, pl. XXXVIII, l. 2—5), sauf pour le dernier membre de phrase qui se lit : . L'équivalence et = et me paraît trancher la question soulevée par Naville au sujet de négatif, mais le sens de la phrase n'est pas clair. J'ai considéré le de l'Hathorienne Saï comme une variante de sens de dans notre texte, et j'ai traduit *dans la suite;* mais cette interprétation n'est pas certaine.

2) D'après le parallélisme pourrait être un dieu. La variante d'Api Onkh, m'a décidé à considérer comme un simple verbe.

— ne sois pas détruit par cela dans la suite, ne sois pas détruit par cela! Tout ce qui va va avec son double : Hor va avec son double, Sit va avec son double, Thot va — *dire quatre fois, brûler l'encens* — avec son double, Sop va avec son double, Osiri va avec son double, Khontmiriti va avec son double, que ton épine dorsale aille avec ton double! Ô Ounas, la main de ton double est devant toi, ô Ounas la main de ton double est derrière toi! Ô Ounas, le pied de ton double est devant toi, ô Ounas, le pied de ton double est derrière toi! Osiri-Ounas, je t'ai donné l'œil d'Hor et ta face en est remplie, et le parfum de l'œil d'Hor s'étend sur toi.

C'est pour toi ces libations, Osiri, c'est pour toi ces libations, ô Ounas, qui sortent — *eau fraîche et encens deux grains* — de ton fils, qui sortent d'Hor. Je suis venu, je t'apporte l'œil d'Hor pour que tu en rafraîchisses ton cœur, je le mets sous toi, sous tes sandales, et je te présente les humeurs issues de toi pour que ton cœur ne s'arrête point faute d'elles. — *Dire quatre fois* — Que la voix ne sorte point de toi, que la voix ne sorte point de toi!

---

1) *Stèle de la Bibliothèque nationale*, publiée et traduite par W. Golénischeff, dans les *Mémoires du Congrès provincial de St.-Étienne*, et E. Ledrain, *Monuments de la Bibliothèque nationale*. Le même texte à plusieurs reprises dans Lepsius, *Aelteste Texte*. Les variantes de ces deux versions sont peu importantes et prouvent plutôt la négligence des scribes que l'intention de donner une rédaction différente de la vulgate. Dans la première (pl. 5, l. 3—5) la formule est réduite à ce qui suit :

2) La formule écrite ici en abrégé se trouve également en abrégé dans l. 25 et complète l. 76—77. Cf. dans le *Rituel d'Abydos*, p. 68, *Chambre d'Isis*

3) Schiapparelli, *Libro dei Funerali*, pl. LI*b*, l. 7—8.

Dans les scènes qui suivent, l'offrande change de forme : le SOTMOU présente des deux mains à la statue une grosse boule de nitre parfumé, puis apporte l'un après l'autre divers objets d'offrande.

Parfum, parfum! Ouvre la bouche, ô Ounas, — *Parfum du sud, trois grains, de Nkhab* — et goûte le goût du parfum dans les demeures divines! C'est la salive d'Hor le parfum, c'est la salive de Sit le parfum, c'est ce qui affermit le cœur des deux Hor le parfum, — *dire quatre fois* — tu te purifies avec les dieux suivants d'Hor; tu es purifié de nitre et Hor est purifié de nitre, tu es purifié de nitre et Sit est purifié de nitre, — *Nitre du nord, deux grains de la région des Lacs* — tu es purifié de nitre et Thot est purifié de nitre, tu es purifié de nitre et Sop est purifié de nitre, tu es purifié de nitre et tu te tiens au milieu .

1) Le graveur avait passé dans le premier membre de phrase la préposition entre et : il l'a gravée dans l'interligne. Il avait passé dans le second membre de phrase et avait recouvert de stuc le bas de la colonne afin de faire la correction : je ne sais quel accident l'a interrompu dans son travail. Actuellement l'ancienne leçon est encore visible sous le stuc, est resté tel quel, se reconnaît sous l'enduit. J'ai rétabli la formule entière d'après le passage correspondant de la ligne 37.

2) Cf. *Recueil*, t. I, p. 167, note 3. Aux deux exemples indiqués, en joindre un autre conservé par une stèle du Musée de Pesth (*Mélanges d'Archéologie*, t. I, p. 161) et où M. PIEHL a proposé une lecture différente (*Recueil*, t. I, p. 205 note). La lecture réelle y est , *avec*.

3) SCHIAPPARELLI, *Libro dei Funerali*, pl. LI*d*, l. 1—5.

4) Le même passage se retrouve dans le *Rituel d'Abydos* (t. I, p. 73), appliqué à la *purification par l'encens du Nord* : . Il se retrouve encore sur un monument du Musée de Leyde, publié par LEEMANS (*Monuments*, IIIe partie, pl. XXI) : (*sic*)

d'eux, et ta bouche est la bouche d'un veau de lait le jour où il naît; tu es purifié de nitre et Hor est purifié de nitre, tu es purifié de nitre et Sit est purifié de nitre, tu es purifié de nitre, — *encens, un grain* — et Thot est purifié de nitre, tu es purifié de nitre et Sop est purifié de nitre, tu es purifié de nitre, tu es purifié de nitre, tu es purifié de nitre, tu es purifié de nitre! Ô toi qui te tiens au milieu des dieux tes frères, ta tête est pour toi purifiée de nitre, tes os sont purifiés d'eau complètement, et tu es rempli de ce qui t'appartient. Osiri, je t'ai donné l'œil d'Hor et ta face en est remplie et le parfum de l'œil d'Hor s'étend vers toi.

Ô Ounas, tes deux mâchoires ont été séparées solidement — *le posch-kofa* — Osiri Ounas, les deux dieux t'ont ouvert la bouche, — *fer du midi et du nord, deux briquettes,* — Ounas on te présente l'œil d'Hor, et Hor vient [s'unir] à lui, on te l'apporte, on te le donne dans ta bouche — *beurre du midi, beurre du nord.* — Ô Ounas, on te présente les boutons de sein d'Osiri, les boutons qui sont sur la mamelle d'Hor qu'il a en son corps, et tu as saisi dans ta bouche — *lait* — la mamelle de ta sœur Isit, le philtre qui jaillit de ta mère, et il t'est mis dans la bouche — *Petit lait, deux cruches.*

---

1) SCHIAPPARELLI, *Libro dei Funerali*, pl. LII *a-b*. Le même texte mutilé dans *Abydos*, t. I, pl. 33, au-dessus de la figure du *Khrihib*.

Cette seconde partie de la cérémonie se termine, comme en refrain, par la phrase déjà traduite plus haut :

C'est pour toi ces libations, Osiri, c'est pour toi ces libations, ô Ounas, — *donner l'eau fraîche du nord* — qui sortent de ton fils, qui sortent d'Hor. Je suis venu, je t'ai apporté l'œil d'Hor, pour que ton cœur s'en rafraîchisse, je le mets sous toi, sous tes sandales, et je te présente les humeurs issues de toi, pour que ton cœur ne s'arrête point faute d'elles. — *Dire quatre fois :* — Que la voix ne sorte point de toi, que la voix ne sorte point de toi.

Saisissant les deux yeux d'Hor le blanc et le noir, tu les as pris en toi, et ils éclairent ta face — *deux cruches de blanc et noir, apporter.* — Râ t'a fait offrande au ciel et il t'a fait faire offrande par l'Orient et par l'Occident, la nuit t'a fait offrande, — *gâteau de passage(?),* et le midi et le nord te font offrande : c'est offrande ce qu'on t'apporte, offrande,

1) Toutes les citations, qui portent des numéros suivis de l'indice *a* et *b*, sont tirées d'*Abydos*, t. I, pl. 33, où se trouve la table d'offrandes présentée à Séti Ier.

2) Comme plus haut, l. 30, me paraît être la forme non vocalisée et sans déterminatif de *saisir, empoignés*. On pourrait cependant traduire : « Voici les deux yeux d'Hor le blanc et le nord, tu les as pris etc. » J'ai déjà cité de nombreux exemples de en ce sens, tous empruntés à l'Ancien et au Moyen Empire.

3) Le texte a été corrigé ici encore. Le graveur avait d'abord redoublé par erreur le pronom , : il a écrit en surcharge de .

4) Le qui suit pourrait bien être une épithète d'espèce : on trouve en effet des (BRUGSCH, *Dict. hiér.*, suppl., p. 360).

5) Les deux signes ont été ainsi disposés sans qu'aucun vide dans le texte marque une lacune. Le parallélisme avec la ligne suivante, où l'on a , indique ici la présence de l'autre groupe , qui désigne dans certains cas l'Orient et l'Occident.

ce que tu vois, offrande ce que tu entends, offrande devant toi, offrande derrière toi, offrande ce qui t'appartient! Osiri Ounas, on te présente les dents blanches d'Hor pour en garnir ta bouche, — *têtes de ciboules, deux paniers,* — *dire quatre fois :* Proscynème au double d'Ounas. Osiri Ounas, on t'a donné l'œil d'Hor, et tu existes, tu es — *Gâteau d'offrande.*

Osiri Ounas, on te donne l'œil d'Hor qui plaide avec Sit, il t'est porté — *Vin blanc, deux cruches,* — vers ta bouche, et ta bouche t'est ouverte par lui.

Osiri Ounas, ta bouche s'ouvre par [l'effet de] ce qui s'empare de toi — *Vin noir, deux cruches.*

Osiri Ounas, on te donne le suc qui sort de toi, — *bière noire, un cruchon.*

O Râ, puissent les hommages que tu reçois au ciel, être tous les hommages que tu reçois pour Ounas, puissent tous les biens de ton corps être tous les biens du double d'Ounas,

---

1) Texte surchargé. Le graveur avait d'abord passé le [hiéroglyphe] et écrit [hiéroglyphes]. Il a ensuite gravé son [hiéroglyphe] sur le second [hiéroglyphe] pour en indiquer la place, mais comme les deux [hiéroglyphe] étant fort serrés la surcharge demeurait peu distincte, il a raccourci les jambes de [hiéroglyphe] et gravé dans l'espace ainsi gagné un gros [hiéroglyphe]. L'aspect général du groupe est donc [hiéroglyphes]. J'ai rétabli la leçon correcte.

2) Le signe est ainsi fait [hiéroglyphe] : ce signe manquant à la fonte, je lui ai substitué partout [hiéroglyphe].

3) « Les dents d'Hor, *garnissant* ta bouche » : [hiéroglyphe] de [hiéroglyphes] est ici [hiéroglyphe] du pluriel.

4) [hiéroglyphes], apparenté à [hiéroglyphes], signifie au propre *presser, exprimer un suc* : « On te présente l'*exprimé*, qui sort d'Osiri », c'est-à-dire « le suc qui sort d'Osiri par pression ».

et tous les biens de son corps être tous tes biens! — *Table sainte.*

Ounas, on te présente l'œil d'Hor, pour que tu goûtes — *Gâteau topt,* — et pour que tu éclaires la nuit — *gâteau Ḥa.*

Ounas, on te présente l'œil d'Hor, qui te tient embrassé — *Poitrine.*

Ounas, on te présente l'œil d'Hor qui plaide avec Sit, pour que ton *Ouverture de bouche* te soit rendue possible par lui [2] — *Vin blanc, un cruchon.*

Ounas, on te présente le suc qui sort d'Osiris — *Bière noire, un cruchon.*

Ounas, on te présente l'œil d'Hor pour que te soit rendu possible, sans le secours du fer, l'appel de la bouche [3] — *Bière de fer, un cruchon.*

Ounas, on te présente l'œil d'Hor pour que tu en soies garni, — *Bière His, un cruchon.*

Osiri Ounas, l'œil d'Hor a jeté de l'huile sur toi — *dire quatre fois* — *Parfum de fête.*

Osiri Ounas, on te présente ce qui est exprimé de ta face — *Huile Hokennou,* un vase.

1) Litt. «l'œil d'Hor embrassant toi» avec la flexion active du verbe . Le texte d'Abydos donne «l'œil d'Hor, son embrassement». — 2) Litt. «*délivrée*».

3) Litt. : «Pour que soit délivré à toi, point de fer, l'appel de ta bouche». Le texte signifie que l'espèce de bière qu'on appelait *Bière de fer,* était présentée au mort pour lui éviter l'ouverture de la bouche au moyen de l'instrument en fer.

58 59 60 61 62 63 64 3 4 5 2 1 5 6 (sic)

Osiri Ounas, on te présente l'œil d'Hor pour qu'il te rende glabre — *Résine, un vase.* Osiri Ounas, on te présente l'œil d'Hor pour qu'il t'enduise — *Huile Nishnem.* Osiri Ounas, on te présente l'œil d'Hor pour qu'il t'amène les dieux — *Huile d'adoration.* Huiles, chaque espèce d'huile, ouvre-toi devant votre Hor — *Essence d'Acacia* — sanctifie-le par toi, donne qu'il soit maître de son corps, donne qu'il ait ses deux yeux fendus,

1) Le verbe n'est pas expliqué par Brugsch (*Dict. hiér.*, p. 1212). L'analyse me paraît exiger qu'on décompose le mot en factitif, suffixe et un verbe à seconde radicale rédoublée , dont le simple se rattache, soit à *s'affaisser*, soit à , *trancher, couper*, d'où *le rasé, le glabre*, appliqué aux prêtres égyptiens (Brugsch, *Dict. hiér.*, p. 554—555). Le sens sera donc : «On te présente l'œil d'Hor, *il a été fendu* ou *il a été rasé* par elle» et dans la version d'Abydos «Sit l'a *fendu* ou *rasé* par elle». est une forme en initial, comme etc. Je dois prévenir une fois pour toutes que, dans les petites phrases à jeux de mots qui accompagnent la présentation de chaque offrande, le mort est désigné indifféremment soit par le pronom de la seconde personne, soit par celui de la troisième.

2) *Abydos*, t. I, p. 47, *Chambre d'Harmakhis*. Même texte dans la *Chambre d'Ammon*, p. 45—46.

3) «Donne *ses fentes des* deux yeux.» Au moment de la cérémonie , le sotem était censé fendre avec le le voile formé sur les yeux du mort par la réunion des deux paupières, et lui rendait ainsi la vue.

4) Le pronom se rapporte ici à : est une faute pour .

5) *Abydos*, t. I, p. 46, *Chambre d'Ammon*. Le même texte est dans Lepsius, *Denkmäler* II, Bl. 145 *b*, L. 1—10, ainsi que dans le *Papyrus de l'Hathorienne Saï* (Schiaparelli, *Il Libro dei Funerali*, t. II, pl. XXVIII, l. 1 sqq.) et dans Lepsius, *Aelteste Texte*, pl. 5, l. 10—11, où les variantes sont des plus instructives. Trois des versions concordent à écrire derrière ; deux ont ou derrière (Lepsius, *Aelteste Texte*, l. 10), ce qui indique le sens d'une manière évidente. Le scribe du cercueil de Mentouhotpou (Lepsius, *Aelteste Texte*, pl. 5) a interverti les deux parties de la formule 6 7 8

que tous les mânes le voient, qu'ils entendent tous ton nom, car Osiri Ounas, on t'apporte l'œil d'Hor pour qu'il soit placé devant toi — *Essence de Tahennou.*

Osiri Ounas on t'a mis aux yeux l'œil d'Hor comme fard de ta face — *Vert, antimoine, deux sachets.*

Vêts-toi en paix! Vêts ton vêtement en paix! Que Taït se vête — *Vêtements de fête, deux* — en paix! Œil d'Hor dans Doup, en paix! Œil d'Hor dans les demeures de Nit, en paix! Reçois le linge blanc! Donne qu'elles se courbent pour cet Ounas, les deux terres qui se plaisent à se courber pour Hor, donne qu'elles aient la terreur respectueuse d'Ounas ces deux terres qui se plaisent à avoir la terreur respectueuse de Sit! Demeure avec Ounas comme son dieu, ouvre sa route parmi les mânes! Le voilà parmi les mânes, allons Anubis dans l'Amenti, en avant, en avant, auprès d'Osiri! Tout ce qui va, va avec son double : Hor va avec son double, Sit va avec son double, — *brûler l'encens,* — Thot va avec son double,

etc.

1) *Abydos*, t. I, p. 47, *Chambre d'Harmakhis.*

2) Par une bizarrerie qui n'est pas rare à cette époque, le déterminatif , deux grains et un pain de couleur, a été mis devant le groupe .

3) , , , est une des variantes nombreuses que présente le signe dans les textes de l'Ancien Empire.

Sop va avec son double, Osiri va avec son double, Khontmiriti va avec son double, que ton épine dorsale aille avec ton double! Ô Ounas, la main de ton double est devant toi, ô Ounas, la main de ton double est derrière toi! Ô Ounas, le pied de ton double est devant toi, ô Ounas, le pied de ton double est derrière toi! Osiri Ounas, je t'ai donné l'œil d'Hor et ta face en est remplie — *Dire quatre fois* — et le parfum de l'œil d'Hor s'étend sur toi!

C'est pour toi ces libations, Osiri, c'est pour toi ces libations ô Ounas — *eau fraîche et encens, deux grains* — qui sortent de ton fils, qui sortent d'Hor. Je suis venu, je t'apporte l'œil d'Hor pour que tu en rafraîchisses ton cœur, je le mets sous toi, sous tes sandales, et je te présente les humeurs issues de toi pour que ton cœur ne s'arrête point faute d'elles. — *Dire quatre fois.* — Que la voix ne sorte point de toi, que la voix ne sorte point de toi!

Thot amène-le avec lui, car il est sorti avec l'œil d'Hor — *Autel, un* — et l'œil d'Hor lui a donné de se reposer par lui — *entrée avec le Souten di hotep.*

Osiri Ounas, on t'a présenté l'œil d'Hor, pour que tu te reposes sur lui! — *Souten di hotep à deux reprises.*

Osiri Ounas, on t'a présenté l'œil d'Hor, pour que [tu te] reposes sur lui — *Tables d'offrande de la salle ousexit, deux.*

On a écarté de toi ta destinée — *S'asseoir et prendre place au repas funéraire du roi.*

Osiri Ounas, on te présente l'œil d'Hor, pour que tu le portes à ta bouche, — *Jeter un gâteau et une mesure de boisson.*

Osiri Ounas, on te présente l'œil d'Hor, en forme de gâteaux, pour que tu le mettes en pièces — *Gâteau Touk, deux.*

On voit par ces exemples, quelle difficulté de traduction présente cette portion du texte. Chacun des membres de phrase se compose 1° d'une invocation au mort, 2° de la formule qui annonce la présentation de l'objet toujours identifié à l'œil d'Hor, 3° d'un complément déclarant l'emploi spécial auquel était appliqué l'objet. C'est cette dernière partie qui est presque toujours intraduisible. Elle renferme un mot allitérant au nom de l'offrande. Quelquefois il n'y a eu aucune peine à trouver ce mot : ainsi a attiré naturellement , a attiré etc. Plus souvent le scribe a été forcé de chercher beaucoup pour obtenir un semblant d'allitération : ne répond que de loin à , à etc. Si ces jeux de mots étaient déjà malaisés à combiner, on conçoit combien il est impossible de les rendre exactement en français ou dans toute autre langue moderne. La phrase traduite perd les cliquetis de lettres qui la justifiait et n'a plus pour nous le semblant de signification qu'elle conservait en égyptien, grâce à cet artifice de langage. J'ai pensé qu'il valait mieux renoncer franchement à donner même un équivalent lointain du texte original : les égyptologues sauront bien sentir, dans la phrase hiéroglyphique assez simple qui forme chacun des versets accompagnant l'offrande, l'assonance que je me déclare incapable de reproduire en français. On trouvera d'ailleurs le sens de chacun des mots pris isolément dans le glossaire que j'ai joint à cet ouvrage.

1) Le groupe revient environ une dizaine de fois dans notre texte (L. 109, 134, 148, 155, 156, 157, 158, 162), toujours suivi d'un verbe. Je ne lui vois guère d'autre valeur possible que celle de , *pains, gâteaux, pâte*, et d'autre rôle grammatical que celui d'un mot en apposition avec le terme : «On te présente l'œil d'Hor — gâteaux — *il* a déchiré lui».

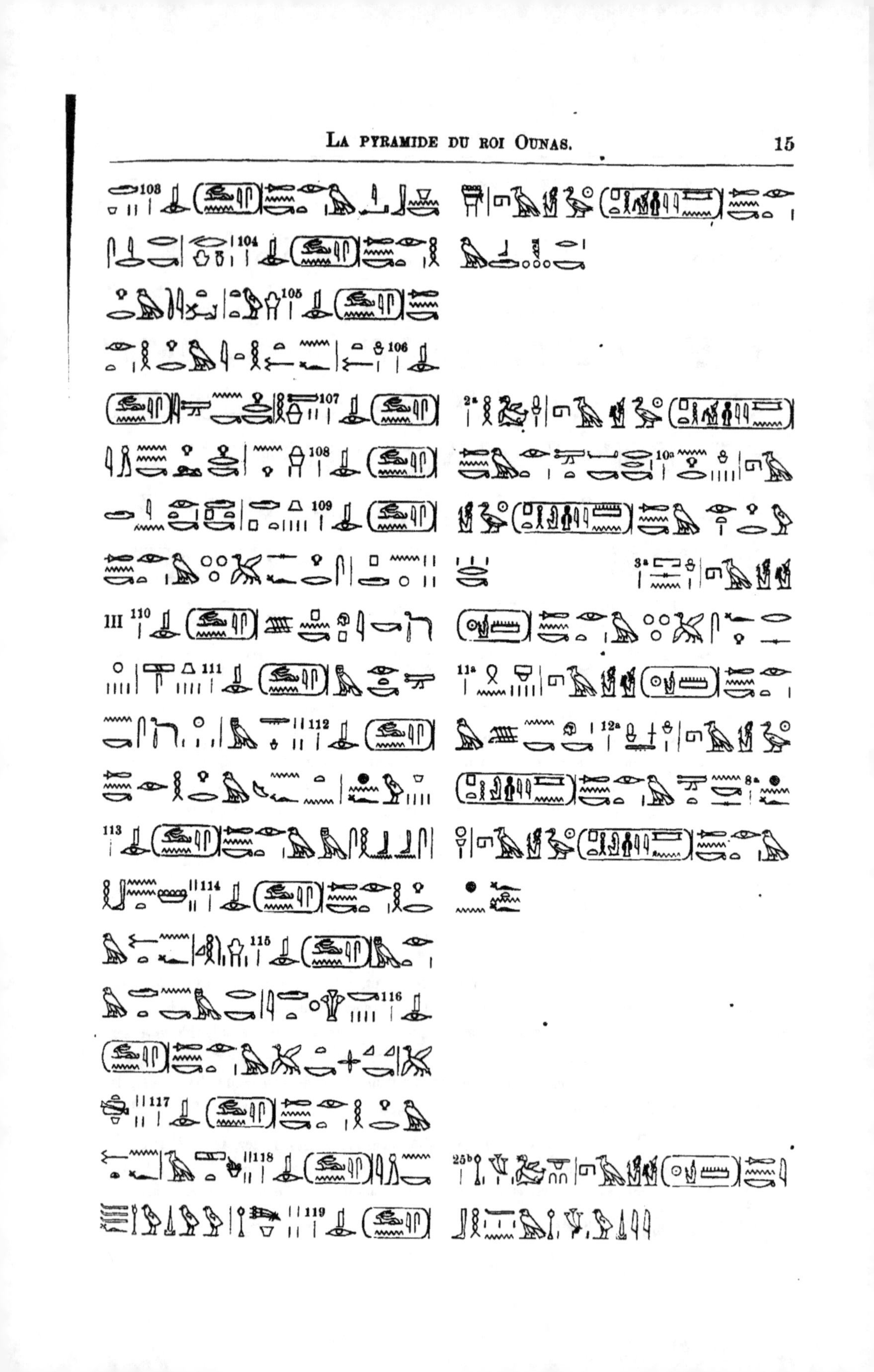

103

104

105

106

107

108

109

III 110

111

112

113

114

115

116

117

118

119

2a

10a

3a

11a

12a

8a

25b

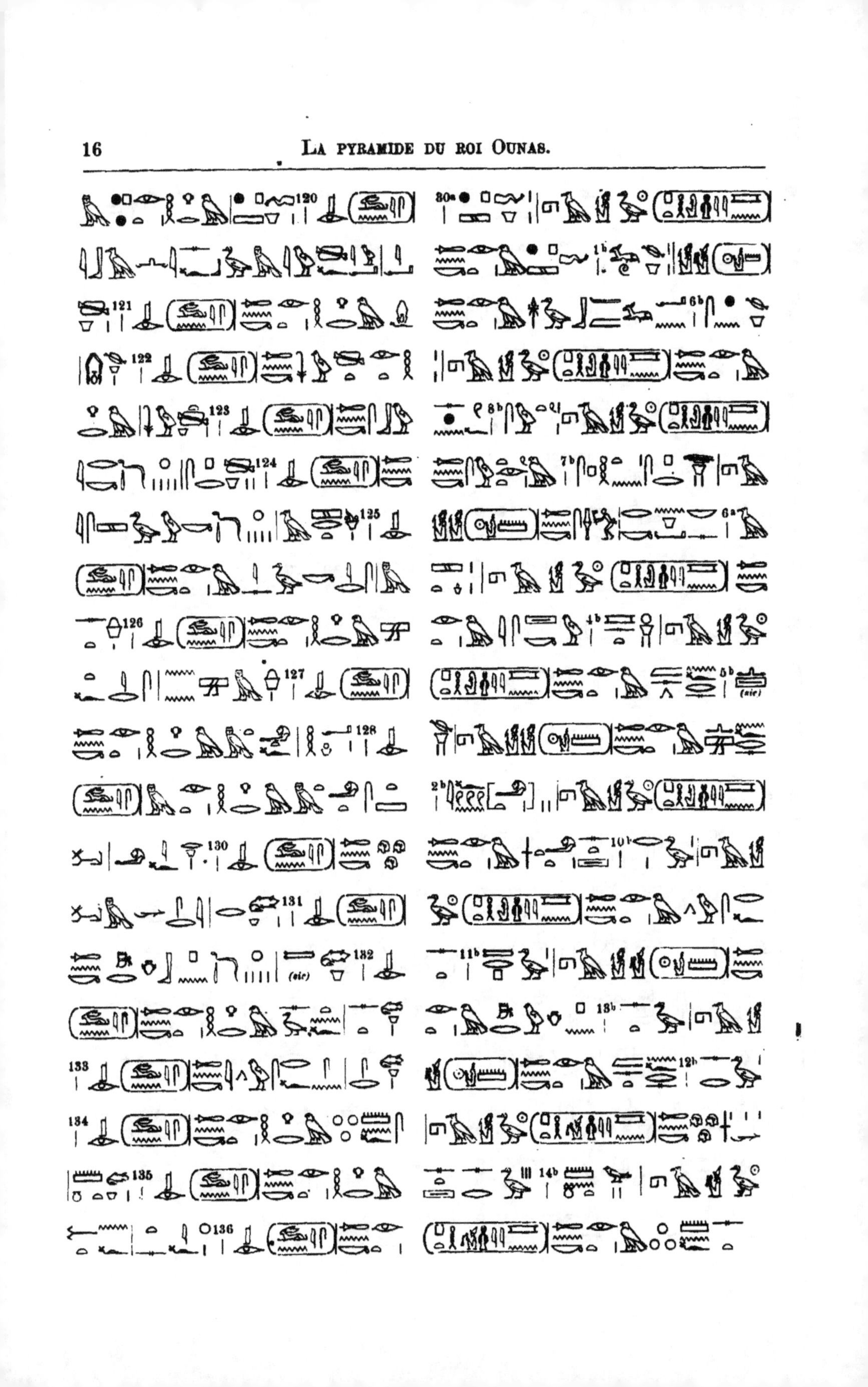

Les textes qui couvrent les trois autres parois de la chambre, sans se rapporter aussi directement que celui-ci à la présentation de la table d'offrandes, ont trait à l'approvisionnement du mort dans l'autre monde.

Le plus court occupe tout le pignon triangulaire de la paroi sud et forme un chapitre spécial, ou plutôt une série de chapitres dont j'ai eu la chance de retrouver deux autres copies. L'une d'elles a déjà été signalée par M. Brugsch, qui en cite plusieurs passages dans son *Dictionnaire* (cfr. p. 816, 1086, 1116, 1247 etc.) et par Mariette *(Catalogue général des monuments d'Abydos)*. C'est une stèle de la XIIIe dynastie, découverte dans la nécropole d'Abydos et conservée aujourd'hui au Musée de Boulaq : elle est dédiée au nommé Nehi. La seconde copie, également signalée par Brugsch a été publiée par Dümichen (*Hist. Ins.*, t. I, pl. XXXVI—XXXVII) : elle a été gravée pour la reine Hatasou dans l'une des salles de Déïr el-Baharî. Ici encore nous avons trois versions identiques d'époque et de localité différentes : la première de la Ve dynastie et Memphite, la seconde de la XIIIe et Abydénienne, la troisième de la XVIIIe dynastie et Thébaine.

Le titre de cette section ne nous a été conservé que par la stèle de Nehi : « Chapitre de bien doter la table » du mort. J'ai mis le texte de Déïr el-Baharî en face du texte d'Ounas et j'ai rejeté en notes les principales variantes du texte de Nehi.

Ô vous qui réjouissez les laboureurs, qui relevez le cœur des découragés, formes mystiques qui avez mangé l'œil d'Hor, l'olivier qui est dans On, c'est le petit doigt d'Ounas qui agit sur les morts. Osiris, qu'Ounas n'ait point soif qu'il n'ait point faim ! Que ne soit triste le cœur d'Ounas ! Ce sont les deux bras du dieu Khas qui écartent sa faim, ô toi qui remplis, ô toi qui remplis les cœurs !

---

1) *St. Nehi :* etc.

2) *St. Nehi :* etc.

3) *St. Nehi :*

Ô chefs, *répandre les pains, les boissons, les gâteaux,* gardiens des canaux célestes, à qui Ounas a attribué des pains et des mesures de Râ, Râ les lui avait attribuées par décret lui-même, Râ avait ordonné aux chefs qui président à l'abondance de cette année qu'ils prennent à pleines mains et lui donnent ce qu'ils ont saisi, qu'ils lui donnent du blé, de l'orge, du pain, de la bière, de ce qui est à Ounas; c'est son père qui lui donne, c'est Râ qui lui donne le blé, l'orge, le pain, la bière, de ce qui lui appartient, car un grand taureau qui frappe la Nubie, c'est Ounas certes. Il y a cinq gardiens des pains dans la chapelle funéraire, et il y en a trois au ciel auprès de Râ, et il faut se prosterner sur terre auprès de la Neuvaine des dieux, défunt brise ses liens, qu'il les brise; qu'il voie, qu'il voie! Ô Râ, sois bon pour

1) *St. Nehi* : , peut-être doit-on traduire « des pains et des mesures *journalières* ». — 2) *St. Nehi* : . — 3) *St. Nehi* : . Pour ce passage la stèle de Nehi a la même leçon que le texte de Déîr el Baharî. — 4) *St. Nehi* : . — 5) *St. Nehi* : . — 6) *St. Nehi* : . — 7) *St. Nehi* : . — 8) *St. Nehi* : .

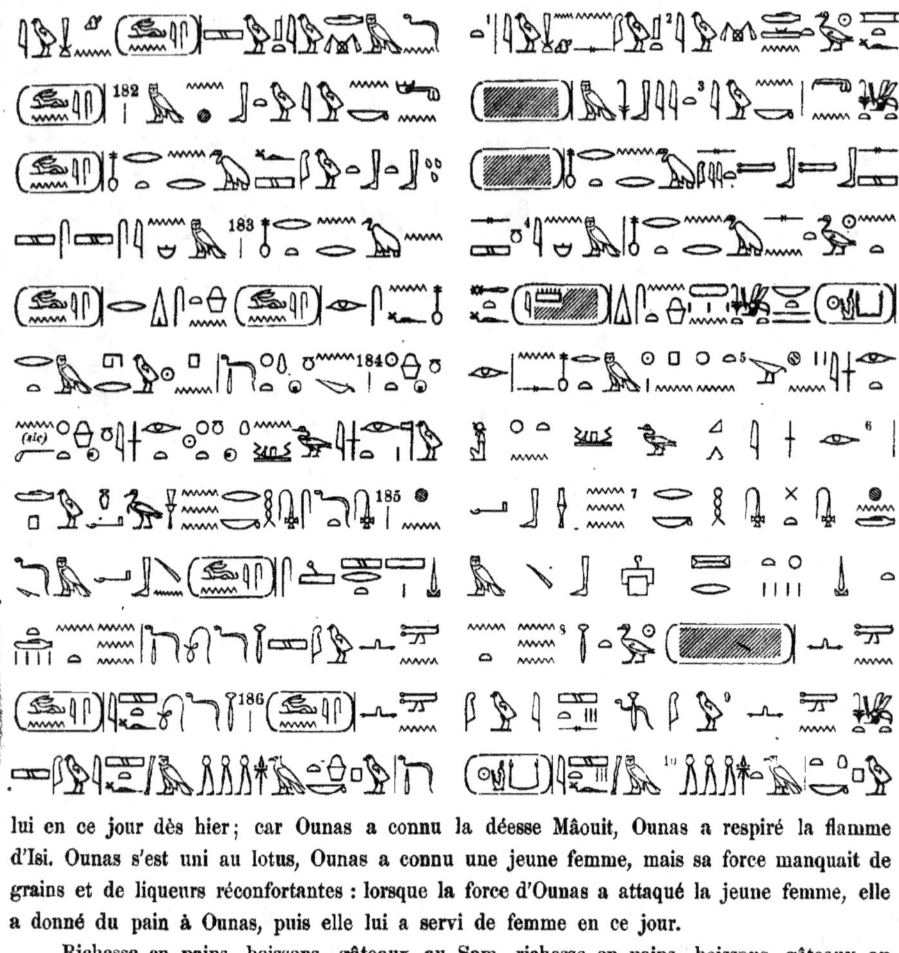

lui en ce jour dès hier; car Ounas a connu la déesse Mâouit, Ounas a respiré la flamme d'Isi. Ounas s'est uni au lotus, Ounas a connu une jeune femme, mais sa force manquait de grains et de liqueurs réconfortantes : lorsque la force d'Ounas a attaqué la jeune femme, elle a donné du pain à Ounas, puis elle lui a servi de femme en ce jour.

Richesse en pains, boissons, gâteaux au Sam, richesse en pains, boissons, gâteaux au Sam, richesse en pains, boissons, gâteaux à qui est dans l'œil de Râ, richesse en pains, boissons, gâteaux à la barque! Entrer dans la barque de Râ, ... présenter l'eau, la flamme, le feu, dépecer [la victime] en face d'Ounas, puis donner le grain et quatre mesures d'eau (?).

Shou prospère, car Ounas ne lui a pas pris son bien; Ounas prospère, car Shou ne lui a pas pris son bien. Répéter les dons de l'Orient, c'est [te donner] ton pain.

---

1) *St. Nehi* : . C'est l'*eau*, la *semence*, divinisée. — 2) *St. Nehi* : . — 3) *St. Nehi* : . — 4) *St. Nehi* : . — 5) *St. Nehi* : . — 6) *St. Nehi* : . — 7) *St. Nehi* : . — 8) *St. Nehi* : . — 9) *St. Nehi* : dans les deux cas. — 10) *St. Nehi* : .

Veillez, juges exacts [dépendants] du dieu Thot! Veillez, les couchés, éveillez-vous, vous qui êtes au Konsit! Ô ancêtres, toi le Grand Trembleur qui sort du Nil et toi Apmotnou, issu d'Asrit, elle est pure la bouche d'Ounas! Ounas encense le double cycle des dieux et sa bouche est pure ainsi que cette langue qui est dans sa bouche. Ounas a horreur du retranchement, et copieuse est l'urine d'Ounas. Ounas a horreur de ce qui lui fait horreur, et Ounas a horreur de . . . .; aussi il ne mange pas de son horreur le . . . . ., comme Sit entre ces deux Rehoui qui parcourent le ciel et qui courent avec Thot. Vous avez pris Ounas avec vous, et il mange de ce dont vous mangez, il boit de ce dont vous buvez, il vit de ce dont vous vivez, il demeure où vous demeurez, il est puissant de votre puissance, il navigue

1) *St. Nehi* : . — 2) *St. Nehi* : , avec un déterminatif nouveau, *l'homme qui s'éveille*, du verbe . — 3) Le support du chacal est toujours traversé du . — 4) *St. Nehi* : . — 5) *St. Nehi* : NEHI . — 6) *St. Nehi* : . — 7) Ici s'arrête le texte de la stèle de Nehi.

votre navigation; Ounas a rassemblé le filet dans Aïlou, Ounas a des ruisseaux d'eau vive dans le champ d'offrandes, et ses offrandes sont avec vous, ô dieux! Les eaux d'Ounas sont des vins comme pour Râ, Ounas court autour du ciel comme Râ, Ounas flotte à travers le ciel comme Thot.

C'est l'abomination d'Ounas que la faim et de ne point manger! C'est l'abomination d'Ounas que la soif et de ne point boire! C'est Ounas qui donne du pain à ses nourrices, dont c'est le lait qui le fait subsister et qui ont fait naître Ounas; car Ounas a été conçu dans la nuit, Ounas a été enfanté dans la nuit, et ceux qui suivent Râ, les anciens, l'adorent! Ounas est conçu dans le Nou, il est enfanté dans le Nou, et il est venu, il vous a apporté du pain de ce qu'il a trouvé là, de ce que l'œil d'Hor verse sur les branches de l'olivier! Khont-amenti vient à lui et lui a apporté les provisions d'offrandes d'Hor Khont-pau; ce dont il vit

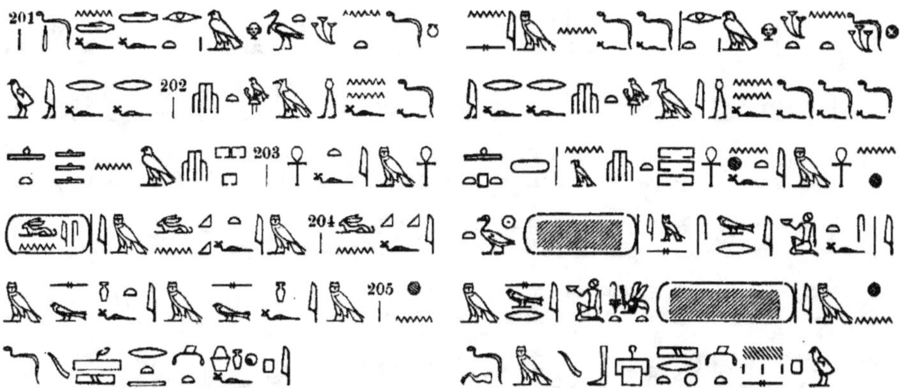

Ounas en vit, ce dont il mange Ounas en mange, ce dont il boit Ounas en boit; la cuisse découpée en face [de lui] puis les grains (?), c'est sa richesse en pains, en boissons et en gâteaux! »

Tels sont les textes relatifs à l'approvisionnement du mort. Le reste des inscriptions se partage en deux sections. Dans la première je mettrai toute une série de prières plus ou moins longues, qui ont pour objet de bien constater l'état de vie nouvelle auquel Ounas est né en mourant à la vie terrestre, et de lui assurer la protection de différents dieux pour les actes de cette vie. La seconde ne renferme que des formules magiques fort brèves destinées à préserver Ounas de la piqûre des scorpions et de l'attaque des serpents qui pourrait lui devenir fatale dans l'autre monde.

La première section est de beaucoup la plus longue. Elle couvre deux pans de muraille, celui du sud (l. 206—260) et celui de l'ouest (l. 261—299). Une partie des prières qui la composent se retrouve dans des documents contemporains ou postérieurs. La première (l. 206—214) sur le cercueil d'Apiônkh (LEPSIUS, *Denkm. II, 99 b*), mais mutilée vers la fin, ainsi que sur celui d'Entew (LEPSIUS, *Denkm. II, 145 a, l. 28—54*), également incomplète vers la fin (l. 206—210) : les mots du début (l. 206) se retrouvent sur le cercueil de Mentouhotpou (LEPSIUS, *Aelteste Texte, pl. V, l. 1—3*). Une autre vers le milieu, commençant par les mots (l. 268—292) reparaît en partie (l. 268—284) sur le cercueil d'Apiônkh (LEPSIUS, *Denkm. II, 99 b*[2]) presque complète (l. 268—289) sur celui d'Entew (LEPSIUS, *Denkm. II, 145 b, c*). Elle a été signalée par M. LEPSIUS, comme se trouvant dans une tombe thébaine de Qournah restée inédite. Grâce à ces deux versions j'ai pu compléter quelques petites lacunes du texte d'Ounas.

206 [1] [2] [3]

I.

Ô OUNAS, non, tu n'es pas allé mort, c'est vivant que tu es allé t'asseoir sur le trône d'OSIRIS : Ton sceptre *âb* est dans ta main et tu donnes des ordres aux vivants, ton sceptre

1) A, b, l. 1 : et . — 2) A, b, l. 2 : .

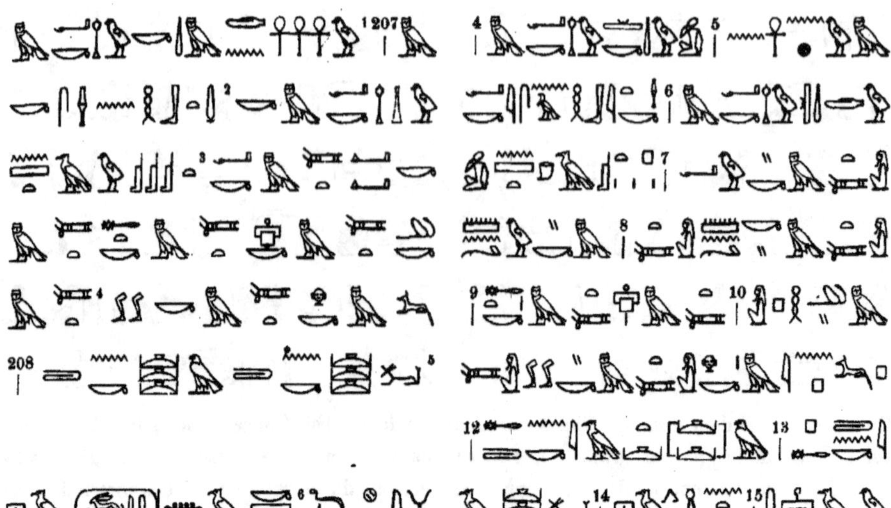

Mokes et ton sceptre *Nouhbit* sont dans ta main, et tu donnes des ordres à ceux dont les demeures sont cachées. Ta main est TOUM, tes deux bras sont TOUM, ton ventre est TOUM, ton dos est TOUM, ton derrière est TOUM, tes deux jambes sont TOUM, ta face est ANOUBIS : tu as fait le tour des domaines d'HOR, et tu as fait le tour des domaines de SIT.

II.

Ô OUNAS, garde-toi du puits (?) — *dire quatre fois* — Les messages de ton double

---

1) A, *b*, l. 3 : [hiéroglyphes]. M. NAVILLE m'a signalé, à Déïr el-Baharî, le tombeau d'une reine de la XIe ou de la XIIe dynastie, qui renferme un duplicata des textes de la paroi. J'en donne les variantes en note.

2) Le NOUHBIT et le MOKES sont représentés dans LEPSIUS, *Aelteste Texte*, pl. 38, où la forme des objets ne répond pas exactement au déterminatif de notre texte. Le [hiéroglyphes] est en effet représenté [hiéroglyphe], ce qui est le [hiéroglyphe] de [hiéroglyphes], tandisque le [hiéroglyphes] est figuré [hiéroglyphe]. Quant au AB, il a dans LEPSIUS (Pl. 38) la forme [hiéroglyphe] avec le nom [hiéroglyphes].

3) A, *b*, l. 2—3 : [hiéroglyphes].

4) A, *b*, passe toute cette énumération et donne simplement [hiéroglyphes].

5) Ici encore A, *b*, *l. 4* abrège et donne simplement [hiéroglyphes]. Après ces mots, il coupe le texte et introduit une rubrique : [hiéroglyphes] qui est le titre du chapitre XLIV du *Todtenbuch*. M. LEPSIUS (*Aelteste Texte, Einl.*, p. 21) a déjà observé que, si le titre est le même dans les deux cas, le fond du chapitre diffère entièrement.

6) A, *b*, *l. 5* : [hiéroglyphes], passe la première clause de la formule [hiéroglyphes] et donne partout [hiéroglyphes]. NOFRIOU : [hiéroglyphes].

viennent à toi, les messages de ton père viennent à toi, les messages de RA viennent à toi : arrive à la suite de ton RA. Tu te purifies, tes os sont les dieux et les déesses du ciel, tu es à côté de dieu, tu es délié (?), tu sors vers ton âme, car on a enlevé toute parole mauvaise inscrite au nom d'OUNAS : tu sors, car SIB l'a prescrit dans le ciel inférieur au gardien qui repousse [ceux qui veulent sortir]. Tu te purifies avec l'eau fraîche des étoiles, puis tu descends sur les câbles de fer, par les mains d'HOR en son nom d'*Habitant de la barque* HONOU : les génies lumineux t'acclament, les AKHIMOU-SOKOU te soutiennent, tu entres

1) A, *b*, *l*. *5* :

2) A partir de cet endroit A, *b* passe une ligne entière de texte et continue par 6 etc. NOFRIOU a la même omission.

3) , , forme simple de , etc.

4) A partir de cet endroit le texte d'Entew devient à peu près illisible : il ne se prolonge guères d'ailleurs que de quelques signes. J'ai repris le texte d'API-ONKHOU.

5) Je ne sais pas si l'on a remarqué déjà, qu'à l'époque de l'Ancien Empire, certains mots commençant plus tard par un , débutent par : on a à côté de , et ici à côté de .

au lieu où est ton père, au lieu où est SIB. Il te donne le devant d'HOR, et ton âme y réside, tu t'en empares, tu y es, ô KHONT-AMENTI !

III.

Ô OUNAS, tes revenus arrivent, tes approvisionneurs accourent auprès de ton père, auprès de TOUM. O TOUM, tu as fait entrer Ounas, tu l'as enfermé dans ta main ; il n'y a point de dieu qui [te] châtie, personne qui [te] donne un coup d'épaule ; mais moi je te donne un coup d'épaule, car je vois que tu as vu les formes qui enfantent leurs pères, ceux qui connaissent par les incantations de leur bouche les Akhimou Sokou : tu vois ceux qui résident dans le

---

1) A partir de cet endroit, le texte d'API-ONKHOU est trop mutilé pour qu'il y ait utilité à le mettre en regard du texte d'Ounas. Il ne contenait plus d'ailleurs qu'une ligne et demie dont voici les débris : . Le texte de NOFRIOU coïncide en cet endroit avec le texte d'Api-ônkhou et celui d'Entew dans ses moindres détails.

2) NOFRIOU : , tes porteurs de revenus.

3) NOFRIOU : . Ce texte et les débris du texte d'Api-onkhou montrent que, dans les inscriptions d'Ounas, est à deux reprises l'équivalent de et l'équivalent de . Il serait possible cependant, que, là comme ailleurs, le scribe de Nofriou n'ait pas compris le sens du texte et l'ait corrigé au hasard : différents indices me portent à croire que certaines formules n'étaient déjà plus claires du temps d'Ounas.

4) NOFRIOU : .

5) NOFRIOU : et .

6) BRUGSCH (*Dict.*, p. 510 et *Suppl.*, p. 487) ne donne pour ce groupe ainsi déterminé que le sens de *cracher*. Le passage du *Todtenbuch* auquel il renvoie (ch. 147, l. 17) , ainsi que le passage de notre texte, indiquent nécessairement le sens *tailler, couper, blesser*. Le déterminatif serait ici, comme dans et dans plusieurs autres mots, le déterminatif de la blessure laissant écouler le sang.

palais, c'est-à-dire Hor et Sit. Tu fends la face d'Hor et tu détruis ses péchés : tu laboures les testicules de Sit, et tu détruis son mauvais œil (?). Tu enfantes celui-là et tu conçois celui-ci. Tu enfantes Hor en son nom de *Grand qui a dominé la terre et devant qui a tremblé le ciel :* si celui-ci n'était pas, si celui-ci n'avait pas le mauvais œil, si celui-la ne transgressait pas, par réciproque, tu ne transgresserais pas, tu n'aurais pas le mauvais œil; tu enfantes Hor pour Osiris, tu as eu une âme pour lui, tu as été une force pour lui. Tu conçois Sit pour Sib, tu as eu une âme pour lui, tu as été une force pour lui : quiconque est engendré de dieu sa chair ne passe point et ta chair ne passe point. RA-TOUM ne te donne pas à son Osiris, il ne juge pas tes intentions, il ne pèse point ton cœur. RA-TOUM ne te donne pas à ton Hor :

1) Il faut lire . NOFRIOU renverse l'ordre des deux membres (*sic*) (*sic*), et plus loin .

2) , comme verbe, est nouveau avec ce déterminatif : c'est probablement une forme de , (BRUGSCH, *Suppl.*, p. 127—128), *frapper, combattre,* ici, à cause du déterminatif, *labourer* de ses ongles ou des coups de son arme.

3) Le texte a été corrigé sans que j'aie pu distinguer ce qu'il portait auparavant. NOFRIOU donne là et ailleurs , qui paraît signifier soit l'action mauvaise de l'œil, le *mauvais œil*, soit le *sommeil*.

4) Je crois qu'il est difficile de trouver une meilleure confirmation pour le sens *celui-là* de et *celui-ci* de (cfr. NAVILLE, *Zeitschr.*, 1877, p. 31; BRUGSCH, *Zeitschr.*, 1878, p. 32—37; PIEHL, *Zeitschr.*, 1880, p. 130—134). Plus bas cependant signifie à la fois *celui-ci* et *celui-là*.

5) C'est la première fois, que je trouve une construction de ce genre. La forme est déjà connue par quelques noms propres (LIEBLEIN, *Dict.*, n°s 108, 239, 352, 363, 375, 385, 499, 506, 636, 770) : elle est tirée de par l'adjonction du suffixe qui en fait une sorte de nom d'agent, *n'étant pas* celui-ci, *n'étant pas toi.* Toutefois NOFRIOU donne à deux reprises comme plus haut : .

6) Toute la colonne depuis a été remaniée par le graveur. NOFRIOU : (*sic*) . Je crois que dans Ounas , deux fois répété, est et pas une forme vocalisée de , comme semble l'indiquer le texte de NOFRIOU.

tu ne te rends pas maître, il ne se rend pas maître de ton cœur; OSIRIS, tu ne t'es pas rendu maître de lui, ton âme ne s'est pas rendu maîtresse de lui; HOR, tu ne t'es pas rendu maître de lui, ton père ne s'est pas rendu maître de lui. Les biens sont établis solidement, car c'est dieu qui dit aux deux jumelles de Toum de prendre les biens qu'elles apportent en ton nom de dieu. Alors tu deviens l'Atoum de tout dieu : ta tête est HOR-TAOUTI; l'AKHIM-SOK de ton intérieur est KHONT-MIRITI; l'AKHIM-SOK de tes deux oreilles, c'est les deux jumelles de Toum; l'AKHIM-SOK de tes deux yeux, c'est les deux jumelles de Toum, l'AKHIM-SOK de ton nez, c'est Anoubis, l'AKHIM-SOK de tes dents, c'est Soupti; l'AKHIM-SOK de tes bras, c'est HOPI et TOUAMOUTW, tu reçois offrande, tu sors au ciel, tes deux jambes viennent à toi, qui sont SMET et KOBHSONNUW, tu reçois offrandes, tu descends vers Nout; tu descends, et tes membres ont les deux jumelles de Toum pour AKHIM-SOK, et tu ne te détruis pas, ton double ne se détruit pas, mais c'est un double stable.

V.

Je suis venu vers toi, NEPHTHYS, je suis venu vers toi, barque SAMKTIT, je suis venu vers toi, MAÏT, sous les couleurs d'HOR, je suis venu à toi, *toi qui commémores les doubles :* commémorez-le cet OUNAS! Orion fait sa révolution, conduit le ciel inférieur, mène une vie pure dans l'horizon; Sothis fait sa révolution, conduit le ciel inférieur, mène une vie pure

1) J'ai pensé que était pour *biens, choses :* n'est pas un nom de Dieu, car c'est au nom de et non pas au nom de que les deux jumelles apportent les ; enfin me semble être une variante de *prendre,* comme dans d'autres endroits de notre texte.

dans l'horizon; cet Ounas fait sa révolution, conduit le ciel inférieur, mène une vie pure à l'horizon, il a rendu culte à ces dieux, il a rafraîchi ces dieux, dans la main de son père, dans la main de TOUM.

VI.

RA-TOUM, il vient à toi cet Ounas et tous les AKHIMOU-SOKOU accomplissent les quatre rites nécessaires à la demeure prospère, ton fils vient à toi, il vient à toi cet OUNAS. Parcourez le ciel d'en haut, offrant les biens en abondance, brillez à l'horizon, au lieu où vous avez honoré SIT et NEPHTHYS, apportant les provisions des dieux du midi ainsi que leurs glorifications, car il vient cet OUNAS, l'AKHIM-SOKOU accomplit pour lui les rites; s'il lui plaît, vous mourez, s'il lui plaît vous vivez, vous vivez.

RA-TOUM, il vient à toi cet OUNAS, et tous les AKHIMOU-SOKOU accomplissent les quatre rites nécessaires à la demeure prospère; ton fils vient à toi, il vient à toi cet OUNAS. Parcourez le ciel d'en haut, offrant les biens en abondance, brillez à l'horizon, au lieu où vous avez honoré OSIRI et ISIT apportant les provisions des dieux du nord ainsi que leurs

1) La première partie de la formule va de soi, mais dans la seconde entre une mention difficile à expliquer . Tout ce chapitre est passé dans le texte de la reine , mais le membre de phrase en litige est intercalé dans le chapitre suivant, sous la forme que voici : (*sic*) NOFRIOU TEN , où le mot est passé. Le mot est susceptible de plusieurs sens. Aux époques classiques, c'est une sorte d'élément paragogique servant à introduire le sujet ou quelquefois le régime : les exemples que j'en connais de la XIIe dynastie montrent alors une préférence marquée pour l'orthographe . On peut aussi le considérer comme un pluriel en du nom , , et c'est le sens que j'accepte ici : Tous les Akhimou-Sokou *célèbrent les rites* () *qui concernent* la *demeure prospère*, le tombeau, si n'est pas une expression géographique.

2) Je divise cet ensemble de signes en et je vois dans une forme simple de la locution (BRUGSCH, *Dictionnaire*, *Suppl.*, p. 646—648).

glorifications, car il vient cet OUNAS, l'AKHIM-SOK qu'adore Hir-hops (?) et qu'adorent les esprits qui sont dans l'eau, accomplit les rites, s'il lui plaît, vit le roi il vit, s'il lui plaît, meurt le roi il meurt.

RA-TOUM, il vient à toi cet OUNAS et tous les AKHIMOU-SOKOU accomplissent les quatre rites nécessaires à la demeure prospère; ton fils vient à toi, il vient à toi cet OUNAS. Parcourez le ciel d'en haut, offrant les biens en abondance, brillez à l'horizon, au lieu où vous avez honoré THOT, apportant les provisions des dieux d'occident ainsi que leurs glorifications, car il vient cet OUNAS, l'AKHIM-SOK, aidé d'ANOUBIS et d'OUSIRIT qui réside dans la colline d'Occident, lui qui examine les intentions et qui s'empare des cœurs, s'il lui plaît, vit le roi il vit, meurt le roi il meurt.

RA-TOUM, il vient à toi cet OUNAS et tous les AKHIMOU-SOKOU accomplissent les quatre rites nécessaires à la demeure prospère; ton fils vient à toi, il vient à toi cet OUNAS. Parcourez le ciel d'en haut, offrant les biens en abondance, brillez à l'horizon, au lieu où vous avez honoré HOR, apportant les provisions des génies de l'orient ainsi que leurs glorifications, car il vient cet OUNAS, l'AKHIM-SOK accomplit les rites et s'il lui plaît, vit le roi il vit, s'il lui plaît, meurt le roi il meurt.

RA-TOUM, ton fils vient à toi, il vient à toi cet OUNAS, tu l'as accueilli, tu l'as enfermé dans ta main, car il est ton fils de ton corps à jamais.

1) L'efflorescence du salpêtre ne me permet pas de certifier la lecture de ces derniers mots.

VII.

OSIRIS, il vient cet OUNAS établi le neuvième [du cycle], et l'AKHIM-SOK accomplit les rites, celui qui juge les cœurs, qui châtie les doubles, qui réunit les doubles dans tous les domaines qu'il s'est délimités pour lui-même, qui atteint tous ceux qu'il met en fuite, et qui n'a ni pain pour lui, ni pain pour son double, car son pain à lui c'est la parole de Sib et ce qui sort de la bouche du cycle des dieux mâles : après qu'ils l'ont saisi, voilà que tu pénètres [au ciel] que tu domines !

Il vient, cet OUNAS établi le neuvième [du cycle], et l'AKHIM SOK accomplit les rites : arrive donc, sois enfant, sois allaité, grandis, prospère, sois riche en provisions, de manière à ne pas avoir d'années de famine, voici que Sit et Thot tes deux frères deviennent AKHIMOU, qu'Isis et Nephthys te pleurent [disant] : Pressez [dans vos bras], pressez, faites offrande, faites offrande !

1) Comme le précédent, ce chapitre est divisé en versets commençant par une même formule, dont la seconde partie est de sens douteux, . Les variantes du tombeau de NOFRIOU donnent , ce qui semble pouvoir se traduire : « Elle vient cette Nofriou auprès du neuvième ». Mais le scribe de ce tombeau paraît n'avoir pas compris le texte qu'il transcrivait et ses variantes ne servent souvent qu'à dérouter le traducteur. Il me semble que doit être, soit le verbe , soit un autre verbe de même nature : « Ounas vient, *établi, fondé* en neuvième » de la neuvaine divine.

2) Le texte de NOFRIOU a remplacé quelques-uns des pronoms masculins de la troisième personne, par le pronom féminin correspondant, souvent à tort, et a parfois oublié de remplacer le masculin par le féminin de la seconde personne :

3) C'est ici que le texte de NOFRIOU a introduit le fragment du chapitre précédent (v. p. 206, note 1). Après quoi, il continue : etc.

Il vient à toi, cet OUNAS établi le neuvième [du cycle], et les AKHIMOU SOKOU d'occident qui sont sur terre accomplissent leurs rites pour cet OUNAS.

Il vient à toi, cet OUNAS établi le neuvième [du cycle], et les AKHIMOU SOKOU d'orient qui sont sur terre, accomplissent leurs rites pour cet OUNAS.

Il vient à toi cet OUNAS établi le neuvième [du cycle], et les AKHIMOU SOKOU du midi qui sont sur terre, accomplissent leurs rites pour cet OUNAS.

Il vient à toi cet OUNAS établi le neuvième [du cycle], et les AKHIMOU SOKOU du nord qui sont sur terre, accomplissent leurs rites pour cet OUNAS.

Il vient à toi cet OUNAS établi le neuvième [du cycle], et les AKHIMOU SOKOU qui sont dans le Noun, accomplissent leurs rites pour cet OUNAS.

VIII.

TOUM, c'est ton fils, cet Osiris immobile, tu lui as donné de subsister (?) et de vivre : s'il vit, cet OUNAS vit, s'il ne meurt pas, cet OUNAS ne meurt pas, s'il ne se détruit pas, cet OUNAS ne se détruit pas, s'il n'engendre pas, cet OUNAS n'engendre pas, s'il engendre, cet OUNAS engendre.

SHOU, c'est ton fils cet Osiris immobile, tu lui as donné de subsister et de vivre : s'il vit,

1) NOFRIOU, sans que je puisse voir pour quel motif la négation a été introduite, ici et au verset suivant, devant.

2) NOFRIOU : pour.

3) Ici s'arrête le texte de NOFRIOU pour ce chapitre.

4) NOFRIOU et partout de même au lieu de.

5) NOFRIOU : . C'était un refrain que le scribe ne s'est pas donné la peine d'écrire en entier comme dans le tombeau d'Ounas.

cet OUNAS vit, s'il ne meurt pas, cet OUNAS ne meurt pas, s'il ne se détruit pas, cet OUNAS ne se détruit pas, s'il n'engendre pas, cet OUNAS n'engendre pas, s'il engendre, cet OUNAS engendre.

TAWNOUT, c'est ton fils cet Osiris immobile, tu lui as donné de subsister et de vivre : s'il vit, cet OUNAS vit, s'il ne meurt pas, cet OUNAS ne meurt pas, s'il ne se détruit pas, cet OUNAS ne se détruit pas, s'il n'engendre pas, cet OUNAS n'engendre pas, s'il engendre, cet OUNAS engendre.

SIB, c'est ton fils cet Osiris immobile, tu lui as donné de subsister et de vivre : s'il vit, cet OUNAS vit, s'il ne meurt pas, cet OUNAS ne meurt pas, s'il ne se détruit pas, cet OUNAS ne se détruit pas, s'il n'engendre pas, cet OUNAS n'engendre pas, s'il engendre, cet OUNAS engendre.

NOUT, c'est ton fils cet Osiris immobile, tu lui as donné de subsister et de vivre : s'il vit, cet OUNAS vit, s'il ne meurt pas, cet OUNAS ne meurt pas, s'il ne se détruit pas, cet OUNAS ne se détruit pas, s'il n'engendre pas, cet OUNAS n'engendre pas, s'il engendre, cet OUNAS engendre.

ISIS, c'est ton frère cet Osiris immobile, tu lui as donné de subsister et de vivre : s'il vit, cet OUNAS vit, s'il ne meurt pas, cet OUNAS ne meurt pas, s'il ne se détruit pas, cet OUNAS ne se détruit pas, s'il n'engendre pas, cet OUNAS n'engendre pas, s'il engendre, cet OUNAS engendre.

SIT, c'est ton frère cet OSIRIS immobile, donne qu'il subsiste et qu'il vive : s'il vit, cet OUNAS vit, s'il ne meurt pas, cet OUNAS ne meurt pas, s'il ne se détruit pas, cet OUNAS ne se détruit pas, s'il n'engendre pas, cet OUNAS n'engendre pas, s'il engendre, cet OUNAS engendre.

NEPHTHYS, c'est ton frère cet OSIRIS immobile, tu lui as donné de subsister et de vivre : s'il vit, cet OUNAS vit, s'il ne meurt pas, cet OUNAS ne meurt pas, s'il ne se détruit pas, cet OUNAS ne se détruit pas, s'il n'engendre pas, cet OUNAS n'engendre pas, s'il engendre, cet OUNAS engendre.

THOT, c'est ton frère cet OSIRIS immobile, donne qu'il subsiste et qu'il vive : s'il vit, cet OUNAS vit, s'il ne meurt pas, cet OUNAS ne meurt pas, s'il ne se détruit pas, cet OUNAS ne se détruit pas, s'il n'engendre pas, cet OUNAS n'engendre pas, s'il engendre, cet OUNAS engendre.

HOR, c'est ton père cet OSIRIS immobile, tu lui as donné de subsister et de vivre : s'il vit, cet OUNAS vit, s'il ne meurt pas, cet OUNAS ne meurt pas, s'il ne se détruit pas, cet OUNAS ne se détruit pas, s'il n'engendre pas, cet OUNAS n'engendre pas, s'il engendre, cet OUNAS engendre.

GRAND CYCLE DES DIEUX, c'est Osiris cet immobile, donnez lui de subsister et de vivre : s'il vit, cet OUNAS vit, s'il ne meurt pas, cet OUNAS ne meurt pas, s'il ne se détruit pas, cet OUNAS ne se détruit pas, s'il n'engendre pas, cet OUNAS n'engendre pas, s'il engendre, cet OUNAS engendre.

PETIT CYCLE DES DIEUX, c'est Osiris cet immobile, donnez lui de subsister et de vivre : s'il vit, cet OUNAS vit, s'il ne meurt pas, cet OUNAS ne meurt pas, s'il ne se détruit pas, cet OUNAS ne se détruit pas, s'il n'engendre pas, cet OUNAS n'engendre pas, s'il engendre, cet OUNAS engendre.

1) NOFRIOU : , variante du nom Thot fréquente à la XIIe et à la XVIIIe dynastie.

RAÏT, c'est ton fils cet Osiris immobile, et tu lui as dit : «Vous avez enfanté votre père», tu lui as fendu la bouche quand son fils qui l'aime lui a ouvert la bouche et que les dieux lui ont séparé les membres : s'il vit, cet OUNAS vit, s'il ne meurt pas, cet OUNAS ne meurt pas, s'il ne se détruit pas, cet OUNAS ne se détruit pas, s'il n'engendre pas, cet OUNAS n'engendre pas, s'il engendre, cet OUNAS engendre.

Toi dont le nom est RÉSIDENT DANS ON, stable en sa stabilité dans la région de stabilité, s'il vit, cet OUNAS vit, s'il ne meurt pas, cet OUNAS ne meurt pas, s'il ne se détruit pas, cet OUNAS ne se détruit pas, s'il n'engendre pas, cet OUNAS n'engendre pas, s'il engendre, cet OUNAS engendre.

Toi dont le nom est RÉSIDENT DANS LE NOME ANT'[1], chef de ses nomes, s'il vit, cet OUNAS vit, s'il ne meurt pas, cet OUNAS ne meurt pas, s'il ne se détruit pas, cet OUNAS ne se détruit pas, s'il n'engendre pas, cet OUNAS n'engendre pas, s'il engendre, cet OUNAS engendre.

Toi dont le nom est RÉSIDENT DANS HAÏTSELKIT KAHOTPIT, s'il vit, cet OUNAS vit, s'il ne meurt pas, cet OUNAS ne meurt pas, s'il ne se détruit pas, cet OUNAS ne se détruit pas, s'il n'engendre pas, cet OUNAS n'engendre pas, s'il engendre, cet OUNAS engendre.

Toi dont le nom est RÉSIDENT DANS LE PALAIS DIVIN, RÉSIDENT DANS LA RETRAITE DU CERCUEIL, mis dans la caisse, enchaîné, s'il vit, cet OUNAS vit, s'il ne meurt pas, cet OUNAS

1) NOFRIOU :

2) Après le dieu résidant à On, NOFRIOU introduit . L'identification de tous ces noms géographiques sera donnée dans le Glossaire des noms divins qui prendra place à la suite des textes trouvés dans les Pyramides.

ne meurt pas, s'il ne se détruit pas, cet OUNAS ne se détruit pas, s'il n'engendre pas, cet OUNAS n'engendre pas, s'il engendre, cet OUNAS engendre.

Toi dont le nom est RÉSIDENT EN HOUT' P-AR, s'il vit, cet OUNAS vit, s'il ne meurt pas, cet OUNAS ne meurt pas, s'il ne se détruit pas, cet OUNAS ne se détruit pas, s'il n'engendre pas, cet OUNAS n'engendre pas, s'il engendre, cet OUNAS engendre.

Toi dont le nom est RÉSIDENT DANS ORION, qui passes une de tes saisons au ciel, une de tes saisons vers la terre, toi sur qui Osiris fait la ronde, et qui considères cet OUNAS comme la semence choisie qui sort de toi, s'il vit, cet OUNAS vit, s'il ne meurt pas, cet OUNAS ne meurt pas, s'il ne se détruit pas, cet OUNAS ne se détruit pas, s'il n'engendre pas, cet OUNAS n'engendre pas, s'il engendre, cet OUNAS engendre.

Toi dont le nom est RÉSIDENT DANS DOUP, qui donne l'abondance de biens dont ta fille est comblée, s'il vit, cet OUNAS vit, s'il ne meurt pas, cet OUNAS ne meurt pas, s'il ne se détruit pas, cet OUNAS ne se détruit pas, s'il n'engendre pas, cet OUNAS n'engendre pas, s'il engendre, cet OUNAS engendre.

---

1) NOFRIOU :

2) NOFRIOU : etc.

3) NOFRIOU met partout.

4) NOFRIOU : ; c'est probablement la ville citée par BRUGSCH, *Dict. géogr.*, p. 154, avec une lecture *Hatt-uer* ou *Hat-kam-uer* que notre texte semble ne pas justifier.

5) NOFRIOU partout : .

Toi dont le nom est Résident dans Haït-oïrka et qui donne l'abondance de biens dont ta fille est comblée, s'il vit, cet Ounas vit, s'il ne meurt pas, cet Ounas ne meurt pas, s'il ne se détruit pas, cet Ounas ne se détruit pas, s'il n'engendre pas, cet Ounas n'engendre pas, s'il engendre, cet Ounas engendre.

Toi dont le nom est Résident dans Ounou du Midi et qui donne l'abondance de biens dont ta fille est comblée, s'il vit, cet Ounas vit, s'il ne meurt pas, cet Ounas ne meurt pas, s'il ne se détruit pas, cet Ounas ne se détruit pas, s'il n'engendre pas, cet Ounas n'engendre pas, s'il engendre, cet Ounas engendre.

Toi dont le nom est Résident dans Ounou du Nord qui as mangé l'œil, qui en a garni ton ventre, car ton fils Hor l'a arraché pour toi et tu en vis, s'il vit, cet Ounas vit, s'il ne meurt pas, cet Ounas ne meurt pas, s'il ne se détruit pas, cet Ounas ne se détruit pas, s'il n'engendre pas, cet Ounas n'engendre pas, s'il engendre, cet Ounas engendre.

Ton corps est le corps de cet Ounas, ta chair la chair de cet Ounas, tes os sont les os de cet Ounas, tel tu es, tel est cet Ounas, tel est cet Ounas, tel tu es.

---

1) Nofriou : ... etc.

2) Nofriou : ..., Nofriou ..., Nofriou ...

3) Nofriou : ... Le texte parallèle au texte de Ounas est du cercueil d'Entew.

IX.

Les portes de l'horizon s'ouvrent, par le bris(?) de ses verrous(?), [et voici] il est venu vers toi, ô Nit, il est venu vers toi, ô Nosirit, il est venu vers toi, ô Oïrthikôou, et tu t'es purifiée, tu as craint, te posant sur sa bouche, te posant sur ses dents, te posant sur sa parole, car il te dit : « Splendeur à ta face, toi qui t'es reposée, qui t'es renouvelée, qui t'es rajeunie, « car tu as enfanté des œuvres d'un dieu, père des dieux! » Il vient à toi, ô Oïrthikôou, et c'est Horus enveloppé dans le charme protecteur de son œil qui est Oïrt-hikôou! Ô Nit! Ô Aniou! Ô Oïrit! Ô Oïrit-hikôou! Ô Nosirit! donne qu'Ounas soit mis en pièces comme tu es mise en pièces! Donne que soit craint cet Ounas comme tu es crainte! Donne que soit célébré cet Ounas comme tu es célébrée! Donne que soit aimé cet Ounas comme tu es aimée! Donne lui son sceptre *âb* parmi les vivants; donne-lui son sceptre *mâks* parmi les *lumineux!*

---

1) Dans tous ces passages, le texte de Nofriou, qui a été écrit pour une femme, substitue [hiéroglyphe] à [hiéroglyphe].

2) Nofriou : [hiéroglyphes]. Le texte s'arrête ici pour ne reprendre qu'un peu plus loin au milieu de la ligne 272 du texte d'Ounas.

Donne que prospère son couteau contre ses ennemis! O Aniou, si tu es sorti de lui qui sort de toi ce sont les biens d'Oïrt, si tu es éclatant de blancheur ce sont les biens de l'uræus *Tout*, si tu es enfanté ce sont les biens de *Tout*, si tu es couché sur le lit funéraire ce sont les biens de Oïrt, car tu es Hor enveloppé dans le charme protecteur de son œil!

X.

Tu te dresses sur cette terre, te manifestant en Toum, ne te manifestant pas en Khoprrou! Tu deviens sur elle, t'élèves sur elle, et ton père te voit, Râ te voit!

Il est venu vers toi [ton] père, — il est venu vers toi Râ!

Il est venu vers toi [ton] père, — il est venu vers toi Nadi (Nat'ri)!

Il est venu vers toi [ton] père, — il est venu vers toi Pond (Pont')!

Il est venu vers toi [ton] père, — il est venu vers toi Donden (Dond)

---

1) Nofriou donne le texte de la sorte : [hiéroglyphes] Le texte de Nofriou s'arrête ici.

2) Le [hiéroglyphe] de [hiéroglyphes] a été recouvert de plâtre par le graveur : le mot corrigé est donc [hiéroglyphes].

Il est venu vers toi [ton] père, — il est venu vers toi Sma-oïr!
Il est venu vers toi [ton] père, — il est venu vers toi Sokhn-oïr!
Il est venu vers toi [ton] père, — il est venu Sopdou!
Il est venu vers toi [ton] père, — il est venu Sopd-honnou!

Accorde que cet Ounas répande la libation, et qu'il reçoive l'horizon! Accorde que cet Ounas régisse les neuf et qu'il complète le cycle des dieux! Donne que l'autorité soit avec Ounas, et que le Nord courbe la tête [devant lui] ainsi que le Sud, qu'il descende et qu'il monte, qu'il se tienne chef des grands dans son Grand Lac, que Nephthys le glorifie quand il a fini de remonter contre le courant! Car tu es approvisionné de Oïr-hikôou dans Noubit, maître du pays du midi, sans qu'on puisse rien t'arracher ou rien écarter de toi, et te voilà pourvu d'âme (?) et seigneur des dieux du midi . . . . » La suite du texte ne m'est pas claire, et je ne réussis pas à saisir l'agencement des différents membres de phrase qui la composent. Je ne commence à m'y reconnaître qu'à la fin de la ligne 288 : « Toum dans On t'a purifié, et descendant avec lui, tu es pesé comme le lion du Nou et tu te tiens dans ces lieux où tu es devenu avec ton père Toum, que tu as soulevés avec ton père Toum, où tu t'es levé avec ton père, où tu t'es précipité comme un lion avec ta tête de . . . . de On; tu sors, tu t'es mis en route dans les membres de Shou, tu es roulé dans les deux bras de ta mère Nout, tu t'es purifié dans le ciel, tu t'es dépouillé [de tes souillures] dans les lacs de Shou. Tu sors, descendant tu descends avec Râ, tu passes avec Nadi, tu sors, tu descends, tu descends avec Râ, tu te lèves avec Sokhoun-to-nouro. Tu sors, tu descends tes descentes avec Nephthys, tu passes avec la barque Somkit, tu sors tes descentes, tu sors avec Isis, tu brilles avec la barque *Mâdti*, tu es maître de ton corps, il n'y a personne qui te repousse, car Hor t'a enfanté, Sit t'a conçu; tu t'es purifié dans le nome de Libye, tu as reçu ta purification dans le nome d'Héliopolis, auprès de ton père, auprès de Toum. Tu t'es produit, tu as grandi, tu es entré, tu t'es rafraîchi dans la main de ton père, dans la main de Toum. O Toum, tu as fait passer la porte à cet Ounas, et tu l'as roulé dans ta main, car il est ton fils de ton corps à jamais.»

Les formules des paragraphes XI et XII reparaissent plus développées dans une autre pyramide : la traduction en viendra dès que j'aurai publié le second texte. Quant aux formules magiques dirigées contre les serpents, elles couvrent le pignon de la face Ouest, au-dessus du sarcophage (L. 300—339). Elles se retrouvent en entier dans le tombeau de

Bokenranw, mais séparées en deux groupes : l'un d'eux équivaut aux vingt et une premières lignes du texte d'Ounas (300 — 321) et est publié dans Lepsius (*Denkm.* III, pl. 262*c*); l'autre est sur la planche 261 de Lepsius. Cette version est de la XXVIe dynastie et une partie au moins en a été reproduite dans un autre tombeau de même époque, mais elle a dû être copiée sur un texte fort ancien qui présentait à peu de chose près la même orthographe que le texte d'Ounas. Les *Aelteste Texte* de Lepsius renferment deux *Chapitres de repousser le serpent,* l'un gravé sur le cercueil de Sobkâa, l'autre gravé sur celui de Montouhotpou. La version de Sobkâa ne concorde que pour quelques mots (L. 300—304) avec celle d'Ounas (*Aelteste Texte,* pl. 35) : à partir de la ligne 304 les formules deviennent différentes. La version de Montouhotpou est plus importante : elle nous donne l'équivalent des vingt et une premières lignes (300—320) du texte d'Ounas (*Aelteste Texte,* pl. 15) avec quelques variantes intéressantes. Enfin un cercueil de la XXVIe dynastie conservé à Stockholm donne les premières phrases du début (Piehl, *Petites études égyptologiques,* p. 33).

I. — S'enroule le serpent : c'est le serpent qui s'enroule autour du veau. Ô hippopotame sorti du bassin terrestre, tu as mangé ce qui sort de toi : *Serpent qui descends,* couche-toi, rebrousse chemin!

II. — Le dieu *Hon* (?) *Peset'it* tombe dans l'eau, le serpent est renversé et tu vois Râ.

III. — «Tranchée la tête du serpent Ka-oïr-hanou» te dit-on. «Râ pique le scorpion», te dit-on. «Renversé *celui qui bouleverse la terre*», te dit-on.

IV. — Tombe face sur face, et face a vu face, le doigt sort par quoi prospère . . . ., et il a dévoré lui-même, ô *toi qui as goûté.*

---

1) Stockholm : , toujours.

2) Stockholm : .

3) Stockholm : .

4) Stockholm : . La fin de la formule a été remplacée par les titres et noms de la morte.

V. — Ce sont ces griffes de Toum, de la maîtresse du Porte-bracelets, et de Nouhbkôou qui brisent les révoltes dans Ounou : — Tombe, rebrousse chemin!

VI. — Ta salive est en terre, tes deux flancs sont dans le trou, lancent l'eau, et voici que les deux pleureuses te ferment la bouche : C'est une suivante qui ferme la bouche à une suivante, qui ferme la bouche à une suivante; c'est la déesse lynx qui mord le dieu crocodile; c'est le serpent. Ô Râ, Ounas a mordu la terre, Ounas a mordu Sib, Ounas a mordu le

1) Des quatre textes, deux reproduisent une version identique : O. et B. La position de dans Ounas, montre que le texte primitif, celui d'où procèdent à la fois O. et B. devait avoir intercalé la hachette entre ⊙ et , soit que le signe eût été oublié, soit qu'on eût l'intention de substituer à ⊙, et qu'après avoir rétabli on eût oublié d'effacer ⊙. La variante de M. , semble bien montrer que cette seconde hypothèse est la vraie, et qu'il faut traduire « Le Dieu perce le scorpion » et non pas « Râ perce le scorpion! » Toutefois la version de STOCKHOLM montre que c'est bien de Râ qu'il s'agit : ⊙ (sic).

2) STOCKHOLM : .

père de qui l'a mordu. Il s'agit de mordre Ounas sans qu'Ounas vous morde, d'aller vers Ounas sans qu'Ounas vienne à vous, de saisir deux moments pour voir Ounas, de saisir deux moments pour fixer Ounas: tu mors Ounas et il te donne le premier, tu vois Ounas et il te donne le second. Mord le serpent : c'est la guivre qui mord la guivre. C'est le serpent qui s'enroule autour du ciel, s'enroule autour de la terre, s'enroule autour de ce qui était auparavant. O génies qui vous enroulez autour du dieu dont la tête est cachée (aveugle), enroulez-vous vous-mêmes autour de ces scorpions qui à eux deux portent Éléphantine, qui sont dans la bouche d'Osiris, et qui portent Hor sur le bracelet!

1) Ici commence le texte de Bokenranw.

Les formules VII et VIII sont intraduisibles dans leur concision : ce sont des strophes allitérées qui agissaient surtout par le choc des sons.

IX. — Tombe huile sortie de terre! tombe flamme sortie du Nou! tombe, rebrousse chemin!

X. — Garde à toi, *Celui qui a ses liens* vient pour te lier, *Celui qui est dans ses feuillages* accourt en acclamant de ses deux faces!

XI. — Précipite-toi dans le puits, dans le puits, car tu as connu la gardienne du battant de la porte.

XII. — Replie-toi, serpent dont le nom est : ATI, ATI etc.

XIII. — Atoum crache les excrétions de Sokari vers la maison de sa mère : Serpent Haou, couche-toi!

XIV. — Le pain de ton père est à toi, c'est donc Akanhi ton pain . . . .

XV. — La couronne blanche sort, elle a mangé la *Grande* : la langue de la couronne blanche a mangé la *Grande* et l'on n'a point vu la langue.

XVI. — Corps au ciel, larve de Hor sur la terre! Hor est fort : s'il laboure, Ounas laboure à Siben de Hor (sur le sol du domaine de Hor). Ounas ignore qui ne connaît pas Ounas. Garde à toi, *dieu qui est dans son buisson;* accours vite, *dieu qui est dans son trou,* les provisions de Hor sont sur le sol! Oh, donne que le serpent *Haou* rebrousse chemin!»

Des trois dernières formules, je ne saisis bien que la dix-huitième : «Éteindre la flamme, qu'on ne trouve pas l'*uræus-flamme* dans la maison inférieure de Noubut : le serpent *Qui mord quiconque envahit la maison,* mord quiconque aborde en cet endroit!» Toutes les formules font allusion comme on voit à la morsure brûlante ou au venin des serpents. Elles paraissent être cadencées et destinées à être chantées : ce n'étaient peut-être à l'origine que des chants de charmeurs de serpent. Elles se retrouveront d'ailleurs, ou d'analogues, sur les parois des autres pyramides. Le fait mérite d'être remarqué d'autant plus qu'il détruit une idée reçue jusqu'à ce jour. On a considéré les incantations, si nombreuses dans les papyrus magiques et sur d'autres monuments, comme étant de basse époque et provenant d'une dégradation du culte. Nos textes prouvent qu'elles appartiennent à l'antiquité la plus reculée et sont une des parties essentielles de la religion égyptienne. Peut-être doit-on conclure du nombre de ces formules et de la frayeur qu'elles supposent dans l'esprit des fidèles que le nombre des reptiles et des insectes venimeux était beaucoup plus considérable dans l'Égypte primitive qu'il ne l'est dans l'Égypte de nos jours.

COULOIR ENTRE LA CHAMBRE OUEST ET LA CHAMBRE EST.

Le couloir qui conduit de la chambre du sarcophage à la chambre Est était couvert d'inscriptions. Voici celles qu'il portait sur la paroi Nord :

Les deux premières lignes de ce texte sont détruites, et je ne trouve pour les compléter qu'un fragment de SCHIAPARELLI [1]. A la troisième ligne commence le texte que nous avons déjà retrouvé dans la chambre du sarcophage. Sans doute les prêtres le répétaient ici avant de pénétrer avec le mort dans la pièce la plus reculée du tombeau, et versaient la libation prescrite : ils répétaient la même cérémonie en sortant, au moment de quitter la momie pour toujours. Il est inutile de reproduire ici la traduction que j'ai déjà donnée plus haut.

Le texte, contenu dans les trois dernières lignes accompagnait la présentation de l'encens: « Salut à toi, encens! Salut à toi, encens! Salut à toi, hirondelle qui est dans les membres « d'Haroïri, prends forme en ton nom de pain, que ton parfum [monte] vers Ounas, et ton « arôme vers Ounas! ô œil d'Hor, lève-toi, grandis pour Ounas! — *Encens.* »

1) *Il libro dei Funerali*, pl. LXVI.

Sur la paroi d'en face, se déroule une autre inscription de même étendue :

La première ligne est mutilée. Elle se terminait par l'indication ritualistique : «Verser deux vases *rouges.*» Le texte continue : «Il vient à toi cet OUNAS, Nout, il vient à toi cet OUNAS, Nout, il a lancé *le père* à terre, il a précipité Hor derrière lui. Eployant ses deux ailes comme l'épervier, brûlant comme *l'aigle au regard fixe,* réuni à son âme[1], muni de ses charmes magiques, tu prends ta place[2] au ciel parmi les étoiles du ciel, car tu es une étoile unique. Nout écarte le nuisible, et tu vois la figure d'Osiris qui rend ses décrets aux génies, et certes l'esprit protecteur supérieur à Osiris n'est point parmi eux, si toi tu n'es point parmi eux.

Voir l'esprit protecteur de cet Ounas, et les deux cornes de sa tête, les deux bœufs qui sont certes SI et SIT! O enfants de SIT-BOKIT (la fille de l'olivier), vous qu'ont allaités ces quatre déesses[3], il vient à vous Hor aux deux yeux bleus, protégez Hor aux deux yeux

1) Litt. : «Il s'est apporté à lui-même son âme.»

2) Litt. : «Tu *ouvres* ta place.» Il y a ici double changement de personne : 1° après s'être adressée à Nout, la prière s'adresse à Ounas; 2° elle s'adresse à Ounas à la troisième puis à la seconde personne.

3) Le texte est écrit [hiéroglyphes] de manière à laisser un blanc dans la colonne. Les variantes donnent [hiéroglyphes]. J'en conclus que [hiéroglyphes] est une variante de [hiéroglyphes], féminin de [hiéroglyphes] *ces.*

rouges, et malade de fureur (?); que son âme ne soit pas repoussée, mais que ses revenus arrivent, que se précipite celui qui presse ses approvisionneurs[1]. Quand il se dirige vers l'Est l'aller unique qui est en toi, SOP parle, donne ses ordres aux pères des dieux et les dieux se prosternent pour toi, le cycle des dieux porte la main à sa bouche, lors de ce rite unique qu'on fait en toi, lorsque Sop rend ses décrets aux pères des dieux; que les deux portes de l'horizon se dressent, que les portes des eaux d'en haut s'ouvrent, et que tu te tiennes entre les deux battants de porte; que Sib et avec lui son cycle de dieux entrent, frappent le mal (?), sortent, portent haut leur face, et te voient; que MIN, celui qui est dans les deux rives de l'Égypte et ses deux insignes soient derrière toi, que tes deux insignes à toi soient derrière toi, que l'insigne qui t'appartient (?) soit derrière toi, que tu ne sois jamais détruit, que tu ne sois jamais anéanti, que ton nom soit puissant auprès des hommes et que tu fasses ton devenir parmi les dieux!»

CHAMBRE DE L'EST.

Les quatre parois de la chambre Est sont couvertes d'inscriptions de haut en bas. Quelques-uns de ces textes sont des formules magiques destinées comme les formules de la chambre précédente à prémunir le défunt contre certains animaux dangereux dans l'autre monde. La plupart ont pour objet de fournir à l'approvisionnement du mort et de lui assurer les moyens de parvenir et de séjourner parmi les dieux. Comme rien jusqu'à présent ne me permet de déterminer l'ordre suivi par l'écrivain dans la répartition des chapitres de ce livre magique, je commencerai par donner ceux d'entre eux qui ont été gravés sur la paroi la plus proche de la chambre funéraire, c'est-à-dire sur la paroi Ouest.

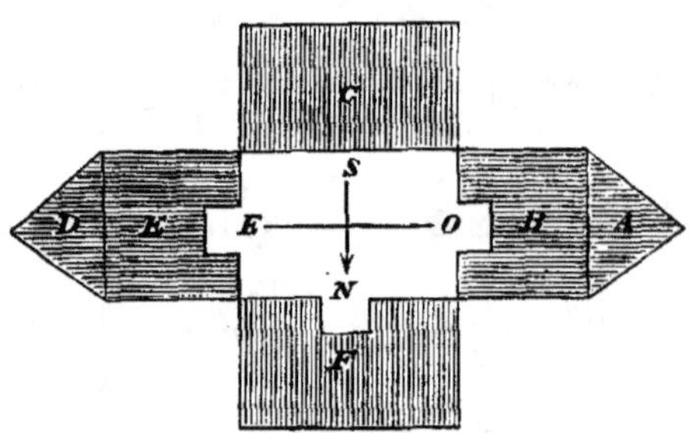

La paroi Ouest porte deux séries de textes; l'une en *A* dans le pignon, l'autre en *B*. Les textes du pignon nous montrent Ounas purifié et dominant sur les dieux : je n'en ai trouvé jusqu'à présent aucune partie qui ait été reproduite sur des monuments d'époque postérieure.

379 380 381

382 383

I.

Ton fils Hor t'a fait [le sacrifice][2], et les grands tremblent quand ils ont vu l'épée qui est dans ta main, à ta sortie du ciel inférieur. Salut à toi, Dieu sage (SAÏ), toi que Sib a

1) La même phrase presque mot pour mot à la ligne 212. Le mot à mot donne : «se précipite *celui qui fait se hâter* ses approvisionneurs.»

2) Litt. : «Hor *a fait* à toi.» Sur ce sens *faire le sacrifice* de , voir dans les *Mélanges d'Archéologie*, T. III, les *Notes sur quelques points de Grammaire et d'Histoire.*

créé et qu'a enfanté la Neuvaine des dieux, au père de qui Hor se joint, aux années de qui Toum s'unit, et se joignent les dieux de l'Orient et de l'Occident à la Grande qui devient en tes mains! Un dieu est né, c'est Ounas; Ounas voit, c'est Ounas; Ounas aperçoit, c'est Ounas; [Ounas] entend, c'est Ounas; Ounas est là, c'est Ounas; Ounas, élève-toi jusqu'à ta place, toi l'acte, toi qui détestes le sommeil, qui remplis d'ardeur le défaillant. Voici que *Celui qui vit dans Nodit* te fait ton pain excellent dans Pa, et reçoit ta forme dans On, car lui c'est Hor qui a ordonné ce qu'on doit faire pour son père, le maître des nues, et quand il médite sur ce qui lui a été dit Sit tremble; *Celui qui est dans les bandelettes (Am-ût)* te soulève [comme] il soulève Toum.

II.

C'est Ounas le grand, Ounas est sorti d'entre les cuisses de la neuvaine des dieux, Ounas est conçu et c'est par Sokhit, c'est par Shoskhontit. L'étoile Sothis a enfanté Ounas, la marcheuse, car elle conduit la route du soleil chaque jour; aussi Ounas est venu vers son siège de roi du Midi et du Nord et Ounas se lève sous forme d'étoile.

III.

O vieillard qu'on appelle In-hir-pi-si de son nom, c'est Ounas! Ces lotus qui brillent sur terre, quand la main d'Ounas est purifiée par *Celui qui fait son siège*, c'est Ounas, pour les narines du *grand puissant*. Ounas est venu dans l'île de la flamme et Ounas y a donné ce

1) Litt. : « Toi qui fais ce qui est ordonné. »

qui est juste, et celui qui est dans le siège *Aswit-to,* c'est Ounas, vêtu de blanc, le destructeur des uræus pendant cette nuit où pleure le grand issu de la Grande. Ounas se lève comme Nofritoum du lotus, vers les narines de Ra, il sort de l'horizon chaque jour, et les dieux sont purifiés de sa vue.

IV.

C'est Ounas le chef des *doubles,* celui qui rassemble les cœurs pour le *Grand chef de sagesse, Celui qui porte le livre sacré — le savant de l'Amenti!* Ounas vient vers son siège *le chef des doubles,* Ounas rassemble les cœurs et il est le *Grand chef de sagesse,* Ounas devient le *savant qui porte le livre sacré de l'Amenti* et discute avec Ounas; c'est Ounas qui récite la grande prière efficace pendant la fête de la poupe, c'est Ounas; c'est Ounas *le savant de l'Amenti,* qui garde un cœur ferme dans la retraite du Nou.

V.

O chefs des heures, ancêtres de Ra, faites un chemin à Ounas, qu'Ounas passe dans la procession des *génies dont la face est belliqueuse,* qu'Ounas aille à ses places parmi les places, derrière le dieu brave armé de cornes, [lui] pourvu de force qui porte le couteau, armé de l'épée [prêt à] trancher la gorge, et à écarter le mal de la tête [du dieu], [lui] le

1) Le mot à mot donne : « C'est Ounas *vers* ou *pour* les narines . . . » et « c'est Ounas *pour* ou *vers* les linges blancs ». Si je comprends bien la forme grammaticale, l'auteur a voulu dire simplement que si Ounas prend la forme de lotus, c'est pour être respiré par dieu, et que s'il est identifié avec *Celui qui est sur le siège Aswi-to,* c'est afin de pouvoir revêtir ses vêtements blanchis et purifiés.

2) Litt. : « Donnant la tête », présentant la tête à qui l'attaque.

taureau avisé qui charge les habitants des ténèbres, la corne puissante qui est derrière le dieu grand! Ounas a frappé ceux qui attaquent; Ounas a frappé leur front, et Ounas n'est pas écarté de l'horizon. Salut à vous, dieux qui êtes au ciel inférieur, Ounas est venu et vous le voyez qui prend forme du dieu grand; Ounas n'a pas plus peur, car il a votre protection à tous; Ounas donne des ordres aux hommes, Ounas pèse les paroles de ceux qui vivent dans le premier domaine de Ra, Ounas adresse la parole à ce domaine pur où il s'est établi avec Apnoutri, Ounas devient maître de sa tête, Ounas tient le bâton et le fouet, Ounas est purifié, Ounas demeure avec les matelots de la barque de Ra, Ounas y ordonne ce qu'il est bon de faire, car Ounas est le dieu grand.

VI.

Je suis pur, je suis pur dans les champs d'Aïlou! Ra a été purifié dans les champs d'Aïlou et cet Ounas a été purifié dans les champs d'Aïlou, cet Ounas a été purifié dans les champs d'Aïlou. La direction que suit Ounas est la direction que suit Ra : Nout le reçoit et Shou l'introduit, Shou l'introduit.

Le texte gravé sur la paroi *B* a eu quelques lignes mutilées vers le bas par la chute d'un fragment détaché de l'un des blocs qui formaient la paroi immédiatement au-dessus du couloir. J'ai comblé les lacunes au moyen du duplicata qui se trouve dans le tombeau de Téti.

I.

Rosée de la *Grande* pour le *Taureau de Khoun*, flamme du feu [d'Ounas] contre vous, *Dieux qui êtes derrière le naos!* O dieu grand dont le nom est ignoré, [qu'il y ait] des pro-

1) Litt. : « Il a fait sa résidence là. »

visions sur la place du maître unique! O maître de l'horizon fais une place à Ounas; car, si tu ne faisais pas une place à Ounas, alors Ounas serait en abomination à son père SIB (la terre), SIB ne lui parlerait point, SIB ne lui porterait (?) rien, et ce qu'Ounas trouverait sur son chemin il devrait le dévorer avidement! Dispose le *Hount,* fais que le Dieu *Peset'ti* sorte, que le dieu grand se dresse, que la double neuvaine des dieux de la terre parle, que s'arrondisse la sphère céleste, que se réunissent les deux espaces, que s'assemblent les deux abîmes, dont les voies sont mystérieuses pour ceux qui veulent en approcher, et dont les escaliers sont destructeurs pour ceux qui veulent en sortir, que la corde de hâlage [de la barque solaire?] traverse le ciel, que le cristal [du firmament] soit brisé à la bouche du *Bassin des deux Hopi!* O terreur des champs de KAÏD et d'APAOU-AN-SIBOU, lorsqu'ils ont vu le pilier de KONSIT, le taureau du ciel; o *dieu fleurissant* sur le flanc (?) de qui sont des taureaux, qui inspire la terreur et fait trembler les *Génies armés de couteaux,* ancêtres des ouragans célestes, lorsqu'il ouvre la terre et mesure le jour pendant lequel il lui plaît aller; o, *toi qui es le Grand laboureur au sein du Ciel inférieur,* la voici qui vient à l'encontre de toi la belle déesse AMENTI, vers Ounas, à l'encontre de toi, avec ses belles tresses, la voici qui te dit : Il vient [vers Ounas], le piquier (?) dont la corne resplendit, le *pilier* aux yeux fardés, le taureau du ciel; te séparant de tes formes, va t'en en paix et joins-toi à ton père!» Et la belle AMENTI à Ounas : «Passe,

1) Litt. : «Fait, *certes* Ounas les dégoûts de son père.» ici, comme plus bas au paragraphe deux est la conjonction .

navigue vers le *champ des offrandes,* prends la rame de *Hrikatiw.* O *dieu qui est en son lit funèbre,* toi qui laboure sur terre [cours] à celui qui t'a engendré, à celui qui t'a éjaculé, à celui qui t'a semé! Tu vois RA comme *Celui qui a pris ses liens,* tu adores RA comme *Celui dont les liens proviennent de Sa-oïr; Celui qui est dans ses vêtements de pourpre,* le *maître des Offrandes* vient à ton aide lui et ses singes. O *vous dont les têtes passent (?),* qu'Ounas s'éloigne de vous en paix, car il a élevé sa tête sur son sceptre, et le sceptre d'Ounas lui sert de protection en son nom de *Souleveur de tête,* grâce auquel il soulève la tête du bœuf HAPI au jour où on lace le taureau. Lorsqu'Ounas a donné qu'on mange de ce dont on boit et qu'on boive de ce dont on a en abondance, quelle est la protection d'Ounas? C'est *celui que le serpent Hakenout voit sur son sceptre T'âm,* la *déesse orpheline (?)* d'Ounas, celle qui soulève SHOU; elle agrandit la place d'Ounas dans le *T'odu,* dans la *T'odit,* dans les *T'odout,* elle dresse les deux supports [d'Ounas] parmi les *dieux chefs;* elle creuse l'étang d'Ounas dans les Champs Élysées, elle lui assure la possession d'un champ dans les *Plaines des offrandes,* et Ounas juge comme la vache MIHTOÏRT entre les deux combattants, car les ressources d'Ounas sont les ressources de l'œil de TOBI, les forces d'Ounas sont les forces de l'œil de TOBI, et Ounas s'est délivré de ces *formes divines* [hostiles] à lui qui [veulent] lui arracher ses provisions; car ceux là qui veulent lui arracher ses vivres, car celles qui veulent arracher les vents au nez d'Ounas, et qui emmagasinent les jours de vie, Ounas est plus fort qu'elles, Ounas se lève sur son terrain, et voici leurs cœurs sont [la proie] de ses doigts, leurs entrailles pour *Ceux qui sont au ciel* (les oiseaux), leur sang rouge pour *Ceux qui sont sur terre* (les bêtes sauvages), leurs chairs pour les vils, leurs maisons pour les voleurs, leurs murs pour HAPI le grand! Ounas s'en réjouit [Ounas s'en réjouit], car c'est Ounas l'unique, le taureau du ciel; il a détruit ces *formes divines* qui lui sont [hostiles], il a anéanti celles d'entre elles qui sont sur terre, celles qui sont sous son siège, celles qui agissent pour lui, celles qui le soulèvent, celles que son père SHOU lui a données à côté de SIT!

II.

Rosée de l'horizon pour HOR-KHOUN, provisions pour les *dieux-maîtres!* Rosée de l'horizon pour HOR-KHOUN, flamme du feu [d'Ounas] contre vous, *Dieux, qui êtes derrière le naos,* débordement du feu [de l'horizon] contre Vous, *Dieux qui élevez la Grande!* Rosée de l'horizon pour HOR-KHOUN, provisions pour les *dieux-maîtres!* O dieu *Khobt'ou* (replié), dont repliée est la forme et repliées sont les types[1], mets-toi sur ton siège, pose ta momie à terre pour Ounas, car si tu ne te mettais pas sur ton siège, [si tu ne posais pas ta momie à terre pour Ounas], alors Ounas viendrait lui-même comme Dieu grand, maître de violence, fort du mal qu'on lui aurait fait, alors Ounas ferait [que la flamme de son œil] circulât derrière vous, que son œil fît rage comme *Ceux qui accomplissent les rites,* qu'il débordât comme les dieux *Paoutiou,* alors [Ounas] saisit [les bras de SHOU sous NOUT], alors Ounas pousse son épaule pour protéger ton épaule contre son œil; car voici *le grand* se dresse dans l'intérieur de son naos, [et pose sa momie à terre pour] Ounas, et Ounas a pris HOU et s'est rendu maître de SAÏ.

1) Je crois voir dans [hiéroglyphes] une allusion au dieu replié [hiéroglyphe], du firmament.

III.

La chair d'Ounas est SIB, la chair d'Ounas est SIB; et sa chair à lui s'est TOUM et il est sur le trône de l'HOR des *dieux aînés*, son œil est sa force, sa sécurité est dans ce qu'on lui fait, la flamme du feu de son uræus est sa première *uræus Rannoutit*, Ounas a lancé ses terreurs en leur cœur en leur faisant la guerre, et, quand les dieux [le] voient à nu, ils courbent l'échine devant Ounas, acclamant celui que sa mère conduit à la rame, celui que sa ville hâle, et que ta corde traîne à la remorque.

IV.

Les troubles au ciel que nous voyons de nouveau, ce sont les dieux de la neuvaine d'HOR en leur splendeur, quand HOR fond sur les *Maîtres des formes*, et qu'il court autour de la double neuvaine de TOUM. S'asseyant à toute place de TOUM, Ounas prend le ciel et en a fendu en deux la substance, Ounas se guide sur les voies de KHOPRI, Ounas s'unit vivant à l'AMENTI et les habitants du ciel inférieur le suivent, Ounas brille nouvel à l'Orient,

1) Litt. : « comme *murs* de ton épaule contre elle ».

2) « Est chair à lui Toum, il est [hiéroglyphes] sur le trône. » [hiéroglyphes] est une variante assez fréquente de [hiéroglyphes] dans les textes de l'ancien Empire, et s'explique probablement par une prononciation AF, de [hiéroglyphes].

et les messagers du *Rebelle* viennent à lui courbant l'échine, car Ounas a fondu sur les dieux aînés, très fort! Comme Hou est le type d'Ounas en sa place, Ounas saisit Hou, et quand on lui a apporté l'éternité, quand on lui a fixé SAÏ aux pieds, Ounas est parti en barque, et il a pris l'horizon.

V.

Ounas c'est OSIRIS en mouvement et qui a horreur de la terre, aussi Ounas n'entre pas en SIB, son âme rompt à jamais[3] son sommeil dans sa demeure qui est sur terre, ses os sont frais, ses maux sont détruits, car Ounas s'est purifié avec l'œil d'HOR. Ses maux sont détruits par l'opération des deux couveuses, Osiris a jeté à terre pour Ounas ses humeurs dans KOUSI. C'est sa sœur la dame de Pa qui le pleure et Ounas est au ciel, Ounas est au ciel sous forme d'air, sous forme d'air; il ne détruit rien et rien n'est détruit en lui; il ne demeure pas en place comme gardien du dieu, mais c'est Ounas le *dieu chef unique* des aînés et des dieux, son gâteau d'offrandes est pour HOR et RA, son repas d'offrandes est NOU. C'est Ounas, le rétrograde, il va, il vient avec RA, il a enveloppé ses demeures; Ounas saisit les doubles, il délivre les doubles, il donne le mal, il détruit le mal, Ounas veille, il se couche, il met en paix les deux *Nou* dans OUNOU, son pied ne s'en va pas, son cœur n'est pas repoussé.

1) Le texte de Téti donne ici qui va mieux que avec le contexte. L'erreur du graveur s'explique aisément par la ressemblance du trait pour avec le trait pour dans l'original hiératique.

2) Téti a qui donne un meilleur sens. Je crois pourtant qu'à la rigueur peut convenir : «Ses os sont *arrosés*» des sucs de vie.

3) Dans Téti le verbe est déterminé par , un homme qui saisit le créneau d'une tour pour la démolir. Le mot à mot du passage serait donc : «Il ne démolit pas, il n'y a point ses démolitions en lui». C'est l'antithèse de l'expression «*édifier* le malheureux», «*construire* le misérable», qui revient fréquemment dans les textes.

VI.

O SIB, taureau de NOUT, Ounas c'est HOR, la chair de son père; c'est Ounas qui passe quatrième de ces quatre dieux qui apportent l'eau et présentent les formes ritualistiques.

On dirait que le texte gravé sur la paroi Sud *C* n'est que la suite d'un autre texte. Il commence abruptement :

I.

Celui qui descend de la cuisse de leurs pères, il aime à être juste en tout ce qu'il a fait. Comme TEWNI et TEWNIT ont pesé Ounas, comme les deux MAÏT ont entendu, comme SHOU a rendu témoignage et comme les deux MAÏT ont arrêté qu'Ounas parcourût les domaines de SIB, se levant à son gré, assemblant ses membres qui sont dans la tombe, rejoignant ceux qui sont dans le NOU, proférant les incantations dans ON, voilà qu'Ounas sort en ce jour en les formes exactes d'âme vivante; Ounas lance la javeline, abat du glaive le rebelle. Ounas sortant vers MAÏT qui lui apporte sa vie, a chassé les influences mauvaises, et a donné le mouvement et la vie à ceux qui sont dans le NOU!

La défense d'Ounas est dans son œil!

La protection d'Ounas est dans [son] œil!

La force d'Ounas est dans son œil!

1) Litt. : « Il aime la justesse de sa voix en tout ce qu'il fait. »

2) Son *état,* sa *condition* ou son *sort.*

La puissance d'Ounas est dans son œil!

O dieux du midi, du Nord, de l'Est, protégez Ounas qui a eu peur, et qui est demeuré en forme de belette (?); [sinon] les deux salles vous brûleront, et le serpent T'anenout broiera vos cœurs. O vous qui venez vers Ounas, voici le coureur rapide, voici qu'il est venu, voici qu'il est venu, car c'est Ounas lui-même son père et sa mère est Nekhben! L'horreur d'Ounas c'est de courir dans les ténèbres, sans qu'il voie les renversés; aussi Ounas sort en ce jour, Maït lui apporte sa vie, et Ounas n'est pas livré à vos flammes, ô dieux!

II.

C'est Ounas . . . . le cœur de Thot, le cœur de Shou . . . . c'est Ounas la flamme [qui court] sur tout l'air entier, sur le ciel entier, sur la terre entière. Les cours des canaux sont desséchés par Ounas, Ounas poursuit Shou, il parcourt le firmament, il frappe la couronne Nit des bâtons divins de chasse, ceux qui sont dans Ounounit lui ouvrent les bras, et Ounas se tient debout sur la moitié orientale du firmament, il a conduit la direction du chemin, c'est Ounas qui accomplit l'œuvre destructrice.

III.

Ne méconnais pas Ounas, ô dieu, car tu le connais, car il te connaît, car il te connaît!
Ne méconnais pas Ounas, ô Ra, car tu le connais, car il te connaît, car il te connaît!
Ne méconnais pas Ounas, ô Ra; dis : «Grande est ton abondance, ô Toum!»
Ne méconnais pas Ounas, ô Thot, car tu le connais, car il te connaît, [car il te connaît]!

Ne méconnais pas Ounas, ô THOT; dis : «Qu'il repose seul!»

Ne méconnais pas Ounas, HOR-SOPD, car tu le connais, car il te connaît, [car il te connaît]! Ne méconnais pas Ounas, HOR-SOPD; dis : «Malédiction!»

Ne méconnais pas Ounas, *Am-ḍiat*, car tu le connais, car il te connaît, [car il te connaît]! Ne méconnais pas Ounas; dis : «Éveille-toi en bonne santé!»

Ne méconnais pas Ounas, taureau du ciel, car tu le connais, car il te connaît, [car il te connaît]! Ne méconnais pas Ounas; dis : «Cet astre *Nekhekh!*»

Voici qu'Ounas vient, voici qu'Ounas vient, voici qu'Ounas sort; or, si Ounas ne venait pas de lui-même, [votre] message venant à lui, l'amènerait; Ounas s'est avancé vers sa demeure, et la lionne du grand lac s'est inclinée devant lui; on ne lui prend point ses provisions dans la grande barque, il ne s'est pas fait repousser de la *Demeure blanche* des grands vers la région MASKHONT (loin?) du firmament étoilé. Voici donc qu'Ounas est arrivé à la hauteur et à la largeur du ciel, il a vu son corps dans la barque SOMKIT, et Ounas y a exécuté la manœuvre; il a rassasié les uræus de la barque MAT, et Ounas l'a lavée; aussi les génies lumineux lui ont rendu témoignage, les grêlons du ciel l'ont battu, et ils introduisent Ounas à RA.

IV.

Fais que RA soit enfermé entre les deux horizons du ciel, pour qu'il y navigue vers l'horizon!

Fais que Hor-Khouti soit enfermé entre les deux horizons du ciel, pour que Hor-Khouti y navigue vers l'horizon avec Ra!

Fais qu'Ounas soit enfermé entre les deux horizons du ciel, pour qu'il y navigue vers l'horizon avec Ra!

Fais qu'Ounas soit enfermé entre les deux horizons du ciel, pour qu'il y navigue vers l'horizon avec Hor-Khouti et avec Ra!

Car Ounas est heureusement uni à son double, sa peau de panthère et son sac à grain sur lui, son fouet dans sa main, son sceptre *âbi* dans son poing aux vers qui s'inclinent devant lui. Ils lui donnent ces quatre esprits aînés qui sont dans les mêches d'Hor, qui se tiennent sur la rive orientale du ciel, qui manient leurs sceptres *ťām*, et ils disent à Ra le nom excellent de cet Ounas, ils font éviter Nouhb-koou à cet Ounas, et cet Ounas pénètre au nord des champs d'Aïlou, Ounas navigue dans le *bassin de l'autel;* tandis que cet Ounas navigue vers la rive orientale de l'horizon, tandis que cet Ounas navigue, navigue, vers la rive orientale du ciel sa sœur Sopdit, l'enfante ciel inférieur.

V.

Ton cœur à toi, Osiris, tes jambes à toi, Osiris, ton bras à toi, Osiris! Le cœur d'Ounas à lui, lui-même, ses jambes à lui, lui-même, son bras à lui, lui-même! Il a traîné ses pieds vers le ciel, il sort avec eux au ciel, et sa bouche se manifeste par la flamme de *la grande rosée* et cet Ounas vole comme un oiseau, il se pose comme un scarabée; il vole comme un oiseau, et il se pose comme un scarabée sur le siège vide qui est dans ta barque, ô Ra. Voici tu écrases l'Akhim-Awout, et Ounas s'assied à ta place, quand tu navigues au ciel en ta barque, ô Ra, et Ounas soutient la terre en ta barque, ô Ra. Tandis que tu es dans l'horizon, lui, sa forme est avec lui, faisant naviguer ta barque, ô Ra, et ta route est au ciel, ton chemin est vers la terre . . . .

VI.

Ounas se fait Ra qui se lève, le grand cycle des dieux qui culmine, Noubti qui se dresse dans les deux régions du Nil, et cet Ounas arrache le germe et la chair qui est en lui, cet Ounas enlève la couronne de la main du double cycle, et Isis le nourrit, Nephthys l'allaite, Hor le reçoit entre ses doigts et purifie cet Ounas dans le bassin du chacal, il ôte le double de cet Ounas du bassin du ciel inférieur, il tire la chair du double d'Ounas du corps de ceux-ci et de ceux-là qui sont sur les épaules de Ra dans l'horizon, il prend la splendeur des deux terres, il dévoile la face des dieux, il achemine le double d'Ounas à son corps vers la grande demeure. On lui a fait des bastions, on lui a tressé dés câbles, et les Akhimou-Sokou conduisent cet Ounas; il navigue vers les champs d'Aïlou, et les habitants de l'horizon le convoient, et les habitants du Qobhou le naviguent : or le monument de cet Ounas est parfait et n'est pas ruiné, cet Ounas s'interne dans la chambre intérieure, et son double le rejoint.

VII.

Donnez le feu afin que se lève le feu, mettez l'encens au feu afin que se lève l'encens! Ton parfum vient vers Ounas, encens; ton parfum vient vers Ounas, encens! Votre parfum vient vers cet Ounas, le parfum d'Ounas vient vers vous, ô dieux! Ounas est avec vous, et vous êtes avec Ounas, ô dieux! Ounas vit avec vous, et vous vivez avec Ounas, ô dieux! Aimez Ounas, ô dieux, aimez-le, ô dieux! Viens, fragment de RA, viens, substance qui sort des cuisses de HOR! Venez, vous qui sortez! Venez, vous qui sortez! Venez, vous qui vous affaissez! Venez, vous qui vous affaissez! Venez, SHOU! Venez, SHOU! Venez, SHOU! Car Ounas sort sur les cuisses d'ISIS, car Ounas s'affaisse, ô dieux, sur les cuisses de NEPHTHYS, et il a été rejeté [du sein]. O père d'Ounas, TOUM, donne à Ounas, qu'il soit mis, lui Ounas, au nombre des dieux parfaits et sages et AKHIMOU-SOKOU! O mère d'Ounas, API, donne ta mamelle à cet Ounas, qu'il la porte à sa bouche et qu'il suce ton lait, ... cette terre-là où vient Ounas, où Ounas n'aura plus soif, où Ounas n'aura plus faim, à jamais.

VIII.

Toi qui veilles, en paix! *Toi, le dieu dont la face est la nuque*, en paix! *Toi, le dieu qui voit sa nuque*, en paix! O barque du ciel, en paix! O barque de NOUT, en paix! O barque des dieux, en paix! Car Ounas est venu à toi, transporte-le dans ta barque où tu transportes les dieux. Ounas est venu à sa place, comme le dieu vient à sa place; Ounas est venu à sa chevelure comme le dieu est venu à sa chevelure. La vie ne se peut distinguer d'Ounas, la mort ne se peut distinguer d'Ounas, la crainte ne se peut distinguer d'Ounas, le taureau ne se peut distinguer d'Ounas : non! Si tu te refuses à transporter Ounas, il se mettra, lui, sur l'aile de Thot, et celui-ci transportera Ounas à sa place.

IX.

C'est Ounas qui s'empare de la terre et sort du bassin des mers! C'est Ounas qui arrose la verdure! C'est Ounas qui joint les deux terres! C'est Ounas qui réunit les deux terres! C'est Ounas qui se joint à sa mère, et la *Grande vache Semaït* est la mère d'Ounas : la vache *Semaït* est l'épouse sur la montagne,| l'herbe sur la montagne . . . . quand vient l'aube, Ounas sort sur cette échelle que lui a faite son père Ra; Hor et Sit se sont saisis de la main d'Ounas et l'attirent au ciel inférieur; il a eu l'œil à ce que fût protégé ce qu'il a commandé qui le fût, et il a commandé que fût protégé ce sur quoi il a jeté l'œil et dieu se révèle à Ounas, cet Ounas siège sur le grand siège auprès de dieu.

X.

O élevée, qui n'atteint pas aux créneaux du Nou, Ounas est venu vers toi, donne que ces créneaux lui soient ouverts, car c'est Ounas l'enfant qui est là, et cet Ounas est le chef des suivants de Ra, cet Ounas n'est pas le chef des dieux turbulents!

La paroi Est est, comme la paroi Ouest qui lui correspond, divisée en deux registres. Le pignon, en *D*, contient un texte magique des plus curieux où le défunt est représenté traitant les dieux comme autant de victimes qu'il prend au lasso, tue, fait cuire et mange pour s'en assimiler les vertus.

I.

Le ciel fond en eau, les étoiles se battent, les sagittaires font leur ronde, les os des Akerou tremblent et leurs vassaux se sauvent lorsqu'ils ont vu Ounas se lever âme, comme un dieu qui vit de ses pères et qui s'assimile ses mères; car c'est Ounas le maître de sagesse dont la mère ne sait pas le nom. Les richesses d'Ounas sont au ciel et il est fort dans l'horizon comme Toum son père qui l'a engendré, car, après que Toum l'a eu engendré, Ounas est devenu plus fort que lui, parce que les doubles d'Ounas sont derrière lui, sa plante des pieds est sous ses pieds, ses dieux sont sur lui, ses uræus sont sur ses tempes, les guides d'Ounas sont devant lui et l'uræus de flamme voit son âme; les puissances d'Ounas le protègent, c'est Ounas le taureau du ciel, qui se tient à l'écart, qui vit du devenir de tous les dieux et qui se nourrit des chairs de ceux qui viennent remplir leur ventre des sortilèges du *bassin de flamme!* C'est Ounas dont la main est armée contre les génies du bassin de flamme, car

1) C'est une forme en initial (voir *Mélanges d'Archéologie*, t. III, p. 78, note 2) de *approvisionner*, *provision*.

Ounas se lève en chef maître des esprits au bras violent et qui est assis le dos tourné à SIB, et c'est Ounas qui pèse la parole avec le dieu sans nom au jour de dépecer les dieux héritiers, c'est Ounas le maître de l'offrande, qui porte les nœuds de corde, et qui fait lui-même l'abondance de ses biens, c'est Ounas qui mange les hommes, qui se nourrit des dieux, le maître des offrandes, celui qui pèse les registres de revenus. Le *courbeur de fronts qui est dans les champs*, a lacé les dieux pour Ounas; *le génie dont la tête est sacrée*, les a reconnus bons pour Ounas et les a traînés vers lui; le *Maître de la bande* les a liés; *Khonsou le dépeceur des maîtres* a fendu la gorge pour Ounas et a extrait leurs entrailles; car c'est lui *le dieu messager* qu'Ounas envoit à l'encontre d'eux. *Shosmou* les a dépecés pour Ounas et a fait cuire leurs pièces dans ses chaudrons brûlants. C'est Ounas qui dévore leurs vertus magiques et qui mange leurs âmes, et les grands d'entre eux sont pour le repas d'Ounas au matin, les moyens d'entre eux sont pour son rôti, les petits d'entre eux sont pour le repas d'Ounas au soir, les vieux et les vieilles d'entre eux sont pour ses fours! Les *Grands au ciel* ont rué la flamme pour Ounas contre les chaudières remplies des cuisses de leurs héritiers, *celui qui fait marcher en procession les habitants du ciel autour d'Ounas* a lancé dans les chaudrons les jambes de leurs femmes, si bien qu'il a couru autour du double ciel, en son entier, et qu'il a fait le tour des deux parties de l'Égypte; car c'est Ounas le grand type, maître des types, c'est Ounas la grande forme sacrée des formes sacrées, ce qu'il trouve sur son chemin, il le mange avidement, et la vertu magique d'Ounas est supérieure à toutes les formes maîtresses de l'horizon; c'est Ounas l'héritier supérieur aux héritiers, il a passé en revue les milliers, il a fait offrande aux centaines, il a travaillé de son bras en sa qualité de *Grande forme*, c'est-à-dire de SAHOU, supérieur aux dieux[3], Ounas a renouvelé son lever au ciel, il est la couronne du maître de l'horizon; il a compté les couronnes et les bracelets, il a pris les cœurs des dieux, il a dévoré *la couronne rouge*, il a mangé la *blanche*, les provisions d'Ounas *sont les reins repus*, ses vivres sont *ceux dont les vertus magiques se nourrissent des cœurs*. Car lui, Ounas, il dévore les choses que crache la couronne rouge, et il prospère, car leurs vertus magiques sont dans son ventre et les formes d'Ounas ne sont pas repoussées loin de lui. Il a mangé la sagesse de tout dieu, et c'est la vie d'Ounas que la durée, c'est son période que l'éternité, dans cette forme qu'il lui plaît prendre et qu'il déteste ne pas prendre au sein de l'horizon à toujours et à jamais! Car leur âme est dans Ounas, leurs esprits sont avec Ounas en l'abondance des biens qu'il possède plus abondante que les biens des dieux; la flamme d'Ounas est en leur os, car leur âme est sous Ounas, leurs ombres sont toutes ensemble; comme Ounas est avec ces deux

1) Litt. : «de Grande forme c'est Sahou plus que les dieux.»

2) Le texte de Téti donne, ce qui nous donne une fois de plus l'orthographe pour . Cfr. l. 440 et plus bas, l. 519.

3) est le pronom de la ligne précédente répété par erreur. Téti donne la locution qui n'est pas, comme on le veut généralement, une variante de , mais une conjonction composée de + , litt. : «*de ne pas . . .*», c'est-à-dire, *afin de ne pas*.

Khâ? ces deux dieux qui n'ont point de formes, une fois accomplis les rites du labour (?), la place du cœur d'Ounas est parmi les vivants sur cette terre, à toujours et à jamais.

II.

Ounas vient vers vous, dieux éperviers, dans vos temples, ce qui sort de la bouche d'Ounas à sa naissance est de vos entrailles (?); donnez donc qu'Ounas ouvre les deux battants de la porte du ciel, et qu'Ounas conduise le soleil à travers l'horizon; car Ounas a déposé le vêtement qu'il avait sur terre, et Ounas devient *le Grand dans Shodt.*

III.

Fais pour toi ce qu'on fait pour toi! poursuis *Celui qui court,* le messager!

La paroi *E* nous fournit une série de formules magiques très brèves, dont quelques-unes nous étaient déjà connues par les textes de la chambre précédente. La langue en est archaïque comme l'orthographe et paraît avoir déjà présenté des difficultés sérieuses aux contemporains d'Ounas : je serais assez porté à y voir des formules antérieures peut-être à la première dynastie. De toute façon le sens n'en est pas clair et je ne donne ma traduction que comme un essai très imparfait.

I.

I. — L'œil d'HOR tombe[4], le taureau est châtré de ses testicules : tombe, sois châtré!

1) Ounas, mangeant les dieux et s'en servant comme de provisions, a leurs *Khous* parmi *les biens abondants* qu'on lui offre, ou comme l'exprime le texte, *en l'abondance de ses biens plus que les dieux.*

2) Litt. : *avec leurs compagnons.*

3) Ici également a été répété par erreur comme plus haut, à la ligne 520, mais je ne vois pas le sens de la phrase qui suit. Je soupçonne une erreur pour . La posture du graveur qui travaillait dans le pignon était pénible; la contrainte qu'elle lui imposait devait nuire à la correction des portions du texte qui se trouvent au sommet de chaque ligne.

4) Litt. : « Hor tombe de son œil ».

II. — BIBI repousse MKHONTSOKHMOU, le cercueil (?) crache, le cercueil (?) se fend (?) : aimé, aimé, toi qui lies le serpent OUWI, donne protection à OUNAS!

III. — C'est OUNAS qui est TIKATAHAMIROUTHUTI (celui qui plonge [?] dans les lacs de Thot)! O OUNAS, fais les ténèbres, fais les ténèbres (?)!

IV. — IRITI (agissant), IRITI, SATI (protégeant?, rassasiant?), SATI, que ta face et ta nuque soient protégées contre les deux grands.

V. — Accours *ô toi qui t'élances*, replie-toi, *ô toi qui te tords!* Arrive, lion qui déchires, lion qui écrases, déchireur, écraseur, donne tes adorations (?) à ON, car les chairs de ON (le soleil) inondent (?) les vases! Viens, viens, serpent NAJA, serpent NAJA!

VI. — O contrée de ROAÏ! c'est ton . . . . que cette contrée d'or (?) de ROAÏ, et les cris (les grains?) du dieu KHAITIOU, ce sont les cris (les grains?) de ton taureau qui veut les cérémonies qu'on lui doit.

VII. — Ton . . . . à toi, OUNAS, est pour toi cette griffe droite de laquelle il frappe MINOU! O toi qui saisis, ne saisis pas.

1) Le graveur avait d'abord mis , sur lequel il a mis ensuite .

2) Première leçon du graveur , corrigée ensuite au plâtre en .

3) pronom du féminin, à cause de , dont le genre est féminin, comme le prouve au verset précédent.

4) Le parallélisme semble indiquer ici un mot passé, répondant au du membre de phrase suivant. On pourrait cependant traduire : « Celui-là est un lion dans celui-ci, un lion combattant « le double taureau dans la grue ».

VIII. — TOUM a mordu, il a eu d'OUNAS plein sa bouche; NOUN a lié NOUNIT, *l'habitant du double palais* a frappé *la larve* et la *larve* a frappé *l'habitant du double palais :* celui-là est un lion dans ...., celui-ci est un lion combattant le double taureau dans la grue.

Je ne saisis pas suffisamment la coupe des mots dans les trois versets qui suivent pour en hasarder la traduction. Le verset IX parlait au début du dieu soleil ON, dont il a déjà été question au verset V : « Lorsque tes deux tas de sable (?) sont dans tes deux godets d'offrande, ON dégorge expulsant l'humidité, rejetant l'eau »; la présence de mots difficiles comme etc., m'empêche de reconnaître exactement quelle action le dieu exerce sur les nuages chargés de pluie, et pourquoi il est question, vers la fin, d'un « lion d'eau (*ou* dans l'eau) qui se réjouit » . Les couronnes jouent un rôle au verset X, mais l'absence complète de déterminatif derrière les mots de ce verset et du verset XI ne me permet pas de choisir entre les trois ou quatre sens divers que comporte chaque formule.

XII. — O serpent HAKI, ô guivre HAKRIT, quand tu passes [avec] tes deux faces sur le chemin de l'œil d'OUNAS, ne regarde pas OUNAS, ne fais pas ton emploi, car voici qu'OUNAS rejette les eaux (?).

XIII. — Le taureau tombe de l'aspic SET'EH, l'aspic SET'EH tombe du taureau : tombe, sois châtré!

XIV. — Tombe *Face-sur-face,* sort le *coureur noir (?)* contre elle et l'a dévorée lui-même, l'a saisie lui-même.

---

1) Le graveur avait d'abord mis qu'il a surchargé de .

2) Le graveur a emplâtré le et le de : le texte de Téti donne , comme la leçon première d'Ounas.

XV. — Celui qui donne tes grains (?) de matière (?) blanche, c'est celui qui sort en forme de ver : celui qui enlève tes grains (?) de matière (?) blanche, c'est celui qui sort en forme de ver.

XVI. — Toi, tu foules aux pieds (?) un autre, ô serpent Akinhi! et l'on te foule aussi aux pieds, serpent Akinhi!

XVII. — Arrière, serpent Amon! ne sois pas là, ne fais pas qu'Ounas te voie, ne viens pas au lieu où est Ounas, si bien qu'il ne soit pas obligé à dire ton nom contre toi de Nem, fils de Nomit. Le dieu Hom-Peset'ti tombe à l'eau, fuis, fuis, serpent Hiou, couche-toi!

XVIII. — Ounas est Hor, qui sort de l'Acacia, qui sort de l'Acacia. On lui a ordonné : « Garde à toi, lion, sors! » et dès qu'on lui a ordonné : « Garde à toi, lion », Ounas est sorti de sa jarre, puis s'est couché dans sa jarre, car Ounas a ses levers demain matin; il est sorti de sa jarre, il s'est couché dans sa jarre, car Ounas a ses levers demain matin.

XIX. — Quand la déesse Lynx a taillé contre le cou du serpent Antiw, et qu'elle a fait de même pour le cou du serpent Tosertap, qu'est-ce qui reste de lui? C'est Ounas ce qui reste de lui.

XX. — Serpent Tetu ne va pas, car Ounas est là debout et Ounas c'est Sib, et le serpent Hamt ainsi que le serpent Sonnihamtit (frère de Hamt) sont avec ton père comme sceptres (?).

XXI. — La main d'Ounas vient à toi, Nashoutnen vient à toi en forme de la déesse Lynx qui réside dans la Maison de Vie : elle te frappe à la face, elle t'attaque à la figure, et tu tombes dans ton ordure, tu roules dans ton urine. Elle tombe, se couche, se roule et tu vois ta mère NOUT!

XXII. — Quand son uræus se dresse sur lui contre ce serpent qui sort de terre sous les doigts d'Ounas, il coupe ta tête ce couteau qui est dans la main de la déesse LYNX, pour tirer tes paroles et traire ta semence qui produit ces quatre vigoureux qui sont sous la sandale d'OSIRIS : Serpent HIOU, couche-toi, taureau, roule-toi!

XXIII. — Le corps au ciel, la larve d'HOR à la terre, la sandale d'HOR parcourt la *Demeure du taureau,* la retraite mystérieuse du serpent furieux, le sycomore d'OUNAS est son sycomore, le bois d'OUNAS est son bois, et ce qu'OUNAS trouve sur son chemin, il le dévore avec avidité.

XXIV. — O siège de SAÏ, grâce à la traversée . . . . que fait KHNOUM apportant ces choses à OUNAS, c'est OUNAS SOKARI au ROSATOU, et OUNAS est au lieu où est SOKARI avec KHONT-PET'OU SHE (celui qui est dans les sinuosités, les arcs, de l'Ouady?) ces frères qui apportent ces offrandes de la montagne *(juga montium).*

XXV. — Ton gâteau est à toi, NIOU-NINOUT, comme à celui à qui s'unissent les dieux, et que rafraîchissent les dieux de leur ombre!

Ton gâteau est à toi, AMON-AMONIT, comme à celui à qui s'unissent les dieux, et que les dieux rafraîchissent de leur ombre!

Ton gâteau est à toi, Toum-Déesse en deux Lions formée de deux dieux qui font leurs corps eux-mêmes, et qui sont Shou et Tawnout, comme à celui que font les dieux, que modèlent les dieux, que consolident les dieux!

Dites à votre père : «Puisqu'Ounas vous a donné vos gâteaux, qu'Ounas vous a unis »à vos images (?), ne repoussez pas Ounas quand il voyage avec lui [leur père] vers l'horizon; »car puisqu'Ounas le connaît, connaît son nom, implore son nom, implore le maître de l'année »(car tel est son nom) comme le guerrier, l'Hor maître du firmament céleste qui fait subsister »Ra chaque jour, il conduit Ounas en barque, il fait subsister Ounas chaque jour. Voici »donc qu'Ounas est venu à toi Hor de Sheti, Ounas est venu à toi Hor de Shos, Ounas »est venu à toi Hor oriental. Voici qu'Ounas t'a apporté ton grand œil gauche mesureur »[du temps], tu le reçois d'Ounas avec toute son eau en lui, avec toutes ses couleurs en »lui, avec tous ses conduits en lui, avec tout ce qui entre en lui. Tu l'as pris en ton nom »de *Suzerain de la vertu divine;* tu lui as ouvert en ton nom de Ra, tu l'as mis devant toi »en son nom de parfum *Hâtit;* tu te laves (?) avec lui en son nom de *Saule;* tu brilles par »lui parmi les dieux en son nom de *cristal;* tu es acclamé à cause de lui en son nom de »parfum *Hakinou.* L'uræus Raninout qui t'aime, voici qu'elle embrasse *le Grand* en qualité »d'Apmatonou, s'emparant de ton lumineux qui sort de l'horizon, et tu as pris la couronne

»des deux mains des deux grands chefs KHONTI-TAHENNOU et SOBKOU, maître de BIRIOU; tu »vas vers tes champs, tu parcours [les canaux], tu pénètres dans tes bois d'acacia? (de cèdres?), »et ton nez respire les vapeurs de la chapelle (?), tu fais entrer le double d'OUNAS auprès de »lui, de même que tu es entré, lorsque tu as parcouru [les canaux]. Purifie OUNAS, oins »OUNAS en ton *bassin du double Chacal*, où les dieux t'ont purifié, quand tu as pris une âme »pour toi (?), que tu as élu HOR maître de la pierre verte, quatre fois, si bien que les deux »HOR sont florissants.»

Reste, pour avoir complété la description de cette chambre, à transcrire les inscriptions gravées sur la face Nord (en *F*). Elles se retrouvent presque toutes dans les autres pyramides : mais deux seulement des prières qu'elles renferment, sont à ma connaissance reproduites sur des monuments d'un âge postérieur. Ce sont les paragraphes III et IV, qui, réunis en un seul chapitre, se lisent sur le cercueil de (LEPSIUS, *Aelteste Texte*, pl. XXXVII, l. 33—69). Le texte est écrit en rétrograde et marche de droite à gauche : j'ai rétabli l'ordre ordinaire pour la commodité de l'impression.

I.

Le ciel jette la vie de SOPDIT à OUNAS, et voici le fils de SOPDIT est vivant et la double neuvaine des dieux l'a purifié dans la Grande-Ourse. AKHIM-SOK, ne détruis pas la maison d'OUNAS [celle] qui est au ciel, n'anéantis pas la place d'OUNAS [celle] qui est sur terre, vers lesquelles [accourent] se cacher les hommes, vers lesquelles s'envolent les dieux; car SOPDIT a fait envoler OUNAS vers le ciel avec ses frères les dieux, NOUT la grande a courbé ses bras pour OUNAS, elle en a pétri deux âmes divines qui sont parmi les âmes d'ON sous la tête de RA, couché [sur le lit funèbre] et qui sont les deux pleureuses du dieu. Aussi le siège d'Ounas est près de toi, ô Ra, et il ne le cède à aucun autre qui vient vers lui. Ounas est donc près de toi au ciel, la face d'Ounas est des deux éperviers, les ailes d'Ounas sont celles des oies, les ongles d'Ounas sont les deux traits du dieu de Douw; il n'y a aucune parole [mauvaise] d'Ounas sur terre auprès des hommes, aucun mensonge de lui au ciel, auprès des dieux. Ounas a lancé sa parole, Ounas a tiré vers la porte du ciel, car Apmotnou a fait s'envoler Ounas au ciel parmi ses frères les dieux, et Ounas a saisi ses deux bras comme une oie Smon, Ounas a battu des ailes comme la colombe; volez, volez, hommes, Ounas vole vers vous!

II.

Dieux de l'Occident, dieux de l'Orient, dieux du Midi, dieux du Nord, ô quatre sortes de dieux qui enserrez les quatre terres pures, que vous avez données à Osiris lorsqu'il sort

1) Le texte porte : c'est un oubli du graveur qui n'a pas tracé au-dessus de les traits qui complètent .

2) n'est ici que l'orthographe alphabétique de : on trouve de même pour le féminin.

vers le ciel, et qu'il navigue les eaux d'en haut son fils Hor à côté de lui qui le protège et lui accorde de se lever en dieu grand dans le sein des eaux d'en haut, déclarez à Ounas : « Certes Osiris, fils d'Isis, c'est certes Ounas, le dieu des dieux aînés, le fils d'Hathor; c'est » certes la semence de Sib, car Osiris a ordonné qu'Ounas se levât comme le second d'Hor, » et les quatre génies qui sont dans On ont écrit un rescrit [en ce sens] aux dieux grands » qui sont dans les eaux d'en haut! »

III.

[Chapitre de dresser l'échelle debout dans le tombeau.]

Salut à toi, fille de l'Amenti, supérieure de ceux qui contemplent le ciel, don de Thot, maîtresse des deux piliers (montants?), échelle, ouvre la voie à Ounas, laisse passer Ounas!

Salut à toi, Niou, sur la rive du lac de Kha, ouvre la voie à Ounas, laisse passer Ounas!

Salut à toi, taureau de Ra à quatre cornes, qui as une corne à l'ouest, qui as une corne à l'est, qui as une corne au nord, qui as une corne au sud; c'est ton champ à toi que l'Amenti d'Ounas, laisse passer Ounas, c'est l'habitant de l'Amenti pur, qui sors de la ville de Bakit.

Salut à toi, Champs des Offrandes; salut à toi, qui as des prés en toi, qui as les prés d'Ounas en toi, car les offrandes pures sont en toi!

IV.

Celui qui lève l'échelle c'est Ra pour Osiris, celui qui lève l'échelle c'est Hor pour son père Osiris, lorsqu'il va vers son âme, l'un de ce côté-ci, l'autre de ce côté-là, car Ounas est entre eux et il est bien le dieu aux demeures pures sortant du sanctuaire. Ounas se dresse et c'est Hor; Ounas s'assied et c'est Sit; Ra l'accueille, âme au ciel, corps à la terre. Quand les hommes reçoivent leur sépulture avec ses milliers de pains, ses milliers de vases de bière sur la table de Khontamenti, la chair est misérable qui n'a point d'écrit : l'écrit d'Ounas est scellé du grand sceau, certes son écrit n'est point sous le petit sceau.

V.

Ceux qui se lèvent et qui voient [Ounas], ceux qui se couchent et qui contemplent [Ounas], ils sont les dieux. Si ce dieu sort vers le ciel, Ounas sort [aussi] vers le ciel, ses esprits sur lui, ses livres sur ses deux côtés, ses talismans sur ses pieds, et Sib a agi envers lui

comme on a agi envers lui-même. Les dieux esprits de Pou viennent à lui, et les dieux esprits de Khennou, et les dieux du ciel, et les dieux de la terre, et ils élèvent Ounas sur leurs mains. Sors donc, Ounas, au ciel, entre au ciel en son nom d'*Echelle*. Le ciel est donné à Ounas, la terre lui est donnée; c'est Toum qui a rendu son arrêt à ce sujet [avec] Sib, et les domaines de Hor, les domaines de Sit, les champs d'Aïlou t'adorent en ton nom de Khonsou Soupti, avec leurs récoltes. C'est Semi qui t'a . . . .
et voici que tu prends pour lui ta forme de taureau journalier qui immole les taureaux journaliers, et ton être ô Ounas est établi entre eux et entre les génies lumineux éternellement!

VI.

On est Ounas, Dieu, ton On est Ounas, dieu. — On est Ounas, Ra, ton On est Ounas, Ra. — La mère d'Ounas est On, le père d'Ounas est On, Ounas lui-même est On, né dans On! O Ra, à la tête de la neuvaine des dieux, à la tête des hommes, Nofritoum qui n'a point de second, dont la chair est Sib, et à qui tous les dieux prêtent leur aide, la face d'Ounas est tournée vers toi, il t'adore, il t'appelle! La face du corps d'Ounas est un dieu [prosterné] sur son nez, un dieu qui n'a point son pain, qui n'a point son gâteau d'offrande avec ses frères les dieux, qui ne peut faire de voyage, qui n'a point choisi son sceptre parmi ses frères les dieux, qui n'a point ouvert les deux portes de la barque Samktit, qui n'a point ouvert les deux portes de la barque Mati, qui n'a point encore été établi par un jugement en possession légitime de sa tombe, qui n'a pas ouvert les deux portes de la plénitude! Ounas est venu vers toi; c'est Ounas la vache Semati. O taureau grand qui sort de On, Ounas est venu vers toi, et la vache Semati, c'est Ounas, la donneuse de naissances qui t'a enfanté!

VII.

Salut à toi, Hor dans les domaines d'Hor; salut à toi Sit dans les domaines de Sit; salut à toi *Lion (Aïr)* dans les champs d'Aïlou, salut à toi Ntittib, fille de ces quatre dieux qui sont dans la grande demeure, quand même la parole d'Ounas ne sortirait pas, dévoilez-vous, afin qu'Ounas vous voit, comme Hor voit Isi, afin qu'Ounas vous voit, comme Nouhbkoou voit Selki, afin qu'Ounas vous voit, comme Sobkou voit Nît, afin qu'Ounas vous voit, comme Sit voit Ntittib.

VIII.

C'est Ounas l'argent (? l'étain ?). O dieux qui êtes derrière la demeure de Ra et que Nehit a enfantés, dieux qui êtes à l'avant de la barque de Ra, Ounas est assis devant Ra, Ounas ouvre ses cercueils, Ounas lance ses ordres, Ounas scelle ses décrets, Ounas envoie ses messagers qui ne s'arrêtent jamais, Ounas adresse sa parole à Ounas.

1) La seconde oie paraît avoir été gravée en surcharge sur la première qui était mal placée : le mot est *fille*, de même que nous avons ailleurs , *fils*.

2) Litt. : « ne sortant pas la parole d'Ounas, dévoilez-vous. »

IX.

Les inimitiés d'OUNAS sont les inimitiés de TOUM, les hostilités d'OUNAS, les hostilités de TOUM, les coups d'OUNAS, les coups de TOUM, ce qu'OUNAS chasse sur ce chemin TOUM le chasse; OUNAS est HOR, OUNAS est venu derrière son père, OUNAS est venu derrière OSIRIS. O *Dieu dont la face est du côté du nez, et dont la face est du côté de la nuque,* apporte ces choses à OUNAS qu'OUNAS t'a apportées à toi; que la barque arrive qui apporte à Ounas, qu'elle vole, qu'elle s'arrête.

X.

OUNAS voit RA, OUNAS sait RA, aussi ceux qui te connaissent [ô RA] le connaissent [par la même]. Lorsque son maître [RA] sort, il n'ignore pas [que c'est] l'offrande dont l'abondance (?) ouvre les portes de l'horizon aux sorties de la barque MAT, et tu connais [ô RA] la salle de la chapelle qui est dans l'aire [consacrée] à HOR, tu accours pour y apparaître. Tu descends dans la barque SEMKTIT, et OUNAS ordonne pour toi les ordres qu'il donne les ordres qu'il donne — *dire quatre fois* — à l'ensemble de ces quatre dieux parèdres qui sont derrière toi et qui voient de deux faces, qui parlent comme deux pourvoyeurs de douleur avec leur pouvoir d'affliger et leur force meurtrière, de ne pas étendre leur bras pour tenir éloigné OUNAS de toi; [car] OUNAS vient à toi, il te dit ton nom de GRAND AGAB, sortant de la GRANDE;

1) Litt. : deux émettant [ ], par duplication, comme plus haut [ ], la douleur avec les »chagrinant [ ], forme active en [ ] de [ ] et leur tuant» [ ] même forme avec [ ] pour [ ].

Ounas n'est pas aveugle pour que tu le mets dans les ténèbres, il n'est pas sourd au point de ne pas entendre ta voix. Rends pour toi Ounas avec toi, avec toi, car tu as soufflé l'orage, tu as lancé la tempête, tu as projeté la grêle, et Ounas t'a fait des genuflexions, il t'a fait des acclamations, tu as lancé Ounas sur . . . .

XI.

Du pain, du pain pour l'habitant des demeures de la couronne Nit.

La partie du couloir de sortie la plus voisine de cette chambre, est en calcaire, comme j'ai déjà eu occasion de le dire. Les scribes égyptiens n'ont pas voulu perdre une si belle occasion de mettre dans la tombe quelques prières de plus. Sur la paroi Ouest, ils ont gravé en vingt lignes l'inscription suivante :

I.

Lorsque passent ces . . . . Hor ouvre les portes du ciel, Hor ouvre les portes du ciel, Ounas ouvre les portes du ciel, à travers les flammes qui sont sous le gîte des dieux; Hor se roule, Hor se roule et Ounas se roule au milieu des flammes qui sont sous le gîte des dieux, et les dieux font un chemin à Ounas par lequel puisse passer Ounas, car Ounas c'est Hor.

II.

Recule taureau des taureaux, qui a les doigts d'Aker sur son front! Tomber, reculer!

1) Litt. : «en qualité de […] tenir éloigné […] Ounas de toi.»

III.

C'est Ounas qui donne . . . . La graine de palme d'Ounas pousse, Ounas est bienheureux, Ounas agit Ounas, pousse de grandes acclamations et il siège parmi vous, *Vous qui vous réjouissez!*

IV.

O *Vous qui poussez le firmament,* Ounas ne vous a point donné sa vertu magique, mais Ounas est derrière elle . . . . dans On, et les énergies d'Ounas s'exercent au ciel.

V.

Ounas est venu comme celui qui est Khontmenti-Akabi, et c'est Ounas Sovk à la plume verte, celui qui veille bien et qui porte haut le front, le blanc sorti de la cuisse de la *Grande partie inférieure de corps* qui est dans la lumière! Ounas est venu à ses bassins qui sont sur les deux rives du canal de Mehtoirt à la place des offrandes florissante, aux champs qui sont dans l'horizon, et Ounas a fait fleurir son pré sur les deux rives de l'horizon, Ounas a apporté le cristal au grand œil qui est dans les champs, Ounas a pris sa place dans l'horizon, Ounas se lève comme Sovk, fils de Nit, Ounas mange de sa bouche, Ounas urine, Ounas fait œuvre de son membre, c'est Ounas le générateur qui enlève les femmes à leurs maris au lieu qu'il plaît à Ounas, lorsque son cœur se prend [de désir].

Les inscriptions de la paroi Est renferment une petite formule (§ II) qui nous était déjà connue par le tombeau de Bokenranw (Lepsius, *Denkm.*, III, pl. 262, c).

I.

[C'est Ounas le reptile composé] de ses sept uræus qui sont sur ses sept cous, Ounas donne son ordre à ses sept uræus, et le triple cycle des dieux écoute ce qu'il dit. Dès qu'Ounas est venu, il saisit les grains d'encens, il prend les grains d'encens, et son crâne est d'encens, le pouce d'Ounas est d'encens; Ounas a enlevé votre force, ô dieux; Ounas, en faisant sa ronde, rassemble vos doubles.

II.

C'est Ounas le taureau qui a deux lumières en son œil, et la bouche d'Ounas vomit la flamme, la tête d'Ounas est la corne du *maître du Sud*, le guide d'Ounas est le dieu, Ounas est le maître des dieux, Ounas fait pousser le lapis, la plante [favorite] d'Ounas est le platane (?) du midi; quand Ounas a eu tressé les cordes de chanvre (?), Ounas a réuni les cieux, Ounas

1) Les restitutions sont empruntées à la tombe de Papi II.

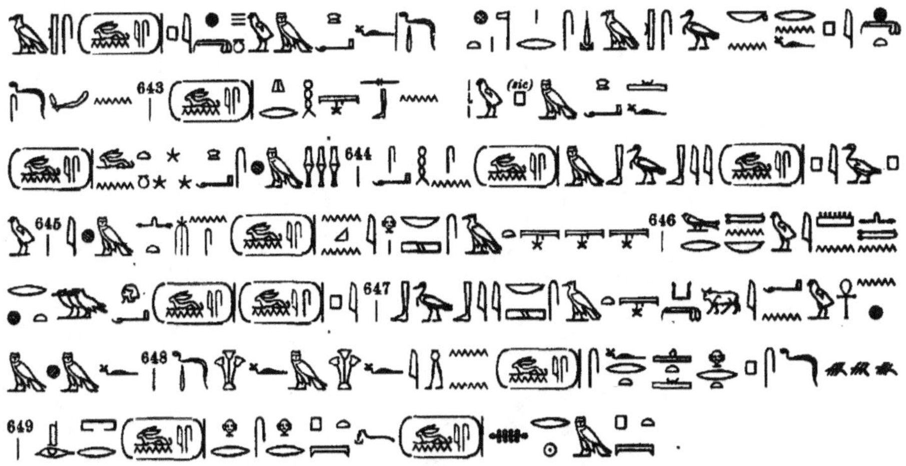

est le maître des pays du midi et du nord, le dieu de ceux qui existaient auparavant; dès qu'Ounas s'est construit une ville [funèbre], le dieu . . . .

III.

Ounas a ordonné la nuit, Ounas a dirigé les heures; quand les formes se lèvent, c'est Ounas qui les ordonne comme Babi, car c'est Ounas le fils d'Akhimt qu'elle a enfanté des embrassements du maître des ténèbres. Soyez grands, ô maîtres qui n'êtes point les Rokhitou, ancêtres d'Ounas, car c'est Ounas, Babi le maître des ténèbres, le taureau gracieux qui vit de qui l'ignore!

IV.

O *Dieu dont la nuque est la nuque*, apporte à Ounas le griffon femelle serein, maître des vertèbres (?) d'Osiris, afin qu'Ounas sorte au ciel sur lui, et que la griffe d'Ounas poursuive Ra au ciel.

La pyramide d'Ounas est ouverte au public depuis le mois d'octobre 1882. En nettoyant la petite salle *C* qui était remplie d'albâtre en morceaux, on a trouvé dans un coin, un amas de petits instruments en bois, manches de couteau, *nous* 𓋴, etc. qui avaient servi probablement aux cérémonies de l'enterrement. Divers spécimens ont été déposés au Musée de Boulaq.

LA PYRAMIDE DU ROI TETI.

Les fouilles, commencées le 18 avril 1881, ont été terminées le 29 mai de la même année.

La pyramide est appelée par les Arabes *Pyramide de la Prison*, parce qu'elle s'élève dans le voisinage des ruines antiques où la tradition locale prétend reconnaître les restes de la prison de Joseph. Tout ce qu'on en savait, avant les fouilles de l'année 1881, se bornait à quelques mesures prises par Perring :

«Pyramide n° i de la carte. — Cette pyramide paraît avoir été postérieure aux deux »suivantes, car la route par laquelle on en apporta les matériaux a été construite en briques »crues, enlevées à une chaussée qui avait été précédemment établie dans le roc, pour conduire »aux pyramides n° 2 et n° 3. Les briques sont grandes, et fabriquées en terre d'alluvion »mêlée de fort peu de paille, sauf à l'extérieur; elles portent presque toutes une marque, »formée apparemment par les cinq doigts de la main rapprochés et enfoncés dans la pâte »molle.

«La pyramide a fort souffert et présente l'aspect d'un tas de décombres. La maçonne»rie n'est visible qu'en un seul endroit, sur la face Sud. Elle semble avoir été bâtie à degrés.

«Des tentatives ont été faites pour l'ouvrir, tant sur la face Sud que sur la face Nord; »et un trou d'environ huit pieds de profondeur a été creusé au sommet.

«Base actuelle, environ . . . . 210 pieds anglais.

«Hauteur actuelle . . . . 59 » »

«Plateforme au sommet, environ . . . . 50 » »

Vers le 26 avril, la tranchée, ouverte le 18 sur la face Nord, vint heurter le noyau carré de maçonnerie en petit appareil qui forme le centre de la pyramide. Les ouvriers descendirent perpendiculairement le long de cette muraille, et, à la profondeur d'environ 21 mètres sous le sable et les décombres, trouvèrent la bouche du boyau par lequel les voleurs avaient pénétré dans les chambres intérieures. Cette entrée se trouve juste dans l'axe du couloir en pente, qui conduisait de la porte extérieure à la première chambre, et que les ouvriers bouchaient, dans toute sa longueur, avec d'immenses blocs de calcaire et de granit, au moment où ils fermaient la pyramide. Pour s'éviter la peine de briser et d'enlever ces blocs, les voleurs déviêrent légèrement sur la droite, et débouchèrent dans la première chambre *L*, en brisant le dernier des blocs qui fermaient l'extrémité du couloir, et qui avait environ six mètres de longueur.

La première chambre *L*, tout entière en calcaire, sans inscriptions ni ornements, a 4^{m} 44 de long sur 2^{m} de large à l'extrémité nord et 2^{m} 02 de large à l'extrémité sud. Elle est haute d'environ 1^{m} 80, mais le sol est recouvert de sable et de décombres qui en diminuent sensiblement la hauteur. Le couloir qui mène plus loin dans l'intérieur, a une hauteur qui varie de 1^{m} 30 à 1^{m} 35, et une largeur de 1^{m} 10 : il marche dans le calcaire sur une longueur de 5^{m} 24, puis dans le granit sur une longueur de 0^{m} 82, après quoi il rencontre la première herse. Les herses n'ont pas été tournées comme dans la plupart des autres pyramides, mais attaquées de front. Les voleurs ont allumé un grand feu, qui a calciné la surface de la pierre, puis enlevé cette surface au marteau : ils ont ensuite renouvelé la même opération jusqu'à ce qu'ils aient percé les trois herses, et le granit est encore tout enfumé de leur fait. On voit qu'ils avaient le temps et la sécurité pour eux. La première herse avait 0^{m} 72 d'épaisseur; puis venait un espace vide de 0^{m} 85 et une seconde herse de 0^{m} 84; puis un second espace vide de 0^{m} 94 et une troisième herse de 0^{m} 78, après quoi le couloir continue sans obstacles. Il est d'abord en granit sur une longueur de 1^{m} 05, puis en calcaire sur une longueur de 6^{m} 13, puis en granit de nouveau sur une longueur de 3^{m}, enfin en calcaire sur une longueur de 1^{m} 40. Les trois chambres sont à peu près identiques sauf pour les dimensions aux trois chambres d'Ounas. On remarquera toutefois que, dans le serdab, les deux piliers carrés qui formaient les trois niches ont été fort proprement enlevés dès l'antiquité, et n'ont laissé d'autre trace qu'une ligne d'attache et une teinte un peu plus blanche de la paroi, aux endroits qu'ils recouvraient primitivement. Le couloir *E*, qui y conduit de la chambre centrale, est couvert d'hiéroglyphes, et probablement on était sur le point de le transformer en salle décorée, lorsque la mort du roi interrompit les travaux.

Les voleurs, entrés dans les chambres, n'y trouvèrent probablement rien qui les dédommageât de leur long labeur; ils pensèrent que les murs renfermaient quelque cachette, et ils déployèrent à la chercher la même ténacité et la même rage qu'ils avaient mise à se frayer la voie à travers les herses. Ils détruisirent à coups de masse les murs Nord et Sud de la chambre centrale et de la chambre où se trouvait le sarcophage, si bien que les gros blocs de calcaire qui forment le toit, n'étant plus soutenus par en bas, ne tiennent que par la pression latérale qu'ils exercent l'un sur l'autre et sont comme suspendus en l'air. Malgré cela, l'art avec lequel ils ont été ajustés est tellement admirable, qu'ils ne se sont pas écroulés sur les débris de la chambre : ils ont glissé l'un contre l'autre, ceux du milieu d'environ 0^{m} 50, ceux des extrémités, qui s'appuient aux parois Est et Ouest respectées par les voleurs, de 0^{m} 05 à 0^{m} 15. Non contents de ces dégâts, les voleurs, toujours à la recherche des trésors, poussèrent des boyaux dans l'intérieur de la maçonnerie jusqu'à la roche vive. Les blocs, littéralement émiettés sous leurs marteaux, encombrent la chambre du sarcophage jusqu'à un mètre de la voûte. J'ai dû me borner à faire enlever les décombres accumulés contre les parois respectées et sur le sarcophage : les extraire de la pyramide eût été inutile, coûteux et peut-être périlleux. Les inscriptions ont été estampées par M. Emile Brugsch et Bouriant, copiées en partie par M. Wilbour, copiées tout entières par moi, au mois de mars 1882. Les

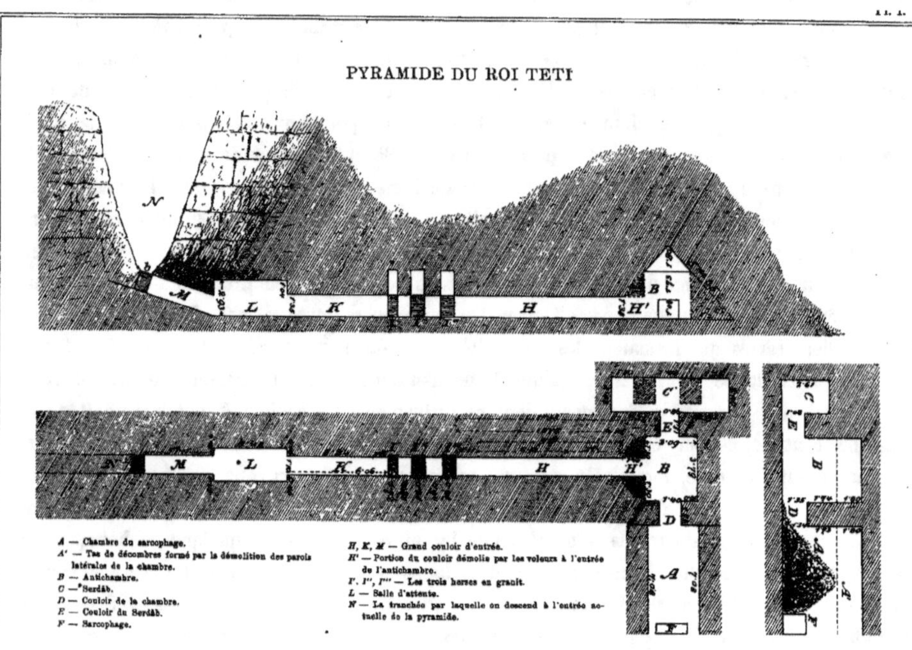
PYRAMIDE DU ROI TETI
N
M
L
K
H
H'
B
C
E
D
A
F
A — Chambre du sarcophage.
A' — Tas de décombres formé par la démolition des parois latérales de la chambre.
B — Antichambre.
C — Serdâb.
D — Couloir de la chambre.
E — Couloir du Serdâb.
F — Sarcophage.
H, K, M — Grand couloir d'entrée.
H' — Portion du couloir démolie par les voleurs à l'entrée de l'antichambre.
I', I'', I''' — Les trois herses en granit.
L — Salle d'attente.
N — La tranchée par laquelle on descend à l'entrée actuelle de la pyramide.

hiéroglyphes, plus petits que les hiéroglyphes de la pyramide d'Ounas, sont plus grands que presque tous ceux de la pyramide de Pepi Ier. Le plafond des chambres et des parties de couloir où l'on trouve des hiéroglyphes est couvert d'étoiles à cinq branches ★, selon la coutume. Les caractères se détachent en bleu-vert sur fond blanc peint à la colle.

CHAMBRE DE L'OUEST.

La chambre du sarcophage ne conserve plus d'inscriptions que sur les parois Est et Ouest. Le pignon de la paroi Ouest *A* est couvert de textes en colonnes verticales : sur la paroi *B* on remarque les mêmes ornements que dans la paroi correspondante du tombeau d'Ounas. Le sarcophage *C* était appuyé jadis contre la muraille, mais a été déplacé par les voleurs. La paroi Est est divisée en trois parties : les textes du pignon *D*, au-dessous desquels se déploie à gauche, une liste d'offrandes *E*, identique aux listes d'offrandes qu'on trouve dans plusieurs tombeaux privés de la même époque. Cette liste est encadrée par en bas et sur la droite, de prières destinées à accompagner l'offrande *F*.

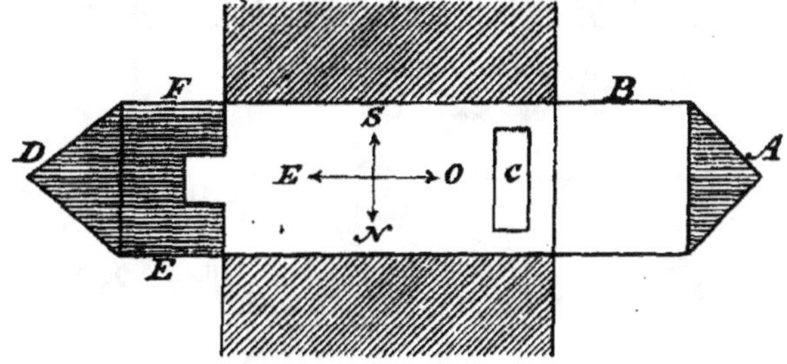

Le sarcophage n'a pas été ouvert : les voleurs, au lieu de soulever et de jeter bas le couvercle, en ont brisé l'angle S-E. et ont extrait la momie par cette ouverture. Je n'ai retrouvé de la momie qu'une épaule et un bras tout noircis et d'une préparation moins soignée que la préparation d'Ounas. Le sarcophage en basalte grisâtre est à peu près de la même dimension que celui d'Ounas, mais la cuve en est moins profonde. Il porte extérieurement l'inscription suivante tracée dans le sens de la longueur et en une seule ligne, au centre du couvercle : 1 . Le reste de la légende a disparu dans la cassure du couvercle. A l'intérieur, cinq légendes disposées, l'une en *A* dans toute la longueur du couvercle, les deux autres en *B* et en *C* prolongent perpendiculairement la première sur les parois Nord et Sud de la cuve; les deux dernières *D* et *E* sont tracées sur les parois Est et Ouest de la cuve, aux deux tiers de la hauteur, et sont interrompues deux fois chacune par les rainures *a-b*, *c-d*, ménagées dans ces parois, pour permettre aux ouvriers de faire jouer les cordes, au moyen desquelles on descendait dans la cuve le cercueil en bois qui contenait la momie.

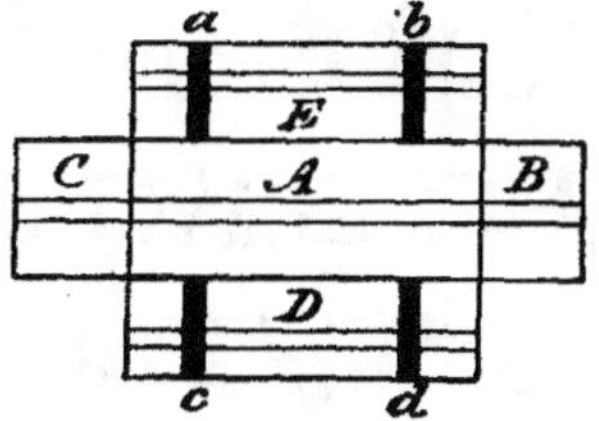

A : 2

B : *(sic)*

C : *(sic)*

D :

E : *(sic)* *(sic)* *(sic)*

Le pignon Ouest, qui est au-dessus du sarcophage, renferme une longue inscription de cinquante-trois lignes. Les vingt-cinq premières ont le commencement masqué, comme je l'ai déjà dit, par la descente des blocs qui forment le plafond. Je n'ai pas encore retrouvé le texte exact des paragraphes I—III : je n'en possède qu'une version développée qui paraîtra en son lieu. J'ai donc préféré en remettre la traduction jusqu'au moment où cette version pourra être livrée au public. Les autres paragraphes existent tous avec quelques variantes dans les autres pyramides encore inédites.

(sic)

IV.

Flamme, amie de Hor, déesse au buste noir qui es dans la gorge[1] de Rá, lance-toi vers le ciel[2], car Teti [va] vers le ciel.

1) Le mot se retrouve dans le passage suivant de Pepi II : : Les lèvres de Pepi sont comme le taureau des Formes, son cou (sa gorge) comme la vache (?) de flamme (ou, comme un bassin de flamme). Le mot de Brugsch (*Dict. hiérogl.*, p. 380) me paraît être le même mot, dérivé de son sens premier par la même association d'idées qui a donné au français *gorge*, le sens de *sein*, *mamelle*.

2) , probablement pour , *tirer vers . . .*, *se diriger vers . . .*

V.

Le tribut d'Hor qui aime Teti, c'est de lui apporter son œil; le tribut de Sit qui aime Teti, c'est de lui apporter ses testicules; le tribut de Thot qui aime Teti, [c'est de lui apporter ses bras][1] qui ont effrayé le double cycle des dieux! Ceux-là sont les porteurs de tribut[2] amis de Teti et les tributs destinés aux offrandes qu'ils apportent à Teti pour les offrandes.

VI[3].

Quand c'est Teti l'ordonnateur d'Amkhont, celui qui soulève Haït-Sib, devant qui les dieux ont courbé l'échine et a tremblé le double cycle des dieux, (alors) c'est la main de Teti qui le soulève.

VII.

Quand c'est Teti l'ordonnateur d'Amkhont, celui qui soulève Haït-Sib, devant qui les dieux ont courbé l'échine et a tremblé le double cycle des dieux, (alors) c'est la face de Teti qui voit celui qui le soulève, c'est Teti le nez qui respire.

VIII.

Quand Teti sort au ciel par la vulve d'Amouopit et qu'il lui arrange sa sandale, (alors) c'est la main de Teti qui le soulève.

1) Le texte de Teti est incomplet; je l'ai corrigé au moyen du texte de Pepi II :

2) est le nom d'agent de , et la triplication de dans une forme graphique du pluriel. Le texte de Pepi II donne les deux fois qui nous ramène à

3) Les quatre paragraphes qui suivent sont parallèles deux à deux. Ils prêtent à un sens astronomique et à un sens mythologique pur, probablement aux deux à la fois; mais le français ne se prêtant pas à rendre les doubles sens de l'égyptien, j'ai traduit littéralement, laissant à chacun la faculté de mettre sur les mots le sens qui lui paraîtra le mieux convenir.

4) Le mot se retrouve, par exemple, dans ce passage de Pepi II :

IX.

Quand TETI sort du ciel par la vulve d'AMOUOPIT, et qu'il lui arrange sa sandale, (alors) c'est TETI le nez qui respire, c'est la face de TETI qui voit celui qui le soulève.

X.

C'est TETI le courant qui sort de l'urne. TETI est sorti de ce qu'elle rejette au-dehors, et TETI a couru les deux ciels, TETI est allé sur les deux terres, TETI s'est frayé un sillon sur les herbes qui verdissent sous les pieds de SIB, lorsqu'il foule les voies de NOUT.

XI.

Après que TETI s'est purifié sur cette même limite de la terre[1] sur laquelle RA s'est purifié, — tout en priant, il dresse l'échelle, et les *habitants de la Grande* donnent un coup de main à TETI.

. Je ne lui connais d'analogue qu'un mot , employé au Papyrus Ebers avec le sens de *vulve*. Ce sens convient parfaitement aux passages où on rencontre , et le déterminatif donne une coupe assez exacte de l'organe lui-même. Je traduirai donc le passage de Pepi II : « Tu sors au ciel comme Hor sur la vulve du ciel », et je renverrai pour le commentaire aux tableaux où l'on voit le soleil sortant de la vulve de Nout, dont le corps allongé représente la voûte du ciel. L'expression , doit désigner une forme de Nout et fait d'ailleurs assonance avec du texte de Pepi II. Après être sorti et avoir arrangé (?) la sandale de la déesse céleste, le défunt joue le rôle de Shou qui soulève le ciel de ses deux bras et de Nout qui est soulevée : on dirait qu'il est à la fois les deux divinités.

1) Le mot me paraît désigner la montagne qui bornait l'extrémité de la terre et servait de support au ciel.

2) Le passage n'est pas correct, mais on peut le restituer de deux manières 1° en se guidant sur le passage de la ligne 32, et 2° en se guidant sur la formule de la ligne 38. Je préfère rétablir d'après le premier passage : etc. La première faute est facile à comprendre. La comparai-

XII.

Salut à toi, ô RA qui parcours le ciel et traverses NOUT! Tu as parcouru le lac de KHAÏ et TETI t'a arrangé ta queue, car c'est TETI le dieu fils de dieu, c'est TETI l'aubépine (?) qui sort de KA, l'aubépine d'or qui sort de NOUTROU; TETI a parcouru POU et il a traversé KNOUMOUT; TETI a parcouru POU comme (l'astre) NASIT-KHONT de SAT, et il a traversé KNOUMOUT comme (l'astre) SHOSMOU; *Celui qui est dans sa barque et qui est l'ami de Dieu,* TETI vit plus qu'il ne vit, (car il se nourrit de) pain.

XIII.

Heureux[1] ceux qui voient TETI là où il s'habille au matin de chaque jour, son pagne sur lui comme HATHOR, sa plume comme la plume de l'épervier et sur laquelle il sort au ciel parmi tes frères [les dieux][2].

---

son des passages communs aux différentes pyramides, prouve que les scribes avaient dans les mains un texte où le nom du roi n'était pas exprimé, mais était ou laissé en blanc ou remplacé par le pronom de la troisième personne : c'était une sorte d'exemplaire étalon, d'après lequel on composait le tombeau de chaque roi. Il suffisait pour cela de substituer le cartouche au pronom; mais tous les scribes ne s'y prenaient pas de même pour opérer la substitution. Par exemple, la formule des lignes 26—28 de Teti se retrouve dans Pepi II rédigée comme il suit : (sic) . Souvent, le scribe distrait, laissait subsister le pronom et ajoutait le nom, ce qui donnait deux sujets ou plutôt le même sujet sous deux formes différentes : c'est pourquoi je corrige . La suppression de devant le second cartouche, me paraît être rendue nécessaire par la syntaxe de , qui exige un antécédent dans la phrase telle que nous la donne la suite du texte. La présence de s'expliquerait fort bien, s'il y avait dans l'exemplaire original , qui aurait dû se transcrire . Le serait le commencement du pronom que le graveur aurait commencé à graver : il se serait interrompu pour remplacer le pronom par le cartouche et aurait oublié d'effacer son .

1) Cfr. OUNAS, l. 584 où il faut corriger : « Heureux ceux qui voient Ounas, tranquilles ceux qui le contemplent! » est le nom d'agent de .

2) TETI a passé ici le complément nécessaire que donnent les versions de Pepi Ier et de Pepi II.

46 47 48 49 50 (sic) 51 52 53

XIV.

Salut à toi, taureau des taureaux! Quand tu fais tes sorties, TETI est frappé de ta queue, TETI est saisi de ta splendeur; quand tu fais tes sorties, la *Grande* est derrière toi, la *Grande* est sur tes deux mains.

Salut à toi, Grand parmi les dieux! Quand tu as pris TETI, lui il s'empare de ton cœur, car les corps[1] de TETI sont (pour toi) des nourrissons.

XV.

Parle le ciel, tremble la terre par ton oraison, ô OSIRIS! Quand tu fais tes sorties, les deux vaches laitières d'AMOUTNOUN acclament, la nourrice d'AMOUTNOUN acclame, circulant derrière lui; car celui qui fait ses sorties, il va et il est parmi ses frères les dieux.

Toute la paroi Ouest, sous le pignon, est occupée par les dessins que nous avons déjà rencontrés à la même place dans la chambre funéraire d'Ounas. Ce qu'il y avait sur les parois détruites, nous le savons en partie : des débris ramassés à terre m'ont donné quelques mots appartenant aux textes contenus dans les lignes 222—233, 240—269 d'Ounas, qui, ainsi que le prouvent les débris du texte analogue de Pepi II, faisaient partie réglementaire de l'ornementation de la paroi Sud. La paroi Nord devait bien certainement contenir une partie au moins des textes qui, dans Ounas et dans Pepi II, accompagnent la présentation de la table d'offrandes : j'en ai retrouvé quelques passages sur les éclats de pierre qui jonchent le sol de la chambre.

Le pignon Est nous donne, après deux paragraphes nouveaux, une série de textes déjà connus par la pyramide d'Ounas. J'en présente une traduction nouvelle qui diffère sensiblement de celle que j'avais publiée il y a deux ans. Au fur et à mesure que j'étudie les versions

1) Le [hiér.] est prothétique, comme dans [hiér.] pour [hiér.] etc. Doit-on lire ASHTIOU ou ASHKHITIOU? M. DE ROUGÉ a montré que, pendant la durée de l'Ancien Empire, plusieurs mots en [hiér.] avaient la prononciation shuintante à côté de l'autre : le nom de [hiér.], par exemple, se serait lu SHÂFRÂ aussi bien que KHÂFRÂ. [hiér.] est la prononciation amollie de [hiér.], où [hiér.] est entre ses éléments phonétiques, comme [hiér.] est la prononciation amollie de [hiér.]. Pepi II donne le même mot; Pepi Ier le remplace par [hiér.], ce qui est une paraphrase de [hiér.], et confirme le sens *corps*. Le pluriel *Ashtiou*, les corps, s'explique par cette paraphrase et désigne les parties individuelles, les *corps* qui composent le *corps* général de Teti. — Cfr. [hiér.] = [hiér.], [hiér.] = [hiér.], etc.

des autres pyramides, des formes mythologiques ou grammaticales, des mots nouveaux dont je n'avais pas saisi le sens, des phrases dont je n'avais point compris la coupe normale, s'éclairent par la comparaison et deviennent intelligibles. Il en sera de même jusqu'à la fin de ce travail, qui n'est à dire vrai que la publication première et la mise au net des monuments nouvellement conquis. Plus tard, je reprendrai ces inscriptions à loisir, et j'essaierai d'établir un texte critique, dont la constitution me permettra de donner des traductions mieux établies. Vers la fin, le glissement des pierres du plafond a, comme sur le pignon Ouest, fait disparaître quelques bouts de ligne : j'ai rétabli les parties manquantes au moyen des duplicata de Pepi II.

I.

O faim, ne viens pas à Teti, va au Nou, détourne-toi vers l'Océan divin, car Teti est rassasié; c'est du pain de froment [1] d'Hor, qu'Hor a mangé et que lui a fait sa servante *la Grande* [2], qu'il est rassasié, qu'il prend sa pleine part [3]. Teti n'a pas faim comme Shou [4], Teti n'a pas soif comme Tafnout, car Hapi, Tioumoutf, Qobhsonnouf, Amsit, détruisent cette faim qui est dans le ventre de Teti, cette soif qui est dans les lèvres de Teti.

II.

La faim [de Teti] est avec Shou [5], la soif de Teti avec Tafnout; Teti subsiste du pain de chaque matin qui vient en sa saison, Teti subsiste de ce dont Shou subsiste, Teti mange de ce dont Shou mange.

1) Cfr. l'arabe قمح, *froment*.

2) La variante de Pepi donne ..., ce qui nous ramène au groupe ..., *femme, servante*, plutôt qu'au mot ..., *fille*. On pourrait cependant traduire, *sa fille*.

3) Litt. *sa fois, sa tournée*.

4) On est tenté d'abord de comprendre « Teti n'a pas faim parce qu'il est Shou, ni soif parce qu'il « est Tafnout », mais ce sens ne cadre pas avec le paragraphe II, où l'on dit que la faim de Teti et sa soif sont *avec* Shou et Tafnout. Ces deux divinités sont donc représentées ayant faim et soif pour le défunt, et, par conséquent, on doit souhaiter à celui-ci de n'avoir point faim ou soif comme ils ont.

5) La version de Pepi II donne un texte plus rationnel que celle de Teti : ... On voit que ... final tombait déjà à cette époque, et l'assonance avec ... explique la présence du déterminatif ... du chef.

III.

Veille [1], *Thot juge exact!* Veillez, *vous qui êtes couchés!* Eveillez-vous, *Habitants de Konsit*, ancêtres, (toi,) *Le Grand trembleur* qui sort du Nil, OUOPMATONNOU qui sors d'ASBIT (la ville du Tamarisque), car elle est pure la bouche de TETI; le double cycle des dieux encense TETI et sa bouche est pure, ainsi que cette langue qui habite la bouche de TETI. C'est l'horreur de TETI que les excréments [2], TETI rejette les urines, TETI déteste ce qu'il y a de détestable en lui; TETI a horreur des matières et ne les mange pas, TETI a horreur des déjections liquides comme SIT, lorsqu'il se purifie entre ces deux ROHHOUÏ qui traversent le ciel, RÂ et THOT [3]. Vous avez pris TETI avec vous, TETI mange de ce dont vous mangez, TETI boit de ce dont vous buvez, TETI vit de ce dont vous vivez, TETI s'assied comme vous vous asseyez, TETI est puissant de votre puissance, TETI navigue votre navigation; la salle de TETI est un filet dans les CHAMPS D'AÏLOU, TETI a des courants d'eau vive au

1) Cfr. OUNAS, l. 186—195.

2) Le texte d'Ounas (l. 189) est endommagé ici par le salpêtre et j'avais cru lire *retranchement:* tous les autres textes prouvent qu'il faut écrire *ordures, excréments*. Le déterminatif qui est fréquent dans Pepi II, montre assez de quelle sorte d'excréments il s'agit. Le sens primitif de paraît être *écarter à coups de bâton* ou peut-être *écraser*, comme l'indique le déterminatif ; le second sens est *écarter de soi le péché, purifier, se purifier*. Teti écarte de lui les urines qu'il pourrait avoir comme boisson dans l'autre monde. Ce petit texte, confirmé d'ailleurs par plusieurs autres, nous montre en effet l'idée, si fréquente chez les peuples à demi-civilisés, d'une autre vie où le mort n'a pour se nourrir et se désaltérer que des excréments.

3) J'avais lu dans OUNAS (l. 190), sur la foi de (NEHI) et (DÉÏR EL-BAHARI): Ounas ne donne pas toujours les marques qui distinguent , , , et a souvent que ○, ce qui explique la faute des versions thébaines, et la mienne. de TETI montre qu'il faut lire dans OUNAS .

CHAMP DES OFFRANDES, et les offrandes de TETI sont avec vous, ô dieux; l'eau de TETI est du vin comme pour RÂ, TETI court autour du ciel comme RÂ, TETI circule à travers le ciel comme THOT.

IV.

C'est l'horreur de TETI que la faim, et il ne la mange pas; c'est l'horreur de TETI que la soif et TETI ne l'a point bue[1]. C'est TETI celui qui est, et TETI donne du pain à ceux qui sont. C'est la nourrice de TETI que *le Petit lait*[2], c'est lui qui fait vivre TETI, c'est lui celui qui existe, c'est lui qui a enfanté TETI. TETI est conçu dans la nuit, il naît dans la nuit; et maintenant, ô vous qui suivez RÂ et qui êtes en adoration sur ses deux bras[3], maintenant que TETI est conçu dans le NOU et que TETI est enfanté dans le NOU, TETI est venu vous apporter du pain de ceux qu'il a trouvés là.

V[4].

De la bave de l'œil d'Hor sur les ramures de l'olivier, KHONTAMENTI est venu vers elle, et en a rapporté les provisions d'HORKHONTPAOU; ce dont ce dieu vit, TETI en vit, ce

1) Le texte semble considérer la faim et la soif comme des substances que l'homme peut absorber par les voies naturelles, et qui, une fois en lui, ne cessent de le tourmenter comme un poison. Les variantes d'Ounas et de Fepi II rendent la traduction que j'ai proposée ici, incontestable au point de vue grammatical.

2) Les variantes donnent l'équivalence [hiéroglyphes] = [hiéroglyphe], nouvelle pour moi. Les listes d'offrandes donnent [hiéroglyphes] et à côté [hiéroglyphes], ou simplement [hiéroglyphes], qui paraissent être *le beurre*, et le *bas-beurre* ou *petit-lait*.

3) Je crois reconnaître ici les dieux que les vignettes du *Livre de savoir ce qu'il y a dans l'hémisphère inférieur* nous montrent sur les mains de la grande figure qui représente, selon les uns, le ciel, selon les autres, le soleil.

4) OUNAS donnait ici le signe [hiéroglyphe] des paragraphes; mais je n'en avais tenu aucun compte sur la foi du texte de Déîr el-Bahari. Il faut corriger la traduction d'OUNAS d'après celle que je donne ici du passage correspondant de Teti.

dont il mange, Teti en mange, ce dont il boit, Teti en boit, la viande du sacrifice(?) et les grains(?), c'est la richesse de Teti en provisions de tout genre.

VI.

Teti est venu à toi, vieillard! Recule devant Teti [comme] le vent d'Est [recule] derrière le vent d'Ouest; viens derrière Teti, comme le vent du Nord vient derrière le vent du Sud. — «*Pose-là*[1]!»

VII.

[Aker dévoile la face de Hor], Hor dévoile la face d'Aker, et l'Abondance a présenté ses deux mains à Teti, et les deux mains de Teti ont enveloppé l'oie panégyrique, [quand tu joues le rôle de la déesse campagne auprès de] son [fils] L'oie panégyrique[2], pour que Teti mange avec lui en ce jour.

VIII.

C'est Teti, ô Isis! C'est Teti, [ô Asbit! C'est Teti,] ô Nephthys! Viens, vois ton fils qui a fait le tour du nome Athribite, et qui a ceint la couronne! Comme le panier de Teti

1) Je pense que   est une indication ritualistique : le   qui précède n'est que l'équivalent de nos guillemets.

2) , déterminé par l'oiseau, le poisson ou les herbes, sert à désigner l'oiseau, le poisson ou les herbes qu'on préparait pour une fête. Le texte renferme une allusion aux tableaux, fréquents plus tard, dans lesquels on voit la déesse Campagne aidant le roi à prendre les oiseaux au filet. Les oiseaux sont appelés ici ses fils et divinisés en une sorte de génie,   (var. de Pepi II :), avec lequel Teti est censé dîner en tête à tête après la chasse. Je ne peux pas dire quel est ici le dieu qui joue ( ) ici le rôle de la déesse campagne auprès de son fils, c'est-à-dire, en réalité, livre ce fils à l'oiseleur; pourtant, comme le roi est ordinairement accompagné en pareil cas de deux dieux, je suis tenté de croire que le pronom   s'adresse à Aker et Hor, eh d'autres termes à Aker, lequel, en sa qualité de maître des deux horizons et de lion à deux têtes , peut être considéré comme *une âme en ses deux jumeaux*, un dieu en deux personnes, Anhour-Shou, Shou-Tafnout, Sib-nout, ayant droit, malgré sa dualité, au pronom du singulier .

est de légumes à tiges, [et la corbeille de Teti est de racines], Teti est venu ayant dans ses corbeilles[1] ce qu'il aime qu'on lui donne.

IX.

Viens, ô *Renverseur*[2], l'autel est allumé, les aides du sacrifice sont là debout, [donne toutes les choses de l'offrande à] Teti.

X.

Salut à toi, grand Océan, modeleur des dieux, formateur des créatures, concilie à Teti les hommes et les dieux, [pour qu'ils lui donnent toutes les choses de l'offrande].

XI.

O, *Toi dont le Double excellent est grand* du Dieu Hor[3], *Chef de la salle d'assemblée* du dieu Râ, *Aîné, chef de l'atelier* du dieu Phtah, donne beaucoup à Teti, que Teti mange de tes dons.

---

1) La variante de Pepi II, , semble montrer que n'appartient pas à la racine primitive, mais s'y est ajouté comme à , etc. Le nom de l'offrande (Brugsch, *Dict. H.*, p. 1097) nous indique le rapprochement avec ϣⲛⲟⲩϥ, *corbis*, si toutefois ce mot ne vient pas de la racine *plectere*, développée en finale : le sens du verbe est *apporter au panier*. Le nom se retrouve dans Ounas, l. 639, , où le déterminatif est celui d'une tige droite et feuillue. Il me semble que , de la racine *surgere, se dresser*, doit désigner d'abord la tige qui *se dresse* hors de terre, puis ici tous les légumes dont la tige, les feuilles ou les fruits sont hors de terre et se mangent, par opposition à , de la racine *tomber, s'affaisser* (par contraste de), qui est le copte ⲕⲟⲩⲛⲓ, ϯ, ⲕⲟⲩⲛⲉ, ⲧ, *radix*, et désigne les légumes dont on ne mange que la partie cachée sous terre. ⲕⲟⲩⲛⲓ, comme mot spécial, signifie *raphanus*, et je ne connais pas encore le sens spécial de . Le texte compare Ounas à ces serviteurs du repas funèbre qui portent la corbeille et le panier chargés de légumes destinés au mort.

2) Var. de Pepi II : , c'est le nom d'agent de la racine *s'affaisser*. Il désigne ici soit le génie sacrificateur, soit Teti identifié à ce génie.

3) Les mots en italiques sont les noms , et de génies et de prêtres attachés à Hor, à Râ, à Phtah et qui aidaient à la répartition de l'offrande pendant le sacrifice.

XII.

[Doubles dans Pou,] doubles dans Pou, — c'est HOR les doubles dans Pou, — double de TETI dans Pou, rouge comme la flamme, [vivant comme le scarabée, sautez] de joie, sautez de joie, [voici] les choses d'offrandes qu'apportent les sacrificateurs, et des dons de TIHONT sont les arbres fruitiers[1] de TETI, les herbes [de TETI, des dons de TIHONT sont] l'herbe de TETI et les dattes de TETI dans le ventre de tous les dieux.

XIII[2].

Biens de TOUM, [biens de TOUM, biens de qui est dans] l'œil de la barque divine, viande du sacrifice et viande rôti(?) et quatre gorgées d'eau[3]!

XIV.

[La bouche de TETI est d'encens], les lèvres de TETI sont de myrrhe! O TETI dans la campagne, ton double [va vers les champs d'offrandes[4], ...] . . . ., la table qu'on sert devant TETI[5] est comme (celle de) la barque divine, [les vivres de TETI sont supérieurs au produit de l'année[6], l'abondance] des biens de TETI est plus forte que le Nil. O double de TETI, apporte de quoi puisse TETI manger avec toi[7].

---

1) Bien qu'il n'y ait aucun déterminatif à ce mot, le parallélisme de et me semble indiquer qu'on doit y voir le nom d'arbre. Toutefois, comme le mot , à côté de son sens *dattier, palmier,* a le sens de *grâce, faveur,* je ne serais pas étonné si le rédacteur avait fait un jeu de mots sur le double sens de *amour* et *arbre fruitier.*

2) Cfr. OUNAS, l. 183—185, une version un peu plus complète.

3) Litt. : «quatre *paumées* d'eau». est la quantité d'eau qu'on prend dans le creux de la main. La traduction *gorgée* n'est qu'un à peu près, faute de mot exact pour rendre l'idée en français.

4) La version de Pepi II passe ce membre de phrase.

5) *ce qu'on met devant le convive,* de *être en face.*

6) Litt. : «Vit TETI plus qu'année».

7) La version de Pepi II coupe le texte après et introduit un nouveau paragraphe. La version de Teti me paraît plus conforme au développement logique du texte.

XV.

[Salut à toi, Grand Océan, modeleur] des dieux, formateur des êtres, concilie les dieux à Teti [pour qu'ils fassent fleurir Teti], pour qu'ils aiment Teti, pour qu'ils fassent passer Teti (de l'autre côté du ciel).

XVI.

[O, *Toi dont le double excellent est grand* du dieu Hor, *Chef*] *de la salle d'assemblée* du dieu Râ. *Aîné, chef de l'atelier* du dieu Phtah, donne à Teti en quantité [afin qu'il mange, car ce que tu lui donneras en quantité est de] sa chair.

XVII.

O *Grande Embrasseuse*, [aux . . . .], aux étoiles de mâfkat[1], si tu floris, [Teti florit, et florit] le rameau des vivants.

XVIII.

[La mère de] Teti [a conçu][2] dans la nuit, [avec toi, ô Vache Sonit], si tu floris, Teti florit, [florit la branche des vivant]s.

XIX.

[O rouge comme la] flamme, vivant [comme le scarabée,] biens du *sam*, bien du *On* . . . .

---

1) La lacune devait renfermer après le nom de la déesse , une première épithète formée d'un nom et de son régime, dont la finale est le dernier reste.

2) Ce paragraphe et le précédent sont restitués d'après la version de Pepi II : (sic) . La formule de Pepi II a été dédoublée dans Teti.

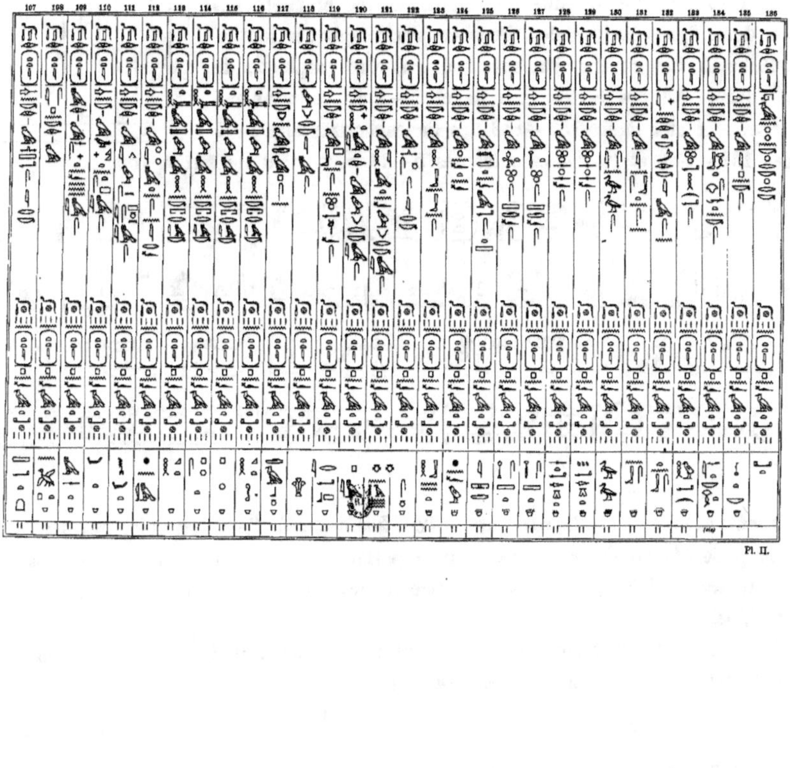

107 108 109 110 111 112 113 114 115 116 117 118 119 120 121 122 123 124 125 126 127 128 129 130 131 132 133 134 135 136

Pl. II.

Vient ensuite, sur la paroi même, une rédaction abrégée de la table d'offrandes déjà publiée dans OUNAS (l. 1—165). J'ai montré quelles difficultés on éprouvait à rendre le sens des formules qu'elle renferme, et donné des exemples de la façon dont le sujet avait été traité par les écrivains égyptiens; j'aurai d'ailleurs à y revenir à propos de la version beaucoup plus complète que nous avait conservée la pyramide de Pepi II. Je me borne donc, ici encore, à donner le texte tel qu'il est, sans l'interpréter. (Voir Pl. 2.)

La disposition des textes à la partie gauche de la paroi, au-dessous de la table d'offrandes, entre la paroi Nord et la baie de la porte, présente quelques singularités. On y trouve d'abord une formule en deux lignes verticales 1—2, puis une autre formule divisée en deux lignes horizontales 3—4, servant de cadre à la prière qui occupe les lignes 5—11; après quoi revient la formule initiale, l. 11—13, et une variante de la formule une première fois gravée en deux lignes horizontales. Pour ne pas compliquer inutilement la tâche de l'imprimeur, j'ai substitué à l'ordre graphique de l'original l'ordre réel des textes. Les lignes 1—2 du petit tableau ci-joint répondent aux lignes 137—138, les lignes horizontales 3—4 aux lignes 139—140, et les lignes suivantes 5—14 continuent de 141 à 150.

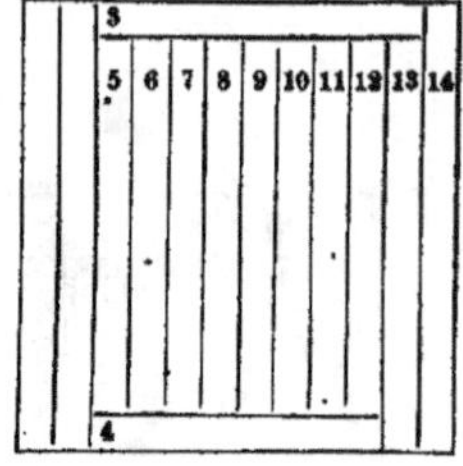

I.

C'est offrandes ce qui t'appartient[1]! Ton *lumineux*, ô TETI, est avec tes frères les dieux, et la pluie (de dons) qu'ils font pleuvoir parmi tes enfants, prends y garde, c'est ton tout sur cette terre. *Dire quatre fois.* — Pare (donc) ton corps, quand tu viens vers eux. *Dire quatre fois.*

Qu'il ait l'offrande, en toutes ses formes dans tous les lieux où il est! — Reçois l'offrande de SIB, en toutes tes formes, en tous les lieux où tu es!

II.

Arrête-toi, TETI[2], reste immobile, TETI! Tu es venu parler aux régions de HOR, tu es venu parler aux régions de SIT, tu es venu parler aux régions d'OSIRIS, et on te présente

1) Cette petite partie du texte est dans OUNAS, l. 299, où il faut effacer , qui est une faute d'impression pour .

2) OUNAS donne le même texte, l. 297—299, mais écourté : il passe la ligne 144 de TETI tout entière et la plus grande partie de la ligne 145. Dans OUNAS, remplacer le déterminatif de (l. 298), qui est une faute d'impression pour .

l'offrande royale en toutes tes formes. Tu revêts la peau de panthère, tu revêts le pagne, tu viens avec tes deux vases à sang (?) pour couper le cou à la victime, tu viens en la barque Ouot'Ânou en toutes tes formes, en toutes tes demeures, et ton sceptre Nouhbit parmi les vivants, ta parole parmi les mânes, c'est Anoupou celui qui est dans l'Occident, Ant'ti celui qui est dans les nomes d'Orient; c'est offrandes ce qui t'appartient! Ton *lumineux*, ô Teti, est avec tes frères les dieux, et la pluie (de dons) qu'ils font pleuvoir parmi tes enfants, prends y garde, c'est ton tout sur cette terre. *Dire quatre fois.* — Pare (donc) ton corps, quand tu viens vers eux. *Dire quatre fois.*

Offrande de biens à Teti! Offrande royale, offrande de Sib à ce Teti, qu'on te donne toutes les offrandes, toutes les propositions en pains, liquides et pâtisseries que tu aimes et qui te rendent heureux auprès du dieu pour l'éternité entière!

III.

Osiris Teti, Hor est venu te faire l'offrande à toi, car tu es son père!

IV.

Ouvre les deux portes du ciel, ô Teti, car tu as soulevé ta tête pour tes os, tu as soulevé tes os pour ta tête. Tu as ouvert les deux portes du ciel[1], tu as tiré les grands

1) Dans Ounas, l. 269, où il y a (var.) traduire : «tire les barres (de) la porte du ciel», au lieu de «par le bris de ses verrous», que donne ma première traduction.

verrous, tu as levé le sceau de la grande porte, et semblable à un chacal pour la tête, à un lion sauvage pour le train de derrière, tu sièges sur ton divan et tu cries aux *Lumineux:* «Viens à moi! Viens à moi! Viens vers Hor, celui qui défend son père Osiris, car c'est »Teti qui est ton initiateur!» Tu mets la main à terre et tu combats de ton bras dans le domaine de *la Grande* et tu circules grâce à lui parmi les *Lumineux,* et voici tu te dresses comme Osiris.

V.

O Osiris Teti, Hor est venu t'enserrer dans ses bras, et il a fait que Thot mît en déroute pour toi les suivants de Sit, il te les a amenés prisonniers[1], et il a repoussé le cœur de Sit, car il est plus fort que lui; et maintenant, tu es sorti devant lui, et Sib a vu ta course, il t'a mis en ta place, Sib t'a amené tes deux sœurs Isis et Nephthys. Hor t'a donné de te réunir aux dieux, et ils fraternisent avec toi, en ton nom de Sonitti[2], et ils ne te repoussent pas au loin en ton nom d'Atourti. Il a donné que les dieux te défendent et Sib a mis sa sandale sur la tête de ton ennemi; tu as repoussé (cet ennemi), ton fils Hor l'a frappé, il lui a arraché son œil (à lui Hor) et il te l'a donné pour que tu sois fort par

1) Le mot [hiéroglyphes] nous donne un nouveau phonétique [hiéroglyphe] pour le signe [hiéroglyphe]. Il est fréquent dans la langue très antique : les exemples que nous rencontrerons dans la suite des textes prouvent le sens *cellule, prison, emprisonner,* pour lui et pour son factitif [hiéroglyphes].

2) Cfr. cenн, *area.* Les deux *sonit,* comme les deux *Atour,* comme les deux [hiéroglyphes] etc., marquent les deux rives du Nil qui forment l'Égypte. Ici le mot est un terme d'agent, *Celui qui est dans les deux sonit,* comme au membre de phrase suivant, il sera question de *celui qui est dans les deux Atour.*

lui, pour que tu prévailles par lui parmi les *Lumineux;* HOR t'a donné de tailler en pièces ton ennemi avec (cet œil), il abat avec (cet œil) ton ennemi, car HOR est plus fort que lui, et il rend justice à son père qui est en toi, en ton nom de *Celui dont le père est plus fort que le Ciel;* NOUT t'a donné comme dieu à SIT en ton nom de DIEU; ta mère NOUT a étendu ses deux bras sur toi en son nom de *Couvreuse du Ciel.* HOR a frappé SIT, il te l'a jeté sous toi et lui (SIT) te supporte et il est un grand créateur(?) sous toi, comme (il est) le grand créateur(?) de la terre qu'il a disposée en ton nom de *Terre ordonnateur de la terre* (TOT'ASIRTO)! HOR a donné qu'on le juge (SIT) en son cœur, dans sa maison, avec toi, il a donné que tu le (SIT) frappes de ta main, lorsqu'il lutte avec toi. O OSIRIS TETI, HOR t'a défendu, et il a fait à son double qui est en toi que tu reposes en ton nom de KAHOTPOU.

VI.

O OSIRIS TETI, SIB t'a donné tes deux yeux pour que tu reposes en les deux yeux de CE GRAND CHEF [1] qui est en toi! SIB te les a fait donner par HOR pour que tu reposes sur eux, pour qu'ISIS et NEPHTHYS te voient, pour qu'elles te trouvent; car HOR t'a fait offrande, HOR a donné qu'ISIS et NEPHTHYS te défendent, elles t'ont livré à HOR pour qu'il repose sur toi, et HOR t'a accompli les rites en ton nom d'*Horizon* où se manifeste RÂ dans tes deux bras en ton nom de *Dieu qui est dans l'intérieur du palais;* tu as étendu ta main comme un mur derrière lui, derrière lui pour donner des fondements solides à ses os et de

1) Ce CHEF est un des noms d'Osiris.

la grandeur à son cœur[1]. O OSIRIS TETI, l'endroit où HOR t'a introduit ne t'en écarte pas, car lorsque HOR est venu te rendre justice, tu as courbé SIT devant toi, et son double est enchaîné, tu l'as repoussé, car HOR est plus grand que lui, il nage sous toi, il supporte le plus grand que lui qui est en toi[2], et ses suivants t'ont vu qui étais plus fort que lui, et ils ne t'attaquent point, quand HOR vient pour rendre justice à son père qui est en toi, te rajeunissant en ton nom d'*Eau de Jouvence*. HOR t'a ouvert la bouche : ô TETI ne .... car SIB[3] t'a amené HOR afin que celui-ci juge pour toi leurs cœurs, il t'a apporté tous les dieux ensemble dont la substance n'est pas en lui. HOR t'a défendu, et il ne s'arrête point (?) de te défendre; HOR a arraché son œil à SIT, il te l'a donné; son œil est une branche (?) de palmier, tu l'as repoussé, tu l'as examiné, frappant ..... pour toi. ISIS t'a fait offrandes, HOR s'est introduit en ton cœur en ton nom de KHONTAMENTI, et c'est HOR qui te défend de ce que SIT fait contre toi.

VII.

OOUTOU-SHOU, ceux qui prennent des résolutions pour toi, ce sont les deux HOR génies du NOU.

1) Litt. : « Tu as muré ta main derrière lui pour la fondation de ses os et la grandeur de son cœur. »

2) Notre texte renverse les pronoms, ce qui va contre le sens général du morceau. Le duplicata de PEPI II porte : , et PEPI Ier :

3) Le second est une faute du scribe, entraînée par la présence de la première négation. Il y a dans PEPI Ier et dans PEPI II :

Sur la partie de la paroi Sud qui touchait à la paroi Est, on ne distingue plus que la fin ainsi conçue de la dernière ligue : 184 . C'est la fin du texte reproduit sur la paroi d'un des couloirs du tombeau d'Ounas, l. 367—378.

Le couloir qui mène de la chambre Ouest à la chambre Est, porte deux inscriptions de vingt lignes chacune. Voici l'inscription de la paroi Sud :

185 186 187 188 189 190 191 192

I.

Hor geint à cause de son œil, Sit geint à cause de ses testicules. Tandis que court l'*Œil d'Hor* [1] tombé sur l'autre rive [2] du Lac de Kha, et qu'il défend son corps contre Sit, il a vu Thot sur cette rive-là du Lac de Kha. Tandis que l'*Œil d'Hor* court sur l'autre rive du Lac de Kha, et qu'il est sur l'aile de Thot en l'autre rive du Lac de Kha, ô vous Dieux qui passez sur l'aile de Thot vers l'autre rive du Lac de Kha, vers la moitié orientale du Ciel, si [Teti] parle en face de Sit pour cet *Œil d'Hor*, passez Teti avec vous sur l'aile de Thot vers l'autre rive du Lac de Kha, vers la moitié orientale du ciel. Puisque Teti parle en face de Sit pour cet *Œil d'Hor*, veille en paix, veille en paix, ô toi qui voyages dans Nout, batelier du Lac de Kha, dis le nom de Teti à Râ, proclame Teti à Râ, car Teti (vient) vers cette demeure là d'où s'écartent les *Maîtres des doubles* qui y adorent Râ dans les domaines de Hor, dans les domaines de Sit. Tandis que leur dieu Râ vient à leurs

1) Le contexte semblerait indiquer ici une omission . Si l'omission est réelle, elle est fort antérieure à la VIe dynastie, car le membre ne se retrouve pas dans les duplicata de Pepi Ier et de Pepi II.

2) signifie l'objet le plus éloigné, c'est-à-dire ici l'*autre* rive du Lac de Kha. J'ai traduit littéralement *celui-là*, ou par à peu près l'*autre*, selon que la tournure de la phrase française l'exigeait.

doubles, Teti ordonne à *Celui qui voit derrière lui,* le batelier du Lac de Kha, d'amener sa barque du Lac de Kha à Teti, et de faire passer grâce à elle la barque des dieux vers l'autre rive du Lac de Kha, vers la moitié orientale du ciel; et tandis que Teti est dans les bras de l'*Œil d'Hor méridional,* tandis que Teti est entre (?) les doigts (de l'œil), ils rendent hommage à Teti les dieux mâles et femelles, Amsit, Hapi, Tioumoutf, Qobhsonnouf. Le côté droit[1] de Teti appartient à Hor qui frappe le T'ontrou dans ses deux colonnes, et Nephthys dans les deux yeux; le côté gauche de Teti appartient à Sit qui juge Teti. C'est le trône (de Teti) qui l'a frappé (?) de son bâton, et Teti a trouvé son trône vide de *Celui qui pilote (?) la barque en or de* Râ.

II.

O barre[2] qui ferme la porte de Nout, c'est Teti Shou qui sort de Toum! O Nou donne qu'on ouvre cela (la porte) à Teti, car Teti vient âme forte!

III.

Le Nou a adjugé Teti à Toum, le Pega a adjugé Teti à Shou; il donne que s'ouvrent

1) Pepi II : . La variante de Teti provient probablement d'une mauvaise transcription hiératique de .

2) Forme abrégée par chute de finale, du mot (Brugsch, *Dict. hiér.*, p. 1437, 1465). La négation me paraît être ici un déterminatif, et rappeler la forme jusqu'à présent unique, signalée par de Rougé (*Chrestomathie*, 3ᵉ fasc., p. 128). Nous retrouverons le mot plus bas (l. 235; cfr. Ounas, l. 494—495, où il faut corriger la traduction d'après la version que je donne ici).

les portes du ciel et il décide que TETI sera parmi les hommes sans nom, mais voici que tu as saisi TETI par sa main, et que tu as tiré TETI au ciel pour qu'il ne meure point sur terre parmi les hommes.

IV.

Père de TETI, père de TETI dans les ténèbres! père de TETI, TOUM, dans les ténèbres, tu as amené TETI près de toi, parce qu'il t'a fait l'opération de lancer la flamme et celle du SA, comme ont fait pour le père de NOU ces quatre déesses, le jour où elles ont fait le SA du trône, ISIS, NEPHTHYS, NIT, SELKIT-HATOU. O CHEMIN DE HOR, tends ta voile pour TETI, donne ta main à TETI! RÂ, viens, passe TETI vers l'autre rive, comme t'ont passé tes serviteurs OUNGA qui t'aiment; tends ta main vers l'Ouest, tends ta main à TETI, tends ta main vers l'Est, tends ta main à TETI, ainsi que tu as fait à l'endroit où est ton fils aîné.

Sur la paroi d'en face se déroule une inscription de même longueur. Le premier texte qu'elle renferme nous donne une version nouvelle d'un texte déjà publié dans OUNAS (l. 462—471). Vient ensuite une formule analogue à la formule comprise dans les lignes 471—476 d'OUNAS, et qui se retrouve en partie dans PEPI Ier et PEPI II. Le dernier paragraphe n'est que la reproduction pure et simple des lignes 494—495 d'OUNAS.

I.

Ne méconnais pas TETI, ô dieu, car il te connaît; ne fais pas que TETI soit méconnu[1], car il te connaît; dis : «Voici!»

1) On pourrait traduire : «Ne donne pas que t'ignore TETI.» Le sens que j'ai adopté dans la traduction courante me paraît mieux répondre aux exigences du contexte.

Ne méconnais pas TETI, ô RÂ, car il te connaît; ne fais pas que TETI soit méconnu, car il te connaît; dis : «Combien grande est ton abondance [1]!»

Ne méconnais pas TETI, ô THOT, car il te connaît; ne fais pas que TETI soit méconnu, car il te connaît; dis : «Qu'il repose seul!»

Ne méconnais pas TETI, *Toi qui es dans le Ciel inférieur,* car il te connaît; ne fais pas que TETI soit méconnu, car il te connaît; dis : «Veille en bonne santé!»

Ne méconnais pas TETI, HOR-SOPDTI, car il te connaît; ne fais pas que TETI soit méconnu, car il te connaît; dis : «Malédiction!»

Ne méconnais pas TETI, *Taureau du ciel,* car il te connaît; ne fais pas que TETI soit méconnu, car il te connaît; dis : «C'est l'astre NEKHEKH de NOUT.»

Voici que TETI sort, voici que TETI vient; or, s'il ne venait pas lui-même, ce serait votre message qui l'amènerait, la parole divine qui l'introduirait. TETI s'est avancé vers sa demeure, et la lionne du Grand Lac s'est inclinée(?) devant lui; TETI a passé la grande barque, sans qu'on lui prît [ses] provisions hors d'elle, sans que la *Demeure blanche* des Chefs le repousse vers le MASKHONT et le firmament étoilé [2]. Voici que TETI est arrivé à la hauteur

1) La variante d'OUNAS porte ⌣, au lieu de ⌣ qui est dans TETI, et, tout en différant pour la forme, doit donner un sens presque identique. Il me semble donc qu'on peut comprendre : «Grande félicité (cfr. NAVILLE, *La Litanie du Soleil,* p. 56) de ton approvisionnement» : ceci n'est pourtant qu'une traduction incertaine.

2) J'ai traduit dans OUNAS (l. 469) : «vers la région *Maskhont* (loin?) du firmament étoilé». Corriger d'après la traduction de TETI.

du ciel[1], et les créatures l'ont vu, la barque SOMKIT l'a connu, c'est TETI qui y exécute la manœuvre; la barque MÂNT'IT l'appelle et c'est TETI qui la lave; il a vu son corps dans la barque SOMKIT, il connaît les uræus[2] de la barque MÂNT'IT, et Dieu a appelé TETI en son nom par lequel il chasse les grêlons loin d'elles (les uræus), et il introduit [TETI] à RÂ.

II.

Fais[3] que HOR soit enfermé entre les deux horizons du ciel, pour qu'il y navigue vers l'horizon auprès de HOR-KHOUTI! — Fais que TETI soit enfermé entre les deux horizons du ciel, pour qu'il y navigue vers l'horizon, auprès de HOR-KHOUTI.

Fais que SHOSTI (Celui qui est dans la Chapelle funéraire) soit enfermé entre les deux horizons du ciel, pour qu'il y navigue vers l'horizon auprès de HOR-KHOUTI! — Fais que TETI soit enfermé entre les deux horizons du ciel, pour qu'il y navigue vers l'horizon, auprès de HOR-KHOUTI.

Pénètre dans le canal verdoyant du Lac de KHA, remplis d'eau les Champs d'AÏLOU, où TETI navigue ses navigations vers cette moitié orientale du ciel, vers le lieu où les dieux s'enfantent eux-mêmes et où il naît ses naissances, renouvelant ses rajeunissements,

1) OUNAS (l. 469) donne , dont la leçon de TETI paraît n'être qu'une variante orthographique = . Il se pourrait cependant qu'il fallût admettre l'hypothèse inverse, d'après laquelle devrait être décomposé en deux mots et = , et traduit «à la hauteur et à la largeur du ciel». Toutefois le verbe «il a atteint» va mieux avec le mot *hauteur* qu'avec le mot *largeur*, et favorise la première hypothèse.

2) Ou peut-être, comme j'ai traduit dans OUNAS : «il a *rassasié* les uræus». Le sens *connaître* me paraît être mieux justifié par le contexte que le sens *rassasier*.

3) Litt. : «Mets qu'enferment les deux horizons du ciel HOR.»

quand vient cette deuxième heure Boki (enfantement), l'heure cinquième de Tni (Destruction des esprits), la sixième heure du jour, la septième heure du jour, la huitième heure du jour. Râ appelle Teti, Nouhekoou lui donne des biens, ainsi que Hor-Khouti, lorsque vient cette deuxième heure Boki, la troisième heure du jour, la quatrième heure du jour, voici que Teti se dresse comme cette étoile *Sous le corps du ciel;* il rend la justice, et le Dieu a écouté les paroles; comme Teti va vers eux[1], ils lui portent en apport ces quatre génies qui se tiennent aux piliers-sceptres du ciel[2], ils disent le nom de Teti à Râ, ils élèvent son nom vers Hor-Khouti. Il est donc venu à toi, il est venu à toi, déliant tes liens, brisant les cordes, et il a délivré Teti du billot (?), il ne l'a pas livré à Osiris, et certes Teti ne meurt pas, on lui rend l'hommage dans l'horizon et on l'établit solidement dans Doudou.

---

1) Le passage correspondant d'Ounas (l. 473) me fait croire qu'il y a une erreur dans le texte de Teti. = , ce qui est naturel, donne la valeur si du verbe . La formule me semble cacher la leçon d'Ounas corrompue par l'addition de derrière et par la substitution de à , qui s'explique par une mauvaise écriture hiératique de l'original. Le tout se traduirait : «Allant vers eux, ils apportent à Teti leur apport , ces quatre dieux.» Le pronom pluriel désigne les dieux nommés au début de la prière Hor, Hor-Khouti, Hor-shosti etc. J'ajouterai que, dans ma traduction d'Ounas (l. 473), une erreur d'impression a introduit la phrase suivante qui n'a pas de sens : «son sceptre *âbi* dans son poing aux vers qui s'inclinent »devant lui». Il faut traduire : «son sceptre Nekhani (devant qui on s'incline) avec lui, il va vers eux. Ils »lui donnent, etc.».

2) Ce sont les quatre piliers du ciel, figurés souvent sur les stèles par des sceptres , sculptés à droite et à gauche de la pierre . La variante d'Ounas (l. 474) : «Ces quatre dieux .... qui se tiennent »sur la rive orientale du ciel et qui manient leurs sceptres *t'âm*», dit la même chose en d'autres termes : ces sceptres, que les quatre dieux *manient* sur la rive orientale du ciel, ne sont autres que les piliers du firmament qu'ils étayent de leurs mains.

III.

O barre qui ferme les créneaux du Nou, Teti vient vers toi, donne qu'on [lui] ouvre [ceux-là, car c'est Teti le petit enfant qui est] là, et Teti est à la tête des serviteurs de Râ, il n'est pas à la tête des dieux turbulents.

Chambre de l'Est.

Les deux murs du Nord et du Sud ont été entièrement détruits par les chercheurs de trésors; mais les murs de l'Ouest et de l'Est sont intacts. Ils présentent cette particularité de ne pas être divisés en deux parties, comme les murs analogues de la chambre précédente et des chambres de la pyramide d'Ounas : le pignon et la muraille proprement dite ne forment qu'une seule page, où les lignes sont écrites de haut en bas sans interruption. Ici encore, les blocs qui forment le toit de la chambre ont baissé de quelques centimètres et recouvrent le commencement de la plupart des lignes. Les restitutions ont été empruntées aux textes des autres pyramides.

Les premières formules de la paroi Ouest de la Chambre Est se retrouvent presque mot pour mot dans Ounas. Il ne m'a point paru nécessaire de traduire à nouveau les parties où je ne voyais pas de changements sérieux à faire : je me suis donc contenté de rejeter en note, au bas des pages, les corrections qu'une étude nouvelle m'a suggérées.

1) Ounas, l. 416—433.

1) «O grand On, laboureur au sein du Ciel inférieur». …, écrit ailleurs …, est une forme de Râ d'Héliopolis.

2) Ici, comme à la ligne 240, corriger la traduction d'Ounas (l. 422) en : «O dieu On, qui est sur ses lits funèbres.»

3) «Les dieux Tefent de Teti qui soulèvent Shou, ils agrandissent etc.» Teti a le pluriel dans ce développement, partout où Ounas a le singulier, ce qui nous force à couper la phrase un peu différemment. Peut-être le nom … vient-il de …, … et signifie-t-il, par formation en … *ti* final, *ceux qui font trembler*, et non pas les *orphelins*, comme j'ai traduit dans Ounas.

1) «Teti parle *sur* la vache Mihtoirt entre les deux combattants.» La version d'Ounas est un peu différente.

2) Le texte est plus développé ici que dans Ounas et nous permet de rectifier la traduction. «Les »lits de ce Teti (sont) ceux que lui a donnés son père Shou, les enchantements que subit ce Teti sont »ceux que lui a donnés son père Shou auprès de Sit, les élévations de ce Teti (sont) celles que lui a »données son père Shou auprès de Sit.» Ounas donne d'une manière plus abrégée: «Son lit, son enchante- »ment, son élévation sont ceux que lui a donnés son père Shou auprès de Sit.»

3) Ce chapitre II est déjà dans Ounas, l. 433—439.

1) OUNAS (l. 437) n'a pas ce membre de phrase.

2) Ce paragraphe III est dans OUNAS, l. 439—443.

3) Rectifier la traduction : « J'ai vu les dieux à nu qui courbent l'échine devant TETI. » — 4) Corriger OUNAS, l. 442, en. — 5) Le paragraphe IV dans OUNAS, l. 439—447. — 6) Le paragraphe V est dans OUNAS, l. 447—451.

1) Traduire : «... les deux couveuses d'Osiris, ce Teti a jeté à terre ses humeurs dans Kousi.»

2) Dans Ounas, l. 240 et suiv., le mot est écrit et : différentes raisons, mais surtout la forme de Champollion, *Not. Man.*, t. II, p. 681, me poussent à traduire soit *Celui qui est immobile*, soit *Celui qui est et celui qui est immobile*, le *Vivant-mort*. Corriger la traduction d'Ounas, l. 450 : «C'est Ounas, l'immuable ().»

3) Cette variante , semble prouver qu'il faut lire *les deux pouces, les deux griffes*, Ant, et non *les deux Nou*, comme j'ai fait dans la traduction d'Ounas, l. 451.

VI.

C'est ce Teti Osiris en mouvement, c'est l'horreur de ce Teti que la terre, aussi n'entre-t-il pas en Sib, et ce Teti rompt à jamais son sommeil en sa demeure qui est sur terre, les os de ce Teti sont florissants, ses maux sont détruits, car ce Teti s'est purifié avec l'Œil d'Hor. Ses maux sont détruits par l'opération des deux couveuses d'Osiris, et ce Teti a jeté à terre ses germes dans Kousi, car c'est la sœur de ce Teti, la dame de Pa qui le pleure, et le créent les deux nourrices qui créent Osiris, et ce Teti est au ciel, ce Teti est au ciel comme Shou et Râ. Ce Teti ne détruit pas et rien n'est détruit en lui, mais c'est ce Teti qui est le *Maître de sa jambe* des aînés et des dieux; ce Teti ne demeure pas en place comme gardien du dieu, le gâteau d'offrande de ce Teti est pour Hor et Râ, le repas d'offrandes de ce Teti est Nou. C'est ce Teti, le *Vivant-mort*, et ce Teti va avec Râ, ce Teti vient avec Râ, il a embrassé ses demeures, il donne le mal, il détruit le mal, il assemble les doubles, il délivre les doubles; ce Teti veille et il est couché, ce Teti a détruit les deux Anouti dans Ounou, le pied de ce Teti ne s'en va pas, le cœur de ce Teti ne passe pas.

VIII.

O Osiris qui est Teti, dresse-toi, car Hor vient te juger avec les dieux. Hor t'a aimé, il t'a approvisionné, Hor a uni son œil à toi, Hor t'a ouvert ton œil pour que tu voies avec cet œil; les dieux t'ont soulevé ta face et ils t'ont aimé. Tandis qu'Isis et Nephthys t'ont fait passer (de l'autre côté du ciel), Hor ne s'écarte pas de toi, mais son double repose sur

1) Le paragraphe VII est dans Ounas, l. 411—415. La rédaction de Teti est plus symétrique que celle d'Ounas.

266

toi[1]. Accours, car tu as reçu la parole d'Hor, pour te poser sur elle, il (l') a entendue, sans que tu aies prié[2]; il a donné que te suivent les dieux. Osiris Teti, éveille-toi, [Sib] t'a apporté Hor pour te juger, et quand Hor t'a trouvé, il a accompli les rites en toi, Hor t'a introduit (les dieux), et il te les a donnés pour qu'ils illuminent ta face; Hor t'a mis dans le cœur des dieux, il a accordé que tu prisses tous les diadèmes; celui qu'Hor aime plus que toi, il ne l'a pas distingué de toi, mais Hor t'a fait vivre en ton nom d'Ant'ti. Hor t'a donné son œil florissant; il t'a donné ton épée (?) et tu as vaincu tous tes ennemis, tu t'es emparé de la totalité de son œil en son nom de Ouohit-noutîr, et Hor a empoigné

1) Le passage parallèle se trouve un peu plus loin, l. 283 : […] etc. […] est l'équivalent de […] par substitution de la forme pronominale […] au pronom […] : reste à savoir ce qu'est […]. A la rigueur, on pourrait voir en ces mots un régime de […] : «Son double repose sur toi à lui» ou «son double ta face s'unit à lui»; mais je ne me rappelle pas avoir vu pareille construction avec […], dans les nombreuses phrases où l'on rencontre une formule analogue à […]. Il est donc probable qu'on a affaire à une faute d'inadvertance du copiste, qui a peut-être omis un membre de phrase au passé comme celui qui précède […] à la ligne 283. Je serais tenté de restituer : [[…]] […] «Hor ne s'écarte pas de toi, mais son double »se pose sur toi, *il [a donné]* que tu accoures et tu as reçu ta parole d'Hor pour te poser dessus.»

2) Le duplicata de Pepi II donne […]. La formule […] reparaît plusieurs fois dans nos textes (cfr. Teti, l. 283). La persistance de l'orthographe […] prouve qu'il ne faut voir ni une variante de […], que ne justifierait d'ailleurs aucun autre exemple, ni une leçon purement phonétique […] = […]. Cela posé, je ne vois guères d'autre ressource que de reconnaître dans […] un verbe, probablement apparenté, sinon identique à […], […] de l'époque postérieure (Brugsch, *D. H.*, p. 1174) : «Tu as pris la voix de Hor pour la poser sur toi, pour »l'unir à toi, et Hor a entendu sans que tu aies prié.» En d'autres termes, Hor ayant donné sa voix au roi, cette voix se fait entendre de Hor, sans que Teti ait besoin de prière lui-même : la voix d'Hor, sachant bien les formules, les répète sans l'intervention du mort.

3) La variante de Pepi II donne : […], ce qui ne laisse aucun doute sur la valeur de l'oiseau qui commence, dans Teti, le second membre de phrase, et nous oblige à y voir […].

4) Un double de cette formule, conservé dans Teti (l. 281), confirmé par une variante de Pepi II, nous force à croire, soit que le graveur a passé ici un membre de phrase entier […] […], soit simplement le mot […] derrière […].

5) C'est-à-dire : «Hor ne te sépare pas de celui qu'il aime le plus»; mais je ne réponds pas d'avoir compris la formule, bien qu'elle revienne plusieurs fois.

pour toi les dieux dont la substance n'est pas en toi, au lieu où tu vas, Hor t'a adjugé les dieux dont la substance n'est pas en toi, au lieu où [va] ton essence. Nephthys a resserré pour toi tous les membres en son nom de Seshaït, dame des enceintes(?) que tu as traversées, et ta mère Nout en son nom de Qarsout (ensevelie) a accordé qu'elle t'enserrât en son nom de Qarsou (tombeau), et qu'elle t'introduisit (au tombeau) en son nom de Porte. Hor t'a présenté tes chairs, et, comme il n'a pas donné ton moule, il t'a assemblé sans qu'il y ait de désordre en toi[1], Hor t'a dressé comme sans pareil(?). O Osiris Teti, lève ton cœur pour lui, prends courage, ouvre ta bouche, Hor t'a défendu sans jamais cesser de te défendre. O Osiris Teti, certes . . . . Hor t'a donné ses enfants pour qu'ils te soulèvent, il t'a donné les dieux pour qu'ils te suivent et que tu sois leur maître. Hor t'a porté en son nom de Hounou, il t'a soulevé en son nom de Sokari; vivant, tu cours chaque jour, brillant en ton nom de Horizon où se manifeste Râ, bienheureux, ... fort, dominant pour l'éternité entière.

1) Le sens *moule* me paraît dériver du contexte. Hor reconstitue le corps du mort, et donne au mort ses membres; comme il n'a pas donné à un autre le vase, le moule, où le corps de Teti a été coulé, il assemble toutes les parties du corps si exactement, qu'il n'y a point de membre qui y produise des désordres (, nom d'agent en de).

IX.

Lève-toi, o TETI, cours, ô très vaillant, pour aller t'asseoir parmi les dieux et faire ce qu'a fait OSIRIS dans la Maison du Chef qui est dans ON; tu as pris ta forme, et l'on ne ferme pas à tes jambes les voies du ciel[1], on ne te repousse pas de la terre, mais les Lumineux, enfants de NOUT allaités par NEPHTHYS, t'ont assemblé, et tu te dresses (appuyé) sur ta force, tu fais ce qu'il faut que tu fasses en présence de ton Lumineux pour tous les Lumineux. Tu vas à POU, tu accomplis tes rites et tu en reviens; tu viens à KHONOU, tu accomplis tes rites et tu en reviens; tu fais ce que fait OSIRIS, et voici que, sur son trône, se dresse ce Lumineux très vaillant, muni comme SEMA-OÏR; on ne te repousse plus de tout lieu où tu veux aller, et on ne met plus de limites à tes jambes dans tous les lieux où il te plaît être.

X.

O OSIRIS TETI, allons, lève-toi debout, car ta mère NOUT t'a enfanté et SIB t'a placé ta bouche. Le Grand cycle des neuf dieux t'a défendu, et ils ont mis ton ennemi sous toi. Aussi tu as porté plus grand que toi, c'est grâce à eux, en ton nom de ATFMIHOÏR; tu frappes de l'épée (?), qui est plus grand que toi, et c'est grâce à eux, en ton nom de TERRE DU NOME THINITE.

1) Litt. : «Point limiter ta jambe au ciel».
2) Litt. : «Tu as porté plus grand que toi, ce sont eux pour là, en ton nom etc.»

Tes deux sœurs Isis et Nephthys viennent à toi, et elles te font passer Qimtoiit en ton nom de Kimoïr, Anb-Ouot'-t-oïrt en ton nom de Ouot'-mou, et voici que tu es La Grande tourneuse dans le lac de Shen-oïr, voici que tu es Le Circulant en rond dans le Circuit qui entoure les Hanibou, voici que tu es le Tourneur grandissant dans le Grand Tour qui soulève l'eau! Isis et Nephthys t'ont gardé dans Saout (la ville gardienne) de leur maître qui est en toi, [en] ton [nom] de Maître de Saout (la ville gardienne) de leur maître qui est en toi, et en ton nom de Dieu! Elles t'adorent afin que tu ne t'éloignes pas d'elles en ton nom d'Etoile du matin (adoratrice) du Dieu; elles te présentent l'offrande pour que tu ne souffres point de mal en ton nom de T'entrou. Ta sœur Isis est venue à toi avec tes membres, tu as cohabité avec elle, tu l'as fécondée et enchargée comme Sothis. Hor Sopd sort de toi en qualité d'Hor résidant de Sothis; tu as accompli les rites en lui, en son nom de Lumineux qui est dans T'entrou, et il te défend en son nom de Hor, fils qui défend son père.

XI.

O Osiris Teti, Sib t'a amené Hor pour qu'il te défende; il t'a apporté les cœurs des dieux pour que tu ne manques (de rien), pour que tu . . . . Hor t'a donné son œil pour que tu prennes, grâce à lui, la couronne parmi les dieux. Hor t'a présenté tes chairs,

1) La phrase ne peut se comprendre qu'à condition qu'on donne au nom de ville le sens qu'il aurait, s'il était nom commun : Isis et Nephthys t'ont sauvé dans la ville *Saout* (par les actes préservateurs) de leur maître Osiris qui est en toi. Toute la formule forme une série de calembourgs analogues à celui-ci, et dont je n'ai pu traduire en français qu'une petite partie.

il t'a assemblé et il n'y a plus de désordre en toi. THOT a écrasé pour toi ton ennemi HOSK ainsi que ses suivants et il n'a point ....

XII.

O OSIRIS TETI, HOR est le *nou* qui est dans tes mains pour te défendre; il a célébré les rites auprès de toi en ton nom d'HORIZON OU RÂ SE MANIFESTE, et tu as étendu le mur de tes bras derrière lui, derrière lui, dont la substance n'est pas pour toi. HOR n'a pas donné ton moule; HOR a mis tes ennemis sous tes pieds et tu vis; HOR a donné que tes enfants viennent sous toi, sans qu'il y en ait parmi eux qui s'éloignent, et qu'ils te portent. Ta mère NOUT s'est étendue sur toi en son nom de SHIT-PIT, et elle donne que tu sois un dieu sans ennemi en ton nom de dieu, elle t'a unie à toute chose mauvaise, en son nom de CELLE QUI UNIT LE DIEU GRAND QUI EST PARMI SES FILS. Tu as rejoint SIB et il t'a aimé, il t'a fondé solidement, il t'a donné ta tête, et il a accordé que THOT te fasse cadeau de ce qui n'est pas tien.

XIII.

O OSIRIS TETI, voici que HOR a donné que tu te lèves, et SIB a donné qu'HOR vît son père en toi en ton nom de DEMEURE DES PÈRES. HOR t'a donc donné les dieux, il te les a introduits pour qu'ils illuminent ta face; HOR t'a donné son œil pour que tu puisses voir grâce à lui. HOR a mis ton ennemi sous toi pour qu'il te soulève, sans que tu sois détruit par lui, quand tu vas vers ta forme. Les dieux t'ont soulevé ta face, HOR t'a ouvert ton œil pour que tu puisses voir, grâce à lui, en ton nom d'OUVREUR DES CHEMINS; les enfants d'HOR ont frappé ton ennemi, ils ont fait saigner le coup qu'il a reçu[1], ils l'ont expulsé (?) et tu as chassé ses mauvaises odeurs. HOR a pressé ta bouche pour toi (avec le), il a pesé ta bouche contre tes os; HOR t'a ouvert ta bouche, et c'est ton fils qui t'aime, qui t'a établi solidement tes deux yeux, car HOR n'a pas donné que ta face fût écrasée (?) en ton nom de HOR CHEF DES ROKHITOU.

XIV.

O OSIRIS TETI, HOR a donné que les dieux t'assemblent et qu'ils fraternisent avec toi en ton nom de SONITOU; l'endroit où HOR t'a introduit, vas-y, ne t'en écarte point en ton nom de HIRT, car Celui que HOR aime mieux que toi il ne l'a point distingué de toi. Accours donc, car tu as reçu la parole d'HOR pour te poser sur elle, et il l'a entendue sans que tu aies eu à prier toi-même; il t'a amené tous les dieux dont la substance n'est pas avec celui qu'HOR aime plus que ses propres enfants, tu t'es uni à ceux de son ventre et ils t'aiment, car HOR a fait que son double, qui est en toi, s'unisse à toi en ton nom de KA-HOTPOU.

XV.

O OSIRIS TETI, HOR t'a mis dans le cœur des dieux et il a accordé que tu prisses les diadèmes; quand HOR t'a trouvé, il a accompli les rites en toi, et il sort contre ton ennemi,

1) Litt. : « Ils ont rougi, fait saigner, son coup. »

285

286

287

car tu es plus grand que lui en ton nom de PA-OÏR; HOR a donné que ton ennemi te porte en ton nom de GRAND PORTEUR, il t'a délivré de ton ennemi, il t'a défendu comme *Celui qui défend en sa saison.* Aussi quand SIB a vu ta forme, il t'a mis en ta place, et HOR t'a courbé ton ennemi sous toi : et il se pose(?)[1] sur lui quand tu sors en présence de lui, car le père de HOR se pose(?) sur lui en ton nom de QUI SE POSE(?), et le cœur d'HOR pénètre en toi, en ton nom de KHONTAMENTI.

XVI.

O OSIRIS TETI, éveille-toi, car HOR a donné que THOT t'apporte ton ennemi, il t'a mis derrière lui, afin qu'il ne te nuise pas et que tu fasses ta demeure sur lui, que sortant tu sois sur lui, et qu'il ne cohabite avec toi[2]. O *toi qui ordonnes pour lui,* donne lui ceci : car HOR a coupé les cuisses de tes ennemis, HOR-SHÂOU te les apporte, HOR a repoussé leurs doubles d'eux pour que tu enflammes(?) ton cœur(?) grâce à eux, en ton nom de NSIRMASHKA-TOUM.

XVII.

Ahi, Ahi! lève-toi TETI, car tu as reçu ta tête, tu as resserré tes os, tu as assemblé

1) L'absence du déterminatif, ici comme dans les duplicata, ne me permet pas de savoir lequel des sens de la racine il faut adopter. Le calembourg entre et , nom de l'oiseau accroupi, m'a fait préférer le sens *s'abattre sur, se poser sur.*

2) Ce sens, qui donne une idée assez triste des mœurs égyptiennes, est prouvé par le duplicata de PEPI II : . Je rappellerai que le mot est une épithète infamante donnée aux ennemis. TETI, pour bien montrer que les dieux méchants n'ont pas le dessus, expose que, grâce à la puissance de Hor, ils ne peuvent le traiter de la manière déshonorante dont le vainqueur pouvait sur terre traiter les vaincus.

tes membres, tu as parcouru la terre pour ta viande, tu as reçu ton pain impérissable, ta bière incorruptible [1], tu te tiens aux portes qui repoussent les Rokhitou, et Khont-monitouf sort pour toi, il saisit ton bras, il te transporte au ciel près de ton père Sib qui se réjouit de te rencontrer, te donne ses deux mains, fraternise avec toi, te nourrit, te place parmi les Lumineux Akhimou-Sokou, et Ceux dont les demeures sont mystérieuses t'adorent. Tu as fait offrande aux chefs, tu as fait se tenir debout *Les Veilleurs*, tu as frappé les pères, tu as moissonné les orges, dont on fait (l'hommage) aux commencements de tes mois, dont on fait (l'hommage) aux commencements de tes demi-mois, selon l'ordre que t'a fait ton père Sib. Lève-toi donc, ô Teti, qui ne meurs point.

Le dernier paragraphe est mutilé : je préfère le laisser de côté maintenant pour le reprendre plus tard. La paroi de l'Est ne forme, comme la précédente, qu'une page unique, dont les lignes ont perdu chacune quelques signes à la partie supérieure. Ici encore, la plus grande partie des textes se retrouvent dans Ounas et ne demandent aucune traduction nouvelle.

---

1) Litt. : « Ton pain point le réduire en poussière, ta bière point se gâter. » n'a en effet ici d'autre valeur que celle d'une simple négation, qui prend le genre du nom auquel elle se rapporte.

I.

Pierre angulaire de Teti, ô toi qui es la pierre fondamentale de Teti, toi qui apportes ton message, porteur d'offrandes, toi qui apportes ton message, verseur de libations, porteur d'offrandes, ne viens pas sur Teti, fils du Chef, T'ou-unique, circonciseur [1]!

II.

T'ou-unique, circonciseur, brillant, brillant, Ounti, Ounti, la barque Mât'ti gonfle (?) tes voiles!

III.

Tu abordes (stable) en ton nom de monuments (stations) durables! Tu chavires en ton nom de perceur! Car c'est toi le serpent Hipiou (rampeur) sur son ventre, qui se nourrit des cœurs de ces dieux-là qui sont dans On; reculant, viens vers elle!

1) Je considère […] etc. comme des noms d'agent en […]; […] est identique à […] qui commence le paragraphe II, et […] est la forme archaïque de […], par cette descendance de […] à […] que j'ai eu l'occasion de signaler à plusieurs reprises. Je ne vois pas quel est celui des sens de la racine […] qu'il convient appliquer ici. Quant à […], le déterminatif […] me porte à y voir un composé en […] de la racine […], ⲥⲉⲃⲓ *M., circumcidere*, ⲥⲃⲃⲉ, *T. circumcidere, castrare.* On a de même […], ⲙⲉⲥⲓⲱ, *M. Obstetricare, accoucher* et *accoucheuse.*

2) Le bas de la ligne est mutilé. Je restitue avec doute […].

3) Les trois paragraphes IV, V et VI qui suivent se retrouvent dans Ounas, l. 534—536.

1) Les paragraphes VII, IX, X, XI dans Ounas, l. 538—542.
2) Le paragraphe XII dans Ounas, l. 532.
3) Les paragraphes XIII et XIV dans Ounas, l. 542—543.
4) Le paragraphe XV dans Ounas, l. 534.
5) Les paragraphes XVI et XVII dans Ounas, l. 543—545.
6) Le paragraphe XVIII dans Ounas, l. 329—332.

XIX.

Le corps au ciel, la larve à la terre, la sandale[1] de Hor monte sur le serpent Nakhi : Hor-Khroud protège le nourrisson qui a le doigt dans la bouche, c'est-à-dire Teti; Hor-Khroud repousse le nourrisson qui a le doigt dans la bouche : si Teti est protégé, il monte sur toi; si Teti est rassasié, il ne monte pas sur toi. Tu es le mystère ..... et disent les dieux : « Quand même tu n'aurais pas de pieds, quand même tu n'aurais pas de bras, grâce auxquels tu puisses marcher après tes frères les dieux ....»

XX.

Le corps au ciel, la larve à la terre, la sandale d'Hor court. O maître de la Demeure, Taureau de la retraite, ô *Serpent qui t'enroules*, ne t'enroule pas autour de Teti, car le Sycomore de Teti est le sycomore de Teti, ô Râ, le bois de Teti est bien le bois de Teti, et ce que Teti trouve sur son chemin, il le dévore avec avidité.

1) J'ai lu partout ce groupe Sopi-Hor et traduit *Larve d'Hor*. Vérification faite, le texte d'Ounas et de Teti porte partout [hiéroglyphes] Sepa-ti, avec [hiéroglyphe] des noms d'agent; litt. « Celui qui est larve, *ou* qui fait la larve. » En français, je ne vois pas moyen de rendre cette nuance, et je rendrai partout ce mot par *larve* tout court.

2) Le même texte dans Ounas, l. 554—555, où il faut corriger ma traduction.

3) Le paragraphe XXI est dans Ounas, l. 548—549.

4) Le paragraphe XXII dans Ounas, l. 549—550.

XXV.

Le dieu *Grande Larve* descend et il a enveloppé *l'habitant de la double de la double demeure. L'habitant de la double demeure* enveloppe et c'est *La Larve.*

XXVII.

O serpent AQROU! VIPÈRE AQRIT, écarte-toi de TETI; ô toi qui es dans les sceptres *T'âmou,* HOR court derrière son œil, et le Serpent NOUNI laboure la terre!

XXVIII[4].

C'est TETI le reptile SHESMÀ, aux sept uræus qui sont sur ses sept cous, qui commande aux sept archers, qui commande au dieu ATIOU. C'est la mère de TETI que HOUNT, c'est TETI son fils. Dès que TETI est venu, il saisit et ses griffes sont d'encens, l'encens est dans ses griffes; dès que TETI est venu, il enlève vos forces, ô dieux, car TETI, en faisant sa ronde, a rassemblé vos doubles.

XXIX[5].

C'est TETI le reptile TAUREAU DES DIEUX aux sept uræus qui sont sur ses sept cous.

---

1) N'est pas dans OUNAS. Peut-être faut-il traduire : «Ton essence au ciel, tes molécules à la terre; hélas!»

2) Le paragraphe XXIV est dans OUNAS, l. 534.

3) Le paragraphe XXVI est dans OUNAS, l. 540—541.

4) Cfr. OUNAS, l. 630—635, avec une variante. Corriger la traduction d'OUNAS par celle de TETI.

5) Le paragraphe XXIX est un dédoublement du texte d'OUNAS, l. 630—635.

O triple Cycle des dieux d'auparavant qui écoutez le dieu AKHT-NENTI, dès que TETI est venu, il détruit vos forces, il rassemble vos doubles.

XXX[1].

Serpent TETEN, serpent TETOU, où vas-tu? TETI est là debout, et ce sont les sceptres qui sont avec ton père, les sceptres. Le dieu HOM-PESET'TI tombe en ce Nil, et *celui Qui est dans Hapnen* voici qu'il vient vers toi (?).

XXXI.

Cette main de TETI qui vient vers toi, la main qui enchaîne la grande qui est dans HAÏT-ONKH, si elle frappe, il ne vit pas, si elle donne du poing, il ne lève pas la tête! Tombe, roule-toi à terre (?).

XXXII[2].

RÂ se lève pour toi; HOR tend ses neuf arcs contre cette âme qui sort de terre, la tête protégée par un écrit magique, un enchantement à la queue, SERPENT T'ESER-DIDI, fils de SELKIT-HTOU, rampe, renverse-toi . . . . Serpent SIRIOU couche-toi, AKER accourt! O toi qui te contractes, qui frappes la terre, qui allonges ta queue, si TETI a poussé son bras vers toi, tu meurs, si le bras de TETI te frappe, tu ne vis plus. L'ami qui t'aime, c'est

1) Paragraphe répondant, avec variantes, aux lignes 549—550 d'OUNAS, à une formule etc., fréquente (cfr. OUNAS, l. 645), et à une formule nouvelle jusqu'à présent.

2) J'ai renoncé à traduire le milieu de cette formule, faute de pouvoir en rendre les allitérations.

Shou, Shou se tient debout sur tes chaînes, rampe, renverse-toi; les doigts de Teti et tu es repoussé, les doigts de la déesse Lynx qui est dans la demeure de vie et tu bâves ton écume! Tombe, recule, retourne-toi, car Hor t'a renversé à terre et tu ne vis plus; Sit t'a retourné, et tu te tiens debout.

XXXIII.

Teti est venu à toi, Ouaou, écarte Teti de la Bouche de Poshni; car si tu fais rebrousser chemin à Teti, il te fera rebrousser chemin, et alors Hor tombe de son œil, Sit est retranché de ses testicules! O Serpent T'oser-tep qui est dans les broussailles, tombe, roule-toi à terre (?).

XXXIV.

Dieu Serf-oïr, voici que tombe le dieu Hom-peset'ti! Serpent Hiou, couche-toi!

XXXV.

Qui est Hor sortant du (*ou* comme) serpent Enrouleur? Voici Teti, c'est Teti Hor sortant du (*ou* comme) serpent Enrouleur....» J'imagine que les phrases traduites suffiront à montrer de quel genre sont les formules gravées sur la muraille. C'est un cliquetis de mots allitérés dont le sens précis devait être difficile à saisir même pour les prêtres égyptiens.

Le paragraphe XXXV se trouve d'ailleurs à cheval sur deux blocs, et la ligne 315, gravée par moitié sur chacun de ces blocs, est presque illisible par en haut : le texte en pourra être complété plus tard. Les paragraphes suivants XXXVI, XXXVII, XXXVIII, XXXIX, XL, XLI, ne renferment que de courts exorcismes. Avec le paragraphe XLII commence le long développement qui remplit presque tout le pignon Est de la Chambre Est d'OUNAS (l. 496—525). Le début de la version de TETI n'est pas tout-à-fait celui de la version d'OUNAS : « Ton essence va au ciel, tes molécules vont à la terre, les ondées vont, les étoiles se battent. » Le reste n'en diffère que par la substitution presque constante du nom royal au pronom de la troisième personne.

1) Corriger dans OUNAS, l. 503, au lieu de , et traduire «Les renversés des flèches de TETI sont sous ses pieds», par allusion aux ennemis qu'on représentait renversés sous la semelle des sandales de momies, et sous les pieds du cercueil.

2) Il semble qu'il y ait ici un cas de préfixe, (cfr. OUNAS, l. 511). Toutefois, je crois qu'il y a là plutôt une faute du genre de celles que j'ai signalées plus haut; le texte original portait probablement , et le scribe en mettant le nom du roi aura oublié de supprimer le pronom. Je corrigerai donc etc., ou .

3) OUNAS, l. 512, paraît ne marquer ici aucune division de paragraphe.

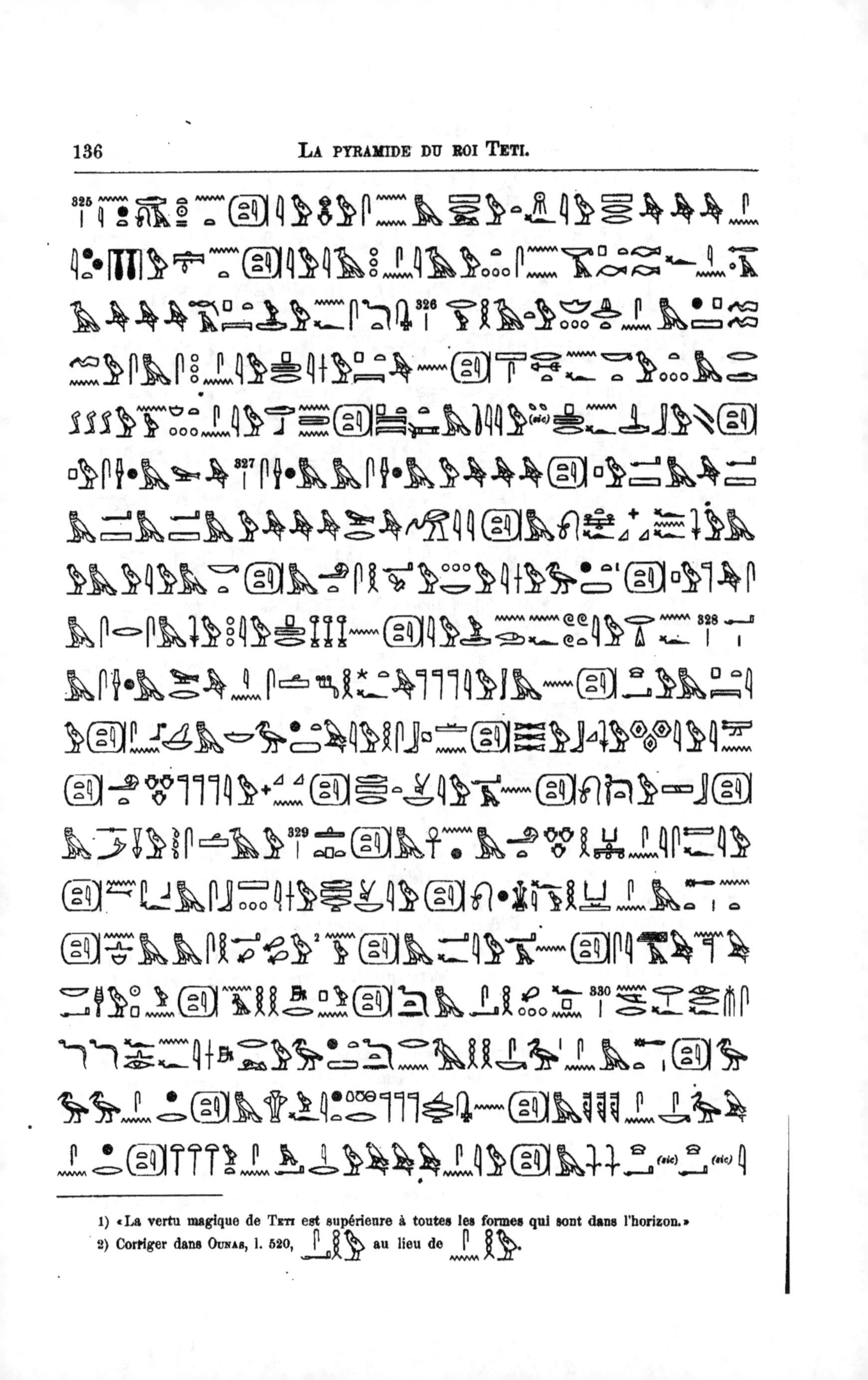

325

326

327

328

329

2

330

1) «La vertu magique de Teti est supérieure à toutes les formes qui sont dans l'horizon.»

2) Corriger dans Ounas, l. 520, au lieu de .

XLIV.

De l'humeur tombée de l'Œil d'Hor sur les rameaux de l'olivier des deux Hor qui sont dans les temples, ô grand seigneur des provisions dans On, tu donnes du pain à Teti, tu donnes de la bière à Teti, tu fais prospérer Teti, tu fais prospérer la table de Teti, tu fais prospérer (les offrandes) de Teti; si Teti a faim, les deux Lions ont faim, et si Teti a soif, ta mère Nekhabit a soif. O déesse Had-denout, ô déesse Had-denout, n'apporte pas le parfum que tu as lancé contre Teti! non, n'apporte pas le parfum que tu as apporté à Teti.

XLV.

Comme Teti a vu la Grande, comme Teti a pris la Grande, comme la face de Teti est tombée sur la Grande, le dieu Ouahou a écouté (? béni ?) Teti, et Teti a passé son bassin, son corps après lui.

XLVI.

Teti élargit la demeure (Isis) avec Sib, Teti élève le firmament avec Râ; Teti se promène dans les champs d'Hotpou. C'est Teti cet œil de Râ, qui se couche et est enfanté chaque jour.

XLVII.

O *Toi dont les offrandes sont riches sur son champ,* ô *Toi qui pénètre parmi les fleurs sur son sycomore,* ô *Toi qui fais jaillir les filets d'eau sur son palmier,* ô *Maître des campagnes vertes, On* vient (?); TETI existe parmi vos vassaux, TETI sort de vos manœuvres, TETI vit de ce dont vous vivez! O ces taureaux de TOUM, faites prospérer TETI, faites arriver TETI à une couronne pour sa tête, à un flux d'eau pour sa cuisse, à des dattes dans son poing.

XLVIII[1].

O *maîtres des offrandes qu'on jette en pains, liqueurs et gâteaux,* ô *Gardiens des canaux célestes,* TETI s'est adjugé à lui-même, une mesure de pain et une mesure de bière de RÂ, (celles-là même) que TETI adjuge à RÂ lui-même, et RÂ adjuge TETI aux *Chefs qui président à l'abondance annuelle,* il mord et il donne à TETI de quoi boire, il donne à TETI de se coucher pendant le cours de chaque jour.

XLIX.

TETI recule avec toi, ô NAOUTI! *(dire quatre fois de suite[2])* qui es sur l'uræus de la couronne, aussi TETI est plus grand que HOR, ceint qu'il est de la couronne rouge de RÂ; les guirlandes de TETI sont de la fleur de lotus (issu) de ton œil enflammé, et TETI prospère avec toi.

L.

O RÂ, ô florissant, ô toi qui fleuris! O toi qui éclos, ô toi qui éclos! TETI c'est toi, c'est

1) Ce paragraphe dans OUNAS, l. 174—176, mais avec beaucoup de modifications. Il faut corriger la traduction d'OUNAS par celle de TETI, dans les parties qui sont communes aux deux textes.

2) Litt. : «Naouti qui est sur les dignités de l'uræus.» La locution , ou , qui revient fréquemment (cfr. OUNAS, l. 606), signifie «Dire la formule *quatre fois ferme*», c'est-à-dire «*quatre fois de suite*».

toi TETI! TETI s'est incliné, le double de TETI s'est incliné! Tu culmines en TETI, TETI culmine en toi; TETI passe, et tu passes (en) TETI; TETI prospère et tu prospères en TETI; c'est TETI, ton œil, qui est sur le front d'HATHOR; les années reculent, reculent à la face de TETI, TETI se couche, il conçoit, il enfante, chaque jour!

LI.

Salut à toi, RÂ, en ta beauté, en tes splendeurs, en tes demeures, en ton rassasiement! Tu as apporté le lait d'ISIS à TETI, l'eau de source de NEPHTHYS, de parcourir le bassin de HI du OUOT'-OÏR, la vie, la santé, la force, le bonheur, le pain, la bière, les vêtements, tous les vivres dont TETI vit, d'écouter les *Bourdonnants* (?) une plénitude de jours, de s'unir à eux pendant les nuits, d'avoir part commune aux vivres qu'ils ont placé sur leurs tables d'offrandes. TETI te voit, quand tu sors en forme de THOT guidant la barque de RÂ vers ses champs qui sont dans AASOU, et que tu t'élances au milieu de ceux qui le soulèvent.

LII.

TETI se purifie et prend pour lui sa place pure au ciel, et TETI est stable, les demeures excellentes de TETI sont stables. TETI prend pour lui sa place pure à l'avant de la barque de RÂ, et, quand rament les manœuvres qui mènent RÂ, eux ils mènent TETI; quand rament les manœuvres qui promènent RÂ derrière l'horizon, ils promènent TETI derrière l'horizon.

TETI a ouvert sa bouche, TETI a percé ses narines, TETI a foré ses oreilles, et TETI examine la parole de *Celui qui juge les deux,* TETI adresse la parole au *Grand* plus que lui : RÂ purifie TETI, les deux bras de RÂ protègent TETI de ce qui est fait de mauvais contre lui.

LIII.

Soupers — enfantements de la nuit [1], venez enfanter TETI! Conceptions du jour, accourez, (accomplissez-vous,) enfantez-le dans la ville S'OUHT (l'œuf). Voici TETI que vous avez enfanté; voici TETI que vous avez nourri; TETI se réjouit de KHONT-TIOU, les dieux se réjouissent de TETI quand ils ont vu TETI rajeunissant! Voici donc les fêtes du six de chaque mois où l'on fait des dons de provisions à TETI; les fêtes du dernier quartier de chaque mois, où l'on sert des soupers à TETI; les sacrifices de bœufs à Teti . . . .

LIV.

C'est TETI le taureau brillant; le maître de cinq repas, trois repas pour le ciel, deux pour la terre; et ce sont la barque SOMKTIT et la barque MANT'IT (qui sont) ces deux barques qui portent TETI dans la maison du dieu. C'est l'horreur de TETI que les excréments [et il

1) Je ne sais comment rendre les jeux de mots que fait le texte sur le sens *repas* de , et sur le sens *enfantement,* de ce mot. Tout le paragraphe est composé de calembourgs analogues.

n'en mange pas]; c'est l'horreur de TETI que l'urine, et il n'en boit pas : TETI vit du produit (*litt.* du ventre) des palmiers (?), du four qui est en terre.

Le dernier paragraphe est incomplet.

Au delà de cette paroi, il ne reste plus d'écriture que dans le couloir qui conduit de la chambre Est au serdâb; dans Ounas, ce couloir ne portait aucune inscription. C'est d'abord, sur la paroi Nord, le texte suivant en vingt-sept lignes:

I.

Le *Grand* est à côté de lui, *Celui qui est dans Nadit* accourt, et le soleil soulève sa tête, et il a horreur de son sommeil, il hait l'affaissement. O chair de ce TETI, ne te pourris pas, ne te consume pas, n'empuantis pas; que ta jambe ne s'écarte de toi, que ton (pouvoir de) courir ne passe pas, ne monte pas sur les ordures. O OSIRIS, tu t'approches du ciel comme ORION, tu munis ton âme comme SOTHIS; ta puissance(?) est puissante, ta volonté est heureuse, ton âme se dresse parmi les dieux, comme l'AKHOM dans IRIOU, la vertu magique de ton livre se produit au cœur des dieux, comme la couronne NIT sur la couronne BIT, comme la couronne MISOUT sur le roi, comme la barbe sur les barbares MONTOU; ta formation est confiée aux AKHIMOU-SOKOU, et tes os ne s'anéantissent pas, tes chairs ne se mettent pas en lambeaux, ô TETI, tes membres ne s'écartent pas de toi. Car tu es l'un des dieux, tu es descendu vers Pou, tu as remonté vers Nekhen, la déesse Smontit t'a interpellé, les *Gens de l'Intérieur* t'ont habillé; il est venu en paix à toi, ô Teti, ton père, il est venu en paix à toi Râ, et tu as ouvert les portes du ciel, tu as ouvert les portes du firmament. Teti est venu sous la forme du *Chacal du midi*, le chacal qui est couché sur son ventre, le guide qui est dans On; la déesse Hounit la grande, celle qui est dans On, t'a donné ses deux bras, parce que tu n'as pas eu de mère mortelle pour t'enfanter, parce que tu n'as pas eu de père mortel pour t'enfanter; ta mère, la Vache Samit-oïrit qui est dans Nekhab, celle qui a pour coiffure la couronne blanche et le bonnet Afnit, garni des deux plumes, celle qui a les mamelles tombantes, elle t'allaite et ne te laisse pas sans nourriture[1]. Que tu te mettes sur ton côté gauche, ou que tu restes sur ton côté droit, ô Teti, tes demeures sont mystérieuses parmi les dieux, Râ te supporte la face de son épaule, et tes parfums sont les parfums des dieux, ta sueur est la sueur du double cycle divin. Lève-toi, Teti, la coiffure au front, prends en ta main le fouet, saisis la masse de ton poing. Voici que Teti se dresse comme Khont-Atourti, qu'il juge les dieux, ces dieux vieillards, qui font voyager Râ, qui sont sur ses mains et lui rendent hommages; tu nais en tes mois comme Hor-Lune, Râ se lève sur toi dans l'horizon, ô Teti et les Akhimou-Sokou te suivent, ...! O Teti, tu es pur et tu sors pour Râ et le ciel n'est plus vide de toi, ô Teti, jamais!

1) Litt. : «point elle ne te vide».

II.

Lève-toi, ô père! Ton eau à toi, ton inondation à toi, ton lait à toi qui est dans les mamelles de ta mère ISIS! Lève-toi, fils d'HOR, qu'enfante Celui qui est dans la ville T'OBÂ-TU, car SIT dans SONSONIT, se couche pour lui . . . . Éveille-toi, TETI, lève-toi, car tu as reçu ta tête, tu as assemblé tes os, tu es allé chercher les humeurs, assieds-toi sur ton trône qui est le fer(?), tu manges la cuisse, tu te passes les membres, tu te garnis de tes liqueurs assorties au ciel avec les dieux.

Sur la paroi Sud est tracée une seconde inscription de même longueur :

I.

O TETI, tu as pris ton linge blanc, tu as pris ton linge éclatant sur toi, et tu te pares de l'ŒIL D'HOR qui est dans TAÏT; en faisant ta couverture pour les dieux, en faisant ton vêtement de gloire auprès des dieux, tu saisis la couronne, grâce à lui, auprès d'HOR, seigneur des créatures.

II.

Salut à toi, déesse TAÏT, maîtresse du lin, grande prison(?) qui réunit le dieu à son frère, ... défends la tête de TETI pour qu'elle ne soit pas liée, ... les os de TETI pour qu'ils ne soient pas liés; donne que l'amour de TETI soit dans le sein de tout dieu qui le voit.

III.

C'est ici le linceul qu'a fait Hor à son père Osiris.

IV.

O Grand qui est couché sur ta mère Nout, ta mère Taït t'habille, elle t'emporte au ciel en son nom de *colombe.*

V.

Salut à toi, huile odorante! Salut à toi *qui es devant Hor* et que Hor a mise sur le front de son père Osiris, que Teti vous mette à son front, comme Hor vous a jetées au front de son père Osiris.

VI.

Salut à toi, Teti, en ce jour qui est tien, toi qui es debout en face de Râ qui sort de l'Orient et qui te revêt de cette forme qui est tienne parmi les âmes, tu as allongé les deux bras, tu as éloigné les deux jambes, tu as allongé les mains . . . . Anubis Khontamenti te donne en repas tes milliers de pains, tes milliers de cruches de bière, tes milliers de mesures d'huile, tes milliers de bœufs, tes milliers de tissus, tes milliers de bœufs, on égorge pour toi l'oie Smon, on abat pour toi avec l'arc l'oie Torp; Hor a détruit tout ce qu'il ý avait de mal en Teti au moyen de ses quatre génies, Sit ignore ce qu'il y fait contre Teti au moyen de ses huit génies; on ouvre les portes à ceux dont les demeures sont mystérieuses. Allons, aborde à terre, cherche tes humeurs. Lève-toi, va avec les Lumineux, tes deux ailes comme celles de l'épervier, tes cheveux comme (les rayons) d'une étoile; ne jette pas un maléfice sur Teti, ne prends pas le cœur de Teti, ne ravis pas le cœur de Teti, c'est Teti le Grand, et comme la couronne l'approvisionne lui Teti de ses membres qui sont de la substance, en grande quantité, Teti parcourt le ciel, Teti aborde aux Champs des Offrandes avec les Akhimou-Sokou qui suivent Râ.

VII.

O Teti que purifient les parfums excellents de Râ, purifie ceux qui t'établissent solide parmi les dieux, ceux qui t'établissent solide parmi les habitants des demeures divines (?). Lorsque tu es établi, Teti, tu descends, tu accours rayonnant, car tu es celui qui rayonne à la Cuisse du Ciel.

On a trouvé dans la Chambre Ouest et dans le couloir, près des herses, plusieurs lampes en terre émaillée verte, de travail arabe, et qui avaient été oubliées par les chercheurs de trésor. Elles sont aujourd'hui au Musée de Boulaq.

LA PYRAMIDE DU ROI PEPI Ier.

Elle a été ouverte par Mariette au mois de mai 1880. Le déblaiement n'a été achevé qu'en février-mars 1881. Cette pyramide appartient au groupe central de Saqqarah et porte dans le pays le nom de *Pyramide du Sheïkh Abou-Mansour,* du nom d'un santon voisin. Personne ne s'était donné la peine de l'explorer, et voici tout ce qu'en dit Perring :

Pyramide n° 5 de la carte. — « C'est la seule pyramide qui soit entièrement construite » en pierres tirées des carrières de la chaîne arabique. Partout ailleurs, ce calcaire n'a été » employé que pour revêtir l'extérieur, les chambres et les passages. La beauté et la taille » des blocs ont invité à la destruction, et les habitants des villages voisins les ont enlevés » en grande partie, afin de s'en servir dans leur intérêt particulier :

« Base actuelle, environ . . . . 250 pieds anglais.

« Hauteur actuelle, environ . . . . 40 » »

« Une chaussée va de la pyramide dans la direction de l'Est; mais elle est presque » entièrement recouverte par le sable du désert. »

On sait quelle était l'opinion de Mariette au sujet des Pyramides : dans la préface inachevée de son ouvrage sur les Mastabas, il s'efforçait encore de démontrer que non-seulement elles ne renfermaient aucune inscription, mais qu'elles n'avaient jamais dû en renfermer et qu'on perdrait du temps et de l'argent à vouloir les ouvrir. Cette idée n'était point partagée par tout le monde, et, lorsque dans les premiers jours de 1880 le gouvernement français accorda à Mariette une somme de 10.000 francs pour l'aider dans ses fouilles, ce fut en lui recommandant d'ouvrir une au moins des pyramides encore inexplorées de Saqqarah. Les travaux commencés en avril 1880, sur les indications du réïs Mohammed Châhîn, amenèrent la découverte de deux chambres ruinées et d'un couloir couvert d'hiéroglyphes. Les estampages de ces inscriptions, exécutés par M. Emile Brugsch-Bey, me furent remis par M. Mariette, sans indication d'origine, avec prière de les examiner et de les traduire. Un premier coup d'œil me fit reconnaître des textes provenant de la pyramide de Pepi Ier. Néanmoins, M. Mariette était tellement prévenu en faveur de ce qu'il appelait sa théorie des pyramides muettes, qu'il ne voulut pas admettre d'abord que le tombeau d'où provenaient les inscriptions, fût une pyramide, et que le personnage enterré fût Pepi Ier : selon lui, l'on n'avait trouvé qu'un mastaba de grandes dimensions appartenant à un simple particulier nommé tantôt Pipi-pen, tantôt Mirirî-pen, à l'imitation des Khoufou-ônkh et des Pipi-sonbou. La découverte d'une seconde pyramide au nom du pharaon , vers la fin de décembre 1880, put seule le faire revenir de cette hypothèse.

De toutes les pyramides, c'est celle qui a le plus souffert. Elle n'était pas construite entièrement avec des blocs extraits récemment de la carrière; les architectes de Pepi Ier employèrent dans la bâtisse des matériaux provenant de mastabas plus anciens qu'ils trouvèrent en ruines ou qu'ils détruisirent sans scrupules. Un débris de bas-relief de beau style est encore encastré dans un des massifs de maçonnerie mis au jour par les fouilleurs modernes. Le plan est le même que nous avons vu mis en œuvre dans les pyramides d'Ounas et de Teti, avec quelques différences dans le détail de l'ornementation. Le couloir en pente n'était pas entièrement bouché, comme dans les autres pyramides : les parois en étaient recouvertes d'hiéroglyphes très rapidement taillés. Il est aujourd'hui à ciel ouvert et ne conserve plus que quelques lambeaux d'inscription : il était en calcaire sur une longueur d'environ 10^m^, puis interrompu par une herse en granit rose, aujourd'hui percée, de 1^m^ 25 d'épaisseur, après quoi, le calcaire reprenait sur une longueur de 6^m^ 70 jusqu'à la première chambre *L*. Cette chambre était, elle aussi, comme tapissée d'hiéroglyphes; mais les chercheurs de trésors ayant crevé le mur oriental deux des blocs du plafond se sont écroulés et ont détruit la moitié environ des textes. Le couloir qui mène plus loin dans l'intérieur marche dans le calcaire sur une longueur de 5^m^ 10, puis dans le granit sur une longueur de 1^m^ 30, après quoi il atteint la première herse. Les herses n'ont été ni brisées, ni tournées. Contrairement à l'habitude, les voleurs les ont soulevées à des hauteurs inégales et calées au moyen de quelques petits fragments de pierre : on passe sous elles à plat ventre pour entrer dans la seconde partie du couloir. Toutes les portions des deux couloirs qui sont construites en calcaire portent de longues inscriptions. Avant d'arriver à la chambre *B*, on traversait encore une assise en granit rose de 2^m^ d'épaisseur. La chambre *B* est aux trois quarts détruite. Les voleurs ont brisé les parois Nord et Sud en menus fragments jusqu'aux assises en granit. La paroi Est ne conserve plus qu'un tiers environ de sa surface, et a cédé à moitié sous le poids de la maçonnerie; la paroi Ouest est à peu près intacte. Le serdab est inaccessible, et le couloir qui menait de la chambre *B* à la chambre *A* n'a conservé qu'une petite portion de ses inscriptions. Pour passer de la chambre *B* à la chambre du sarcophage, il faut grimper sur le tas de décombres qui remplit toute la partie méridionale de la chambre *B*, se glisser par un trou étroit à travers les blocs qui formaient la séparation des deux chambres et redescendre dans la chambre *A* par un talus de décombres mal assurés. La chambre *A* est à ciel ouvert. De la paroi Est, il ne reste plus qu'une portion du pignon presque entièrement masquée par des blocs écroulés : la paroi Ouest est intacte, mais il ne reste plus trace des parois Nord et Sud. Le sarcophage en granit a été brisé pour en extraire la momie, dont les débris et les bandelettes jonchent le sol; le couvercle est à terre en morceaux. Dans un angle de la pièce se trouvait un petit coffre en granit rose qui renfermait les vases en albâtre et les canopes du roi défunt : il est aujourd'hui enseveli sous le sable qui envahit peu à peu les chambres.

Les inscriptions ont été estampées, partie en 1880 par M. Emile Brugsch-Bey, partie en 1883 par MM. Bourgoin et Piehl. Toutes les parties qui n'ont pas pu être estampées ont été copiées par M. Bouriant, par M. Wilbour et par moi : j'ai ensuite vérifié toutes les copies

PYRAMIDE DU ROI PEPI IER

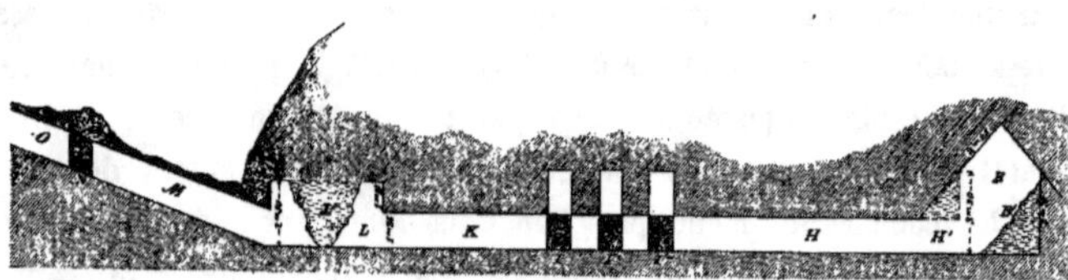

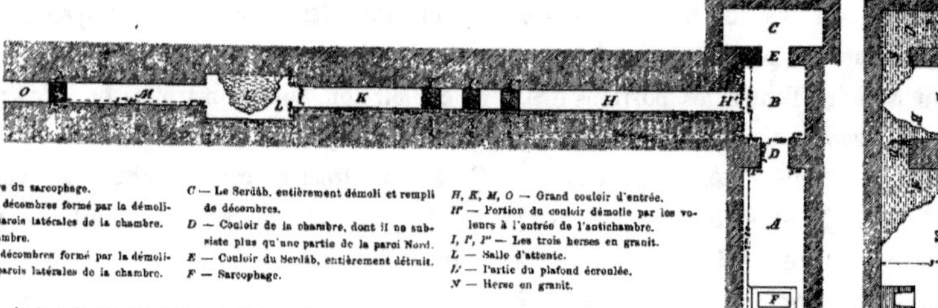

A — Chambre du sarcophage.
A' — Tas de décombres formé par la démolition des parois latérales de la chambre.
B — Antichambre.
B' — Tas de décombres formé par la démolition des parois latérales de la chambre.
C — Le Serdâb, entièrement démoli et rempli de décombres.
D — Couloir de la chambre, dont il ne subsiste plus qu'une partie de la paroi Nord.
E — Couloir du Serdâb, entièrement détruit.
F — Sarcophage.
H, K, M, O — Grand couloir d'entrée.
H' — Portion du couloir démolie par les voleurs à l'entrée de l'antichambre.
I, I', I'' — Les trois herses en granit.
L — Salle d'attente.
L' — Partie du plafond écroulée.
N — Herse en granit.

Nota. — Les lignes brisées indiquent les arrasements des parois démolies par les chercheurs de trésors.

sur l'original. La pyramide a été décrite par M. HENRI BRUGSCH-PACHA, qui la visita en janvier et en février 1881 (*Zwei Pyramiden mit Inschriften aus den Zeiten der VI. Dynastie*, dans la *Zeitschrift*, 1881, p. 1—19). Un peu plus tard, M. FLINDERS PETRIE, de passage en Égypte, se fit descendre dans la chambre du sarcophage et copia une partie des inscriptions qu'il communiqua à M. BIRCH du British Museum : sa copie fut publiée dans les *Proceedings of the Society of Biblical Archæology*, 1881, p. 111—116) avec quelques observations de M. BIRCH. Vers la fin de la même année, M. J. LAUTH, de Munich, donna une traduction des portions de textes transcrites par M. PETRIE : cette traduction, et le commentaire assez développé qui l'accompagne, ont paru dans les *Sitzungsberichte* de l'Académie des sciences de Munich (1881, II, p. 269—326) et à part dans une brochure intitulée : *Die ägyptische Chronologie gegenüber der historischen Kritik des Herrn Alfred von Gutschmid* (München, 1882, in-8°, LXXXIV, 269—326). J'aurai soin d'indiquer, au fur et à mesure qu'ils se présenteront, les passages copiés par M. PETRIE, publiés par M. BIRCH et traduits par M. LAUTH.

I.

CHAMBRE DE L'OUEST.

Comme je l'ai déjà dit, la chambre du sarcophage, ne conserve plus d'inscriptions que sur les parois Ouest et Est. Le pignon de la paroi Ouest *A* est couvert de textes en colonnes verticales : au-dessous, sept longues lignes horizontales *B*, dont la dernière, en très gros caractères, ne contient que les titres de Pepi Ier. Le corps de la paroi *C* n'a pas d'ornements : il porte une longue inscription en lignes verticales qui encadre un espace blanc *E* réservé, pour que le sarcophage ne couvrît aucune portion de ligne. A droite, le petit panneau *D* renferme un texte indépendant de ceux qui couvrent le reste de la paroi. La paroi Est a été presque entièrement détruite; seuls, des hauts de ligne subsistent en *H*, à moitié masqués par les décombres qui recouvrent également le coffre à canopes *G*.

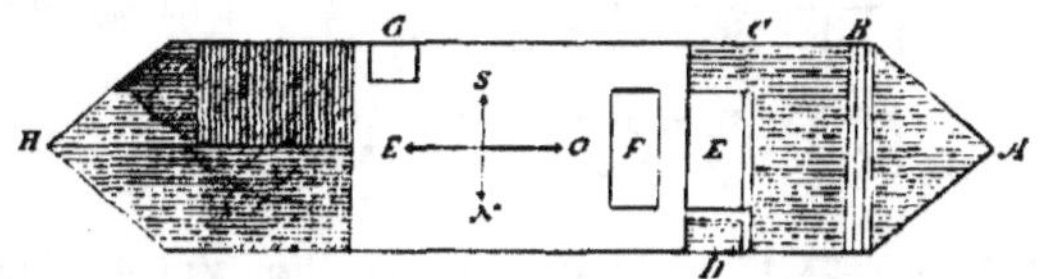

Le sarcophage était taillé sur le modèle du sarcophage de Teti, mais ne portait d'inscriptions qu'à l'extérieur. Actuellement ces inscriptions sont à moitié détruites : elles ne renfermaient d'ailleurs que la légende royale de Pepi Ier, que l'on retrouve entière à la ligne 65.

I.

O OSIRIS TETI, tu es venu et tu brilles, tu domines comme le Dieu qui est à sa place, c'est-à-dire, OSIRIS : ton âme est à toi en toi-même, ta force est à toi derrière toi, ta couronne est à toi sur toi, ta coufièh est à toi sur ton épaule, ta face est devant toi, tes *Adorateurs* sont sur tes deux bras, les *Suivants de Dieu* sont derrière toi, les *Formes de Dieu* sont sur tes deux bras qui font que le dieu vient, le dieu vient, ce Pepi vient sur le siège d'Osiris. Il vient ce *Lumineux* qui habite Nidi, ce maître qui habite le nome Thinite, et Isis te parle, Nephthys t'interpelle, les *Lumineux* viennent à toi courbant l'échine, ils se mettent nez contre terre à tes pieds grâce à la puissance de ton livre, ô Pepi, dans les domaines de Sa, aussi tu sors près de ta mère Nout, et elle t'affermit le bras, elle te livre le chemin de l'horizon vers le lieu où est Ra. Tu as donc ouvert les deux portes du ciel, tu as ouvert les deux portes du Qobhou, tu trouves Râ là et il te garde, il te tend ta main, il te guide dans les deux temples du ciel, il te jette sur le trône d'Osiris. Alors, ô Pepi, l'Œil d'Hor vient à toi pour te parler, ton âme qui habite parmi les dieux vient à toi, ta puissance parmi les Lumineux vient à toi : de même que le fils défend le père, que Hor défend Osiris, Hor défend ce Pepi contre ses ennemis, et tu es là, ô Pepi, défendu, équipé comme dieu, muni des formes d'Osiris sur le trône de Khontamenti, tu joues son rôle qu'il joue[1] parmi les Lumineux indestructibles, et ton âme est là sur ton siège, munie de tes formes, il joue ton rôle que tu joues par-devant *Celui qui est parmi les Vivants* selon l'ordre de Râ, le dieu grand, il récolte le blé, il récolte l'orge, et il t'en donne en présent. O Pepi, celui qui t'a donné toute vie, toute force et l'éternité, c'est Râ, ainsi que ta parole et ton corps[2], et tu as pris les formes

1) Litt. : «Tu fais son être qu'il fait . . . .»

2) Le duplicata de Pepi II, donne la variante :

de dieu et tu deviens grand grâce à cela auprès des dieux qui résident dans le lac (d'Occident). O Pepi, puisque ton âme est là parmi les dieux, parmi les *Lumineux*, c'est ta crainte qui agit sur leurs cœurs; ô Pepi, puisque tu mets ce Pepi sur ton siège de dieu qui réside parmi les vivants, c'est la puissance magique de ton livre qui agit sur leurs cœurs, ton nom vit sur terre, ton nom dure vieux sur terre, tu ne te détruis pas, tu ne t'anéantis pas à tout jamais.

1) Ce chapitre est dans Teti, l. 271—273.
2) Comme plus haut, l. 16 et 17 : « Tu fais ton être que tu fais devant ton Lumineux. »
3) Ce chapitre III est dans Teti, l. 273—277.

IV.

O OSIRIS PEPI, tu as présenté cette tienne libation d'eau fraîche et tu as répandu ta libation près de HOR, en ton nom de *Sortant de l'Eau fraîche* (du QOBHOU)! Tu as présenté ton encens divin qui te divinise, et ta mère NOUT donne que tu sois un dieu pour ton ennemi en ton nom de dieu! Tu as présenté les deux humeurs qui sortent de toi, et HOR a donné que tu . . . . les dieux en tout lieu où tu vas; tu as présenté les deux humeurs qui sortent de toi et HOR a donné que tu puisses juger ses enfants au lieu où tu t'empares d'eux, HOR t'adjuge les rajeunissements en ton nom d'Eau de Jouvence, HOR affirme sa force et juge son père en toi en son nom de HOR BIOT[2]!

---

1) Le texte, tel qu'il est imprimé dans TETI, est faux pour cet endroit; il faut restituer d'après la version de Pepi Ier, et celle des autres pyramides, , etc., et traduire : « Ta sœur ISIS vient vers toi joyeuse de ton amour, tu cohabites avec elle, etc. »

2) Il y a jeu de mots entre le sens de BI-IÔT *âme du père*, et celui de BIÔTI, dont le déterminatif nous ramène à l'idée de *chapelle*, chambre voûtée, sans que je voie bien encore la signification exacte du mot.

3) Le chapitre V dans TETI, l. 284—286.

4) Le graveur a oublié d'achever le signe et l'a laissé sous la forme .

VII[1].

O PEPI ton voyage et le voyage que font ces mères-là, les tiennes, avec toi, c'est ce voyage de HOR, quand il va en voyage, et que ces mères-là, les siennes, vont en voyage avec lui : son escorte presse sa marche et le mènent par la manœuvre vers l'Est. O PEPI, tes deux bras sont OUOPIOU (les deux guides ANUBIS) et ta face est OUOPOUAÏTOU! O PEPI, voici l'offrande royale et tu t'établis dans tes domaines de HOR, tu parcours tes domaines de SIT, tu t'assieds sur le trône de fer et tu leur rends la justice au milieu du grand cycle de

1) A la ligne 37 commence la portion du texte du pignon publiée par le Dr. BIRCH : la traduction de LAUTH est à la page 288 sqq., des *Sitzungsberichte* et de la brochure *Die ägyptische Chronologie*.

2) Le chapitre VI dans TETI, l. 286—287.

3) La traduction littérale : «Il t'a mis sur *son dos*», c'est-à-dire, «sur le dos de ton ennemi», va peut-être mieux que la traduction : «il t'a mis *derrière lui*», que j'ai adoptée dans TETI, l. 286.

4) La répétition n'est pas une faute du graveur : le premier est le verbe, le second le pronom démonstratif .

5) La même phrase revient souvent dans nos textes (cfr. OUNAS, l. 212, 371—372). Le mot , var. , , désigne ces gens qu'on voit dans les tableaux funéraires courant, une palme , , à la main, portant des offrandes, et, parfois, remorquant la barque du mort. Faute d'un mot convenable pour rendre l'idée exactement, j'ai pris le mot vague *escorte* : «Précipitent sa course les gens porteurs de palmes de lui», son escorte presse sa marche. Je traduirai donc dans OUNAS, l. 371—372 : «Que son âme ne soit pas repoussée, mais que ses offrandes arrivent, que les gens de »leur escorte (aux offrandes) pressent sa marche par leur manœuvre qui le dirige à l'Est, lors de ce voyage »unique qui est en toi! SOP parle, etc.»

dieux qui est dans On[1]. O Pepi, Khontmiriti te garde tandis que tu gardes tes veaux; ô Pepi, Arou (?) te garde contre les Lumineux. O Pepi, sache que tu reçois pour toi ton offrande divine que tu t'offres à toi-même (à laquelle tu t'unis) chaque jour, milliers de pains, milliers de jarres de bière, milliers de bœufs, milliers d'oies, milliers de toutes les douceurs, milliers de tes étoffes! O Pepi voici ton eau pour toi, voici ton abondance pour toi, voici tes sels purificateurs pour toi qu'on t'apporte auprès de ton frère Nekhoukh!

IX.

O Pepi, comme tu es protégé (par Hor, comme Osiris), tous les dieux t'ont donné leurs chairs, et leurs provisions, et tous leurs biens, et tu ne meurs pas!

Quelques-uns des textes de la paroi se retrouvent dans Teti et seront signalés au fur et à mesure : la plupart sont nouveaux. Aussi bien, l'usage avait été jusqu'alors de ne tracer, sur les portions des murs qui étaient à proximité du sarcophage, que des ornements d'architecture : du moins, c'est le cas dans Ounas et dans Teti. Les scribes, se décidant à remplacer

1) Les deux *moitiés* de l'Égypte étaient l'une le domaine de Hor, l'autre le domaine de Sit : la réunion des deux forme le royaume céleste comme le royaume terrestre de Pepi.

2) Le chapitre VIII dans Teti, l. 282—284.

les ornements par de l'écriture, durent aller chercher dans leurs livres des formules que le manque d'espace n'avait pas encore permis de graver dans les chambres funéraires.

II.

O OSIRIS PEPI, tu t'es levé roi des deux pays, grâce à la puissance que tu exerces sur les dieux et sur leurs doubles, et voici que tu t'es étendue, ô NOUT, sur ton fils l'OSIRIS PEPI, le défendant contre SIT et le protégeant; que tu es venue, ô NOUT, et que tu protèges ton fils, car tu es venue (de même) protéger CE GRAND. O NOUT, jette-toi sur ton fils l'OSIRIS PEPI, et protège-le, ô grande épouse de CE GRAND qui est parmi tes enfants!

III.

SIB [est venu] à [toi], ô NOUT, et tu es devenue forte (tu as eu une âme), tu es devenue maîtresse dans le sein de ta mère TAFNOUT, quand tu n'étais pas encore née : munis PEPI de vie et de force afin qu'il ne meure point!

1) Le paragraphe Ier dans TETI, l. 277—280.

IV—V[1].

Prends courage et précipite-toi hors du sein de ta mère, en ton nom de NOUT; vaillante (?), fille qui est maîtresse de sa mère et qui se lève reine du Bas-Pays, protège ce PEPI qui est en toi, afin qu'il ne meure pas!

VI.

O Grande qui se produit au ciel et y est maîtresse, tu as parcouru, tu as rempli tout lieu de ta beauté, la terre entière est sous toi et tu l'as prise, tu as embrassé la terre pour toi et toute chose est dans tes bras, tu t'es donné ce PEPI comme Indestructible qui est en toi!

VII.

O NIPEN[2] tu t'es mise avec SIB en ton nom de Ciel, et tu as protégé l'Égypte en tout lieu!

VIII.

O toi qui t'es allongée au-dessus de la terre[3] par-dessus ton père SHOU et qui est maîtresse de lui, car il t'a aimé jusqu'à se mettre sous toi lui et toutes les choses, puisque voici que

1) Le duplicata de PEPI II ne sépare point ce paragraphe du suivant : j'ai suivi cette leçon qui s'accorde mieux avec le mouvement général du morceau.

2) Tous les textes portent le groupe , dont je ne saisis pas le sens exact. Le jeu de mots est ici entre et , ce qui prouve bien que la version n'est pas fautive. Étant donnée la place de , c'est ou un nom ou une épithète de la déesse Nout.

3) Le verbe composé semble signifier *être supérieur à la terre, dominer la terre,* et marque l'action de la déesse Nout, dont le corps est au-dessus de Sib, la terre : la traduction *s'allonger* est donc à peu près exigée par l'impossibilité de rendre exactement en français l'idiotisme égyptien.

tu as pris chaque dieu auprès de toi avec sa barque (?), le détruisant comme astre, afin qu'ils ne s'écartent pas de toi comme étoiles, n'accorde pas que Pepi s'écarte de toi en ton nom de Hirit.

IX.

Moi, ô Nout, que tu as enfanté [1] . . . . proclame le nom d'Osiris-Pepi, de l'Hor-ami des deux pays, Pepi, le roi des deux Égyptes, Pepi le maître du Nord et du Sud, l'ami du ventre, Pepi, le triple épervier d'or, Pepi, l'héritier (la chair) de Sib qui l'aime, Pepi, l'ami de tous les dieux, Pepi, le vivificateur, etc., vivant à jamais!

X.

Ton eau est à toi, ton abondance est à toi, (à savoir) les humeurs sorties du dieu, les excrétions sorties d'Osiris, et tes deux mains sont propres, tes deux oreilles sont ouvertes, car ce Puissant accomplit le rite pour son fils. Tu t'es donc lavé et ton double s'est lavé, et ton double est assis, il mange le pain avec toi, sans cesse pour jamais. Depuis que tu es venu installé à ta place, ô Osiris [Pepi], ta bouche est devant toi, tes adorations sont sur tes mains, tes narines sont charmées du parfum de l'uræus, tes jambes de marcher en fête, tes dents sont charmées; tes doigts supputent les lacs que tu traverses comme le taureau d'On pour aller aux champs de Râ qu'il aime! Lève-toi donc ô Pepi, et ne meurs pas!

XI.

Puisque Hor a veillé debout contre Sit, dresse-toi comme Osiris qui a sur lui un Lumineux, c'est-à-dire le fils de Sib. Tu es debout comme Anubis, maître . . . . ., la neuvaine des

1) Ce membre de phrase est probablement incorrect.

dieux tremblent devant toi, on te fait des offrandes de prémisses, et comme tu es pur en tes fêtes du commencement du mois, la déesse MONIT LA GRANDE t'interpelle comme lorsque se tient debout le DIEU QUI N'EST PAS DEMEURÉ IMMOBILE, résident dans Abydos, écoutant ce qu'ont dit les dieux et ce qu'a dit RÂ. RÂ accomplit le rite (du sacrifice funèbre) pour ce PEPI et PEPI reçoit son Lumineux parmi les dieux, HOR, celui qui est fils d'OSIRIS lui donne son Lumineux, qui est parmi les Veilleurs de Pou et il se transforme en dieu qui est parmi les Veilleurs de NEKHOUN, selon la parole de SIB (?). . . . . Après que tu as ouvert les deux portes du double Horizon, après que tu as ouvert les deux portes de SIB à la voix d'ANUBIS qui accomplit le rite pour toi comme THOT, tu annonces aux dieux que tu as pour tes frontières les fossés (?) [1] qui sont entre les deux grandes formes, selon ce rite qu'a ordonné ANUBIS pour toi; tu vas et HOR va, tu parles et SIT parle, tu passes au Lac (d'Occident), tu remontes vers le nome THINITE, tu traverses ABYDOS en barque, tu ouvres la porte du ciel vers l'horizon, et les dieux jubilent de ton arrivée à leur rencontre, ils t'attirent au ciel et ton âme est fortifiée en eux, et tu sors au ciel comme HOR sur la vulve du ciel, en cette forme qui est tienne et qui sort

1) Le membre de phrase paraît devoir se traduire littéralement : «Tu déclares les dieux tes frontières les arcs . . . .» Ce qui suit sur HOR et SIT prouve que les deux [hiéroglyphes] sont ces deux dieux; Pepi annonçait aux dieux son droit à posséder chacune des moitiés de l'Égypte, et à établir ses frontières aux mêmes endroits où avaient été les leurs. Je ne vois pas toutefois la signification exacte du mot [hiéroglyphes]; peut-être faut-il y voir un mot [hiéroglyphes] qui revient dans nos textes et qui pourrait signifier *un fossé de séparation, un canal de délimitation*, de la racine ϥⲱϫⲓ, ⲡⲱϭⲉ, *separare, findere*, etc.

de la bouche de Râ de Hor habitant parmi les Lumineux. Assis sur ton trône de fer, portant ta matière au ciel pour toi, tu as mis en état les voies et les canaux; comme Hor a introduit et que Sit a prédisposé en ta faveur[1] le maître d'On, tu as navigué sur le lac de Kha au nord de Nout, comme l'étoile qui parcourt l'Océan céleste sous le ventre de Nout, et qui conquiert l'abîme céleste[2]. Te dirigeant au lieu où est Orion, le taureau du ciel t'a prêté son bras, et tu t'approvisionnes des provisions des dieux dont ils s'approvisionnent : l'odeur de Doudoun vient vers toi, le Jeune du midi qui sort du pays de Konsit il te donne l'encens dont se parfument les dieux, les deux . . . . qui sont sur lui t'enfantent maître puissant (?), Râ t'a proclamé . . . . du ciel en qualité de Hor qui est entre ses cuisses; le maître des chargements (d'offrandes) te rassasie comme le chacal, emplissant les canaux (?) comme Anubis qui est dans la terre de purification, et il te place comme Étoile du Matin dans les Champs d'Aïlou; t'asseyant sur ton trône, soulevant ton couteau, c'est le Pskhent, maître des canaux, qui te prodigue tes provisions dans le Champ des dieux, où ils s'approvisionnent. Ton culte est à toi, tes apports d'offrandes sont à toi, ta satiété est à toi, tes prosternements qu'on fait pour toi à terre sont à toi. Proscynème royal, proscynème où te donne Anubis ton millier de gazelles et d'antilopes, car les montagnes viennent à toi, en

1) Litt. : « A fait entrer [toi] Hor, a fraternisé [toi] de cœur Sit pour le maître, etc. »

2) « Qui frappe de la masse l'abîme céleste. » C'est une allusion aux scènes qui représentent le Pharaon levant la masse sur les peuples vaincus : l'Égyptien se figurait la marche triomphale du roi dans le ciel telle qu'il la voyait sur la terre.

inclinant la tête. Proscynème royal, proscynème où te donne ANUBIS ton millier de pains, ton millier de vases de bière, ton millier de lotions purificatrices provenant de la Salle large, ton millier de toutes les douceurs, ton millier de bœufs, ton millier de toutes les choses bonnes à manger que ton cœur désire et le palmier te suit, le sycomore te remet sa tête en les offrandes qu'ANUBIS te fait.

XII.

Ah! Ah! tu t'es fait toi-même Ce Crieur pour père; car tes pères ne sont pas humains, tes mères ne sont pas humaines, mais ton père est SEMA-OÏR et tes mères sont les Jeunes femmes (des quatre points cardinaux). Vis la vie, ne meure pas la mort, de même que vit HOR-HABITANT DANS SAKHOM : il a ouvert la Grande Châsse de ON, et le Grand chef du tombeau, le grand maître du sarcophage (?) de KHONTAMENTI te donnent l'eau au commencement des mois, au commencement des demi-mois, pour que tu donnes aux Grands, et que tu mènes les petits pêle-mêle au billot de KHONTAMENTI, pour ta rançon auprès des seigneurs de la béatitude.

1) « Tu mènes les petits, tu as mêlé au billot. »
2) Le paragraphe XIII dans TETI, l. 45—49.
3) Le paragraphe XIV dans TETI, l. 42—45.

XV.

C'est PEPI le pays de SITIT[1] qui régit les deux pays et dont la flamme saisit les deux rives; aussi, quand PEPI est sorti au ciel, il y a trouvé RÂ debout en face de lui, et après qu'il s'est assis sur les épaules de RÂ, RÂ ne l'a plus laissé se mettre à terre sachant que PEPI est plus grand que lui, que PEPI est plus lumineux que les *Lumineux,* plus instruit que les *Instruits,* que PEPI est plus durable que les *Durables,* que la fête de PEPI est *La Dame de l'Offrande* (riche en offrandes)! Tandis donc que PEPI est debout avec RÂ sur le Nord du ciel, PEPI a régi les deux terres comme le roi des dieux.

XVI.

Si tu aimes ta vie, ô HOR, maître du pendant véritable, toi qui scelles les portes du ciel[2], toi qui repousses ceux qui en repoussent les portes, lorsque tu auras mis le double de PEPI au ciel auprès des Instruits vénérables qui connaissent le dieu, auprès de ceux qui aiment le dieu, qui soulèvent sur leurs sceptres *t'ām* les éveillés[3] du pays du Midi, qui s'habillent d'étoffe

1) Le pays de SITIT est le pays des Cataractes et de la déesse SATI. Je crois qu'ici le texte jouant sur le nom de la localité et sur celui de la déesse, a voulu identifier Pepi et Sati. Les membres de la phrase qui suit s'appliquent en effet à une déesse plutôt qu'à un pays.

2) Le duplicata de PEPI II donne : . Le mot (BRUGSCH, *Dict. hiér.*, p. 601) sert à désigner un ornement spécial du costume égyptien, dont on trouvera le dessin dans LEPSIUS, *Aelt. Texte*, pl. VI) : je l'ai traduit *pendant*, faute de mot technique français correspondant exactement à l'objet égyptien. Tout l'esprit du morceau roule sur l'allitération entre et , et par conséquent ne peut se rendre directement dans aucune langue européenne.

3) Le mot est nouveau pour moi, et la forme à quatre lettres dissemblables montre un mot composé. La première idée est que pourrait être formé comme , par exemple de et de ; mais cette décomposition ne nous mène à rien. Il m'a semblé au contraire que la

rouge, qui se nourrissent de figues, qui boivent du vin, qui se parfument d'essences, parle pour le compte de PEPI auprès du dieu Grand, et introduis PEPI au dieu Grand!

XVII.

Comme tu as fais la cérémonie de *Labourer la terre,* tu as présenté l'offrande sur tes deux mains, tu vas sur la route de la terre sur laquelle vont les dieux, et tandis que tu fais ta ronde tu vois ce roulement d'offrandes que te fait le roi, que te fait HOR-KHENTAMENTI, et tu vas à ces dieux du Nord qui sont indestructibles!

XVIII.

O toi à côté de qui tombe (?) ce Chef, toi qui lies (?) [1] l'habitant de NADIT, toi que RÂ a accueilli par la main, et dont le double Neuvaine des dieux a soulevé la tête, voici qu'Il vient à toi comme ORION, voici qu'OSIRIS vient à toi comme ORION, maître du vin lors de la bonne fête OUAGA, lui de qui sa mère a dit: «Sois chair!» lui de qui son père a dit: «Sois conçu au ciel, sois enfanté en l'abîme!», et qui a été conçu au ciel avec ORION, qui est né en l'abîme avec ORION. Quiconque vit vit selon l'ordre des dieux, tu vis donc et tu sors avec ORION de l'Orient du ciel, tu descends avec ORION de l'Occident du ciel, et SOTHIS est la troi-

---

décomposition en locatif ou factitif et en *s'éveiller,* offrait un sens et avait pour elle l'analogie de quelques autres formes, telles que (BRUGSCH, *Dict. hiér., Suppl.,* p. 607), à côté de , (BRUGSCH, *Dict. hiér., Suppl.,* p. 619—621), à côté de etc., où la lettre grammaticale s'est fondue en un syllabique avec la lettre suivante de la racine. Il faudra pourtant d'autres exemples avant que cette explication cesse d'être une simple conjecture.

1) Je rapproche provisoirement du verbe , etc., *lier, enchaîner.* Le calembourg entre et est d'ailleurs intraduisible en français.

sième avec vous, elle dont les demeures sont pures et c'est elle qui vous conduit aux chemins excellents du Ciel dans le champ d'Aïlou.

XIX.

O Nout, à la tête de qui sortent les deux yeux, toi qui as pris Hor et qui es sa puissance magique, toi qui as pris Sit et qui es sa puissance magique, ô Nout, toi qui as décidé que tu naîtrais en ton nom de Ciel des deux contrées de On, décide que ce Pepi vive afin qu'il ne soit pas détruit!

XX.

O Nout, qui t'es levée en reine du Bas-pays pour t'être emparée des dieux, de leurs doubles, de leurs chairs, de leurs provisions, de tous leurs biens, ô Nout, donne qu'il subsiste, qu'il vive, et que ta vie, ô Nout, soit la vie de Pepi.

XXI.

O Osiris Pepi, ta mère Nout s'est étalée sur toi pour te tenir éloigné de toute chose mauvaise, et Nout t'a défendu de tout le mauvais de Ce Grand-là enfant de Nout. Jette-toi sur ton fils l'Osiris Pepi, défends-le, Grande modeleuse de Ce Chef-là que tu enfantes, car tout ce qui va va avec son double, Osiris va avec son double, Sit va avec son double,

---

1) Le membre de phrase semble prouver que le scribe, en rédigeant cette formule, avait présent à l'esprit le sens *modeler, créer* de la racine . Tout le passage et les passages des autres chapitres conçus dans les mêmes termes, font sur les diverses significations de , *protéger, unir, modeler, créer* des calembourgs perpétuels que je ne puis traduire en français, et dont la répétition explique le décousu apparent et le peu d'enchaînement des idées.

2) On pourrait traduire : «Qui passe avec son double?», si la présence de formes comme (l. 99); (l. 109), où les mots ne présentent point comme une équivoque grammaticale, n'assurait le sens : «Passe le passant avec son double.»

KHONTMIRITI va avec son double, que ta durée (ton épine dorsale?) aille avec ton double. O OSIRIS PEPI, vienne qui vient, et tu ne remues pas (?); ta mère vient et tu ne remues point; NOUT [vient] et tu ne remues point; la Grande modeleuse [vient] et tu ne remues point; la modeleuse terrible [vient] et tu ne remues point; mais dès qu'elle t'a protégé à sa façon, tu remues, car elle te donne ta tête, elle te fait cadeau de tes os, elle t'apporte ton cœur en ton ventre, tu existes selon tes façons d'être, tu parles à tes suivants, tu fais prospérer ta maison après toi, tu protèges tes enfants contre les chagrins, tu te purifies des purifications des dieux qui viennent. . . . .

XXII.

THOT fait cadeau à l'OSIRIS PEPI de sa vie qui ne lui appartient pas encore; THOT lui donne l'ŒIL D'HOR.

XXIII.

HOR défenseur d'OSIRIS-PEPI, on te présente l'ŒIL D'HOR près de toi!

XXIV.

Tout ce qui va va avec son double : OSIRIS va avec son double, SIT va avec son double, KHONTMIRITI va avec son double, PEPI va avec son double. O PEPI c'est ta vie qui vient à toi, ce n'est pas ta mort qui vient à toi; vient à toi ta splendeur parmi les Lumineux, ta domination parmi les vivants; tu es puissant, doué de puissance que tu es; tu as une volonté souveraine, doué que tu es de volonté souveraine! Vienne qui vient, tu ne bouges pas; ta mère vient à toi et tu ne bouges pas; NOUT vient à toi et tu ne bouges pas; la Grande

1) Litt. : « Tu ne t'*élances* point. »

modeleuse vient à toi et tu ne bouges pas; mais dès qu'elle t'a protégé à sa façon[2], tu bouges, car elle te donne ta tête, elle te fait cadeaux de tes os, elle assemble tes chairs, elle t'apporte ton cœur dans ton ventre, tu existes selon tes façons d'être, tu parles à tes suivants, tu protèges tes enfants, tu fais protéger ta maison après toi, tu protèges tes enfants contre les chagrins, tu te purifies des purifications de tous les dieux et ils viennent à toi avec leurs doubles.

XXV.

O Pepi, lève-toi, et, debout, purifie-toi, purifie ton double, purifie ton âme, purifie ta forme! car ta mère vient à toi, vient à toi Nout la grande modeleuse; elle te purifie, ô Pepi, elle te modèle (te protège), ô Pepi, à ta manière et tu bouges, ô Pepi, et tu es pur, ton double est pur, ta forme est pure parmi les Lumineux, ton âme est pure parmi les dieux; ô Pepi, et on t'a fait cadeau de tes os, tu as reçu ta tête, auprès de Sib et il détruit le mal qui est en toi, ô Pepi, auprès de Toum.

XXVI.

O Pepi, debout, purifie-toi, purifie ton double, car Hor t'a purifié dans l'eau de Qobhou; tu es pur et Shou est pur, tu es pur et Tafnit est pure, tu es pur et ils sont purs ces

1) Ici s'arrête, pour cette partie de la pyramide, le texte de M. Petrie et la traduction de M. Lauth.

2) Litt. : « Dès qu'elle t'a protégé (modelé, joint) sa protection. » Cfr. la même formule plus bas, l. 112.

quatre Génies des demeures qui poussent des acclamations et se jettent à terre dans Pou. Sois donc pur, car elle t'a purifié ta mère Nout, la grande modeleuse t'a modelé (protégé) et tu as reçu ta tête, on t'a fait cadeau de tes os auprès de Sib, et il anéantit le mal qui est en Pepi pour qu'il n'ait point son mal en lui auprès de Toum.

XXVII.

O Pepi, debout, car tu t'es paré de l'Œil d'Hor, tu l'as pris pour l'unir à toi, l'unir à ta chair, tu sors en lui, les dieux te voient muni de lui et tu as saisi la Grande couronne auprès du Grand cycle de On. O Pepi, vis, car tu as apporté l'Œil d'Hor et il ne se sépare plus de toi à jamais.

XXIX.

O Pepi tu as enserré tous les dieux en tes bras, leurs terres, tous leurs biens, et voici, ô Pepi, tu es grand, et tu circules dans le cercle des Haounibou.

1) Le chapitre XXVIII dans Teti, l. 170—176.

XXX.

O PEPI, protégé [par HOR], tous les dieux t'ont donné leurs chairs, voire [leurs provisions, voire tous leurs biens, afin que tu ne meures pas].

Sur la partie du mur qui était située à la droite du sarcophage, les sculpteurs ont gravé une inscription de six lignes qui complète, pour le sens, les inscriptions du corps de la paroi :

O vous qui remplissez les lacs, les étangs, les canaux de l'eau pure sortie d'Osiris, le chef des dix grands chefs de Memphis et des dix grands chefs d'ON et du Grand Cycle des dieux, demeurez et voyez ce père pur, Osiris PEPI, purifié de nitre et de purification, écume sortie de la bouche d'HOR, salive sortie de la bouche de SIT, dont HOR se purifie et grâce à laquelle il rejette tout ce qu'il a de mauvais en lui à terre, lorsque SIT lui fait (cette purification) pour lui; dont SIT se purifie et grâce à laquelle il rejette à terre tout ce qu'il a de mauvais en lui, quand HOR lui fait (cette purification) pour lui; dont ce PEPI se purifie et grâce à laquelle il rejette à terre tout ce qu'il a de mauvais en lui, quand ta . . . . . te fait (cette purification) pour toi par les purifications de tes Lumineux.

Les deux parois latérales sont absolument détruites, et de la paroi Est, il ne subsiste que les commencements d'une vingtaine de lignes au sommet du pignon. M. PETRIE n'avait copié et M. BIRCH n'a publié de cette partie que les premiers mots de quatre lignes (136—139). J'ai réussi à déblayer tout ce qui n'avait pas été brisé de la paroi, et à reconnaître que les textes dont elle porte les débris se retrouvent dans les autres pyramides. J'ai pu constater de la sorte qu'elle n'était pas divisée, comme la paroi d'en face, en deux parties distinctes comprenant l'une le pignon, l'autre le corps même de la paroi. Les lignes allaient du plafond au plancher de la chambre sans interruption, et les caractères qu'elles renfermaient sont identiques pour la forme et le style à ceux de la pyramide d'Ounas. Je ne crois pas qu'il soit utile de rétablir entre parenthèses les parties manquantes : elles sont vraiment trop considérables. Je me bornerai à compléter les deux premières lignes d'après le texte de TETI, afin de montrer quelle longueur elles avaient primitivement. On retrouvera dans la suite l'indication des textes dont cette paroi ne nous a plus conservé que des fragments.

1) Le paragraphe I et II, l. 129—136 dans TETI, l. 170—183.

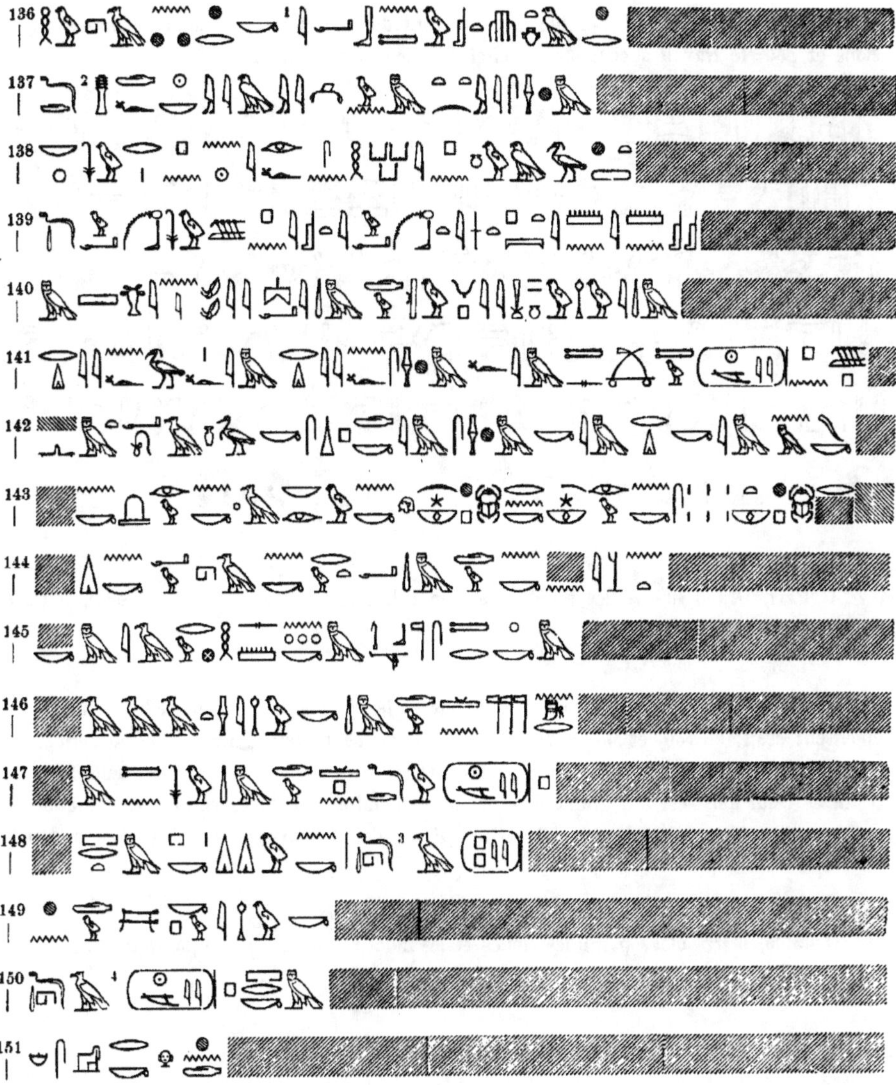

La face Sud du couloir qui mène de la chambre *A* à la chambre *B* est entièrement détruite : de la face Nord il ne reste plus que quelques lignes sur la partie qui touche immé-

1) J'ai publié dans Teti, l. 183 : [hiéroglyphes]. Notre texte de Pepi Ier prouve qu'il faut rétablir [hiéroglyphes] et traduire : «Frappant (avec l'œil d'Hor), Nekhoukh descend vers toi, Isis t'a »fait offrandes et Hor a été bien disposé pour toi.»

2) Les paragraphes III, IV, V, VI, l. 137—148 dans Sokarimsaf et dans Pepi II.

3) Le paragraphe VII dans Teti, l. 157—170.

4) Le paragraphe VIII dans Sokarimsaf.

diatement à la chambre *B*. Les hiéroglyphes sont de forte taille, identiques pour les dimensions et pour le travail à ceux de la paroi *H* dans la chambre *A*.

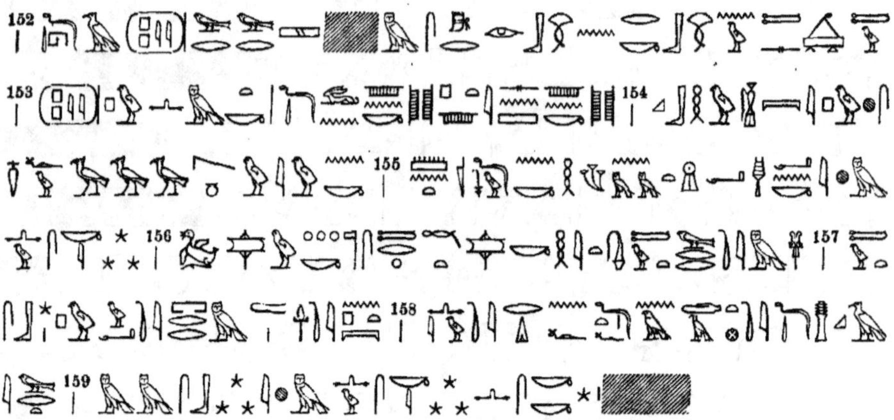

I.

O Pepi, Grand qui veilles couché [sur ton lit], ... lève-toi, ô Pepi, car tu ne meurs point!

II.

Tu as ouvert les portes du ciel, tu as ouvert les portes du Qobhou, celles-là même qui repoussent ces Rokhitou, et Monit t'acclame, les humains t'interpellent, les Indestructibles se lèvent pour toi, les vents sont pour toi de l'encens, et ton vent du Nord est une flamme, car tu es celui qui s'est fait grand dans le nome Thinite, car tu es cette étoile unique qui sort dans la moitié orientale du ciel, celui qui ne vieillit jamais à qui Hor Tati a donné son corps.

III.

O stable, ô très élevé parmi les étoiles et les indestructibles, tu n'es pas détruit . . . . . .

II.

La chambre *B* n'a plus d'inscriptions que sur la paroi Ouest et sur la paroi Est. La paroi Ouest *A* est détruite au tiers environ, du côté Sud, et la dislocation des blocs qui la composent a enlevé çà et là des groupes entiers, dans les parties que les voleurs n'avaient pas attaquées. Les lignes courent sans interruption depuis le haut du pignon jusqu'au sol. Elles sont fort serrées et écrites en petits caractères; aussi, malgré les ravages du temps et des hommes, donnent-elles encore une somme de textes considérable.

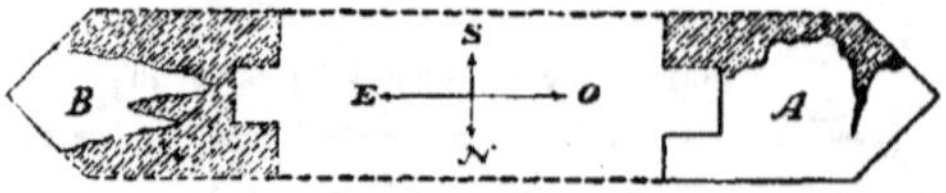

I[1].

Parle le ciel, tremble la terre par [la vertu de] ton livre, ô Osiris, quand tu fais tes sorties! Vaches laitières[2] d'Amoutnoun, vaches nourrices d'Amoutnoun, marchez processionnellement derrière lui, le pleurant, le saluant de vos gestes et de vos acclamations, car celui qui fait les sorties, Pepi, il va vers le ciel parmi ses frères les dieux.

II.

O déesse Chemin d'Hor, approche-toi de ce Pepi, tends tes bras à ce Pepi! O Râ viens, tu as fait passer ce Pepi en barque, vers cette rive-là, comme tu as fait passer ton serviteur Ounga, ton ami; tends ton bras vers l'Occident, tends ton bras vers ce Pepi, tends ton bras vers l'Orient, tends ton bras vers ce Pepi, ainsi que tu as fait à Bounit [Oubnit] ton fils préféré.

III.

O ces dieux de l'horizon qui présidez à la voie céleste, si vous aimez avoir la vie de Toum, vous oindre de vos parfums, vous parer de vos vêtements, prendre vos gâteaux d'offrandes, saluez respectueusement ce Pepi, mettez-le au jardin des offrandes pour qu'[il] vous donne sa gloire parmi les Glorieux, pour qu'il vous donne sa domination parmi les dieux, pour qu'il vous présente une grande proposition de pains, vins, gâteaux, une grande offrande

1) Ce paragraphe, écourté, dans Teti, l. 49—53. Corriger la traduction de Teti par celle de Pepi Ier.

2) me paraît être la variante de , pour le moderne .

de pains, vins, gâteaux, pour qu'il parcoure le ciel en barque, pour que Pepi soit guidé par les vassaux des Divisions, pour que Pepi y prenne la couronne, comme Hor fils de Toum.

IV.

O Pepi, toi qui es cette grande étoile qui s'appuie sur Orion, vogue au ciel avec Orion, navigue sur l'abîme avec Osiris! Ce Pepi sort à la moitié orientale du ciel de nouveau et ta course se rajeunit à toute heure; Nout a donné naissance à ce Pepi avec Orion, l'année t'a entraîné dans son cours avec Osiris et tu as donné l'aide de tes deux bras et tu es descendu comme gardien; tu as donné une proposition de pains, vins, gâteaux, et tu as interpellé Moni nti oïrt, Osiris, celui qui a ses deux bras! O Pepi, toi qui navigues, pour arriver, garde toi du grand bassin.

1) La version de Pepi Ier est abrégée et incorrecte en plusieurs passages : je donnerai la traduction de ce passage lorsque je publierai le texte plus complet que donnent les autres pyramides.

VI.

Comme ce grand veille avec son double, et comme ce grand a ouvert sa bouche avec son double, ce Pepi veille avec son double et ce Pepi a ouvert sa bouche avec son double! Comme ce grand veille, ce Pepi veille, les dieux veillent, les Puissances divines s'éveillent. O ce Pepi, soulève-toi debout, car le grand cycle de dieux qui est dans On t'a attribué ta grande place et tu sièges, ô Pepi, au milieu du cycle divin en tant que Sib, prince des dieux, Osiris qui est parmi les Puissances, Hor maître des hommes et des dieux. O ce Pepi, aux formes mystérieuses de chacal, car tu as pris pour ta face une face de chacal, et tu te tiens gardant le naos de celui qui est dans les deux chapelles, toi le chacal qui est dans le divin pylône, tu mets en paix les Serviteurs d'Hor et celui que défend Hor c'est ce Pepi, celui qu'Hor met en paix c'est ce Pepi; comme vit Osiris, comme vit l'âme au pays de Nidit, vit ce Pepi. O ce Pepi, ton nom vit parmi les vivants, tu es glorieux, toi ce Pepi, parmi les Glorieux, tu es maître parmi les puissances! O ce Pepi c'est ton livre que l'œil d'Hor, cet œil qui est la couronne blanche, l'uræus qui réside dans Nekhab, et l'œil d'Hor met ton livre, ô Pepi, aux yeux de tous les dieux, aux yeux des Lumineux, des astres indestructibles; de ceux dont les demeures sont cachées; aux yeux de toutes les choses qui te voient et entendent ton nom! Voici encore, ô PEPI, que tu es approvisionné de l'OEIL D'HOR qui est la couronne rouge, forte par ses âmes, multiple en ses êtres, et elle te défend, toi ce PEPI, comme elle défend HOR, elle met tes âmes, ô ce PEPI, au milieu du double cycle des dieux sous forme de cette double uræus qui est sur ton front, et elles te soulèvent, ô ce PEPI, elles te guident vers ta mère la double NOUT et celle-ci te tend la main, pour que tu n'aies pas à t'élancer, pour que tu ne . . . ., pour que tu ne . . . . Aussi HOR a-t-il accordé que tu brilles parmi les Glorieux, que tu domines parmi les vivants par les grâces qu'HOR a faites à ce PEPI, à ce Glorieux, qu'a enfanté un dieu qu'ont enfanté deux dieux! O ce PEPI, ton âme est les âmes de ON, ton âme est les âmes de NEKHNI, ton âme est les âmes de POU, ton âme est un astre qui vit parmi ses frères! O ce PEPI, je suis THOT! Offrande royale. Tu as donné ton pain, ta bière, tes gâteaux ceux-là qui paraissent près de HOR, résidant dans la Grande Salle, afin qu'il apaise ton cœur avec eux, ô ce PEPI, pour tout le cours de l'éternité!

VII.

Ce Pepi est pur : il a pris son bâton, il s'est muni de son siége et ce Pepi s'assied dans la barque du double cycle des dieux, Râ pilote ce Pepi à l'Occident, il établit le siége de ce Pepi, au-dessus des maîtres des doubles, il inscrit ce Pepi à la tête des vivants. Le Poh-ka qui est dans l'Eau d'en Haut s'ouvre à ce Pepi, le fer qui est au plafond du ciel s'ouvre à ce Pepi, et ce Pepi y passe, sa peau de panthère sur lui, le bâton et le fouet de ce Pepi dans son poing : ce Pepi passe avec sa chair, ce Pepi est heureux avec son nom, ce Pepi vit avec son double, il abat ce mal qui est sur les mains de Pepi, il repousse le mal qui est derrière ce Pepi, comme Maïoutou (?) qui habite Sokhmou abat le mal qui est sur ses mains et repousse le mal qui est derrière lui : comme Pepi voit ce que font les Enfants (?) par la grande bonté qui est en eux, Pepi a été bon [heureux] avec eux de ce dont ils ont été bons [heureux]. Or, je suis [Nekhoukh] l'Enfant, paré de la tresse de l'enfant : et ce Pepi protège ce qu'il protège, ce Pepi ne châtie pas . . . . . .

VIII.

Fais que Râ soit enfermé entre les deux horizons du ciel, pour qu'il y navigue vers l'horizon, auprès de Hor-Khout!

Fais que Hor-Khout soit enfermé entre les deux horizons du ciel, pour qu'il y navigue vers l'horizon, auprès de Râ!

Fais que ce Pepi lui-même soit enfermé entre les deux horizons du ciel, pour qu'il y navigue vers l'horizon, auprès de Râ, auprès de Hor-Khout!

Pénètre dans le canal verdoyant du Lac de Kha, remplis d'eau les champs d'Ialou, et que Pepi y navigue ses navigations vers cette moitié orientale du ciel, vers le lieu où les dieux naissent eux-mêmes et où Pepi naît ses naissances avec eux, comme Hor-Khout; car ce Pepi est juste de voix, et ce Pepi acclame, le double de ce Pepi acclame les dieux, on appelle ce Pepi, on amène à ce Pepi ces quatre génies qui passent sur les tresses de Hor, qui se tiennent avec leurs sceptres *t'am* sur la moitié orientale du ciel, et ils disent à Râ le nom excellent de ce Pepi, ils portent le nom excellent de ce Pepi à Nouhbkoou, car ce Pepi est juste de voix, et ce Pepi a acclamé les dieux, le double de ce Pepi a acclamé les dieux. La sœur de ce Pepi est Sothis, c'est la naissance de ce Pepi que l'étoile du matin, et ce Pepi est : Qui est sous le ventre du Ciel auprès de Râ, car ce Pepi est juste de voix, et les dieux acclament ce Pepi, acclament le double de ce Pepi[1]!

IX.

Ce Pepi connaît sa mère, ce Pepi n'ignore pas sa mère, la couronne blanche, la Féconde qui est dans Nekhab, la dame de la Grande maison, la dame du Pays qui réunit (les hommes), la dame du Pays caché, la dame du champ des pêcheurs, la dame de la Vallée des Porteurs d'offrandes, celle qui met au monde la couronne rouge, la dame des terrains de Toupou! O mère de ce Pepi, appelle, donne ta mamelle à ce Pepi et allaite ce Pepi! Fils, ô Pepi, et père, voici que tu as présenté la mamelle, et que tu l'as allaité, ô père; tu vis, ô père; tu es petit, ô père; tu sors au ciel comme les éperviers avec le plumage des oies, ô père, et c'est le dieu

1) Corriger la traduction du paragraphe analogue dans Ounas, l. 471—476 et dans Teti, l. 224—235, par celle de Pepi Ier.

Hat'hat' qui apporte tout cela à ce Pepi. O Sema-oïr, taureau des offrandes (?), allonge ta corne et donne que passe ce Pepi. Comme ce Pepi parcourt le canal (?), et comme ce Pepi se dirige vers le ciel, en toute vie et force, ce Pepi voit son père, ce Pepi voit Râ. Quand Pepi acclame les régions élevées, les régions de Sit, les régions élevées le remettent aux régions de Sit et à son sycomore élevé qui est à l'Orient du ciel, [vers lequel] accourent et sur lequel se posent les dieux pour Pepi; car c'est Onkh-Hor qui traverse le Qobhou pour Pepi; c'est le grand gouvernail qui dirige les deux moitiés (?) du ciel pour Pepi; c'est le maître de la sandale, celui qui élargit sa course, qui purifie ce Pepi dans le champ d'Ialou, qui habille ce Pepi dans le champ de Khopirrou où Pepi trouve Râ. Râ y sort, il trouve Pepi dans l'horizon; Râ va vers l'Ouest, il y trouve Pepi vivant et fort; tout endroit excellent où va Râ, il y trouve ce Pepi.

X.

C'est Pepi, le dieu Etre du dieu, messager du dieu; et Pepi est venu, Pepi est pur dans le champ d'Aïlou. Ce Pepi descend vers le champ de Konsit et les Serviteurs d'Hor purifient ce Pepi; ils purifient ce Pepi, ils prennent soin de ce Pepi, ils font pour ce Pepi le chapitre des Justes, ils font pour ce Pepi le chapitre des Sorties en vie et puissance et ce Pepi sort au ciel en vie et puissance, [ce Pepi descend dans la] barque de Râ; ce Pepi guide pour Râ ces dieux [qui rament pour lui; tout dieu se réjouit à l'encontre] de ce Pepi comme ils se réjouissent [à l'encontre de Râ], lorsqu'il sort à la partie orientale du ciel en pacifique, en pacifique!

XI.

Acclame le ciel, tremble la terre, sur les deux bras de ce Pepi, car c'est Pepi les vertus magiques, c'est Pepi le possesseur de la vertu magique; ce Pepi est venu et il honore Orion, il introduit Osiris [en son lieu], il met les dieux à leurs places. Celui qui voit derrière lui, le taureau de dieux, amène ces [vertus] à ce Pepi et met ce Pepi à côté de lui en vie et force.

XII.

Fais que [la barque Mâdit] de Râ soit enfermée [entre les deux horizons du ciel], pour que Râ y navigue [auprès de Hor-Khouti, vers] l'horizon.

Fais que la barque Samktit de Hor-Khouti soit enfermée entre les deux horizons du ciel, pour que Hor-Khouti y navigue auprès de Râ vers l'horizon.

Ce Pepi a fait arriver que la barque Mâdit fût enfermée entre les deux horizons du ciel, pour que ce Pepi y sorte auprès de Râ vers l'horizon.

Ce Pepi a fait arriver que la barque Somktit fût enfermée entre les deux horizons du ciel, pour que ce Pepi y sorte auprès de Hor-Khouti vers l'horizon.

Ce Pepi sort donc vers cette moitié orientale du ciel où les dieux naissent et où ce Pepi naît comme Hor-Khouti. Car [ce Pepi] est juste de voix, le double de ce Pepi [est juste de voix]. La sœur de ce Pepi est Sothis, la naissance de ce Pepi est l'Étoile du matin; ce Pepi a trouvé tous les Lumineux dont la bouche est munie assis sur les rives du lac de Sohseh, à l'abreuvoir de tous les Lumineux dont la bouche est garnie, et comme ce Pepi est un Lumineux dont la bouche est garnie, Pepi est allé à cette place plus sainte que toute place.

Fais que la barque Mâdit de Râ soit enfermée entre les deux horizons du ciel, pour que Râ y navigue auprès de Hor-Khouti, vers l'horizon.

Fais que la barque Somktit de Hor-Khouti soit enfermée entre les deux horizons, pour que Hor-Khouti y navigue auprès de Râ, vers l'horizon.

[Ce Pepi] a fait arriver que la barque Mâdit fût enfermée entre les deux horizons du ciel, pour que ce Pepi y sorte en vie et force, auprès de Râ, vers l'horizon.

Ce Pepi sort donc vers cette moitié orientale du ciel où les dieux naissent et où ce Pepi naît comme Hor-Khouti. Car ce Pepi est juste de voix, le double de ce Pepi est juste de voix, ce Pepi acclame, le double de ce Pepi acclame [les dieux]. La sœur de ce Pepi est Sothis, la naissance de ce Pepi est l'Étoile du matin, ce Pepi va avec vous, ce Pepi roule avec vous dans les champs d'Ialou, il aborde comme vous abordez aux champs de Mafkaït, et ce Pepi mange de ce dont vous mangez, ce Pepi subsiste de ce dont vous subsistez, ce Pepi se vêt de ce dont vous vous vêtez, ce Pepi se parfume de ce dont vous vous parfumez, ce Pepi prend son eau avec vous au bassin Monâ de ce Pepi, à l'abreuvoir (à la coupe) des Lumineux dont toute la bouche est munie : ce Pepi s'assied dans la Grande Chapelle, et ce Pepi fait entendre sa parole aux Lumineux dont toute la bouche est munie; ce Pepi s'assied sur les rives du lac de Sohseh et ce Pepi fait entendre sa parole aux Lumineux dont toute la bouche est munie.

XIII.

« Heureux ceux qui voient le père! », c'est [ce que dit] Isis; « En paix, ceux qui contemplent le père! », c'est [ce que dit] Nephthys, au père de cet Osiris Pepi, lorsqu'il se manifeste au ciel, parmi les étoiles, parmi les Indestructibles. L'uræus de ce Pepi sur son front, le livre magique de ce Pepi à ses côtés, les talismans de ce Pepi à ses pieds, ce Pepi va là auprès de sa mère Nout, et ce Pepi entre sur elle en son nom à elle d'Echelle. On t'apporte les dieux du ciel, les dieux de la terre s'unissent à toi et tu es avec eux, tu vas sur leurs bras. On t'apporte les esprits de Pou, tu as uni les esprits de Nekhouni à ce Pepi-Toum. C'est Sib qui parle ainsi avec Toum de ce qu'il a fait : « Les champs d'Ialou, le domaine de Hor et le domaine de SIT [sont] à ce PEPI-TOUM.» C'est SIB qui parle ainsi avec TOUM, de ce qu'il a fait : «Il est venu vers lui, il lui a dit : «Il le tue, il ne te tue pas; ce PEPI tue ses »ennemis, et ce PEPI l'établit [cet ennemi] comme l'offrande journalière qu'on tue [pour lui].» »Dire quatre fois de suite : «O PEPI, sois stable en vie et force! O PEPI, sois chaque jour »stable en vie et force!»»

XIV.

O ce nautonnier, ce qu'il apporte à HOR, c'est son œil, ce qu'il apporte à SIT, ce sont ses testicules, tandis que court l'ŒIL D'HOR tombé sur la moitié orientale du ciel, ce PEPI court avec lui, ce PEPI passe dans la moitié orientale du ciel, il va, il a la place d'honneur auprès de RÂ au lieu .... de leurs doubles, vivant dans les domaines de HOR, vivant dans les domaines de SIT. Voici que ce PEPI vient, voici que ce PEPI sort en vie et force; ce PEPI a parcouru les hauteurs du ciel, sans que les chefs de la Demeure blanche repoussent ce PEPI du pavillon du firmament; la barque MÂDIT appelle ce PEPI et c'est ce PEPI qui l'écoppe et RÂ fait ce PEPI maître de vie et de force.

XV.

RÂ a purifié le ciel, HOR a purifié la terre; tout dieu qui est avec eux purifie ce PEPI, car ce PEPI adore le dieu. O chemin de ce PEPI vers les grandes portes fortifiées, rends témoignage à PEPI devant ces deux dieux très grands, car PEPI est OUONGA, fils de RÂ qui épaule le ciel, qui guide la terre. O dieux, que ce PEPI puisse s'asseoir parmi vous! O astres de l'abîme, épaulez ce PEPI comme RÂ, suivez ce Pepi comme OUAPOUAÏTOU, aimez ce PEPI comme MINOU. O toi les deux dieux écrivains (THOT et SAFKHOU) compulse ton registre, compte tes deux branches de palmier, tes siècles sont RÂ; mets le donc en sa place, mets ce PEPI en sa place.

XVI.

Le ciel se réjouit, la terre est dans une crainte respectueuse(?), HOR vient, THOT se lève et ils portent OSIRIS à sa place et ils le font être debout au milieu du double cycle des dieux. Te souvenant de SIT, mets en ton esprit cette parole qu'a dite SIB, ces transports qu'ont eu les dieux pour toi dans la Demeure du Prince à ON, lorsque tu déposes(?) OSIRIS à terre. Tu frappes SIT sans lui faire ce qu'il est en ta puissance de faire, mais te bornant à délivrer ta puissance d'HOR. Tu frappes SIT lorsqu'existant il a acclamé en son devenir d'AKOU-TO. Tu frappes SIT, lorsqu'existant il s'est approché en son devenir d'ORION, prompt de pieds, rapide de course, dans le pays du Sud. OSIRIS te porte comme SIT t'a porté lorsqu'il a entendu les transports des dieux qui parlent du père du dieu, car ton bras est à Isis ô Osiris Pepi, ta main est à Nephthys, tu vas entre elles deux et le ciel t'est donné, la terre t'est donnée, ainsi que les champs d'Ialou, les domaines d'Hor, les domaines de Sit, les districts te sont donnés, tu te réunis aux nomes. C'est Toum qui parle ainsi et tandis que Sib affute ton couteau, et que Thot qui manie le couteau, qui tranche les têtes, qui coupe les cœurs, tranche les têtes, et coupe les cœurs de ceux qui les font naviguer [tous deux], voici que ce Pepi vient vers toi, ô Osiris, et il tranche les têtes de ceux qui se mettent à l'encontre de ce Pepi, il passe vers toi, ô Osiris, afin que tu lui donnes la vie et la force. Pepi est venu vers toi, maître du ciel, ce Pepi est venu vers toi, Osiris, ce Pepi te ferme la face, il t'habille de l'habit du dieu, il t'a purifié dans T'odit. Sotnis, ta fille qui t'aime, qui te fait tes offrandes de fruits annuels en son nom d'année, est le guide de ce Pepi, quand ce Pepi vient à toi. Car il est venu à toi ce Pepi, ô maître du ciel; ce Pepi est venu à toi, Osiris; ce Pepi te ferme la face, ce Pepi t'habille de l'habit du dieu, il t'a purifié dans Iadi, et il anéantit les membres de tes ennemis, il les met en pièces, ô Osiris, et il se change en Celui qui est parmi les mis en pièces. Ce Pepi est venu à toi, ô maître du ciel, ce Pepi est venu à toi, Osiris; ce Pepi te ferme la face, ce Pepi t'habille de l'habit du dieu, ce Pepi fait pour toi ce que Sib lui a ordonné de faire pour toi; ce Pepi établit ta main sur le signe de vie, ce Pepi supporte ton bras avec le sceptre [sceptre]. Ce Pepi est venu à toi, ô maître du ciel, ce Pepi est venu à toi Osiris; ce Pepi te ferme ta face, ce Pepi t'habille de l'habit du dieu, ce Pepi t'a purifié. Car Hor, ton fils, que tu as fait naître, ne met pas ce Pepi parmi les morts, il le met parmi les dieux divinisés : leur eau est l'eau de ce Pepi, leur pain est le pain de ce Pepi, leurs purifications sont les purifications de ce Pepi, ce que Hor fait à Osiris, il le fait à ce Pepi.

XVIII.

Salut à toi, échelle du dieu, salut à toi, échelle de Sit! Debout échelle du dieu, debout échelle de Sit, debout échelle de Hor, sur laquelle Osiris est sorti au ciel, lorsqu'il exerce sa protection magique sur Râ. Il vient à toi armé du bâton ton frère Osiris; son frère Sit

1) Ce paragraphe dans Ounas, l. 489—492.

194

195

lui a versé la libation à côté de lui en la place qu'il occupe au PAYS DES GAZELLES, et HOR vient à lui, son uræus sur lui, marchant à sa rencontre comme son père SIB. Car c'est ce PEPI ton fils, ce PEPI est HOR, tu as fait naître ce PEPI comme tu as fait naître le dieu maître de l'échelle, et tu lui as donné l'échelle du dieu, tu lui as donné l'échelle de SIT sur laquelle ce PEPI est sorti au ciel, lorsqu'il exerce sa protection magique sur RÂ. O dieu de ceux dont les doubles passent, lorsque l'ŒIL D'HOR plane sur l'aile de THOT au côté Est de l'échelle du dieu, hommes dont le corps [va] au ciel, c'est PEPI l'ŒIL D'HOR, et lorsque l'ŒIL se dirige vers tout lieu où il est, PEPI marche la marche de l'œil d'HOR; aussi vous aimez que ce PEPI aille parmi vous qui êtes ses frères les dieux, ils se réjouissent à la rencontre de ce PEPI ses frères les dieux, comme se réjouit HOR à la rencontre de son œil. Il a mis son œil devant son père SIB, et tout dieu, tout Lumineux étend son bras, quand ce PEPI sort au ciel sur l'échelle, il n'a pas fait la cérémonie de labourer la terre, il n'a pas présenté l'offrande, il ne se rend pas à la Salle qui est dans ON, il ne se rend pas à la Salle du Matin dans ON, ce qu'il voit et ce qu'il entend l'instruit et le nourrit, lorsqu'il sort au ciel sur l'échelle du dieu. PEPI se lève comme l'uræus au front de SIT, et tout dieu, tout

Lumineux tend le bras à ce Pepi sur l'échelle. Pepi a réuni les os, il a rassemblé ses chairs, Pepi a couru pour soi vers le ciel aux deux doigts du dieu maître de l'échelle.

XIX.

Ouvrez les portes du ciel, ouvrez les portes du Qorhou à l'Hor des dieux, quand il sort chaque matin après s'être purifié dans les champs d'Aïlou.

Ouvrez les portes du ciel, ouvrez les portes du Qobhou à l'Hor Oriental, quand il sort chaque matin après s'être purifié dans les champs d'Aïlou.

Ouvrez les portes du ciel, ouvrez les portes du Qobhou à Hor Shosti, quand il sort chaque matin après s'être purifié dans les champs d'Aïlou!

Ouvrez les portes du ciel, ouvrez les portes du Qobhou à Osiris, quand il sort chaque matin après s'être purifié dans les champs d'Aïlou!

Ouvrez les portes du ciel, ouvrez les portes du Qobhou à ce Pepi, quand il sort chaque matin après s'être purifié dans les champs d'Aïlou!

O que sorte celui qui sort chaque matin après s'être purifié dans les champs d'Aïlou; Que Hor des dieux sorte chaque matin, après s'être purifié dans les champs d'Aïlou!

Que sorte celui qui sort chaque matin après s'être purifié dans les champs d'Aïlou;

que HOR SHOSTI sorte chaque matin après s'être purifié dans les CHAMPS D'AÏLOU! Qu'OSIRIS sorte chaque matin, après s'être purifié dans les CHAMPS D'AÏLOU!

Que sorte celui qui sort chaque matin après s'être purifié dans les CHAMPS D'AÏLOU; que sorte ce PEPI chaque matin, après s'être purifié dans les CHAMPS D'AÏLOU!

O RÂ, le sein de NOUT est fécondé par les semences que le Lumineux émet en elle; la terre se courbe sous les pieds de ce PEPI, TAFNOUT tend la main à ce PEPI! C'est SOKARI qui purifie ce PEPI, c'est RÂ qui tend la main à ce PEPI, afin que ce PEPI s'introduise dans le cycle des dieux, et ce PEPI prend sa place dans le QOBHOU. O acclamateurs, acclamateurs, ô adorateurs, adorateurs, prenez ce PEPI avec vous qu'il vive éternellement!

XX.

Heureux ceux qui voient, élus (?) ceux qui voient la sortie de ce dieu au ciel comme la sortie du père [de PEPI], TOUM, au ciel, son âme sur lui, ses vertus magiques à ses côtés, son livre à ses pieds, lorsqu'il a apporté les districts à ce PEPI, pour que ce PEPI réunisse les nomes entre ses mains, et qu'il a joint ce PEPI aux domaines, selon ce qu'a dit à ce sujet SIB, prince des dieux, [c'est-à-dire] aux régions de HOR, aux régions de SIT, aux CHAMPS D'AÏLOU. Aussi adorent-ils ce PEPI, KHONSOU qui est AOU-HA qui est au pays du midi, SOPTI dont les cèdres sont à toi; ils portent l'échelle de ce PEPI. Viens donc, ô échelle, viens échelle, vienne ton nom, car les dieux ont dit : «Venez vous qui sortez, venez vous qui »sortez; venez vous qui descendez [le courant], venez vous qui descendez; venez vous qui »êtes vides, venez vous qui êtes vides! Car PEPI sort sur les deux cuisses d'ISIS, PEPI se

» laisse couler sur les deux cuisses de NEPHTHYS; le père de PEPI, TOUM, a tendu sa main » à PEPI, il lance PEPI parmi les dieux, jugeant les sages, les habiles, les indestructibles! » Voici donc ce que vous avez dit, ô dieux, de TOUM, et ce PEPI est parmi vous, ce PEPI est établi parmi vous comme le Taureau qu'on sacrifie chaque jour!

XXI.

O DIEU DONT LA NUQUE EST LA FACE, voici que RÂ navigue; fais que [t'] enferment les deux horizons du ciel, pour que ce PEPI y navigue auprès de RÂ vers l'Horizon!

Fais que RÂ soit enfermé entre les deux horizons du ciel, pour que ce PEPI y navigue auprès de HOR DES DIEUX vers l'horizon!

Fais que ce PEPI soit enfermé entre les deux horizons du ciel, pour qu'il y navigue auprès de RÂ, vers l'horizon!

Lorsque ce PEPI a navigué vers [ce point], il se tient sur la partie orientale du ciel en sa partie nord parmi les Indestructibles qui se tiennent sur leurs sceptres *t'âm* et qui sont assis sur leur sceptre ☥, il se tient ce PEPI parmi eux. Car le dieu LUNE est le frère de ce PEPI, la naissance de ce PEPI est l'étoile du Matin.

La paroi Est *B* portait un texte allant du haut du pignon jusqu'au sol, et tracé en gros hiéroglyphes de même taille et de même style que ceux de la pyramide d'Ounas. La partie du bas a été brisée en petits éclats par les voleurs; les blocs supérieurs n'étant plus soutenus ont joué et se sont disloqués. Plusieurs des textes se trouvent dans les pyramides déjà publiées, d'autres sont entièrement inédits. Tous sont à ce point mutilés qu'on ne peut les traduire sans le secours des autres versions. Voici ce qui est encore lisible sur la paroi :

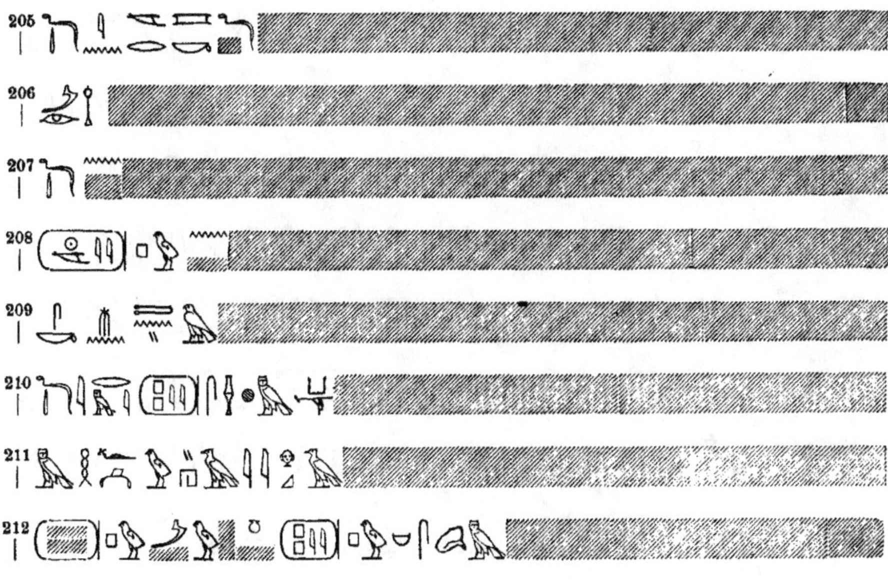

Une forte cassure sépare ces huit lignes des suivantes :

213

214

515

216

217

218

1) Ce paragraphe dans Teti, l. 342—344. La partie conservée comble une petite lacune de Teti, au bas de la ligne 343 : [hiéroglyphes], etc.

2) Ce paragraphe dans Teti, l. 297.

3) Le paragraphe auquel appartient ce bout de ligne dans Teti, l. 307.

4) Ce paragraphe dans Ounas, l. 322.

5) Ce paragraphe dans Ounas, l. 537—538.

6) Ce paragraphe dans Ounas, l. 538—539, et dans Teti, l. 295—296.

7) Ce paragraphe dans Ounas, l. 539—540, et dans Teti, l. 296.

III.

Couloir des Herses.

Le couloir des herses était presque entièrement nu dans les pyramides précédentes : dans celle de Pepi Ier il est couvert d'inscriptions. Les herses du milieu le coupent en deux boyaux d'inégale longueur. Le plus rapproché de la chambre renferme cent cinquante-six lignes réparties sur les deux parois : la paroi Ouest en a quatre-vingt-une pour sa part.

I.

Pepi s'est lavé avec Râ dans le lac d'Ialou; Hor a purifié ta chair, ô Pepi, Thot a purifié tes pieds, et Shou soulève Mirirt en haut, et [toi,] ô Nouit, tends ta main à Pepi.

II.

S'ouvre le ciel et s'ouvre la terre! Lorsque s'ouvrent les retraites de la région Poutri, lorsque s'ouvrent les avenues du Nou, lorsque deviennent accessibles les avenues de la région de Lumière, [Pepi] est un [être] stable chaque jour et disant [hautement] ce qu'il a à faire[5], qui sort

1) Ce paragraphe dans Ounas, l. 534, et dans Teti, l. 298—299.

2) Ce paragraphe dans Ounas, l. 543, et dans Teti, l. 299.

3) Ce paragraphe dans Ounas, l. 543—545, et dans Teti, l. 299—300.

4) Le signe du lion est souvent coupé en deux dans la suite du texte; pour éviter de fondre un caractère nouveau, le *lion coupé* a été composé par le et le , réunis .

5) Litt. : «Ce qu'il a sur ses mains».

au ciel, frotté d'essences, revêtu des habits luxueux de ceux qui sont assis sur le siége de vivante justice, mieux doué de vertu magique que ces dieux du Nord, les Indestructibles qui ne peuvent le détruire, les Indissolubles qui ne peuvent le dissoudre, les Incorruptibles qui ne peuvent faire tomber Pepi en pourriture, mais en même temps que Montou se lève, Pepi se lève avec lui, en même temps que Montou s'élance il s'élance avec lui.

III.

Le ciel est imprégné de vin, et Nouit est devenue enceinte de sa fille [la planète] Vénus. Lève-toi donc [ô Pepi]. Par la grâce de Sothis dont les demeures sont pures, Pepi s'est lavé dans les lacs des Gens du Touat, il s'est mis à nu dans les lacs des Chacals. Ô Lotus, mets-toi sur la route de Pepi, car il a pris le côté sud du Champ d'Ialou pénétrant au lac verdoyant à l'étang de Kha.

Donne que Hor soit entre les deux horizons du ciel pour qu'il navigue avec Râ vers l'horizon!

Donne que Hor-Khouti soit entre les deux horizons du ciel pour qu'il navigue avec Râ vers l'horizon!

Donne que Hor-Shosti soit entre les deux horizons du ciel pour qu'il navigue avec Râ vers l'horizon!

---

1) [hiéroglyphes] est une variante de [hiéroglyphes] *concevoir*. Faute de meilleur mot, j'ai employé ici *imprégné*, pris au sens étymologique.

2) Les groupes [hiéroglyphes], [hiéroglyphes] et [hiéroglyphes] sont gravés chacun sur un [hiéroglyphe] recouvert de stuc.

Donne que HOR L'ORIENTAL soit entre les deux horizons du ciel pour qu'il navigue avec RÂ vers l'horizon!

Donne que ce MIRIRI HOR LES DIEUX soit entre les deux horizons du ciel pour qu'il navigue avec RÂ vers l'horizon!

et alors PEPI a pris son siége qui est dans les champs d'IALOU, PEPI va vers le côté sud du champ d'offrandes, car c'est le GRAND fils de GRAND que ce PEPI, et il se manifeste entre les deux cuisses de la double neuvaine des dieux; PEPI a adoré RÂ, MIRIRI a adoré l'HOR ORIENTAL, il a adoré l'HOR-KHOUTI, et celui-ci parcourt le circuit [du ciel], il se joint à ce PEPI et [par là] se joint à HOR sur son siége, il se joint à HOR sur son siége et par là se joint à ce PEPI.

IV.

PEPI est sorti de POU auprès des ESPRITS DE POU, et comme PEPI est enveloppé de l'enveloppe de HOR, comme MIRIRI est vêtu du vêtement de THOT, qu'ISIS est devant lui, que NEPHTHYS est derrière lui, OUAPOUAITOU lui a ouvert sa voie, SHOU le porte, les ESPRITS DE POU montent l'escalier pour [le] présenter à NOUIT qui lui tend la main, ainsi qu'ils ont fait à OSIRIS, ce jour, où il a abordé [à l'autre monde]. Ô dieu HIFHAF, PEPI passe aux champs d'IALOU : «Où sors-tu?» PEPI est sorti d'OUARIT, et comme il est le corps sortant du dieu, l'uræus

1) Le groupe est gravé sur un bouché au stuc.

sortant de Râ, il se passe lui-même, il se rend aux champs d'Ialou, ayant ces quatre génies d'Hor avec Mirirî, Hâpi, Tioumoutf, Amsit, Kobhsonnouf, deux d'un côté, deux de l'autre côté de ce Mirirî, comme timonniers, et il trouve la double neuvaine des dieux qui tendent leurs mains à Mirirî pour qu'il siège au milieu d'eux afin de juger et Mirirî rend ses décrets sur ceux qu'il trouve là.

V.

C'est Mirirî, le dieu Siti; c'est Mirirî, le dieu Sitsiti! C'est Mirirî, le dieu qui coule! C'est Mirirî, celui qui ouvre le coffre du ciel! C'est Pepi, le dieu créateur, lustre des rois du Bas-pays! C'est Mirirî, le dieu caché qui cache cette terre! C'est Mirirî, celui qui réunit les deux terres! C'est Mirirî, le coureur qui accomplit sa tournée! C'est Mirirî, le dieu qui est porté en rond! C'est Mirirî, celui qui est favorable! C'est Mirirî, celui qui est redoutable! C'est Mirirî, le dieu bélier (?) à deux faces! C'est Pepi, le dieu libérateur qui se délivre de toute chose mauvaise.

C'est Pepi, le dieu coureur! C'est Mirirî, le dieu coureur! C'est Mirirî, Hâpi! C'est

1) sont gravés sur un bouché au stuc. — 2) est gravé sur un bouché au stuc.
3) est gravé sur un bouché au stuc. — 4) est gravé sur un bouché au stuc.
5) □ est gravé sur bouché au stuc.
6) □ a été intercalé après coup.
7) □ est gravé sur bouché au stuc.
8) □ est gravé sur bouché au stuc.
9) □ est gravé sur bouché au stuc.

MIRIRI, TIOUMOUTF! C'est MIRIRI, AMSIT! C'est MIRIRI, QOBHSONNOUF! C'est MIRIRI, le dieu TIÂNOU! C'est PEPI, ces dieux grands qui sont dans le lac [céleste]! C'est MIRIRI, l'âme vivante, le dieu à face de larve, qui sauve sa tête, délivre son corps, enlève son corps aux dangers, qui fait ce qu'il faut faire, même étendu sur le lit funèbre; qui fait ce qu'il faut faire, et parle comme il faut parler; PEPI a fait la bonne œuvre; MIRIRI a rendu le bon décret, car les lèvres de PEPI, c'est la double neuvaine des dieux, c'est PEPI, la grande parole, c'est PEPI, le magicien, c'est PEPI l'évocateur, dont les formules sauvent MIRIRI de toute chose mauvaise.

Hommes et dieux, vos mains soient sous MIRIRI, pour que vous le souleviez, et que vous l'éleviez au ciel comme les deux mains de SHOU sont sous NOUIT pour l'élever au ciel, au ciel, à la place suprême parmi les dieux.

VI.

Ô gardien qui désigne à qui possède comme à qui n'a rien les portes par où pénétrer dans le détroit grâce auquel la CAMPAGNE D'IALOU est rendue verdoyante et le LAC DE L'AUTEL se remplit d'eau,

Donne que HOR soit entre les deux horizons du ciel pour qu'il y navigue avec RÂ;

Donne que RÂ soit entre les deux horizons du ciel pour qu'il y navigue avec HOR-KHOUTI,

1) Le cartouche est gravé en travers sur le groupe recouvert de stuc.

afin qu'il adjuge MIRIRI à son père AÂH qui l'a fait naître, car MIRIRI est le Dieu du matin; afin qu'il adjuge MIRIRI à ces quatre génies pleins d'allégresse qui sont assis sur la rive orientale du ciel; afin qu'il adjuge MIRIRI à ces quatre génies pleins d'allégresse qui sont assis sur la rive orientale du ciel, à ces quatre génies pleins d'allégresse aux cheveux couronnés de verdure, qui sont assis à l'ombre du mur du dieu QATI! — Grand de père, grand de père, MIRIRI est grand de père!

VII.

Les sorties de ce MIRIRI! La DAME DE DOUPOU se bat contre elle-même, le cœur de QUI RÉSIDE DANS NEKHAB s'emporte, ce jour où PEPI y est sorti en la place de RÂ, et qu'il a fait jaillir ta lumière, ô RÂMIRI, sous ses pieds en marchant! Lorsque MIRIRI sort en cette place auprès de sa mère, l'uræus vivante qui est sur RÂ, le cœur de celle-ci s'émeut de pitié pour lui, elle lui donne sa mamelle, pour qu'il la tète, et voici tu as cette mamelle et tu la suces si bien que la fin de tes jours ne vient plus à toi. Alors, le ciel parle et la terre tremble, les dieux d'ON tressaillent à la voix, l'offrande est devant MIRIRI et sa mère BISTIT le berce dans ses bras, celle qui est dans NEKHAB l'a protégé, celle qui est dans DOUPOU l'a aidé, et voici qu'il vient, voici qu'il vient, voici que ce PEPI vient en vie et force, il fait

1) Le demi-lion est mis ici et ailleurs, pour le lion entier, comme le demi-homme est pour l'homme entier dans d'autres passages de la même pyramide.

ses purifications avec une cruche du vin des produits de la vigne céleste, le sacrificateur lui fait ses provisions; PEPI passe le passage de HOR, il transpire la sueur de HOR, MIRIRÎ est parfumé des parfums de HOR. Au ciel, au ciel, avec les dieux de la ville du lion et de l'épervier, ô PEPI; au ciel avec les dieux de la ville du lion et de l'épervier, t'associant avec eux (?), te plaçant à côté d'eux. Voici donc SIB qui tend la main à PEPI et le guide à travers les portes du ciel, un dieu parfait en sa place, un dieu en sa place, et voici que SATIT l'a lavé avec ses quatre vases dans ELÉPHANTINE. «Oh là! qui donc es-tu, toi qui viens?» — Le fils de son père est venu avec la neuvaine des dieux du ciel, pour prendre sa part de ses biens. «Oh là, qui donc es-tu, toi qui viens?» — Le fils de son père est venu avec la neuvaine des dieux de la terre, pour prendre sa part de ses biens. «Oh là, qui donc es-tu, toi qui viens?» — Le fils de son père est venu avec T'ONDROU. «Oh là, qui donc es-tu, toi qui viens?» — Le fils de son père est venu avec ses deux mères, les deux vautours à l'abondante chevelure, aux mamelles pendantes, qui sont sur la montagne, qui battant de l'aile, apportent leurs mamelles à la bouche de MIRIRÎ sans obstacle, et le couvent éternellement.

1) est gravé sur .

2) est gravé par-dessus .

VIII.

Le ciel parle, la terre tremble, Sib s'avance, les deux régions divines défilent, et la cérémonie du labourage s'accomplit, l'offrande est placée devant ce Pepi vivant et stable. Il sort donc du ciel et traverse le firmament en vie et en stabilité, et flotte sur la voie lactée, renversant sur son passage les fortifications de Shou; il sort au ciel sur ses ailes, comme une grande Oie échappée de ses liens, et c'est Anubis qui mène [pour lui] cette procession que fait Hor en Abydos lors de l'ensevelissement d'Osiris. Il sort au ciel parmi les étoiles et les Indestructibles, et sa sœur Sothis, son guide l'étoile du Matin le dirigent vers le Champ d'offrande et il s'y assied sur son divan de fer dont les têtes sont de lion et les pieds les sabots du taureau Sema-oir, il se tient en sa place vide entre les deux grands dieux, et son sceptre Abi en forme de papyrus avec lui, il étend sa main sur les humains, les dieux viennent à lui l'échine courbée; cependant, les deux grands dieux veillent chacun à leur place et ils trouvent Pepi comme la double neuvaine des dieux, [occupé] à juger ce prince et tout prince, et ils se prosternent devant lui, et ils font offrande à Pepi comme à la double neuvaine des dieux.

En face, sur la paroi Est, s'étale une inscription en caractères plus forts et en colonnes moins serrées.

1) est gravé sur .

I.

«Non, ce n'est pas Pepi qui prie de te voir en ta forme où tu es, ô Osiris, qui prie »de te voir en ta forme où tu es; c'est ton fils qui prie de te voir en ta forme où tu es, »c'est Hor qui prie de te voir en ta forme où tu es.» Voilà ce que te disent ces Dieux raides et inertes qui sont comme les mâles puissants sous Akhmoutou; voici ce qu'ils te disent: «Viens, fils pieux sous forme de fils pieux» et ils pilotent Hor, ils pilotent Hor, en la sortie de Hor avec les vaches Mihit oÏrit, et

s'ouvrent les portes du ciel, béantes sont les portes du Qobhou pour Hor l'Oriental devant Râ, et il va, il se lave dans le champ d'Ialou; — s'ouvrent les portes du ciel, béantes sont les portes du Qobhou pour Pepi devant Râ, et Pepi va, Pepi se lave dans le champ d'Ialou;

s'ouvrent les portes du ciel, béantes sont les portes du Qobhou pour Hor-Taouti devant Râ et il va, il se lave dans les champs d'Ialou; — s'ouvrent les portes du ciel, béantes sont les portes du Qobhou pour Pepi devant Râ, et Pepi va, Pepi se lave dans les champs d'Ialou,

s'ouvrent les portes du ciel, béantes sont les portes du Qobhou, pour Hor-Shosti devant

RÂ, et il va, il se lave dans les champs d'IALOU; — s'ouvrent les portes du ciel, béantes sont les portes du QOBHOU pour PEPI, et PEPI va, il se lave dans les champs d'IALOU.

On laboure pour PEPI, on lui présente l'offrande, il se lève en roi, on le mène à son trône, il traverse le POUTRITI, il parcourt le lac de l'AUTEL, et NASTIT tend la main à PEPI pour l'introduire dans son adytum, dans son mystère, et elle donne la divinité à PEPI, qui est le pur fils de pur, car PEPI s'est lavé dans ces quatre vases remplis au Lac divin qui est dans NOUTIROU, au vent d'ISIS la grande. C'est, en effet, ISIS la grande qui soulève HOR, lui donnant d'aller pur, — RÂ [lui-même] est-il plus pur que PEPI? — et le portier du QOBHOU le présente à ces quatre dieux qui sont sur le lac de KONSIT, et ils font les présents de PEPI à OSIRIS, ils font les présents de PEPI à RÂ, afin qu'il n'ait aucune frontière et qu'on ne lui trouve aucune borne. SIB lance un bras au ciel, l'autre bras à la terre, il montre PEPI à RÂ et PEPI lui présente les dieux, PEPI lui dirige la barque divine, PEPI prend le ciel, ses colonnes et ses astres, et les dieux viennent à lui en courbant l'échine, les Lumineux suivent PEPI à cause de son âme [puissante]; ils comptent leurs masses, brandissent leurs armes de guerre à PEPI, car il est le grand, fils de grand, qu'a enfanté NOÛIT, la vaillance de PEPI est la vaillance de SIT D'OMBOS, c'est PEPI, le taureau SEMA-OÏR, issu de KHONT-AMENTI, c'est MIRIRT, l'humeur jaillissante et MIRIRT paraît quand se produit l'eau. C'est lui le serpent NOUHBKOOU aux replis multiples, c'est PEPI, le dieu-Scribe qui dit ce qui est et fait exister ce qui n'est pas; c'est PEPI, le lien des tablettes [d'écriture], sorti d'AKHIT-OÏRIT, c'est PEPI, cet ŒIL D'HOR, plus fort que les hommes, plus vigoureux que les dieux, aussi HOR porte MIRIRT, SIT le soulève, et PEPI donne l'offrande sur la table d'offrandes des pains et liquides, sur la table d'offrandes de la porte, il se concilie par l'offrande les deux dieux pacifiques, il se concilie par l'offrande, les deux dieux dévorants.

II.

SIB s'engraisse de ce que NOUIT répand devant lui; aussi quand PEPI sort au ciel, le ciel l'a salué avec joie, et la terre a tremblé devant lui, car il a lancé l'ouragan par son rugissement comme SIT. Les gardiens des chairs du ciel lui ont ouvert le ciel et il se dresse sur SHOU; les étoiles lui ont livré l'accès des pavillons des forteresses du dieu, et il parcourt le ciel comme le dieu SOUNTI, par la grâce de SOTHIS dont les demeures sont pures, il s'est lavé dans les lacs des GENS DE TOUAT, l'étoile NOMIT lui rend ses voies bonnes et la conduit

1) ◻ est gravé sur [hiéroglyphe]. — 2) Le cartouche est gravé tout entier sur [hiéroglyphe].

à cette grande place qu'ont faite les dieux, que fait HOR, que régit THOT; ISIS le prend, NEPHTHYS le saisit et toutes deux l'asseoient à cette grande place qu'ont faite les dieux, et alors les élémentaires viennent à lui en joie, les dieux en proscynème, les habitants des horizons viennent à lui en se traînant sur la face, les Indestructibles en courbant l'échine, et il prend le sceptre et il commande aux portes des dieux, il a supporté le ciel en vie, il porte la terre en joie, c'est son bras gauche qui supporte le ciel en force, c'est son bras droit qui porte la terre en joie, et quand il a trouvé ASHTIT, appelant le portier d'Osiris qui déteste laisser passer qui ne lui a pas fait les prières (?), il reçoit le souffle de vie, il aspire la joie, et il florit des offrandes du dieu, il a respiré la brise, il s'est inondé du vent du Nord et il florit parmi les dieux; il fait son choix comme le Grand qui choisit, il navigue mieux que KHONT-ATIRITI, il frappe de son sceptre ABI, il commande du sceptre AAÏT, et il laisse ses mémoires parmi les hommes, son amour parmi les dieux. Parlant, dis ce qui est, ne dis pas ce qui n'est point, car c'est l'horreur de dieu qu'une parole artificieuse; quand donc PEPI plaide, ne dis pas qu'il est [simplement] PEPI, car c'est PEPI, ton fils, c'est PEPI, ta chair.

1) [hieroglyph] est gravé sur [hieroglyph]. — 2) [hieroglyph] est gravé sur [hieroglyph].

3) Ce paragraphe se retrouve dans TETI, l. 1—6. Ainsi que je l'ai dit en temps et lieu, la pierre

du pignon de TETI s'est abaissée et a recouvert le haut des premières lignes. J'ai examiné de nouveau le mur après avoir retrouvé le texte de PEPI Ier, et j'ai constaté que le bloc avait recouvert entièrement la première ligne. Il faut donc rétablir le texte de TETI comme il suit : 1 […] 1a … 2 […] 3 […] 4 […] 5 […] 6 […]

Le texte de PEPI Ier m'a permis de reconnaître dans celui de TETI des signes que la position de la pierre rendait difficile à discerner.

1) … et … sont gravés chacun sur …. — 2) Ce cartouche et le précédent sont gravés sur ….

Les derniers paragraphes se retrouvent en partie dans les autres pyramides. J'en réserve la traduction pour le moment où la publication de ces versions m'aura permis d'établir un texte correct. Au-delà des herses, les inscriptions recommencent. Celles de la face Ouest sont en petits caractères et en colonnes serrées.

I.

Les deux gaffes de Hor, les deux ailes de Thot font naviguer ce Pepi sans naufrage. Donne du pain à ce Pepi, donne de la bière à ce Pepi de ton pain perpétuel, de ta bière éternelle, car c'est ce Pepi, le gardien de ces deux obélisques de Râ qui sont sur terre, c'est ce Pepi, le gardien de ces deux colonnes de Râ qui sont au ciel. Ce Pepi va pour embrasser ces deux horizons du ciel qui sont devant Râ. Il est sous cette liqueur fortifiante du Qobhou [réservoir d'eau fraîche] de Râ qui purifie la terre du midi devant Râ, et ce Pepi va au Champ de Vie au berceau de Râ dans le Qobhou. Ce Pepi rencontre cette déesse Qobh-

1) [hieroglyph] est gravé sur [hieroglyph]. — 2) Ce paragraphe V dans Teti, l. 36—37.

tou (Libation fraîche), fille d'Anubis qui marche à sa rencontre avec ses quatre vases. Comme elle rafraîchit le cœur du dieu grand au jour où il s'éveille, elle rafraîchit là, de manière à le vivifier, le cœur de ce Pepi, elle lave ce Pepi, elle parfume ce Pepi d'encens et ce Pepi prend la place des offrandes de celles qui sont dans le Grenier du dieu Grand, ce Pepi se pare avec les Indestructibles, ce Pepi est supérieur à Khont-Atiriti, il s'assied à la place de ceux qui sont munis de forme.

II.

Ô Nou-oïrou, nautonnier de la région de l'Être, toi, qui as Pepi pour pâtre de tes bœufs, pour chef de ton destin, toi, dont Pepi est le modèle sur terre, la semence de Toum, la matière pétrie par Nouit, quand Pepi vient à toi, et qu'il t'a apporté ta demeure celle-là même qu'il a bâtie pour toi la nuit où tu es né, le jour où tu as reçu ta destinée, toi, cette liqueur bouillante dont on ignore le père et qui ne connais point ta mère, pour que Pepi ne parle point de toi à ceux qui t'ignorent de manière qu'ils te connaissent, transporte Pepi dans ta barque, pour qu'il parcoure la terre, arrive à ce champ où les dieux sont comblés d'offrandes, où les dieux sont rendus prospères en leurs jours des commencements de saison.

III.

Ô véritable passeur[1] du pays d'Ialou, ce Mirirî, le vrai au ciel, et sur [terre, c'est

1) « Ô [toi qui] passes et fais rebrousser la barque »; le personnage ainsi désigné est, autant que je puis comprendre, une sorte de Charon qui transporte les dieux et les âmes dans son bac d'une rive à l'autre du fleuve d'Ialou.

Pepi] le vrai en ce continent de terre, il a nagé, il a atteint ce qui est entre les deux cuisses de Nouit; il présente les divertissements du dieu, les plaisirs du dieu par devant sa place grande et ces choses là que tu as entendues dans les maisons, que tu as perçues dans les routes, en ce jour où on appelle ce Pepi vivant pour qu'il entende le jugement, voici que les deux chefs de la place du dieu grand les proclament en vie et vigueur éternelle à Pepi, à savoir le Génie de santé avec celui de force. Ce Pepi va donc au champ d'Ialou, la demeure excellente [du dieu Grand], il y accomplit ce qu'on doit y accomplir [pour être] des bienheureux et il leur attribue des pains, il leur assigne des volailles, car ce Pepi est Hor qui attribue des pains à Pepi, qui assigne des oies à Pepi.

IV.

Ô passeur du pays d'Offrandes, apporte ceci à ce Pepi, car c'est Pepi qui passe, c'est Pepi qui vient, [lui, le fils] de la Madit qui a enfanté Khoftto et dont les étoiles sont la pâture où se vivifient les deux terres, au côté gauche d'Osiris. C'est Pepi, le fourrier joyeux de l'année, ô Osiris, voici qu'il vient en messager de ton père Sib présentant ce qui appartient à chaque saison, et ce Pepi est descendu dans le Qobhou avec la double neuvaine des dieux, c'est ce Pepi le modeleur de la double neuvaine des Dieux, le fondateur du pays de l'offrande; ce PEPI a trouvé les dieux debout revêtus de leurs toiles et leurs sandales blanches aux pieds; ils ont lancé leurs sandales blanches à terre, ils ont arraché leurs toiles, ils ne se sont pas réjouis de ton arrivée, mais ils vous disent : «Dressez la javeline», or JOIE DU CŒUR est le nom de cette javeline, maîtresse du pays d'Offrandes. Lève-toi donc, OSIRIS, assigne ce PEPI aux seigneurs de la javeline JOIE DU CŒUR, maîtresse du pays d'Offrandes, comme tu attribues HOR à ISIS le jour où tu l'as rendue enceinte d'HOR, pour qu'ils donnent que PEPI mange des herbes et qu'il boive des puits qui sont dans la contrée d'Offrandes.

V.

Ô *Génie dont la face est la nuque,* portier d'OSIRIS, dis à OSIRIS : «Fais amener à ce PEPI ta barque sur laquelle naviguent tes purs et quand tu auras reçu ta libation d'eau fraîche sur cette CUISSE des INDESTRUCTIBLES, fais naviguer PEPI dans cette barque avec ce câble d'étoffe verte et blanche par lequel l'ŒIL d'HOR est remorqué vers la MATIÈRE, car ce doigt d'OSIRIS qui se trouve là s'allonge anxieux que ce PEPI vienne à lui précipitamment, précipitamment (?), se garant (?) du grand Etang (?). Ouvre donc les deux battants du

28*

Poutirit, entrebâille les deux portes de la Région de Gloire, et vous, double neuvaine des dieux conduisez ce Pepi en barque avec vous, au pays d'Offrandes, à la transformation de ce Pepi en bienheureux, et ce Mirirî frappe de son bâton Abi, ce Pepi commande de son bâton d'honneur, ce Pepi guide les révolutions de Râ, l'arrosement de la terre, la rosée de Sib, par le dédoublement (?) de la double neuvaine des dieux; ce Pepi est l'âme divine qui marche au milieu de vous, ô Dieux, qui pénètre le Paït et remplit le Paït de cette eau qui fait fleurir le pays d'Ialou et qui arrose le pays d'Offrande. Voici donc que viennent ces quatre gardiens qui sont sur la partie orientale du ciel, et, comme ils transportent Râ en barque entre ses deux régions d'horizon pour que Râ y aille vers son horizon, ils transportent ce Pepi en barque entre ses deux régions d'horizon pour que ce Pepi y aille vers l'horizon, auprès de Râ, et rende hommage à Hor Tiouti, l'épervier divin très vigoureux qu'enfante le ciel. Salut à toi avec tes quatre faces qui se reposent et voient ce qu'il y a dans Qonsit alternativement, et qui lancent l'orage sur les champs (?), donne à ce Pepi tes deux doigts, ceux-là que tu as donnés à Nofrit, fille du dieu grand, comme messagers du ciel à la terre, lorsque ces dieux s'y manifestent au ciel; muni d'âme divine, apparaissant comme Dieu en ta barque de trois cent soixante-dix coudées, tu as fait traverser les dieux de Pou, tu as satisfait les dieux orientaux, tu as transporté ce Pepi avec toi dans le naos de ta barque, car c'est Pepi le fils du Scarabée, qui est né de Hotpit, sous le poil d'Iousas la septentrionale, issue du front de Sib; c'est Pepi ce qui est entre les deux cuisses de Khontmiriti, cette nuit où il a poli la substance, ce jour où il a modelé les têtes des archers; quand tu as pris ta pique favorite, ton harpon qui ravage les rivières, dont la double pointe est les dards de Râ, dont la double hampe est les griffes de la déesse Lynx, Pepi en perce les têtes des ennemis de Hor qui sont au pays d'Offrandes. Pepi est descendu sur la mer et tu as baissé ta tête, tu as courbé tes bras, ô mer, et les enfants de Nouit qui descendent sur toi, mettent leurs guirlandes sur leur tête, mettent leur guirlande sur leur cou, présentant les lotus fleuris qui sont les couronnes des étangs du pays d'offrandes à Isis la grande qui porte la pique dans Akhit, qui les apporte, les donne, les répand devant son fils Hor l'enfant, encore à la mamelle, pour qu'il parcoure la terre avec ses deux sandales blanches et qu'il aille à son père Osiris; ce Pepi s'est donc ouvert sa route parmi leurs oiseaux, ce Pepi a couru avec les maîtres des provisions, ce Pepi est allé au grand lac qui est au milieu du pays et sur lequel se posent les dieux grands, et ce sont les chefs des Indestructibles qui donnent à ce Pepi cet arbre de vie dont ils vivent, pour qu'il en vive à son tour. Emmène donc ce Pepi avec toi vers ce grand pays qui t'es soumis de par les dieux, où tu manges pendant la nuit [jusqu']à l'aurore, où [tu] deviens maître du dieu Hou (La nourriture), si bien que ce Pepi mange de ce dont tu manges, que ce Pepi boive de ce que tu bois; donne que ce Pepi rassasie les compagnes de Khontitsonitous, donne que ce Pepi siége en vérité, que ce Pepi se lève en sa félicité, que ce Pepi se lève et prenne la félicité par-devant toi comme Hor a pris la maison de son père au frère de son père Sit par-devant Sib; déclare que ce Pepi est le prince parmi ces Lumineux Indestructibles maîtres du ciel, rois des biens divins, gardiens de l'offrande, et qui permettent l'aller à ces Khontioukoou qui sont au ciel.

VI.

Ô ces quatre génies qui êtes dans les tresses de Hor, vous dont les tresses sont avec vous, dont les tresses sont sur vos tempes, dont les tresses sont dans vos bonnets sur vos têtes, brandisseurs [de massue], amenez cette barque à ce Pepi, amenez cette barque d'offrandes à ce Pepi que conduisent à ce pays Haqerro et le Dieu dont la face est la nuque, pour qu'elle conduise Pepi au côté où sont les Indestructibles afin que Pepi soit parmi eux; s'il l'ordonne, conduisez cette barque à ce Pepi, pour que ce Pepi dise votre nom aux hommes, pour qu'il le fasse connaître aux créatures, et pour qu'il arrache ces brandisseurs [de massue] qui sont sur vos têtes comme les lotus qui sont dans les étangs.

VII.

O Lac d'offrandes, Lac d'offrandes, que l'oie SAR apporte, que l'oie SIT apporte, que le taureau apporte, rue-toi sur ce PEPI comme le cigogne! O père, assaille [PEPI] comme la grue; quand PEPI marche avec ses pères qui sont dans le LAC SINUEUX, apporte à ce PEPI son pain indestructible, sa bière inépuisable que ce PEPI mange seul de ce pain unique, et ne le rejette pas derrière toi, car la mère cigogne te l'enlèverait.

VIII.

O dieu qui voit devant et derrière soi, voici que ce PEPI vient vivant, et qu'il t'apporte cet ŒIL DE HOR sublime qui est dans le pays des matelots, et c'est la barque ŒIL DE KHNOUM qui a apporté cela à ce PEPI! O HÂPI, AMSITI, TIOUMOUTF, QOBHSONOUF, la barque ŒIL DE KHNOUM qui est dans le lac de l'Autel apporte cela à ce PEPI! O dieu DÉVORANT ouvre la voie à ce PEPI! O Dieu RAMPANT EN ANNEAUX, ouvre la voie à ce PEPI! O NEKHABIT, ouvre la voie à ce PEPI! Salut à toi, ô belle déesse, en paix; aime ce PEPI, aimez ce PEPI, ne lui soyez point mauvais; n'enlève pas ce PEPI, n'enlevez pas ce PEPI!

IX.

L'éclat de PEPI rend vigoureux le ciel, lorsque ce PEPI s'élève au ciel, ŒIL DE RÂ.

---

1) □ est gravé par-dessus un effacé.

Dresse-toi, ô PEPI, vers cet œil gauche de HOR grâce auquel on entend la parole des dieux; dresse-toi parmi les LUMINEUX, comme HOR se dresse parmi les vivants; dresse-toi, PEPI, parmi les LUMINEUX INDESTRUCTIBLES, comme OSIRIS se dresse parmi les LUMINEUX.

X.

PEPI se purifie par les purifications que HOR accomplit pour son œil, car PEPI est THOT, qui le défend [cet œil], PEPI n'est pas certes SIT qui le vole; aussi les dieux prient, et la double neuvaine acclame à l'encontre de ce PEPI. PEPI soulève la couronne blanche grâce à laquelle l'ŒIL DE HOR est fort et les dieux acclament cet acte. La face de ce PEPI est une face de chacal, les deux bras de ce PEPI sont d'un épervier superbe, les ailes de ce PEPI sont de THOT; voici donc que l'oie SIB [qui est] PEPI s'envole au ciel, ce PEPI arrache l'ŒIL DE HOR à HOR, ce PEPI soutient l'abîme en équilibre et les défenses de la muraille de ce PEPI sont tes stèles frontières qui sont entre les jambes et sous les mains d'OSIRIS; ce PEPI a infesté les voies de SIT et il conduit ce PEPI aux messagers d'OSIRIS; aucun Dieu n'est fort contre ce PEPI, aucun matelot ne va dans la voie de ce PEPI, car ce PEPI est THOT le vigoureux des dieux. TOUM adjuge ce PEPI vivant au ciel, et ce PEPI arrache l'ŒIL DE HOR à HOR, car c'est PEPI le fils de Khnoum, ce Pepi n'a rien fait de mal, la parole que ce [Pepi] adresse à ta face, ô Râ, écoute-là. Ô taureau de la neuvaine divine tu montres la voie à ce Pepi, tu élargis le domaine de ce Pepi parmi les dieux, et ce Pepi arrache son œil à Hor, ce Pepi le soulève apparaissant sur sa tête; donne à ce Pepi qu'il voie de ses deux yeux complétement, de manière à en détruire ses ennemis. Hor a pris son œil, il l'a donné à ce Pepi, et l'odeur de ce Pepi est l'odeur de dieu, l'odeur de l'Œil de Hor [qui se propage] à la chair de ce Pepi; ce Pepi se glisse sous l'œil et ce Pepi s'asseoit sur ce grand siége des dieux et Pepi s'élève jusqu'à Toum entre les deux sceptres , car c'est Pepi ce [corps] malade des dieux dans les bras de l'Œil de Hor; l'Œil a cherché Pepi dans Pou, il a trouvé Pepi dans On, il a jeté Pepi sur Sit en cette place où ils se battent. Ô Hor tends ton bras à ce Pepi; ô Hor ton œil t'est présenté, il se manifeste à toi, il se manifeste à toi, ce Pepi est venu à toi vivant, et l'Œil de Hor vient à toi avec ce Pepi sur ce Pepi éternellement.

XI.

Tu as lavé Râ, tu as blanchi Hor . . . . le dieu fils de dieu, messager des dieux, transporte ce Pepi dans le lac de Qonsit, car ce Pepi s'est lavé dans le pays d'Ialou et ce sont les Serviteurs de Hor qui ont lavé ce Pepi, ils font à ce Pepi le chapitre de ceux qui sortent, ils font à ce PEPI [le chapitre de ceux] qui s'élèvent, et ce PEPI descend dans ta barque, ô Râ, celle que les dieux manœuvrent élevant ce PEPI, et ils acclament à la face de ce PEPI comme ils acclament à la barque de Râ quand il sort à l'Orient sublime, sublime.

XII.

Ce PEPI s'est lavé dans le lac d'IALOU où s'est lavé Râ; HOR a tiré le dos de ce PEPI, THOTH a tiré les jambes de ce PEPI et SHOU l'élève au ciel : ô NOUÏT tends ta main à ce Pepi[1].

XIII.

TOUM devient qui va jouir pour son compte à ON; il empoigne son membre dans son poing, en travaille et les deux enfants qui en naissent SHOU et TAFNOUT, mettent PEPI entre eux deux, mettent ce PEPI parmi les dieux qui sont dans le pays d'Offrande. — *Dire quatre fois* : Sorte ce PEPI au ciel, aille ce PEPI à la terre vivant éternellement.

XIV.

O SOUNTI qui parcours le ciel neuf fois de nuit, tends une main secourable à ce PEPI vivant et transporte-le sur ce lac; tandis que ce PEPI descend dans cette barque de dieu dans laquelle le corps du cycle des dieux manœuvre, manœuvres y ce PEPI, alors il te fait

1) Le texte est corrompu. Le voici tel que le donnent les autres pyramides :

le *Chapitre du Natron divin*, il te fait le *Chapitre de l'Encens*, et l'Encens se dresse sous forme du Dieu qui est parmi la Grande Neuvaine des dieux, le Natron divin s'assied sous forme du Dieu qui est dans la grande rive!

Ô portier du ciel observe bien ce ménager [divin] quand il sort : s'il sort de cette porte occidentale du ciel ouvre (litt. amène)-lui cette porte méridionale du ciel, s'il sort de cette porte orientale du ciel, ouvre-lui cette porte septentrionale du ciel.

XV.

Salut à toi échelle qui supporte la coupe d'or des esprits de Pou et des esprits de Nekhen; tend ta main à ce Pepi que ce Pepi siège entre les deux grands dieux qui sont dans la place de ce Pepi; conduis-le par la main vers le pays d'Offrandes, qu'il siège parmi les astres qui sont au ciel.

XVI.

Ô ces deux éperviers femelles qui êtes sur l'aile de Thot, qui écartez les attaques, apportez ceci à ce Pepi, mettez-le à sa place, car ce Pepi vivant est le messager agile de Hor.

Les chapitres qui suivent ont été mutilés : la traduction en sera donnée au fur et à mesure qu'ils se présenteront dans les autres pyramides.

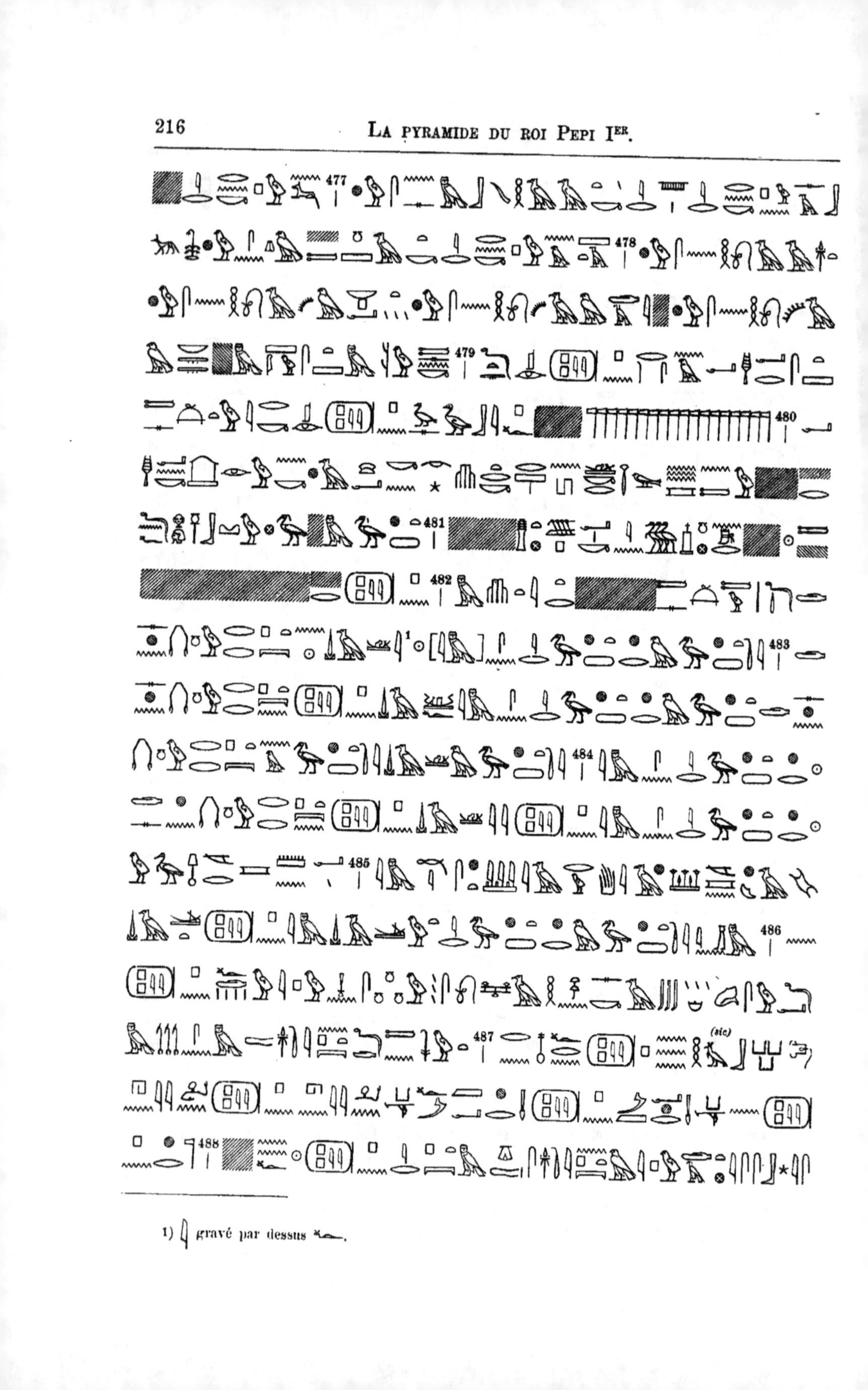

477 478 479 480 481 482 483 484 485 486 487 (sic) 488

1) gravé par dessus.

La paroi qui fait face à celle-ci est couverte, comme la paroi Est des chambres précédentes, de lignes moins serrées et de plus gros hiéroglyphes. Le premier chapitre est un peu mutilé et le texte des autres est généralement incorrect; le scribe chargé de les écrire a passé des mots et embrouillé les phrases. J'en réserve donc la traduction pour une meilleure occasion.

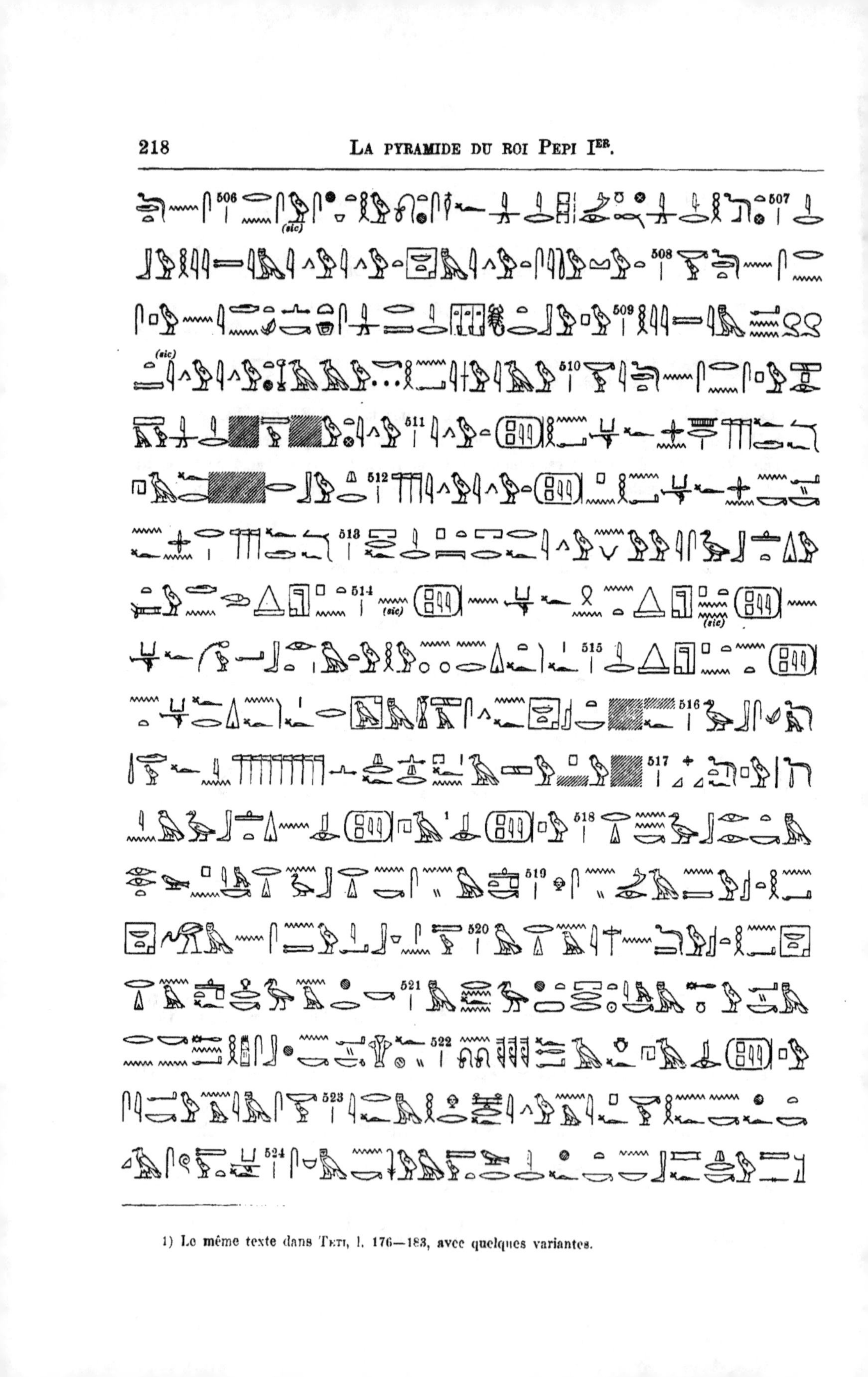

1) Le même texte dans Teti, l. 176—183, avec quelques variantes.

525

526

527 528

529

530

531

532

533

534

535

536

537

538

539

540

541 542

543

544

545

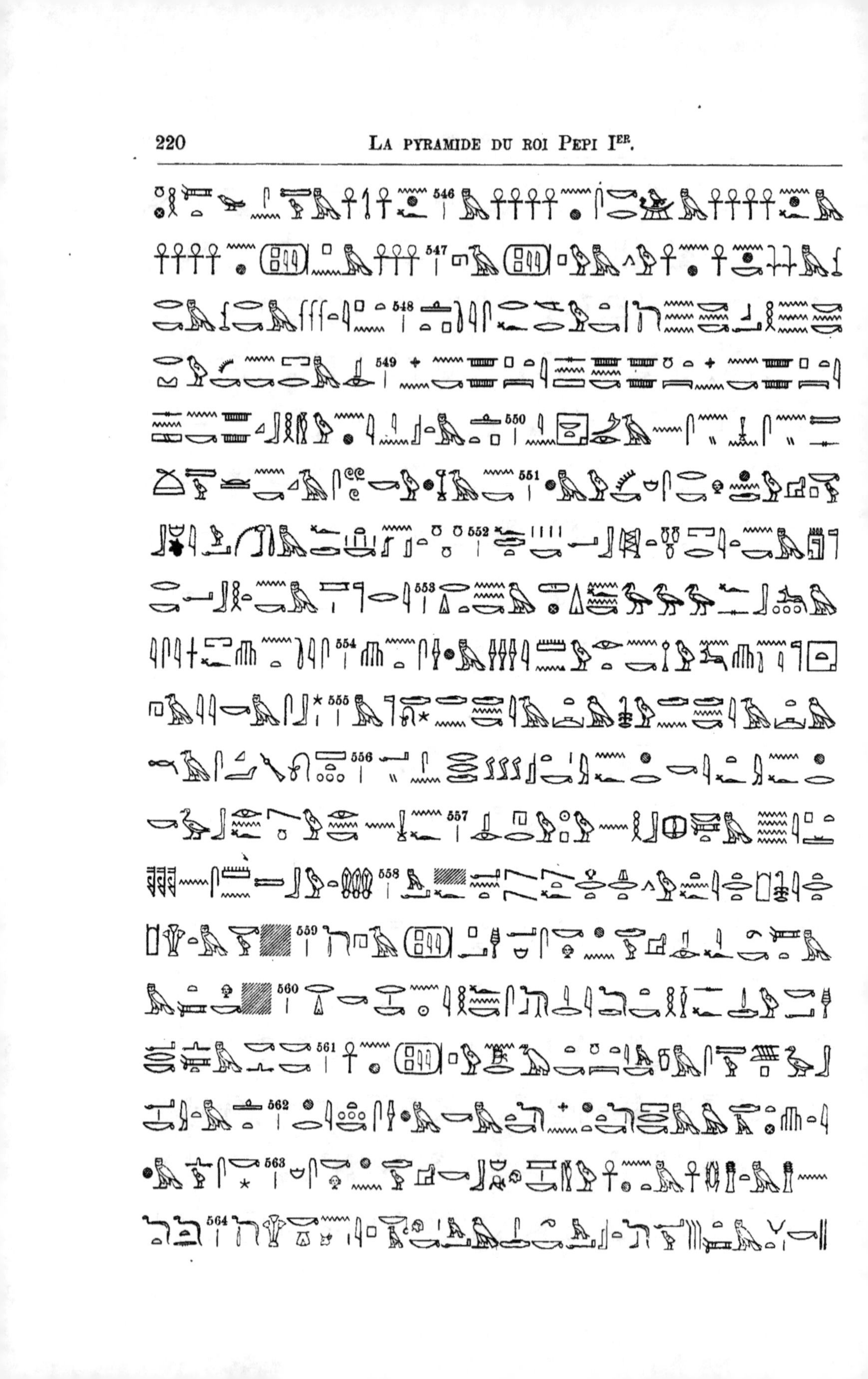

546

547

548

549

550

551

552

553

554

555

556

557

558

559

560

561

562

563

564

La chambre qui précède le couloir des herses était entièrement couverte d'hiéroglyphes, mais d'un travail moins fin que celui des chambres intérieures; on dirait que les ouvriers ont été pressés par le temps et ont eu hâte d'achever leur travail.

La paroi Sud, du milieu de laquelle débouche le couloir des herses, a été endommagée : l'un des montants est presque entièrement détruit, et l'autre a perdu le bas des lignes. Le premier texte qu'on y lit renferme une prière analogue au chapitre XLII du *Livre des Morts* :

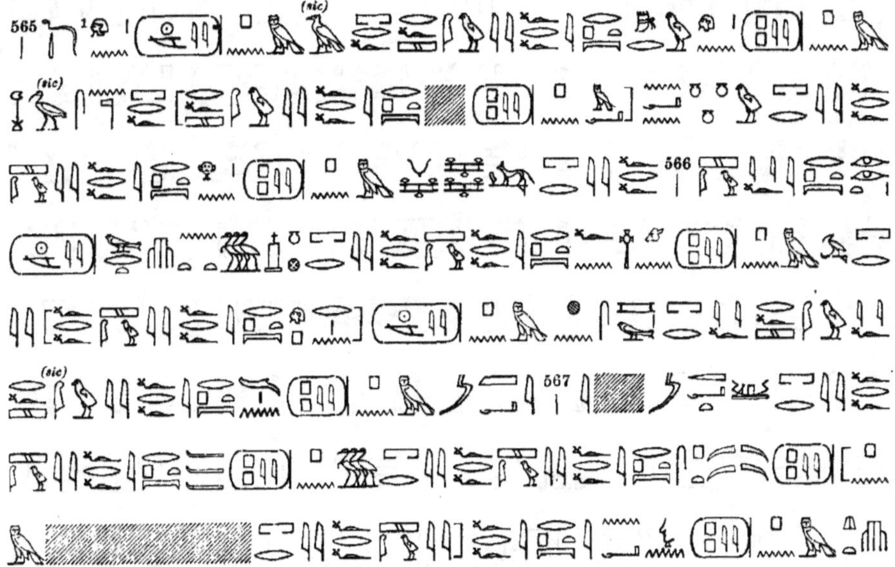

I.

La tête de ce PEPI est d'un épervier; il sort donc et s'élève au ciel. — Le crâne de ce PEPI est l'Oie divine, il sort donc, [il s'élève au ciel. — La nuque de ce PEPI est] le crâne (?) de NOU; il sort donc, il s'élève au ciel. — La face de ce PEPI est OUOPOUAÏTOU; il sort donc, il s'élève au ciel. — Les deux yeux de PEPI sont les deux Grandes parmi les Esprits de ON; il sort donc, il s'élève au ciel. — Le nez de ce PEPI est THOT; il sort donc, [il s'élève au ciel. — La bouche] de ce MIRIRI est le Grand golfe; il sort donc, il s'élève au ciel. — La langue de ce PEPI est le maître-baux (?) de la barque de Vérité; il sort donc, il s'élève au ciel. — Les dents de ce PEPI sont les Esprits de ON; il sort donc, il s'élève au ciel. — Les lèvres de ce PEPI sont . . . .; il sort donc, il s'élève au ciel. — Le menton de ce PEPI est KHRI-KHONT SOKHMOU; il sort donc, il s'élève au ciel. — Les vertèbres

1) Cfr. *Livre des Morts*, ch. XLII et NAVILLE, *La Litanie du Soleil*, I, p. 96.

de ce Pepi sont [le taureau] Sami; il sort donc, il s'élève au ciel. — Les deux épaules de ce Pepi sont Sit; il sort donc, il s'élève [au ciel. — La poitrine] de Pepi est Bibou; il sort donc, il s'élève au ciel. — Le cœur de ce Mirirî est Bastit; il sort donc, il s'élève au ciel. — Le ventre de ce Mirirî est Nouit; il sort donc, il s'élève [au ciel. — Les reins de ce Pepi sont] la double neuvaine des dieux; il sort donc, il s'élève au ciel. — Le fondement de ce Pepi est Hikit; il sort donc, il s'élève au ciel. — Les deux fesses de ce Mirirî sont la barque Somktit et la Mâït; il sort donc, il s'élève au ciel. — Le phallus de ce Pepi est Hapi; il sort donc, il s'élève au ciel. — Les deux cuisses de ce Mirirî sont Nit et Selkit; il sort donc, il s'élève au ciel. — Les deux jambes de ce Mirirî sont les deux âmes jumelles au pays de T'orou; il sort donc, il s'élève au ciel. — Les deux plantes de ce Pepi sont la double barque Mâït; il sort donc, il s'élève au ciel. — Le talon (?) de ce Pepi, c'est les esprits de On; il sort donc, il s'élève au ciel. — C'est ce Pepi, le Dieu, fils du Dieu; il sort donc, il s'élève au ciel. — C'est Pepi, le fils de Râ qui l'aime; il sort donc, il s'élève au ciel. — RÂ a éjaculé PEPI; PEPI sort donc, il s'élève au ciel. — RÂ a conçu PEPI; PEPI sort donc, il s'élève au ciel. — RÂ a enfanté PEPI; PEPI sort donc, il s'élève au ciel. — Ce talisman [qui appartient à RÂ] est les intestins de MIRIRI; MIRIRI sort donc, il s'élève au ciel. — C'est MIRIRI, le grand Emblème dans la Grande Enceinte de ON; il sort donc, il s'élève au ciel. — [PEPI] navigue; il sort donc, PEPI s'élève au ciel. — PEPI est HOR nourrisson, enfant; il sort donc, ce PEPI s'élève au ciel. — NOUÏT, elle n'a point subi ses embrassements, elle ne lui a point tendu la main; cependant, il sort, ce PEPI s'élève au ciel. — SIB, il n'a point tiré ses filets (?); cependant, il sort, PEPI s'élève au ciel. — Tous les dieux, ils ne sont point montés vers ce PEPI; cependant il sort, il s'élève au ciel. — Quand même il ne parfume pas son sanctuaire, quand même il ne se lave pas dans le vase de l'autel, quand même il ne flaire pas la cuisse, quand même il ne transporte pas la chair, quand même il n'a pas labouré la terre, quand même il n'a pas apporté l'offrande, cependant il sort, ce PEPI s'élève au ciel. — Ce n'est certes pas ce PEPI qui vous dit ces choses, ô dieux, c'est HIKA qui vous dit ces choses, ô dieux; c'est PEPI le gardien du support qui est sous HIKA[1]; il sort donc, il s'élève au ciel. — Tout dieu monte vers ce PEPI; il sort donc, il s'élève au ciel. — Tout dieu lui fournit son siége dans sa barque; il sort donc, ce PEPI s'élève au ciel. — Il a labouré la terre, il a apporté l'offrande, il a transporté solennellement le chaudron [plein de sang], il a respiré la cuisse, il passe la viande; il sort donc, ce PEPI s'élève au ciel. Tout dieu aide ce PEPI à monter au ciel, pour qu'il aille à la demeure d'HOR qui est au QOBHOU, et que son double soit juste de voix auprès de SIB.

II.

Ce PEPI est venu auprès de son père, il est venu à toi, OSIRIS; il t'a apporté ton double, celui-là même que . . . . de sa mère NOUIT, le haut de son front t'a soulevé et tu es muni. On t'ouvre la bouche, et c'est le LABOUREUR HABILE QUI RÉSIDE DANS SHENAÏT. On t'ouvre la bouche, et c'est la GRANDE ÉTOILE DU MATIN DANS PANOUB; on t'ouvre la bouche, et ce sont les DEUX STATUES QUI SONT DANS HÂT-HESMON; on t'ouvre la bouche et c'est HOR de son petit doigt avec lequel il a ouvert la bouche de son père, avec lequel il a ouvert la bouche d'OSIRIS. C'est PEPI ton fils, c'est PEPI HOR, c'est PEPI le fils ami de son père en son nom de fils aimant son père; tu es pur en [tout] ce qui t'enveloppe, car PEPI te revêt de ton linge, et tes mille étoffes de fin lin, tes mille tissus que MIRIRT apporte, il te les confère à jamais.

1) Un des étendards divins s'appelle … ou … : PEPI en est le gardien ou le porteur.

III.

Ô race d'Hor, Hapi, Douamoutf, Amsit, Qobhsonouf, accomplissez le charme de vie sur votre père Osiris Mirirî; quand paraît cela [? *ou* le *nou*], faites qu'il survive par-devant les dieux, car lorsque Sit combat, ce Pepi défend Osiris contre lui jusqu'à l'aube, et lorsque Hor l'emporte c'est ce Mirirî lui-même qui défend son père Osiris. Donc ce qu'a fait [votre] père, glorifiez-le.

IV.

Cet Hor il est venu, il juge son père Osiris Pepi, il a proclamé le rescrit royal (?) sur les places d'Anubis et quiconque entend cela il ne vit plus, mais Thot te tue (?) avec [cet écrit]; à tout appel du père, Thot arrive et te voit; à la dictée (?) du père [Thot] écrit ce qu'il a proclamé.

V.

L'Osiris Mirirî est venu; l'Osiris Pepi t'a apporté les victimes; qu'il ne sorte pas [loin] de toi! L'Osiris Pepi t'a apporté les victimes pour qu'il fasse son parcours [à ta suite]! L'Osiris Pepi t'a apporté les victimes tranchées en pièces.

VI.

Ô race d'Hor, il est venu cet Osiris Pepi. Ô race d'Hor quand votre fils passe sous cet Osiris Mirirî, ne l'écartez point de vous, portez-le!

602

603

604

605 (*sic : laissé en blanc par le graveur*).

VII.

Cet OSIRIS PEPI t'a apporté les victimes en pièces pour qu'il fasse son parcours [à ta suite]. O race d'HOR, HAPI, TIOUMOUTF, AMSIT, QOBHSONOUF, portez votre père, cet OSIRIS PEPI, guidez-le, cet OSIRIS PEPI, faites qu'il survive, qu'il ouvre la bouche, qu'il se tienne debout.

VIII.

Je suis NOUIT, j'introduis cet OSIRIS PEPI, je le place, je le serre dans mes bras.

IX.

O mon père, OSIRIS PEPI, tu m'as fait entrer; ô OSIRIS PEPI, tu m'as apporté vers . . .

X.

La terre a ouvert la bouche à cet OSIRIS PEPI et SIB lui a parlé, et ce PEPI est grand comme un roi régnant, comme le soleil. La double neuvaine des dieux a passé en paix vers ce PEPI, *Celui dont les doubles sont cachés* lui a ouvert la porte orientale du ciel, NOUIT la Grande, à la large hanche, aux mamelles ballantes lui a tendu les bras, elle allaite ce PEPI, mais sans le gorger [de nourriture humaine]; elle l'élève au ciel et ne le rejette pas à la terre, mais elle fait aborder ce PEPI en la *Région des deux rives*, et il descend dans la barque comme RÂ, sur les berges du LAC DE L'AUTEL, ce PEPI manœuvre dans la chaloupe, il y rame vers les régions du NENTI, vers ce cap de la région d'IALOU; RÂ l'accueille, TOUM lui lève la tête,

Isis marche devant lui, Nephthys soutient ses derrières, Qobhti le met sur sa chevelure, elle l'enrôle parmi les fermiers (?), parmi les bergers de ses veaux.

XI.

Arrière Bibiou (Sit), à l'oreille rouge, aux reins bariolés, quand tu as passé la chair [de ce Pepi?] ou bien tu lèveras ta face (?).

XII.

Arrière, Grand Noir, qui lutte dans la ville de Khri-Ahout, avant qu'ils ne t'y battent (?).

La paroi de l'Est a été démolie par les chercheurs de trésor : vingt-deux lignes des textes dont elle était couverte subsistent seuls auprès de la paroi de la porte.

606

607

608

609

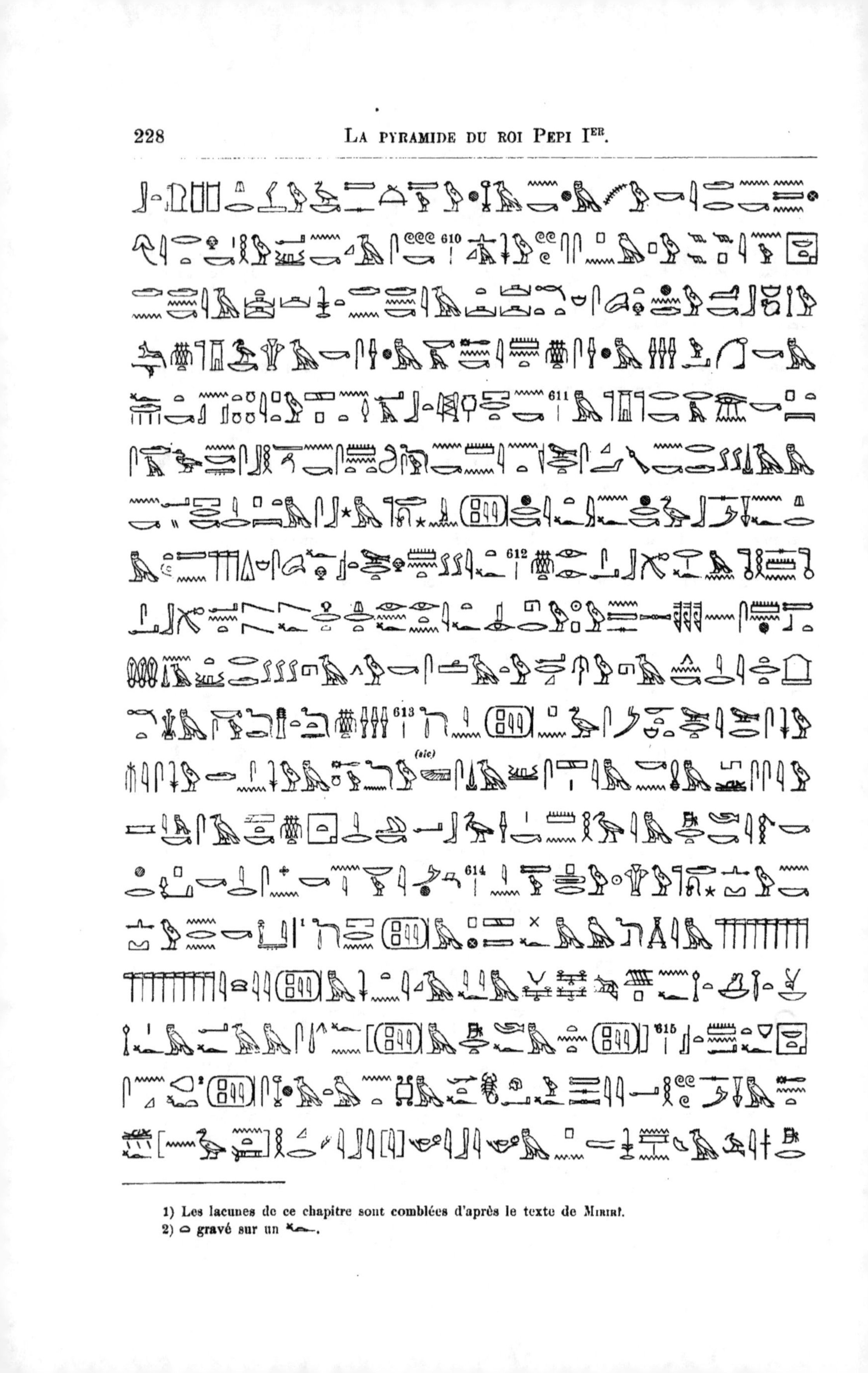

610

611

612

613

(sic)

614

615

1) Les lacunes de ce chapitre sont comblées d'après le texte de Mirirî.

2) ⌓ gravé sur un [hieroglyph].

616

617

618

619

620

621

622

623

624

625

626

627

628

629

La paroi de l'Ouest est assez bien conservée dans la partie voisine du couloir des herses : une fente des blocs a pourtant fait disparaître, vers le milieu des lignes, quelques signes qu'il m'a été aisé de rétablir, d'après les duplicata conservés dans les autres Pyramides. Les dernières colonnes du côté du couloir montant sont d'un style négligé et ont beaucoup souffert.

II.

S'ouvrent les portes du ciel, sont béantes les portes du Qobhou pour Hor des Dieux, et il sort, il se lave dans le Pays d'Ialou; — s'ouvrent les portes du ciel pour ce Pepi, sont béantes les portes du Qobhou pour ce Pepi, et il sort, il se lave dans le Pays d'Ialou.

S'ouvrent les portes du ciel, sont béantes les portes du Qobhou pour Hor-Shosti, et il sort, il se lave dans le Pays d'Ialou; — s'ouvrent les portes du ciel pour ce Pepi, sont béantes les portes du Qobhou pour ce Pepi, et il sort, il se lave dans le Pays d'Ialou.

S'ouvrent les portes du ciel, sont béantes les portes du Qobhou pour Hor l'Oriental, et il sort, il se lave dans le Pays d'Ialou; — s'ouvrent les portes du ciel pour ce Pepi, sont béantes les portes du Qobhou pour Pepi, et il sort, il se lave dans le Pays d'Ialou.

S'ouvrent les portes du ciel, sont béantes les portes du Qobhou pour Hor-Khouti, et il sort, il se lave dans le Pays d'Ialou; — s'ouvrent les portes du ciel pour ce Pepi, sont béantes les portes du Qobhou pour ce Pepi, et il sort, il se lave dans le Pays d'Ialou..

S'ouvrent les portes du ciel, sont béantes les portes du Qobhou pour ce Pepi, et il sort, il se lave dans le Pays d'IALOU; — quand sort sortie HOR DES DIEUX et qu'il se lave dans le Pays d'IALOU, sort sortie ce PEPI et se lave dans le Pays d'IALOU.

Quand sort sortie HOR-SHOSTI et qu'il se lave dans le Pays d'IALOU, sort sortie ce PEPI et se lave dans le Pays d'IALOU.

Quand sort sortie HOR l'ORIENTAL et qu'il se lave dans le Pays d'IALOU, sort sortie ce PEPI et se lave dans le Pays d'IALOU.

Quand sort sortie HOR-KHOUTI et qu'il se lave dans le Pays d'IALOU, sort sortie ce PEPI et se lave dans le Pays d'IALOU.

Quand ce PEPI a pris ses pagnes, et que ce PEPI sort au ciel, comme le sol [de la terre] est étendu, [lui le] mâle, sous ton ventre, ô NOUIT, sous le flux du dieu qui est dans ta mère, PEPI c'est HOR le flux du dieu qui est dans ta mère, ô NOUIT, tu l'as reçu ce PEPI comme tu as reçu ton fils divin.[1] HAPATI, HAPATI, HANENI, HANENI, amenez-le avec vous, établissez ce PEPI parmi vous . . . . . mère des dieux, donne ta main à ce PEPI, voici pour toi son bras vivant, tire-le au ciel, comme tu as tiré OSIRIS au ciel. HANENI, HANENI, HAPATI, HAPATI, amenez ce PEPI avec vous, établissez ce PEPI parmi vous.

III.[2]

Je me lave, je me lave dans le bassin d'IALOU. RÂ se lave dans le Bassin d'IALOU, et

1) Je crois voir dans cette phrase une allusion aux représentations d'après lesquelles le dieu-terre (SIBOU) est couché sous le ventre de la déesse-ciel NOUÎT, qu'il féconde. PEPI paraissant au ciel est le fils de NOUÎT, Osiris ou le Soleil, ou Horus.

2) Voir dans OUNAS, l. 411—415 une formule presque identique à notre paragraphe III.

ce PEPI lui-même se lave dans le Bassin d'IALOU. SHOU se lave dans le Bassin d'IALOU, et ce PEPI lui-même se lave dans le Bassin d'IALOU. SHOU s'élève et porte ce PEPI vers le ciel; ô NOUIT tends-lui tes mains . . . .

V.

C'est PEPI [le pur;][4] quand il est allé au ciel, ce PEPI y est établi au-dessus des hommes, ce PEPI se manifeste aux dieux. Ce PEPI s'est levé avec RÂ en son lever, et alors ceux qui

1) Le paragraphe IV est dans OUNAS, l. 484—489.

2) Corriger la traduction d'OUNAS : «Le père TOUM a tendu la main à OUNAS (ajouter d'après notre texte : «en vie») et il le met au nombre de ces dieux parfaits».

3) Combler la lacune du texte d'OUNAS (l. 488) : [hiéroglyphes] et traduire : «O mère »d'OUNAS, déesse API, donne ta mamelle à cet OUNAS, qu'il la porte à sa bouche et qu'il suce ton lait blanc, »auguste, charmant cette terre là où vient OUNAS.»

4) MIRINRI donne : [hiéroglyphes], ce qui permet de compléter le texte de PEPI Ier.

sont avec lui, lui font service, un est derrière ce Pepi, un est devant lui, un lui donne de l'eau, un lui donne des sables, et ce Pepi se hausse devant toi, ô Shou, comme Râ se hausse devant toi, car ils ont trouvé tous les deux ce Pepi avec les deux Uræus maîtresses de cette terre assises en face de lui, et Nouit se réjouissant en face de ce Pepi . . . . Selkit a tendu sa main à ce Pepi, elle a approché sa mamelle de la bouche de ce Pepi, la grande Etoile du matin a rasé ce Pepi; Sopti a donné la main à ce Pepi, quand il est né en ce jour. O dieux, ce Pepi ne connaît point sa mère qui la première l'a connu, mais c'est Nouit qui a enfanté ce Pepi avec Osiris.

VI.

Ce Pepi passe avec toi, Hor, Thot l'amène sur ta griffe. C'est Sokari dans la barque Mâït, ce n'est pas Hor qui est couché dans la tombe; ce n'est pas Thot qui repousse, ce n'est pas Homou qui repousse ce Pepi, c'est Pepi avec l'Œil de Hor.

VII.

Râ s'est lavé dans le Pays d'Ialou, Hor s'est lavé dans le Pays d'Ialou, ce Pepi s'est lavé dans le Pays d'Ialou, et là s'élève ce Pepi, ô Nouit tends-lui ta main . . . .

646

647

648

VIII.

Quiconque passe passe avec son double. Em-Khont-miriti passe avec son double, ce Pepi passe avec son double au ciel, il a dressé l'échelle et il entre sur elle en son nom de Celle qui entre au ciel; il a embarqué sur leur barque les sceptres des Indestructibles . . . . et il passe aux bassins des Tiaout. O ce Pepi, tu ne t'abats pas à la terre, car ce Pepi a dressé les deux sycomores qui sont de ce côté-là du ciel, quand il arrive ils le placent de ce côté oriental du ciel.

IX.

[Pepi] [1] connaît ton nom, Pepi n'ignore pas ton nom. An-t'er-ef est ton nom, Oiririti le nom de ton père, et ta mère Hotepit qui t'a enfanté. A repousser la progéniture de Ant'eref dans l'horizon, tu repousses ce Pepi qui vient au lieu où tu es. A repousser la progéniture de Selkit, tu repousses ce Pepi qui vient au lieu où tu es. A repousser les deux berges de Hor, tu repousses ce Pepi qui vient au lieu où tu es. A repousser la progéniture d'Orion, tu repousses ce Pepi qui vient au lieu où tu es. A repousser la progéniture de Sothis, tu repousses ce Pepi qui vient au lieu où tu es. A repousser les deux Serpents de

1) Ce paragraphe se retrouve un peu plus loin, mutilé, dans Pepi Ier (l. 715—730) et dans Mirinrî complet. Le texte de Mirinrî : offrant un sens meilleur, je l'ai suivi dans ma traduction.

RÂ, dont les deux âmes aiment la venue,[1] tu repousses ce PEPI qui vient au lieu où tu es. A repousser la progéniture d'OUAPOUAÏTOU dans PA-KHONOU, tu repousses ce PEPI qui vient au lieu où tu es. A repousser les hommes du roi fils du Dieu, tu repousses ce PEPI qui vient au lieu où tu es. A repousser tes manœuvres qui sont les INDESTRUCTIBLES de ta navigation, tu les repousses de faire descendre PEPI dans ta barque. A repousser les hommes des morts, tu repousses les descentes de ce PEPI dans ta barque. C'est toi [ô PEPI][2] le dieu SOKSEN, le messager de Râ, et ce PEPI n'est pas repoussé du ciel, mais la déesse MATIT tend ses mains à ce PEPI, le portier du ciel l'a admis, le DIEU DONT LA FACE EST LA NUQUE, le marinier du LAC DE L'AUTEL ne repousse pas ce MIRIRÎ, on n'impose pas de limites[3] à ce PEPI, car PEPI est l'un de vous, ô dieux. Ce PEPI vient vers toi, ô RÂ-ANT'EREF,[4] il te pilote,

---

1) PEPI Ier (l. 720) et MIRINRÎ donnent [hiéroglyphes] et [hiéroglyphes] au lieu de [hiéroglyphes] : cfr. [hiéroglyphes].

2) PEPI Ier (l. 726) et MIRINRÎ donnent [hiéroglyphes] et [hiéroglyphes].

3) Litt. : « Ne sont point faites stèles de ce PEPI ».

4) PEPI Ier (l. 729) et MIRINRÎ donnent [hiéroglyphes] et [hiéroglyphes].

protège de son charme magique, ce PEPI t'aime de [tout] son sein, ce PEPI t'aime de [tout] son cœur.

1) Ce paragraphe se retrouve très mutilé dans PEPI Ier (l. 743—784) et dans MIRINRI. J'en remets la traduction au moment où je publierai le texte de MIRINRI.

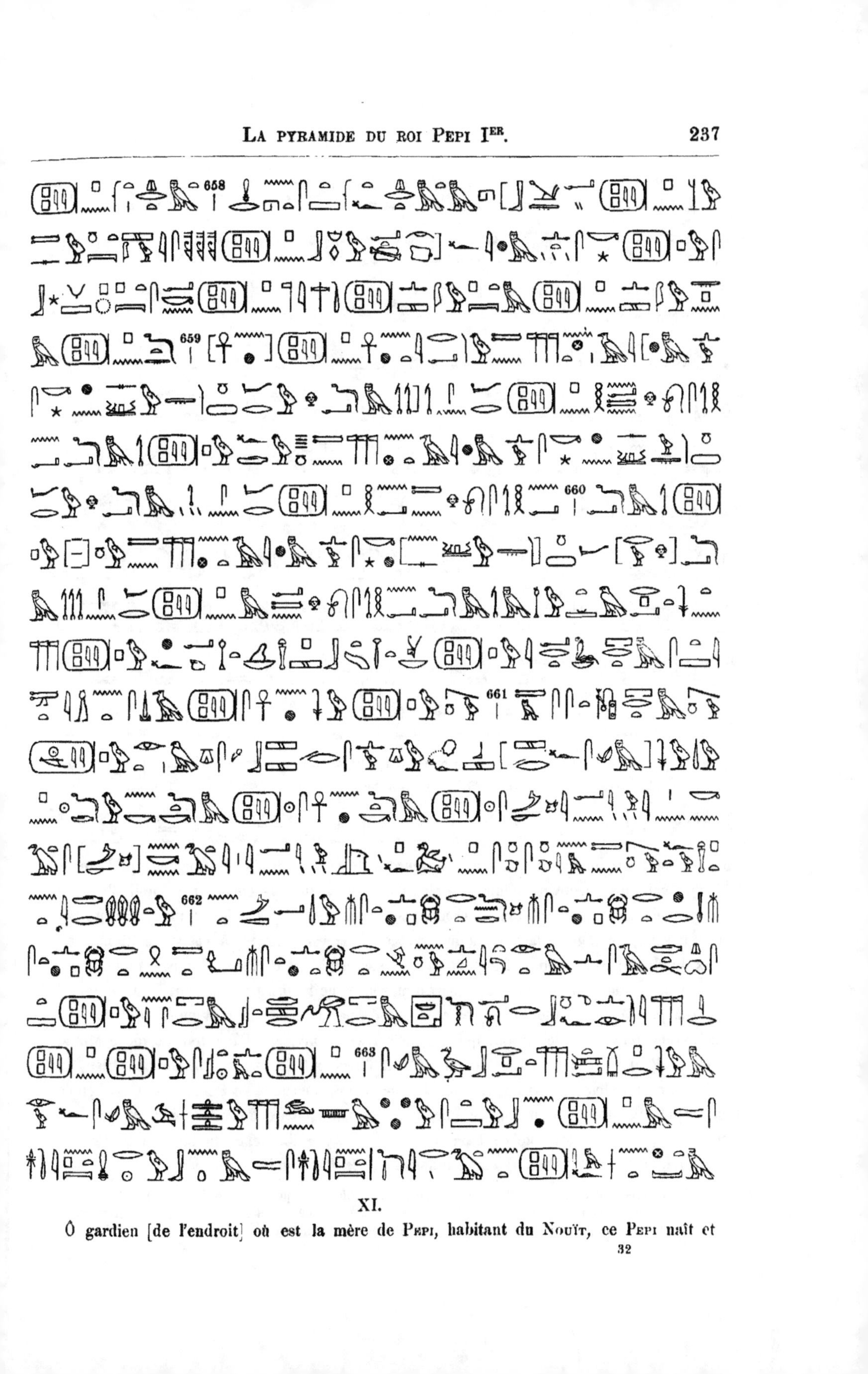

XI.

Ô gardien [de l'endroit] où est la mère de PEPI, habitant du NOUÏT, ce PEPI naît et son père est TOUM, quand il n'y avait pas encore de ciel, qu'il n'y avait pas encore de terre, qu'il n'y avait pas encore d'homme, que les dieux n'étaient pas encore nés, qu'il n'y avait pas encore de mort, puis ce PEPI raccourcit son jour sous [le fait de] la mort, comme SIT raccourcit son jour sous [le fait de] la mort, et ce PEPI est [destiné] à vos vases [funéraires] ô dieux du NOUÏT, [vous] que ne frappent pas leurs ennemis, et ce PEPI n'est pas frappé, il n'a pas d'ennemis, [vous] qui n'avez pas la mort d'un roi, et ce PEPI n'a pas la mort d'un roi, [vous] qui n'avez pas la mort de tout mort, et ce PEPI n'a pas la mort de tout mort. [Ce] PEPI est un INDESTRUCTIBLE [au] ciel grand qui est dans HAT-SELKIT, car Râ a transporté ce MIRIRI au ciel, ce PEPI vit comme vit celui qui entre à l'Occident du ciel et qui sort à l'Orient du ciel. Ce PEPI a ordonné à AMI-HONTI-F et à AMI-SOPTI-F d'acclamer ce PEPI. C'est PEPI l'étoile et la vertu magique de RÂ, et sur ce PEPI la vertu magique de RÂ ne s'appuie pas, sur ce PEPI . . . . il attribue ce PEPI à SHOU . . . . . ô RÂ, tends ta main à ce PEPI, ô dieu Grand, donne ton bâton de commandement à ce PEPI qu'il vive à jamais.

1) Voir dans OUNAS, l. 584—591. «Heureux ceux qui voient, en paix ceux qui contemplent», disent-ils, disent les dieux, «la sortie de ce dieu». Cfr. PEPI Ier, l. 199—202. Ici il faut traduire : «Heureux ceux qui voient, en paix ceux qui contemplent» dit Isis, «quand ce dieu sort au ciel».

XIII.[1]

Tu veilles en paix, HESMONOU, en paix! Tu veilles en paix, [HOR ORIENTAL],[2] en paix! Tu veilles en paix, AME DE L'ORIENT, en paix! Tu veilles en paix, [HOR-KHOUTI], en paix! Tu te couches dans la barque SEMKTIT, tu veilles dans la barque MÂÏT, car c'est toi qui vois par-dessus la tête des dieux, et aucun dieu ne voit par-dessus toi. O père de PEPI, RÂ, tu as transporté ce PEPI avec toi, vivant, auprès de ta mère NOUÏT, et les portes du ciel sont ouvertes à ce PEPI, les portes du QOBHOU sont ouvertes à PEPI, pour que ce PEPI soit ton compagnon et que tu le vivifies. Tu as ordonné que ce PEPI soit assis à côté de toi, écarte l'Étoile du matin de l'horizon, ô père de PEPI, RÂ, ordonne à cette GRANDE OURSE qui est à côté de toi qu'elle cherche une place à ce PEPI à côté de la GRANDE JAMBE qui est sous le QOBHOU. [PEPI] ordonne à ONKH, fils de SOTHIS, qu'il parle sur la tête de ce PEPI et il a

1) Ce paragraphe se retrouve dans la pyramide de MIRINRÎ, ce qui m'a permis de corriger plusieurs fautes de notre texte.

2) J'ai suivi ici la version de MIRINRÎ, qui donne un enchaînement plus probable de noms divins : (sic)

établi pour ce Pepi un siége au ciel. Ce Pepi ordonne à Oir-Shopsif, l'aimé de Phtah, le fils de Phtah, qu'il parle sur la tête de ce Pepi et il assure à ce Pepi l'abondance pour son logis qui est sur terre, car Pepi est un de ces quatre dieux, Amsit, Hapi, Tioumoutf, Qobhsonouf qui vivent de vérité et s'appuient sur leurs sceptres, les éveillés (?) du pays du midi, et il vole, il vole avec vous, ô hommes, comme les oies, il délivre ses mains de vous comme l'épervier, il vous arrache son corps comme l'aigle : délivrez ce Pepi du Am-ouâr qui est sur terre, arrachez ce Pepi de Am-tot.

1) Le paragraphe XIV est dans Teti, l. 185—200.

678 679 680 681 682 683

1) Le paragraphe XV est dans OUNAS, l. 591—600.

2) Des variantes qu'on rencontrera plus loin donnent et (l. 690—691), ce qui force à traduire «ONIEN, citoyen de ON» : «L'ONIEN c'est OUNAS, ô dieu! ton ONIEN, c'est OUNAS, ô dieu! etc.»

3) Corriger la traduction d'OUNAS comme il suit : «OUNAS lui-même est les deux ONIENS, nés tous »deux dans ON, à savoir RÂ à la tête de la double neuvaine des dieux, à la tête des êtres intelligents, »et NOFIRTOUM, qui n'a point de second, la chair de son père SIB. Tout dieu lui tend sa main, parce que »la face d'OUNAS est vers toi, il t'adore, il t'appelle.» Cette prière me paraît donner une explication plausible de la formule des statues d'époque saïte : «il est les deux ONIENS justes de voix», c'est-à-dire RÂ et NOFIRTOUM.

4) Quelques lacunes ne me permettent pas pour le moment de traduire le paragraphe XVI.

XVII.

«Le voilà qui vient, le voilà qui vient!» dit Sehapou, «Voici le fils de Râ qui vient, l'ami de Râ qui vient», dit Sahapou; «Laisse venir, laisse-le venir», dit Hor.

«Le voilà qui vient, le voilà qui vient, qui vient!» dit Sahapou, «Voici le fils de Râ qui vient, l'ami de Râ qui vient», dit Sahapou; «Laisse-le venir, laisse-le venir», dit Sit.

«Le voilà qui vient, le voilà qui vient, qui vient!» dit Sahapou, «Voici le fils de Râ qui vient, l'ami de Râ qui vient», dit Sahapou; «Laisse-le venir, laisse-le venir», dit Sib.

«Le voilà qui vient, le voilà qui vient, qui vient!» dit Sahapou, «Voici le fils de Râ qui vient, l'ami de Râ qui vient», dit Sahapou; «Laisse-le venir, laisse-le venir», disent les Esprits de On et les Esprits de Pa.

«Gloire, ô Râ», c'est ce que disent les hommes qui se tiennent à côté de ce Pepi sur terre, «Voici que tu te lèves à l'Orient du ciel, tends la main à Pepi, transporte-le avec toi »à la partie orientale du ciel.»

«Gloire, ô Râ», c'est ce que disent les hommes qui se tiennent à côté de ce Pepi sur terre, «Voici que tu te lèves au Sud du ciel, tends la main à Pepi, transporte-le avec toi »à la partie méridionale du ciel.»

«Gloire, ô Râ», c'est ce que disent les hommes qui se tiennent à côté de ce Pepi sur terre, «Voici que tu te lèves au milieu du ciel, tends la main à Pepi, transporte-le avec toi »au milieu du ciel, où est ce qu'on lui apporte de tes tributs, ce qu'on passe de tes biens.»

XVIII.

«Qu'on place Osiris à côté de Pepi», dit son frère Sit. «Que l'habitant de Nadit »accoure et qu'il lève sa tête», dit Râ. «Il abomine le sommeil, il hait l'immobilité, ce Pepi »ne se pourrit pas, il ne se détruit pas (?), il n'est pas tenu enchaîné», disent vos semblances, ô dieux. «Tu veilles en paix, et Osiris veille en paix, l'habitant de Nâdit veille »en paix levant sa tête», dit Râ. «Son parfum est celui de l'uræus, et il lève la tête de »Pepi», dit Râ. «Le parfum de Pepi est celui de l'uræus, et ce Pepi ne se pourrit pas, ne »se détruit pas, n'est pas tenu enchaîné», disent vos semblances, ô dieux. «Pepi est la »semence d'Osiris, répandue en toi, Sothis en ton nom de Hor qui est dans la Grande »Verte, Hor parmi les Lumineux, et ce Pepi ne se pourrit pas, ne se détruit pas, n'est pas »tenu enchaîné», disent vos semblances, ô dieux. «Pepi sort de sa maison, actif comme »Hor, muni [de charmes] comme Thot. La mère de ce Pepi est ton Onienne, ô dieu, le père »de Pepi est Onien, Pepi lui-même est ton Onien, ô dieu. Râ a conçu Pepi, Râ a enfanté »Pepi, c'est Pepi la semence d'Osiris répandue en toi, Sothis, en ton nom de Hor parmi

»les Lumineux, d'étoile qui traverse la Grande Verte, et Pepi ne se pourrit pas, ne se dé-
»truit pas, n'est pas tenu enchaîné», disent vos semblances, ô dieux. «Pepi est un de ces
»quatre dieux, fils de Sib, qui parcourent le Midi, qui parcourent [l'Orient], qui s'appuient
»sur leurs sceptres, qui sont parfumés de leurs essences, qui sont parés de leurs étoffes, qui
»vivent de figues, qui boivent du vin, et ce Pepi se parfume de ce dont vous vous par-
»fumez, ce Pepi se pare de ce dont vous vous parez, ce Pepi vit de ce dont vous vivez, ce
»Pepi boit de ce dont vous buvez. Pepi navigue avec vous, il vit de ce dont vous vivez,
»donnez-lui sa portion de ce que Sib vous a donné si bien que vous n'avez plus eu faim et
»que vous ne vous êtes point dégoûté de cela; aidez ce Pepi vivant, élite des bien-odorants,
»assemblez les os de ce Pepi, serrez ses chairs, que ce Pepi siège au milieu de sa maison,
»et il ne se pourrit pas, il ne se détruit pas, ce Pepi n'est pas tenu enchaîné», disent vos
semblances, ô dieux. «Pepi est venu vers toi, ô mère de Pepi, il est venu vers Nouit, tu
»fais entrer Pepi au ciel, tu culbutes pour lui les étoiles, son odeur est l'odeur de ton fils,
»issu de toi, l'odeur de Pepi est l'odeur d'Osiris, ton fils, issu de toi. O Nou, Pepi a élevé
»son bras au ciel, il régit la terre, car tu lui as donné qu'il sorte, qu'il s'élève au ciel, qu'il

»soit le favori de RÂ et de HOR parmi les LUMINEUX. O élite des bien-odorants, tu veilles »en paix, et RÂ veille en paix; tu veilles en paix et MADI veille en paix, et ce PEPI est »comme lui, ô élite des bien-odorants.»

XIX.

Lorsqu'apparaît OSIRIS pur, image haute, maître de vérité au commencement de l'année, maître de l'année, TOUM est en paix, sont en paix SHOU et TAFNOUÎT, est en paix OSIRIS sur son trône, sont en paix SIT et NIT, sont en paix tous les dieux célestes, sont en paix tous les dieux terrestres et tous ceux des eaux, sont en paix tous les dieux du Midi et du Nord, sont en paix tous les dieux de l'Ouest et de l'Est, sont en paix tous les dieux des districts, sont en paix tous les dieux des villes, de par ce décret très grand sorti de la bouche de THOT à OSIRIS . . . .

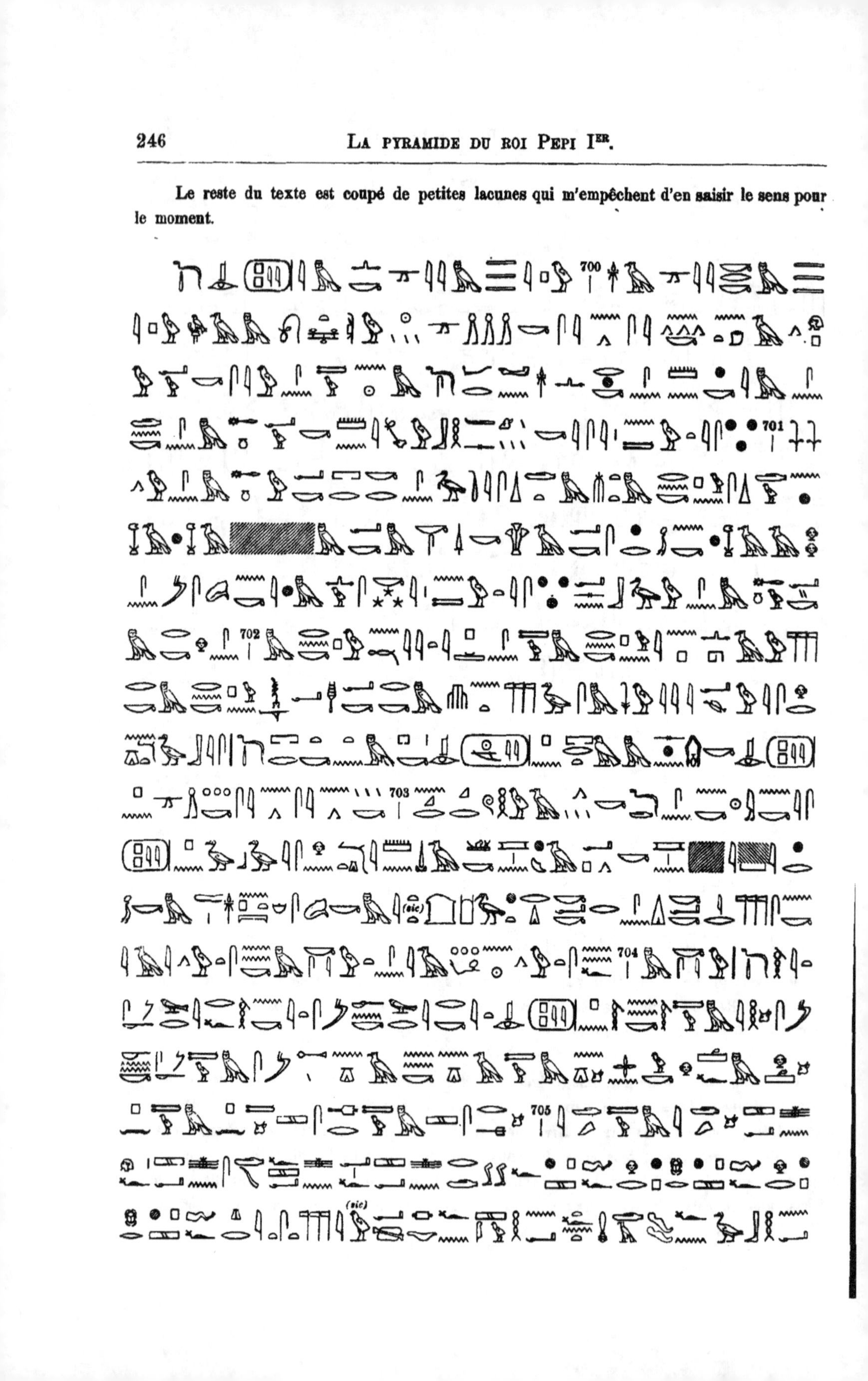

Le reste du texte est coupé de petites lacunes qui m'empêchent d'en saisir le sens pour le moment.

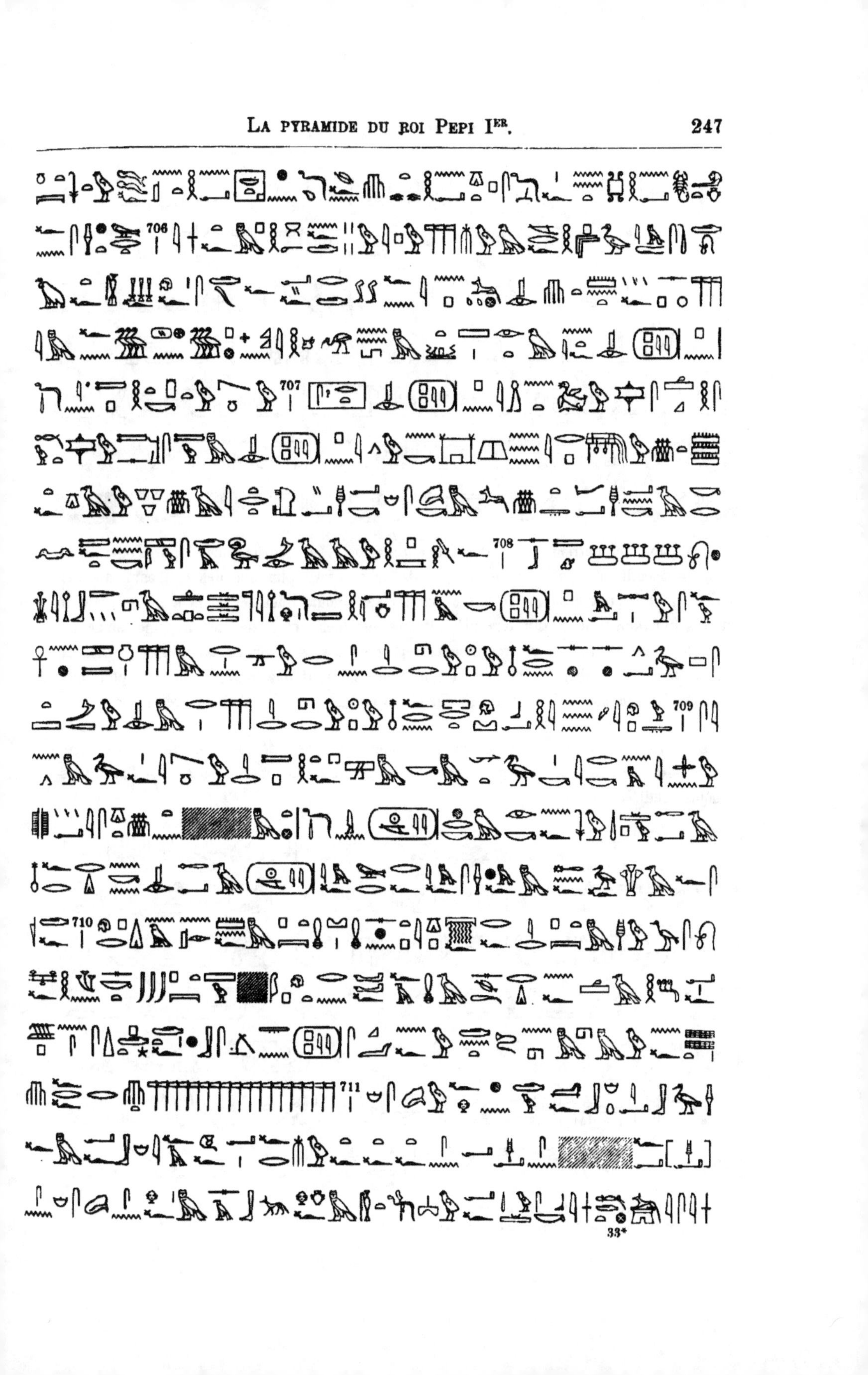

706

707

708

709

710

711

712

713

714

La paroi septentrionale est détruite entièrement. Le couloir incliné qui s'ouvrait au milieu était écrit sur toute sa longueur, mais ne conserve plus que des lambeaux des inscriptions dont il était couvert. Il a été sculpté sans doute quelques jours à peine avant le jour des funérailles; le dessin des hiéroglyphes est lâche et l'exécution à peine ébauchée. Il semble d'ailleurs que les prêtres n'eussent plus de textes originaux pour la décoration de cette partie de la tombe. La plupart des formules ne sont que la répétition mot pour mot de textes déjà employés dans une des chambres ou dans un des couloirs précédents.

La paroi occidentale est celle que les voleurs ont respecté le plus. On y lit encore, entre la porte de l'antichambre et la première herse en granit, une soixantaine de lignes plus ou moins mutilées :

715 [2]

716

717

718

719

720

721

1) Lacune d'un quart de ligne environ.
2) Ce paragraphe dans Pepi Ier, l. 646—652.

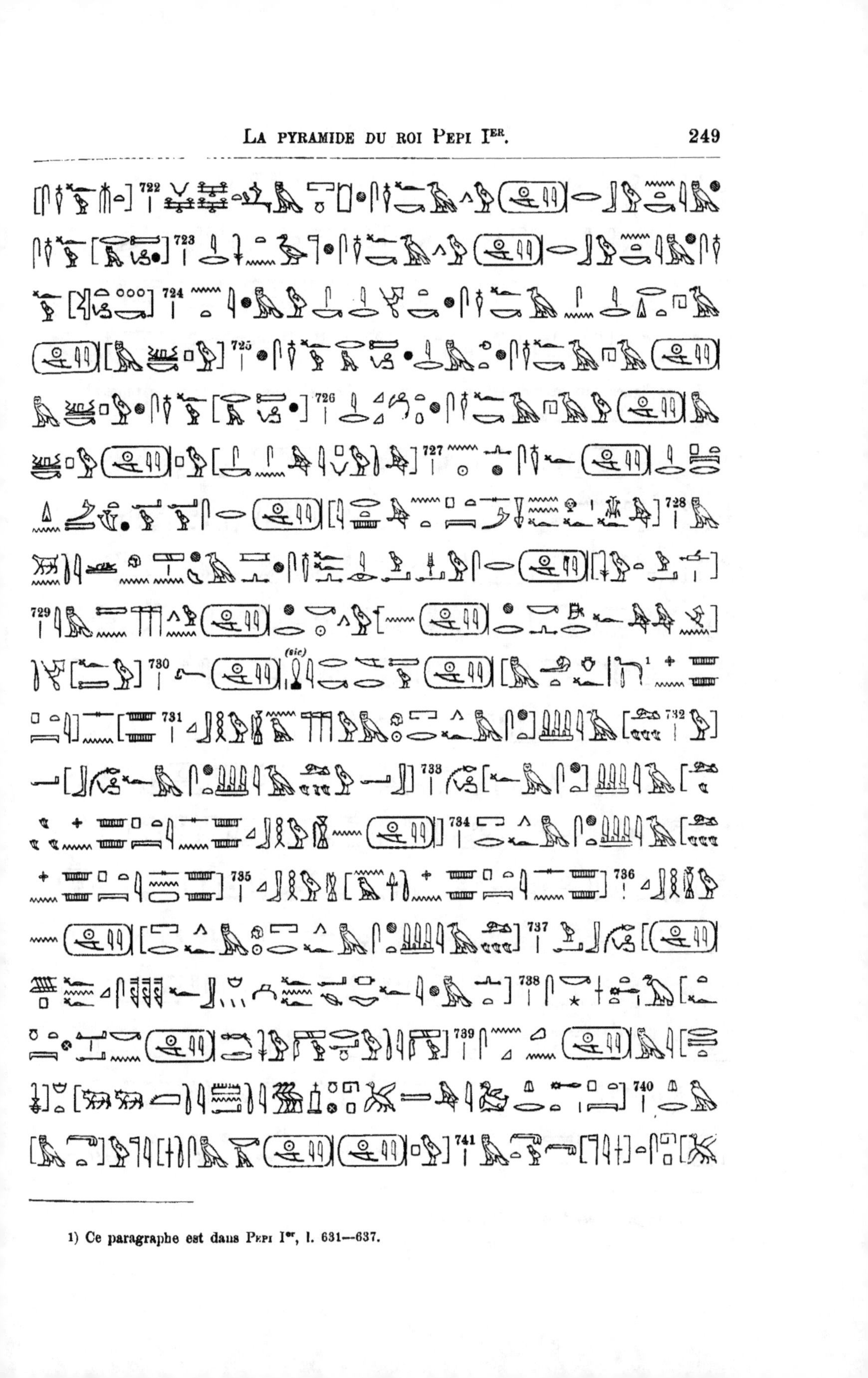

1) Ce paragraphe est dans PEPI Ier, l. 631—637.

Douze lignes entières ont été complétement enlevées. Après quoi, le texte reprend vers la ligne 757, à la fin du même chapitre :

1) Ce paragraphe est dans PEPI Ier, l. 652—663.

771 772 773 774 775 776 777 778 779 780 781 782 783 784 785 786 787 788 789 790

Au-delà de ce point la paroi ne porte plus que des fragments presque illisibles :

791 792

1) Le lion est en deux morceaux. — 2) Ici s'arrête le texte de ce chapitre, dans la pyramide de Mirinri.

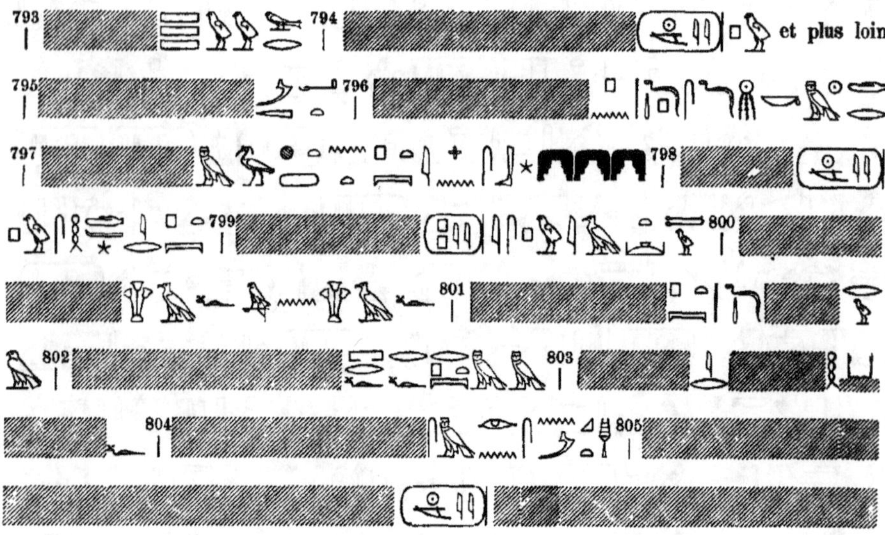

Les textes gravés sur la paroi de l'Est ne sont pas aussi considérables par l'étendue que ceux qu'on lit encore sur la paroi de l'Est. La partie située dans le voisinage immédiate de la chambre est de beaucoup le mieux conservée :

1) Ce paragraphe dans TETI, l. 86—87, avec une variante à la fin.

2) Ce paragraphe est dans TETI, l. 96—97. Dans le texte de TETI, corriger au lieu de , et traduisez : « *O toi dont le double est grand, substance* (?) *de Hor!* »

3) Ce paragraphe est dans TETI, l. 335—336.

4) Ce paragraphe est dans TETI, l. 336.

813

814 815

816

817

818

819

820

821

822

823

824

825

826

Au-delà de la herse, on ne distingue plus que les restes de dix lignes : 827

828

1) Ce paragraphe est dans TETI, l. 98—100, mais mutilé : notre texte ne comble probablement qu'une partie de la lacune.

2) Ce paragraphe est dans TETI, l. 336—338.

3) Ce paragraphe est dans OUNAS et dans TETI.

4) Ce paragraphe est dans TETI, l. 332—333.

5) Ce paragraphe est dans TETI, l. 333.

6) Ce paragraphe est dans TETI, l. 333 sqq.

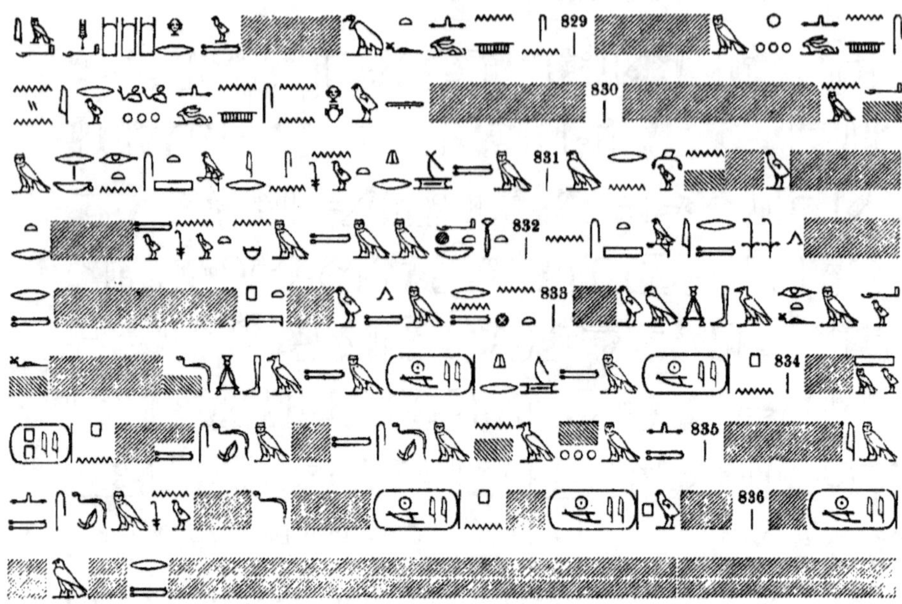

On rencontre autour de la pyramide beaucoup d'éclats de pierre portant quelques hiéroglyphes. Ces débris proviennent probablement du couloir ascendant et de l'antichambre.

Siout, le 19 mars 1886.

LA PYRAMIDE DE MIRINRÎ IER.

Elle est désignée sur le plan de Perring par le numéro 8°, et a été ouverte par Mariette dans la première quinzaine de janvier 1880.

Ainsi que j'ai eu occasion de le dire ailleurs, Mariette n'avait pas voulu croire que le tombeau ouvert pendant le printemps de 1880 fût une pyramide, celle où reposait le roi Pepi Ier : c'eût été contraire à la théorie que lui avait inspirée l'étude des nécropoles de Gizèh et de Saqqarah. Il se résolut donc à ouvrir une pyramide encore assez bien conservée pour qu'on ne pût garder aucun doute sur sa forme et sur sa destination primitive : si la chambre du sarcophage ne renfermait aucune inscription, c'eût été, pensait-il, une preuve que le monument ruiné, sur les murs duquel on lisait le nom de Pepi Ier, n'était pas le sépulcre de ce prince, mais un mastaba de grandes dimensions. Parti de Paris dans la première semaine de novembre, il trouva cependant assez de force pour ordonner la reprise des travaux dès son arrivée à Boulaq, et mit les ouvriers à la pyramide n° 8° de Perring. Comme pour le monument de Pepi Ier, les fouilles étaient payées sur la subvention de dix mille francs que le Ministère de l'Instruction Publique de France lui avait accordée dans les premiers mois de l'année. Quelques jours suffirent à déblayer l'entrée, et Mariette se trouva convaincu que sa théorie était inexacte, que les pyramides pouvaient contenir des textes comme les simples tombeaux, et que le monument récemment découvert était bien la pyramide de Pepi Ier. Sa maladie, qui allait toujours croissant, l'empêcha d'aller examiner lui-même la trouvaille qu'il venait de faire : il y envoya son ami Brugsch-Pacha, escorté du conservateur-adjoint du Musée Emile Brugsch. La visite eut lieu le 4 janvier 1881 et Brugsch-Pacha en rendit compte dans un article inséré au numéro de janvier de la *Zeitschrift*.[1] Quelques jours plus tard, le 18 janvier, Mariette mourut. La pyramide, fermée provisoirement pour la mettre à l'abri des touristes et des Arabes, fut rouverte en 1882, et partie estampée sous ma direction par MM. Bourgoin et Piehl, partie copiée par moi.

Perring la décrit en quelques mots :

« Pyramide n° 8 de la carte. — Elle est appelée par les Arabes Haram es-Sayadin, »pyramide des Chasseurs, et ce nom s'explique probablement par la situation qu'elle occupe. »Cette pyramide et la pyramide n° 6 sont en effet sur la lisière nord d'un vallon, qui con»duit au Fayoum, et dont la lisière sud porte la pyramide n° 9 et le Mastabat el-Faraoun.

« Cette pyramide a actuellement l'apparence d'un amas carré de décombres. On voit

---

1) *Zwei Pyramiden mit Inschriften aus den Zeiten der VI. Dynastie*, dans la *Zeitschrift*, 1881, p. 1—15.

»dans le voisinage les débris d'un revêtement en pierre de la Chaîne Arabique, mêlés à »des blocs de granit rompus.

«Une levée court obliquement vers la vallée au Sud de la pyramide n° 6 et passe près »d'une enceinte carrée dont les murs sont en brique crue.

«La base a présentement environ . . . . 80 m.

«La hauteur est de . . . . 27 m.»

Comme toutes les pyramides de Saqqarah, la pyramide de Mirinrî a été violée au moyen-âge par les fouilleurs arabes. J'y ai ramassé une demi-douzaine de ces lampes à long bec ouvert, enduites d'un émail épais de teinte vert clair qui sont fréquentes du VIIe au XIIe siècle de notre ère. Elle a été rouverte au commencement du siècle, par les gens de Saqqarah, et une partie des vases en albâtre au cartouche de Mirinrî qu'elle renfermait en a été tirée à cette époque, et a été dispersée dans les diverses collections européennes. Ici, comme dans Teti et dans Pepi Ier, la rage des chercheurs de trésors s'est tournée contre les murs des couloirs et des chambres funéraires. La paroi Ouest de l'antichambre et du couloir d'entrée situé entre l'antichambre et la première herse, les parois Nord et Sud de la chambre de l'Est et de la chambre du sarcophage sont détruites entièrement. La paroi qui séparait la chambre de l'Est du serdab n'est plus conservée qu'en partie dans le pignon; les blocs qui bordaient le passage qui menait de la chambre Est à la chambre funéraire ont été enlevés, et la paroi qui reposait sur eux reste suspendue en l'air comme un immense rideau. Désappointés en ces endroits, les fouilleurs s'imaginèrent que le trésor était peut-être caché dans une chambre inconnue située quelque part sous la chambre du sarcophage, et cherchèrent à l'atteindre. Ils creusèrent sur le côté Nord un trou énorme qui s'enfonce de cinq mètres environ, puis rencontrant partout des blocs gigantesques de calcaire disposés en lits réguliers, ils renoncèrent à leur travail. Leur acharnement stupide a eu du moins un résultat heureux : il nous a permis de pénétrer aujourd'hui jusque dans les fondements même du monument et d'apprendre de quelle manière les Égyptiens s'y sont pris pour bâtir les pyramides du groupe de Saqqarah.

Le sarcophage est en granit noir et fort bien conservé : il est placé à quarante centimètres de la muraille, et était accolé comme ceux de Teti et de Pepi Ier à deux contreforts en briques, aujourd'hui détruits, mais dont la trace est encore visible le long de la muraille. Le couvercle en avait été repoussé, mais sans être jeté sur le sol, et se tient dans un équilibre assez peu stable. La momie, découverte par le réis Mustapha et déposée aujourd'hui, après quelques incidents comiques, au musée de Boulaq,[1] avait été dépouillée par les chercheurs de trésors et était complétement nue. Le sarcophage portait trois inscriptions : l'une sur le couvercle, les deux autres en bordure, le long de la cuve : elles ont déjà été publiées par Brugsch, avec quelques légères inexactitudes,[2] et ne renferment que le protocole du roi. Le nom de ce prince renferme un signe dont la lecture n'est pas certaine : . Il a été lu par Brugsch Hounnou, par Mariette, que j'ai suivi d'abord, T'a, par moi Sokari puis Mehti et, identifié avec l'Horus du Nord, Har-mehti. J'ai reconnu depuis que M. Lauth était arrivé à cette dernière lecture par des voies indépendantes, et cette coïncidence involontaire me porte à croire que le nom doit être lu Mehtimsaouf, ce qui répondrait exactement au Μεθέσουφις

1) Maspero, *Guide du Visiteur*, p. 347—348, *Salle des Momies Royales*, n° 5250.

2) Dans la *Zeitschrift* de 1881, p. 5.

de Manéthon. Néanmoins, comme les preuves directes manquent jusqu'à présent, j'ai conservé la transcription Sokarimsaf, qui ne préjuge rien.

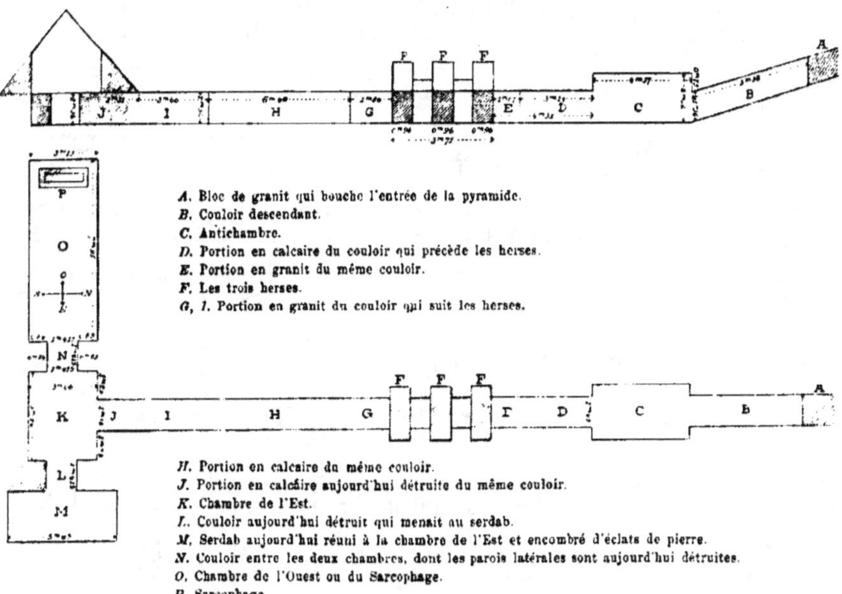

A. Bloc de granit qui bouche l'entrée de la pyramide.
B. Couloir descendant.
C. Antichambre.
D. Portion en calcaire du couloir qui précède les herses.
E. Portion en granit du même couloir.
F. Les trois herses.
G, I. Portion en granit du couloir qui suit les herses.
H. Portion en calcaire du même couloir.
J. Portion en calcaire aujourd'hui détruite du même couloir.
K. Chambre de l'Est.
L. Couloir aujourd'hui détruit qui menait au serdab.
M. Serdab aujourd'hui réuni à la chambre de l'Est et encombré d'éclats de pierre.
N. Couloir entre les deux chambres, dont les parois latérales sont aujourd'hui détruites.
O. Chambre de l'Ouest ou du Sarcophage.
P. Sarcophage.

Quelques lignes du texte ont été publiées et traduites par Brugsch dans l'article plusieurs fois cité de la *Zeitschrift*, puis reprises et traduites à nouveau, d'après la copie de Brugsch, par Lauth dans le mémoire intitulé : *Die ägyptische Chronologie gegenüber der historischen Kritik des Herrn Alfred von Gutschmid*, Munich, 1882. J'indiquerai, quand l'occasion s'en présentera, les endroits du texte auxquels s'attachent ces deux traductions.

Chambre du Sarcophage.

Comme je l'ai déjà dit, les deux parois Nord et Sud de cette chambre ont disparu sans qu'un seul hiéroglyphe ait échappé. La paroi Ouest est intacte. Les inscriptions débutent au pignon par soixante-une colonnes verticales. Viennent ensuite à l'endroit où le pignon cessait, sept lignes horizontales de texte (ll. 62—69), après quoi les formules reprennent en colonnes verticales (ll. 70—129). La plupart des prières gravées sur cette paroi nous sont déjà connues par les autres pyramides et peuvent se passer provisoirement d'une traduction nouvelle.

1) Le paragraphe I dans Pepi Ier, l. 1—21.

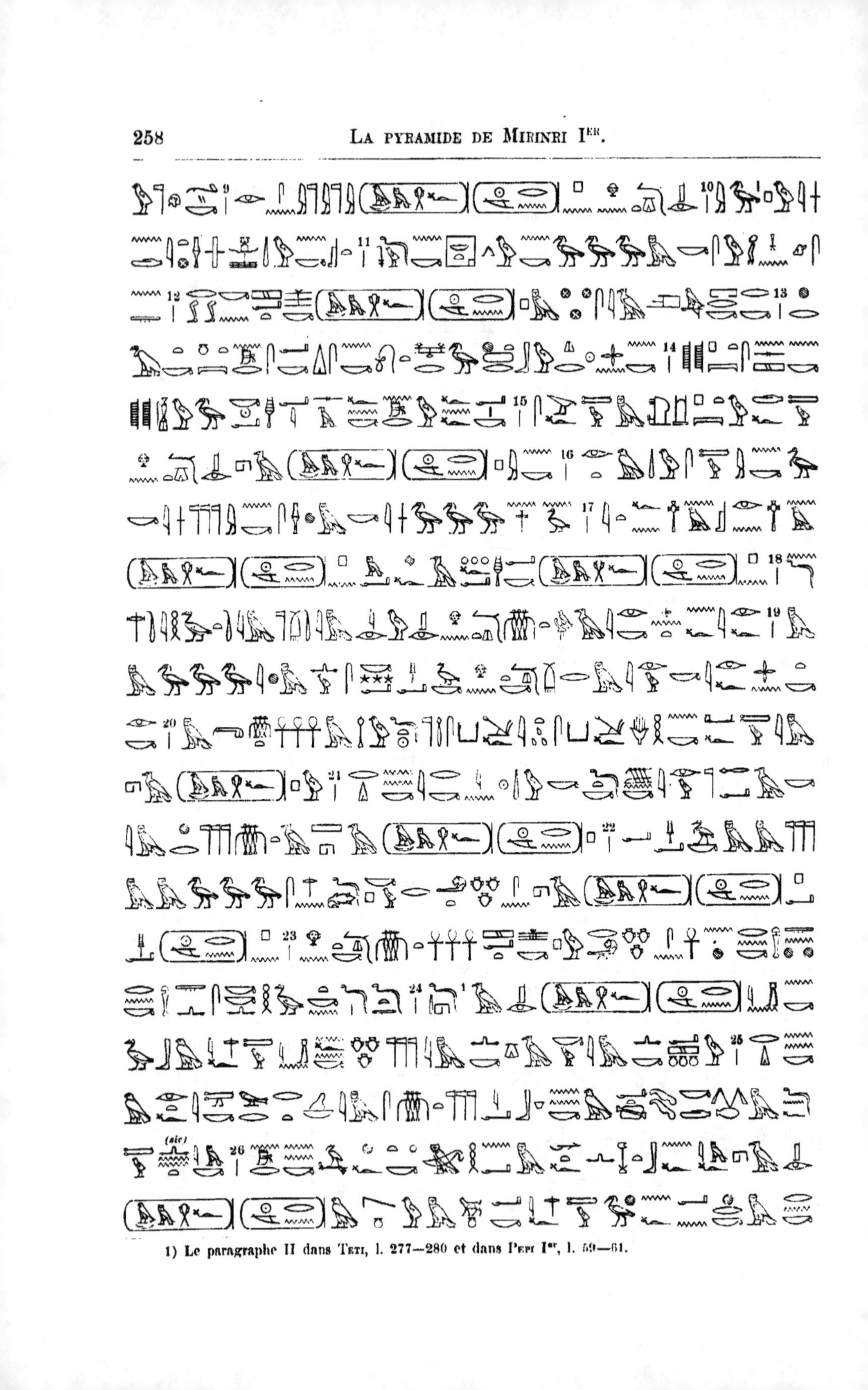

(sic)

1) Le paragraphe II dans Teti, l. 277—280 et dans Pepi Ier, l. 59—61.

27 28 29 30 [1] 31 32 [2] 33 34 35 (sic) (sic) 36 [3] 37

1) Le paragraphe III dans Teti, l. 282—284 et dans Pepi Ier, l. 48—56. — 2) Le paragraphe IV dans Teti, l. 271—273, et dans Pepi Ier, l. 22—25. — 3) Le paragraphe V dans Teti, l. 273—277 et dans Pepi Ier, l. 25—31.

1) Le paragraphe VI dans Teti, l. 284—286 et dans Pepi Ier, l. 34—37. — 2) Le paragraphe VII dans Teti, l. 286—287 et dans Pepi Ier, l. 37—40. — 3) Le paragraphe VIII dans Teti, l. 42—45 et dans Pepi Ier, l. 89—90. — 4) Le paragraphe IX dans Teti, l. 45—49 et dans Pepi Ier, l. 87—89.

(sic) 55 56 57 58 59 60 61 62 [1] 63 64 65 [2] 66

1) Le paragraphe X dans PEPI Ier, l. 40—47. Ici commence la partie publiée par BRUGSCH dans la *Zeitschrift*, 1881, et traduite par LAUTH, *Pyramidentexte*, p. 269 sqq. — 2) Le paragraphe XI dans TETI, l. 287—290.

1) Le paragraphe XII dans Pepi Ier, l. 97—100. — 2) Le paragraphe XIII dans Pepi Ier, l. 62. — 3) Le paragraphe XIV dans Teti, l. 279—280 et dans Pepi Ier, l. 60—61, comme partie d'une prière plus longue. — 4) Le paragraphe XV dans Pepi Ier, l. 103—104, avec la clausule [hiéroglyphes], etc. — 5) Le paragraphe XVI dans Pepi Ier, l. 107. — 6) Le paragraphe XVII dans Pepi Ier, l. 107—111.

1) Le paragraphe XVIII dans PEPI Ier, l. 111—114. — 2) Le paragraphe XIX dans PEPI II, en deux paragraphes distincts : «I. OSIRIS, SOKARIMSAF MIRINRI, toi qui es le double de tous les dieux, tu »as défendu HOR en devenant son double: — II. Te voilà donc, OSIRIS, SOKARIMSAF MIRINRI, protecteur, »vivant, et tu fais ta ronde [ou peut-être, tu fais l'amour] chaque jour, sans qu'il y ait désordre contre »toi . . . . . .»

1) Le paragraphe XX dans Pepi Ier, l. 61—62. — 2) Le paragraphe XXI est avec une variante dans Pepi Ier, l. 62. — 3) Le paragraphe XXII est dans Pepi Ier, l. 62—63, mais divisé en deux petits paragraphes. — 4) Le paragraphe XXIII dans Pepi Ier, l. 63. — 5) Le paragraphe XXIV dans Pepi Ier, l. 63—64. — 6) Le paragraphe XXV dans Pepi Ier, l. 64. — 7) Le paragraphe XXVI dans Pepi Ier, l. 100—101. — 8) Le paragraphe XXVII dans Pepi Ier, l. 101—102. — 9) Le paragraphe XXVIII dans Pepi Ier, l. 123.

1) Le paragraphe XXIX dans PEPI Ier, l. 122. — 2) Le paragraphe XXX dans PEPI Ier, l. 123—128. — 3) Le paragraphe XXXI dans PEPI Ier, l. 114—118. — 4) Le paragraphe XXXII dans PEPI Ier, l. 69—84.

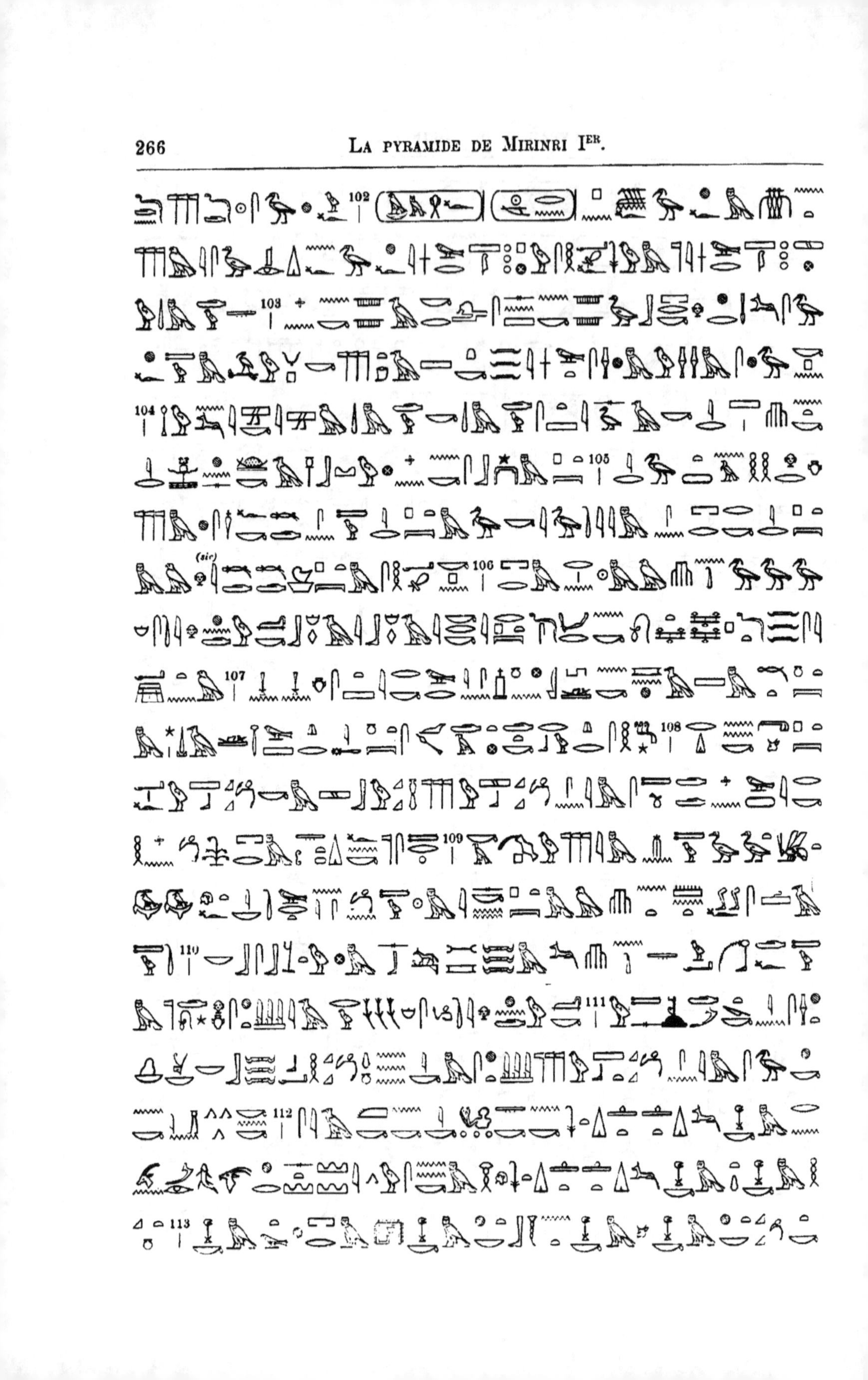

102

103

104

105

(sic) 106

107

108

109

110

111

112

113

1) Le paragraphe XXXIII dans Pepi Ier, l. 95—96. — 2) Le paragraphe XXXIV dans Teti, l. 33—35. — 3) Le paragraphe XXXV dans Pepi Ier, l. 93—95. — 4) Le paragraphe XXXVI dans Pepi Ier, l. 90—92. — 5) Les quatre dieux énumérés dans cette prière sont les dieux des quatre points cardinaux. Le monde

XXXVII.

Hor s'est enfermé dans sa maison, faisant sa ronde sur son territoire, item, Sit s'est enfermé dans sa maison, faisant sa ronde sur son territoire, item, Thot s'est enfermé dans sa maison, faisant sa ronde sur son territoire, item, Sopou s'est enfermé dans sa maison, faisant sa ronde sur son territoire, item, Sokarimsaf Mirinri s'est enfermé à demeurer dans sa maison, faisant sa ronde sur son territoire, item, ô Hor, on t'a présenté ton Œil que tu as reconnu dans la Demeure du Prince qui est dans On : alors ô Sokarimsaf Mirinri, tu as reconnu et protégé ton double contre ton ennemi.

---

est divisé en quatre parties égales dont chacune appartient à l'un d'eux et est *sa terre*, sur laquelle *il fait la ronde* comme un gardien fidèle, pour veiller à ce que rien ne vienne à compromettre la solidité du pilier, dont il a la garde. Chacun d'eux a sur sa terre un palais, ou pour me servir du terme astrologique *une maison* où il est maître incontesté. Le Hor-Shosti, dont il est si souvent question dans nos textes, l'Hor de la maison est Hor, dieu d'un point cardinal, Hor dieu du Nord. — 1) Le paragraphe XXXVIII dans Teti, l. 373—375. — 2) Les petites lacunes que renferme le texte du paragraphe XXXIX me décident à en différer la traduction jusqu'au moment où je pourrai en donner le texte complet.

A la limite supérieure du cadre réservé sur la paroi pour le sarcophage, au-dessus des dessins de la porte, une seule ligne d'hiéroglyphes donne le nom et les titres du roi mort :

La paroi Est se divise en deux parties, le pignon et la muraille proprement dite : les textes verticaux de ces deux registres sont séparés par une seule ligne horizontale (l. 193). Les blocs du pignon sont légèrement disjoints, et une large cassure a enlevé quelques hiéroglyphes à chacune des lignes médianes. Les deux parties de la muraille qui encadraient la porte sont détruites, et le bas des premières et des dernières lignes de l'inscription manque sur une longueur d'un mètre environ.

1) Le commencement du paragraphe Ier ne s'est encore rencontré sous cette forme dans aucune des Pyramides. En voici la traduction : «Debout! Hor t'a donné ta main, et il te met debout; Sibou t'a pressé la bouche, la Neuvaine des dieux te protège et te met Sit sous toi, l'étendant sous toi, et elle te protège contre son arme (?) et sa salive. Nouit s'étend sur son fils qui est en toi, elle te protège, elle s'unit à toi, elle t'embrasse, elle te soulève, car tu es l'aîné parmi ses enfants; tes deux sœurs Isis et Nephthys viennent à toi.» A partir de cet endroit, le texte se retrouve avec quelques variantes dans Teti, l. 274—277 et dans Pepi Ier, l. 27—31.

1) Le paragraphe II dans Teti, l. 170—176 et dans Pepi Ier, l. 129—132, ce dernier texte presque entièrement détruit. — 2) Le paragraphe III dans Teti, l. 176—183 et dans Pepi Ier, 132—136, ce dernier texte presque entièrement détruit.

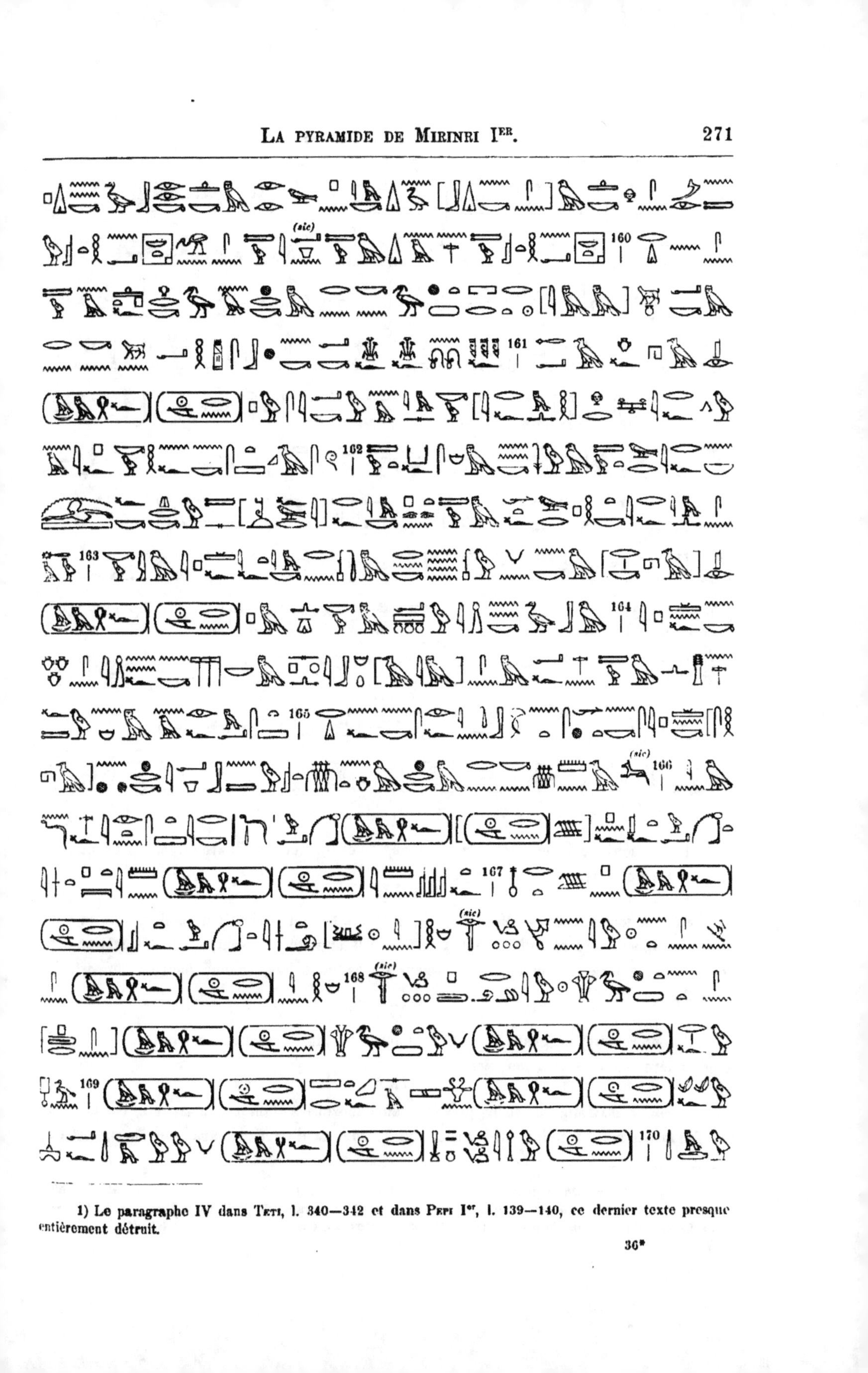

1) Le paragraphe IV dans Teti, l. 340—342 et dans Pepi Ier, l. 139—140, ce dernier texte presque entièrement détruit.

V.

Tu es sorti au-dehors, te levant en roi, t'élevant comme Ouapouaïtou, pour que tu commandes qui n'a jamais été inerte.

VI.

Salut à toi, Sokarimsaf Mirinri, je suis venu à toi, en ce jour qui est tien, vers la nuit et je t'ai apporté cet attirail qui est à toi; je t'ai apporté ton cœur, et tu l'as mis en ton ventre comme lorsque Hor apporte le cœur de sa mère Isis, comme lorsqu'on apporte le cœur de son fils.

VII.

Ils ont soulevé, éloignant d'eux les Amiou-Asou[1] aux demeures mystérieuses : éveille-toi donc et lève ton bras vers ton bien.

IX.[3]

O Sokarimsaf Mirinri, tu as pris ton eau que voici sortant d'Éléphantine, car ton eau est d'Éléphantine, ta résine est d'Arou, ton natron est d'Oxyrrhinchus, ton encens est de

---

1) Ce sont les mêmes personnages qu'on voit mentionnés dans Schiaparelli, *Il libro dei Funerali*, et dans Dümichen, *Der Grabpalast des Petuamenemapt*. — 2) Le paragraphe VIII dans Teti, l. 157—170. — 3) Le paragraphe IX dans Pepi Ier, l. 144—145, mais le texte est presque entièrement détruit.

Nubie, — et tu sièges sur ton trône de fer, ton avant-train en forme de chacal, ton arrière-train en forme d'épervier, et tu vas, ayant de la chair sur la huche d'Osiris, deux bottes de légumes sur la huche de Sit, ton pain est du pain divin qui est dans la Grande Salle; tu commandes de ton sceptre, tu primes par ton casse-tête, tu donnes la loi aux dieux, les Indestructibles te tendent la main, et tu abordes (?) à l'Occident du nome Thinite, tu descends dans la Grande Vallée. Debout, lève-toi!

X.

O Mirinrî, il vient pour te parer l'Œil d'Hor qui est dans Taït.

XI.[1]

O Sokarimsaf Mirinrî, ton eau fraîche est une grande inondation qui sort de toi : écoutez-la donc cette parole que Sokarimsaf Mirinrî a dite, lui qui est un mâne parmi les mânes, lui qui est fort parmi les vivants, lui qui s'assied paré de sa tresse (?) : «O Khontamenti »tes deux gâteaux sont de la Grande Salle, tes deux bottes de légumes sont sur l'autel du »dieu. O Mirinrî, lève-toi, tu as pris ton pain frais que voici, ta bière fraîche que voilà et »qui vient de ta maison, car on t'a donné le repos d'offrandes.»

XII.

O Sokarimsaf Mirinrî, te voilà approvisionné de ce pain que tu as pris de l'abondance que distille l'Œil d'Hor pour toi. — Jeter le contenu des quatre vases rouges.

1) Le paragraphe XI dans Pepi Ier, l. 146—148, mais presque entièrement détruit.

XV.

Cet Œil d'Hor qu'Hor a donné à Osiris, tu le lui as donné [au roi] pour qu'il en garnisse sa face, ce présent d'odeur agréable, cette parole . . . .

---

1) Le paragraphe XIV dans Pepi Ier, l. 66—69. — 2) Notre texte ajoute à celui de Pepi Ier une indication ritualistique : « Brûler l'encens », du même genre que celle qu'on lit à la fin du paragraphe XII. — 3) Le paragraphe XVI dans Teti, l. 141—149. — 4) Ce paragraphe et les suivants jusqu'au paragraphe XX sont assez mutilés, et je n'ai pu les rétablir qu'au moyen du texte inédit de Pepi II. J'en réserve la traduction pour le moment où je publierai ce texte.

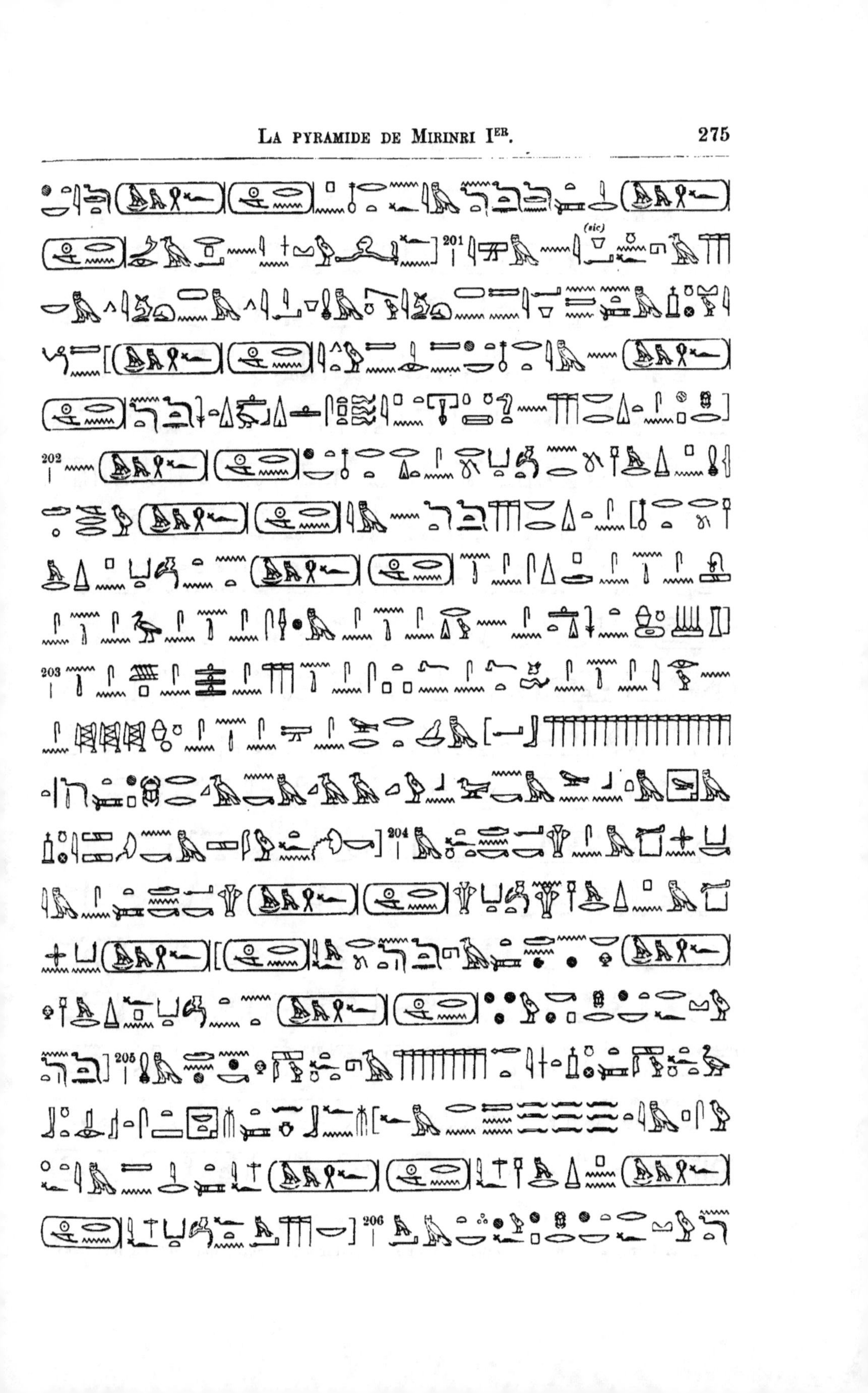

201 (sic)

202

203

204

205

206

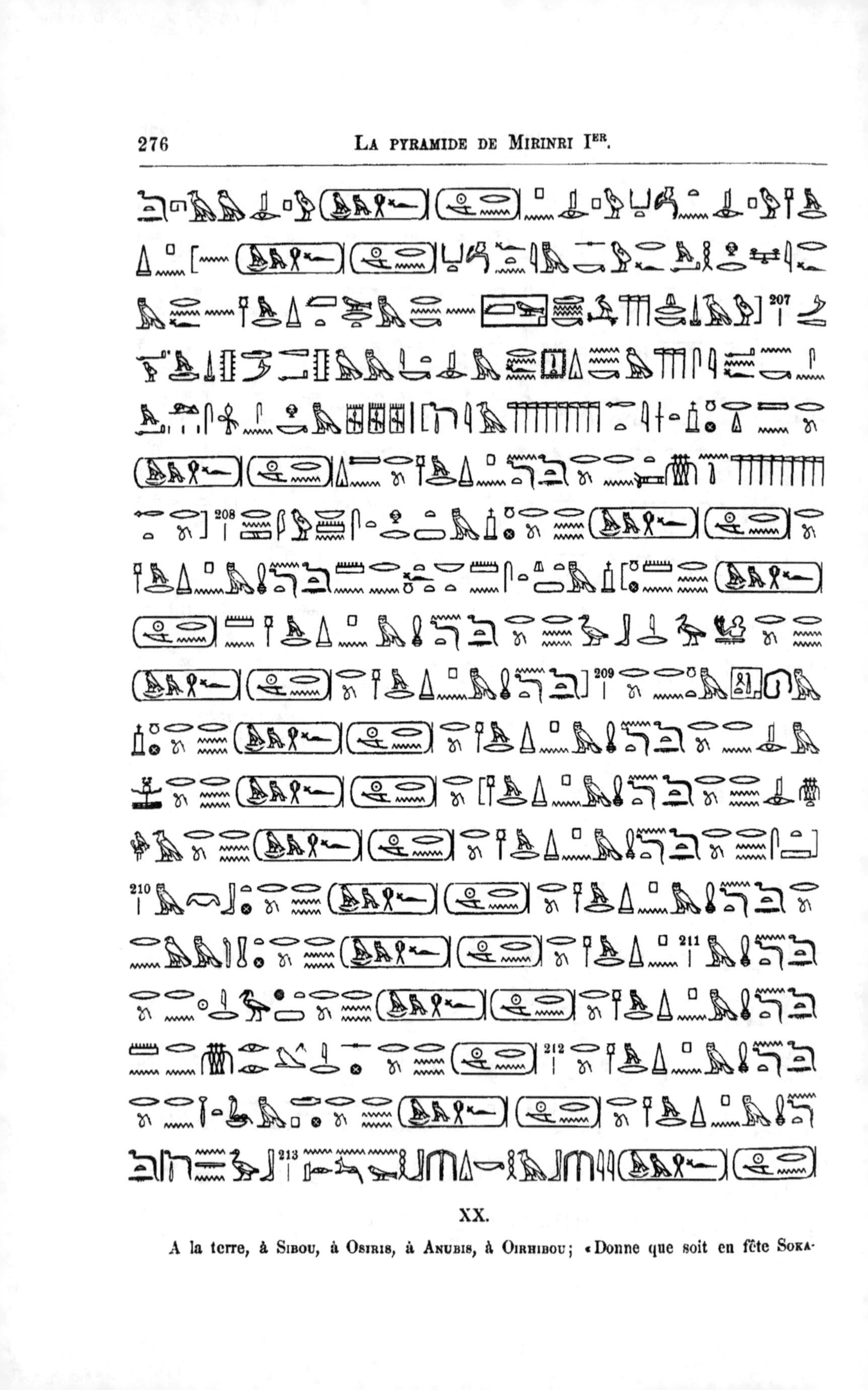

XX.

A la terre, à SIBOU, à OSIRIS, à ANUBIS, à OIRHIBOU; «Donne que soit en fête SOKA-

»rimsaf Mirinri par la fête d'Hor; et que Celui qui est parmi les Eperviers accoure au »double de Sokarimsaf Mirinri à l'encontre. Ouvrez à Sokarimsaf Mirinri ses deux yeux, »percez-lui ses deux narines; séparez la bouche à Sokarimsaf Mirinri, forez-lui les oreilles; »procurez-lui ses deux plumes, donnez que Sokarimsaf Mirinri passe vers le dieu, plein »de formes et de souffles que vous aurez dévorés, et que Sokarimsaf Mirinri trouve accueil »auprès de vous, et donnez à Sokarimsaf Mirinri le droit de venir.[1]»

---

1) Litt. : «*fois* de venir». — 2) Le paragraphe XXI dans Teti, l. 54—61. — 3) Le paragraphe XXII dans Teti, l. 62—64. — 4) Le paragraphe XXIII dans Ounas, l. 186—195 et dans Teti, l. 65—74.

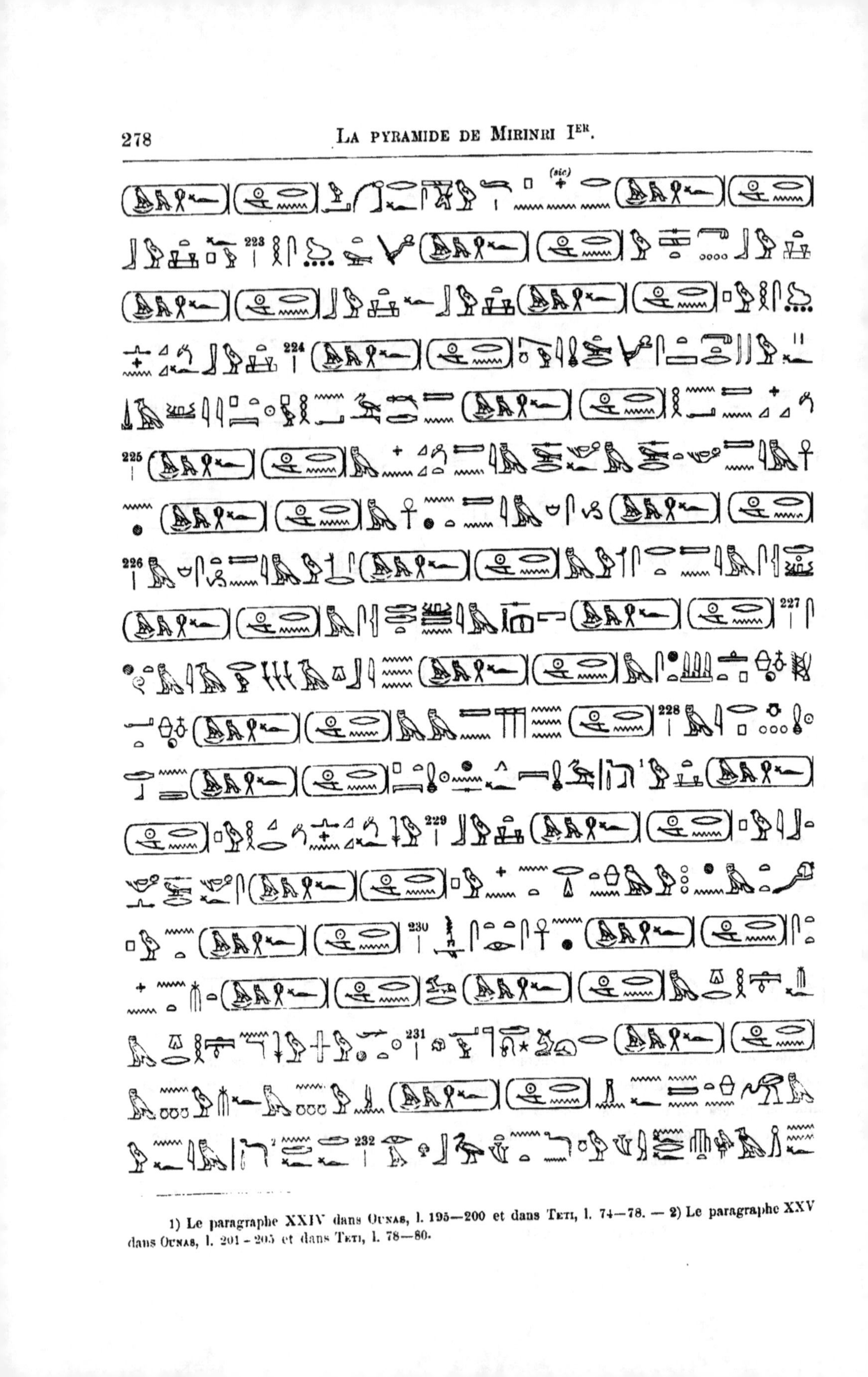

1) Le paragraphe XXIV dans OUNAS, l. 195—200 et dans TETI, l. 74—78. — 2) Le paragraphe XXV dans OUNAS, l. 201-205 et dans TETI, l. 78—80.

1) Le paragraphe XXVI dans Teti, l. 80—81. — 2) Le paragraphe XXVII dans Teti, l. 82—83. — 3) Le paragraphe XXVIII dans Teti, l. 83—85. — 4) Le paragraphe XXIX dans Teti, l. 85—86. — 5) Le paragraphe XXX dans Teti, l. 87. — 6) Le paragraphe XXXI dans Teti, l. 88—90.

1) Le paragraphe XXXII dans TETI, l. 90—91 : OUNAS, l. 183—185, donne de ce passage une version un peu plus complète. — 2) Le paragraphe XXXIII dans TETI, l. 95—96. — 3) Le paragraphe XXXIV dans TETI, l. 97—98. — 4) Le paragraphe XXXV dans TETI, l. 98—100. — 5) Le paragraphe XXXVI dans TETI, l. 101—103. — 6) Le paragraphe XXXVII dans TETI, l. 104—106. Il y avait certainement dans la lacune qui suit ce paragraphe, un paragraphe très court qui a complètement disparu. — 7) Le paragraphe XXXVIII dans TETI, l. 331—332. — 8) Le paragraphe XXXIX dans TETI, l. 335—336 et dans OUNAS, l. 174—176 avec des variantes.

247

248

249

250

251

252

1) Le paragraphe XL et les suivants sont restitués d'après PEPI II et seront traduits quand je publierai cette pyramide. La version qu'on trouve dans OUNAS et surtout dans TETI (l. 336 sqq.) est assez différente de celle que nous avons ici.

II.

CHAMBRE DE L'EST.

La paroi Ouest de la chambre Est porte une inscription disposée de la même manière que celle de la paroi Est de la chambre Ouest, dont elle est le revers. La plupart des textes qu'elle nous donne sont déjà connus par ailleurs. Je me bornerai donc à renvoyer pour chacun d'eux à l'endroit des pyramides précédentes où il a été traduit.

1) Le paragraphe XLV dans TETI, l. 336. — 2) Le paragraphe Ier dans PEPI Ier, l. 177—181.

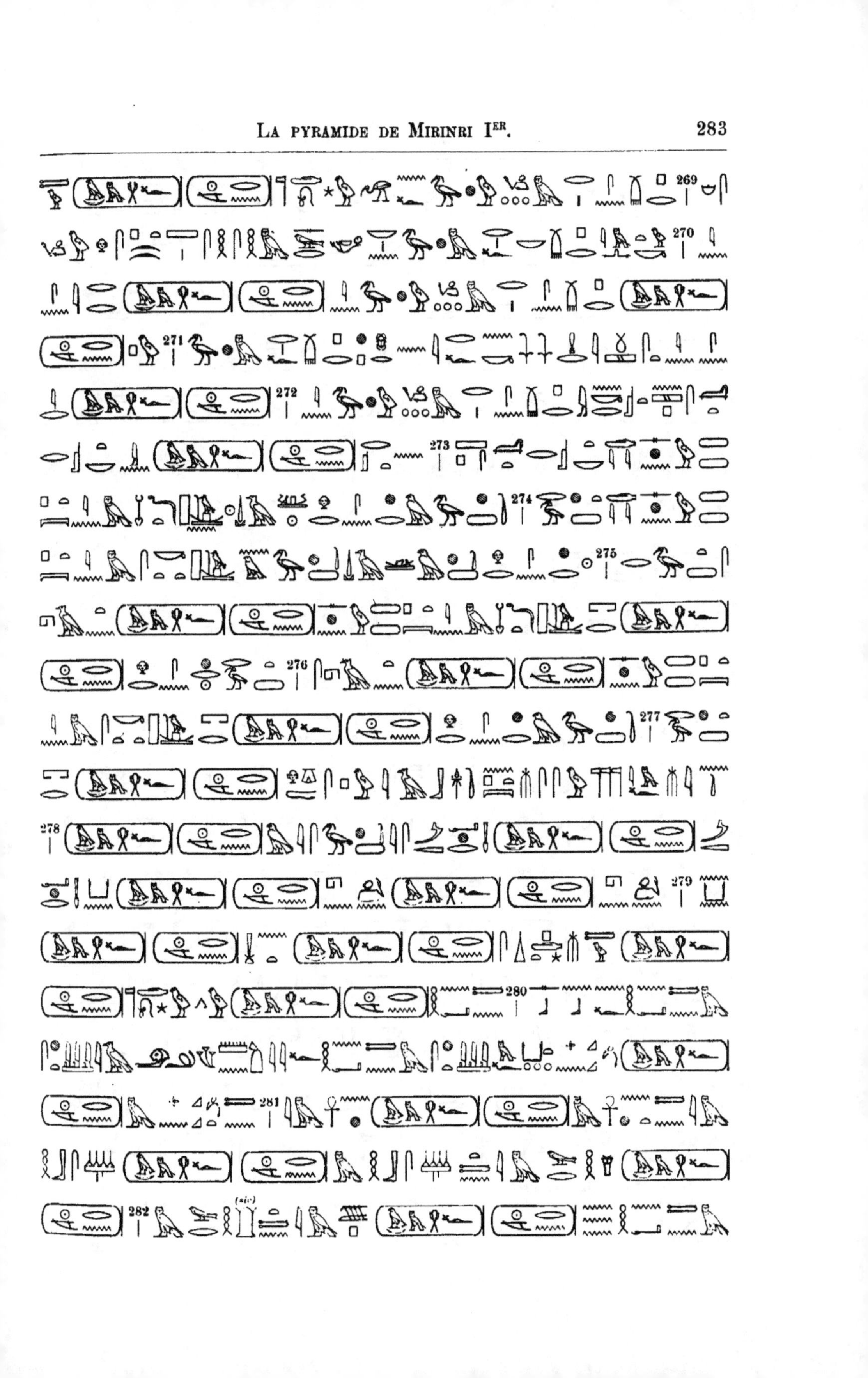

1) Le paragraphe II dans PEPI Ier, l. 181—183.

2) Le paragraphe III dans PEPI Ier, l. 183—184. On remarquera à la fin de notre texte la variante *Chefs des éternels* du titre que donne PEPI Ier (l. 184).

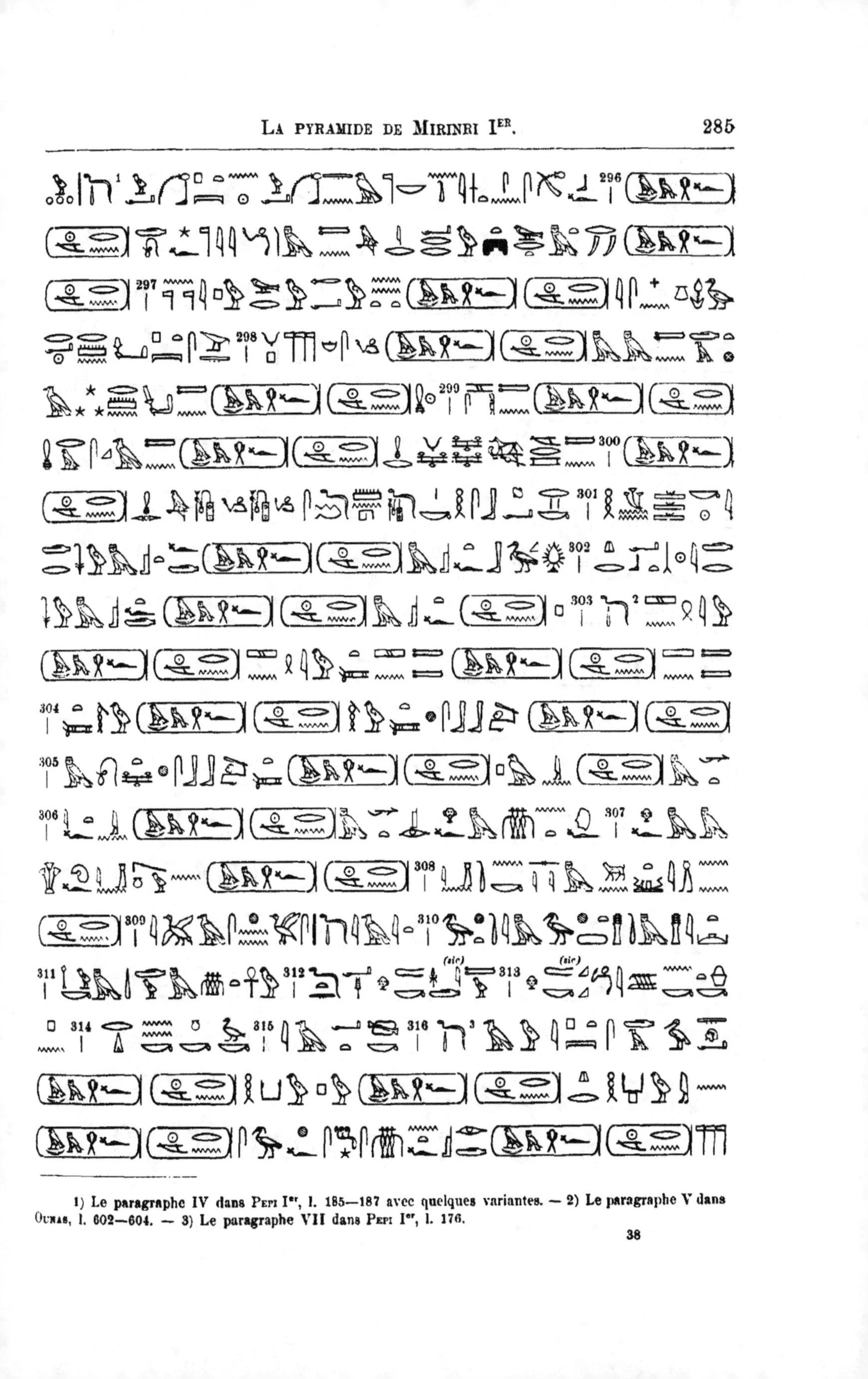

1) Le paragraphe IV dans PEPI Ier, l. 185—187 avec quelques variantes. — 2) Le paragraphe V dans OUNAS, l. 602—604. — 3) Le paragraphe VII dans PEPI Ier, l. 176.

317[1]

318

319

320

321

322

1) Le paragraphe VIII dans Pepi Ier, l. 165—168.

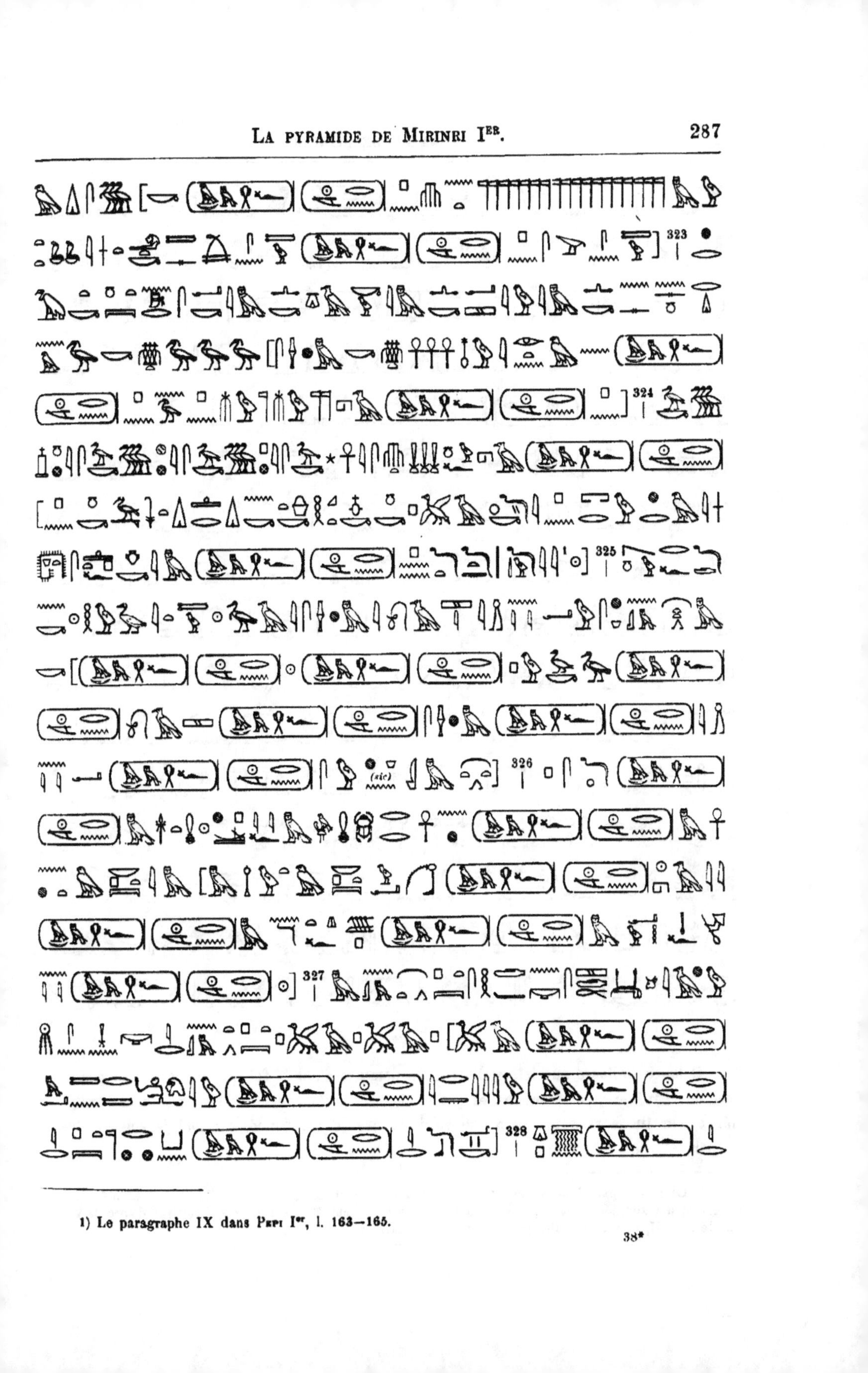

1) Le paragraphe IX dans Pepi Ier, l. 163—165.

VI.

O lance brillante au ciel, stable en la demeure stable! Toi qui donnes la loi comme Chef de ceux qui vivent toujours et qui se tiennent à la gauche et sont mis à ta ⌈droite⌉, mange, car tu as reçu ton pain que voici, et que je t'ai donné, car moi je suis ton fils, ta chair.

1) Le paragraphe X dans Pepi Ier, l. 69—87, avec une phrase de plus au début, des variantes nombreuses et des additions très importantes à la fin. Le texte, qui était mutilé, a été restitué d'après la version de Pepi II, et sera traduit, quand je publierai cette pyramide.

1) Ce texte qui était mutilé a été restauré d'après Pepi II : la traduction en viendra plus tard. — 2) Le paragraphe XI dans Pepi Ier, l. 186—191.

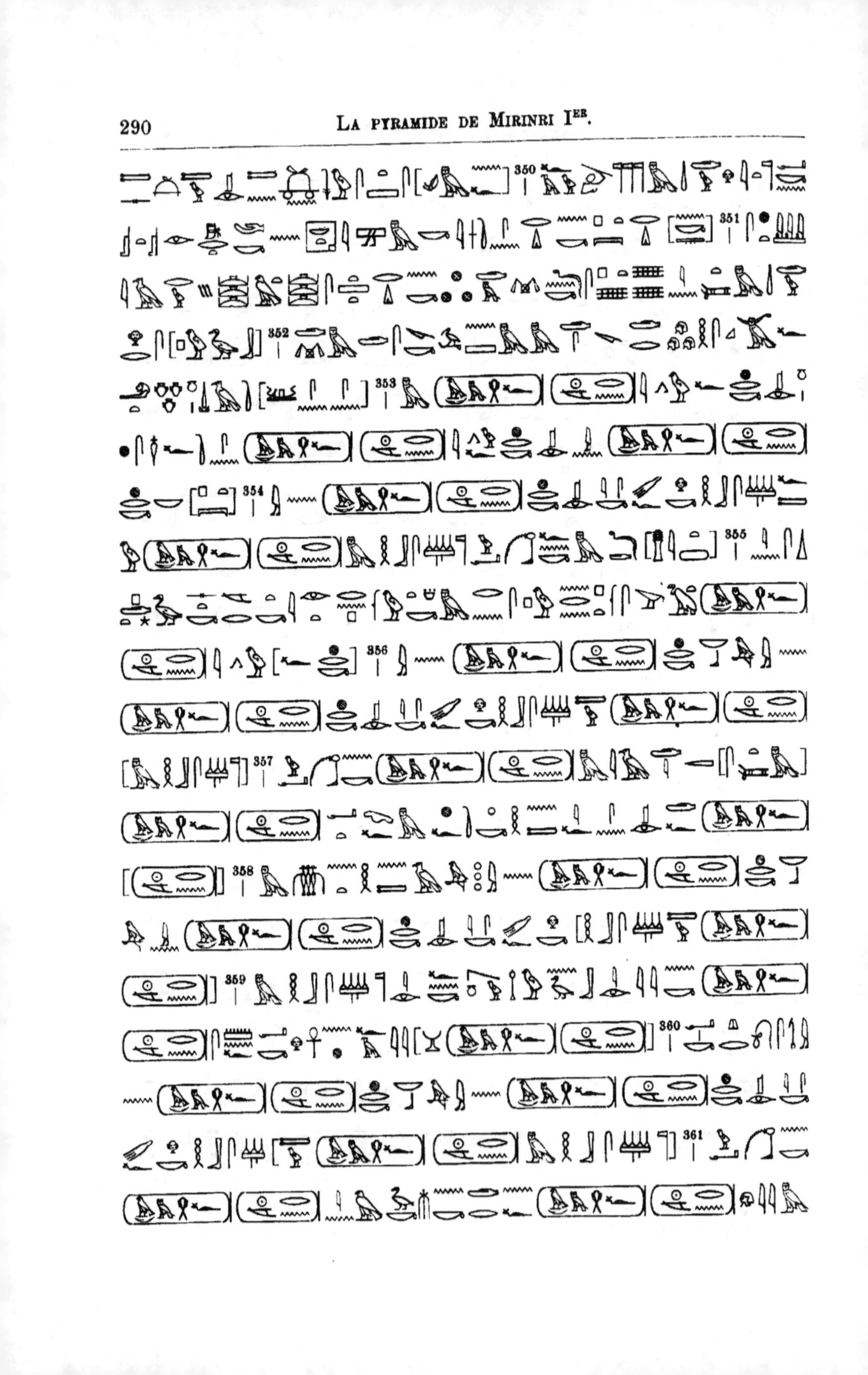

350

351

352

353

354

355

356

357

358

359

360

361

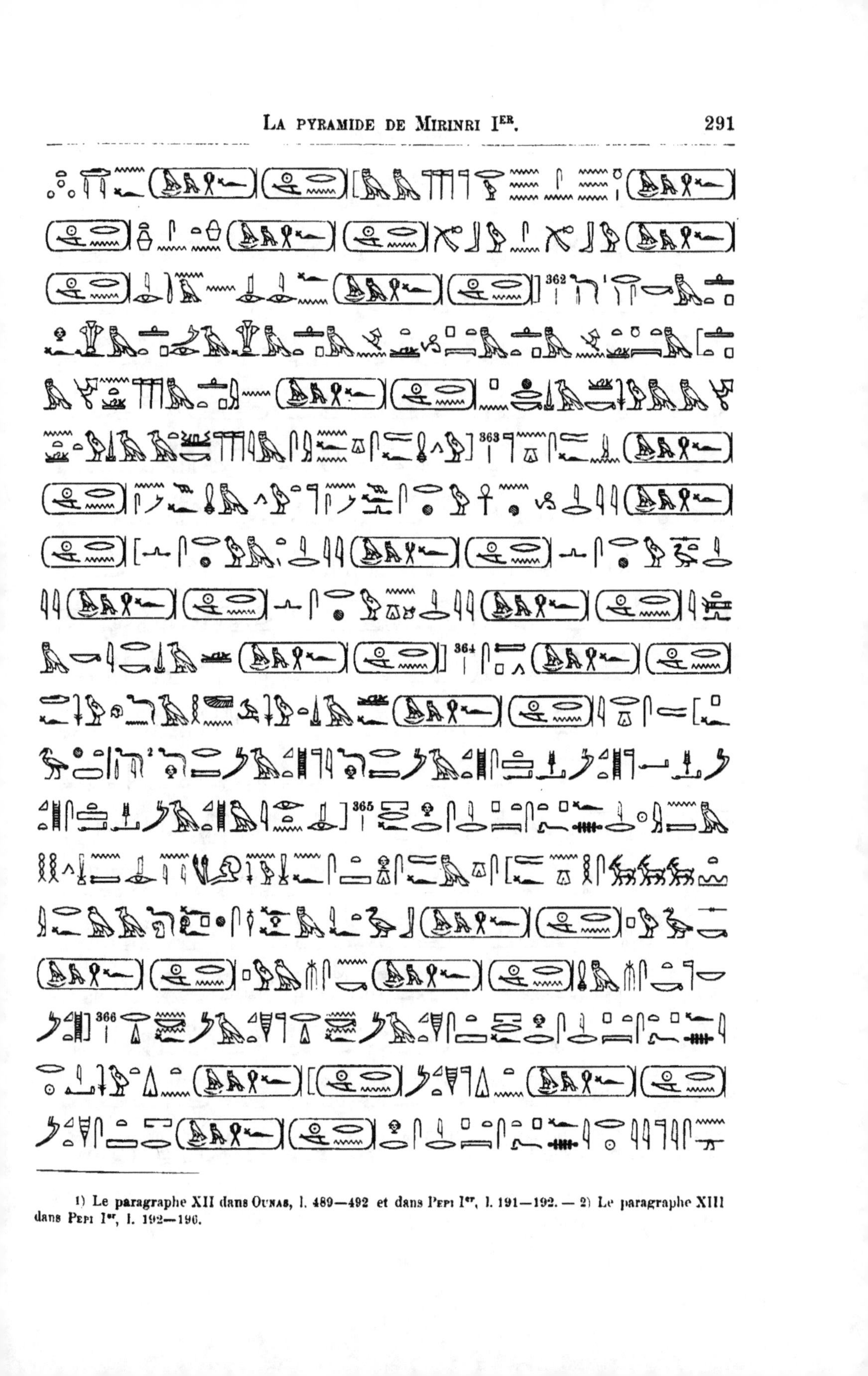

1) Le paragraphe XII dans Ounas, l. 489—492 et dans Pepi Ier, l. 191—192. — 2) Le paragraphe XIII dans Pepi Ier, l. 192—196.

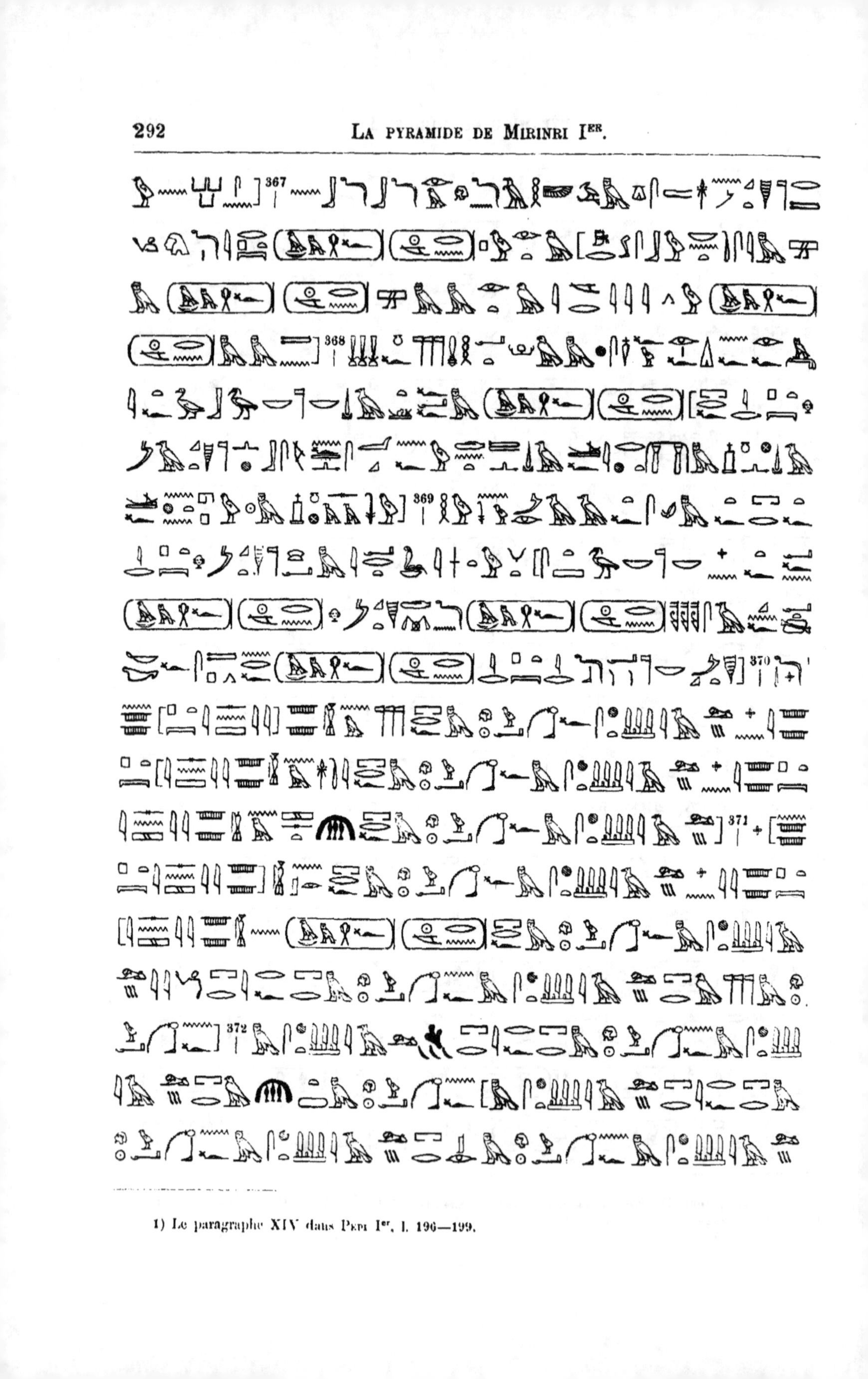

1) Le paragraphe XIV dans Pepi Ier, l. 196—199.

La paroi Est a été détruite sauf le triangle du pignon. Les textes qu'elle renferme sont en partie connus par d'autres textes, mais malheureusement assez difficiles à rétablir. Par une chance fâcheuse, le mur Est de la chambre Est a singulièrement souffert dans les trois dernières pyramides écrites du groupe de Saqqarah, celles de Pepi Ier, de Mirinri Ier et de Pepi II, et les inscriptions conservées dans celles d'Ounas et de Teti, gravées en assez gros caractères, ne donnent que peu de matériaux pour les restitutions.

1) Le paragraphe XV dans Pepi Ier, l. 202—203. — 2) A la suite du paragraphe XV devait se trouver un seizième paragraphe, composé à peine de quelques mots, et qui a disparu dans la lacune.

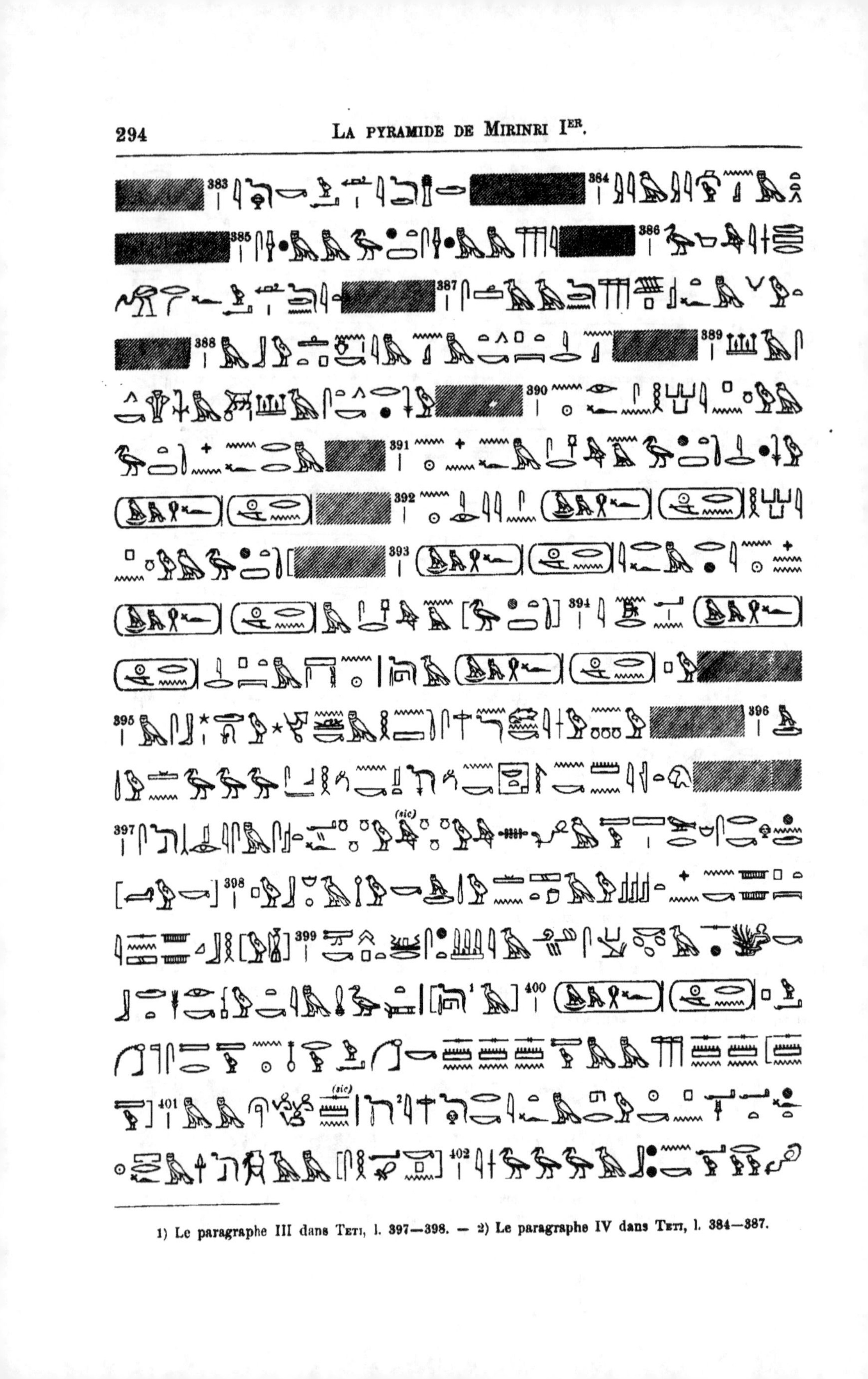

383 … 384 …

385 … 386 …

387 …

388 … 389 …

390 …

391 …

392 …

393 …

394 …

395 … 396 …

(sic)

397 …

398 …

399 …

400 …

(sic)

401 …

402 …

1) Le paragraphe III dans Teti, l. 397—398. — 2) Le paragraphe IV dans Teti, l. 384—387.

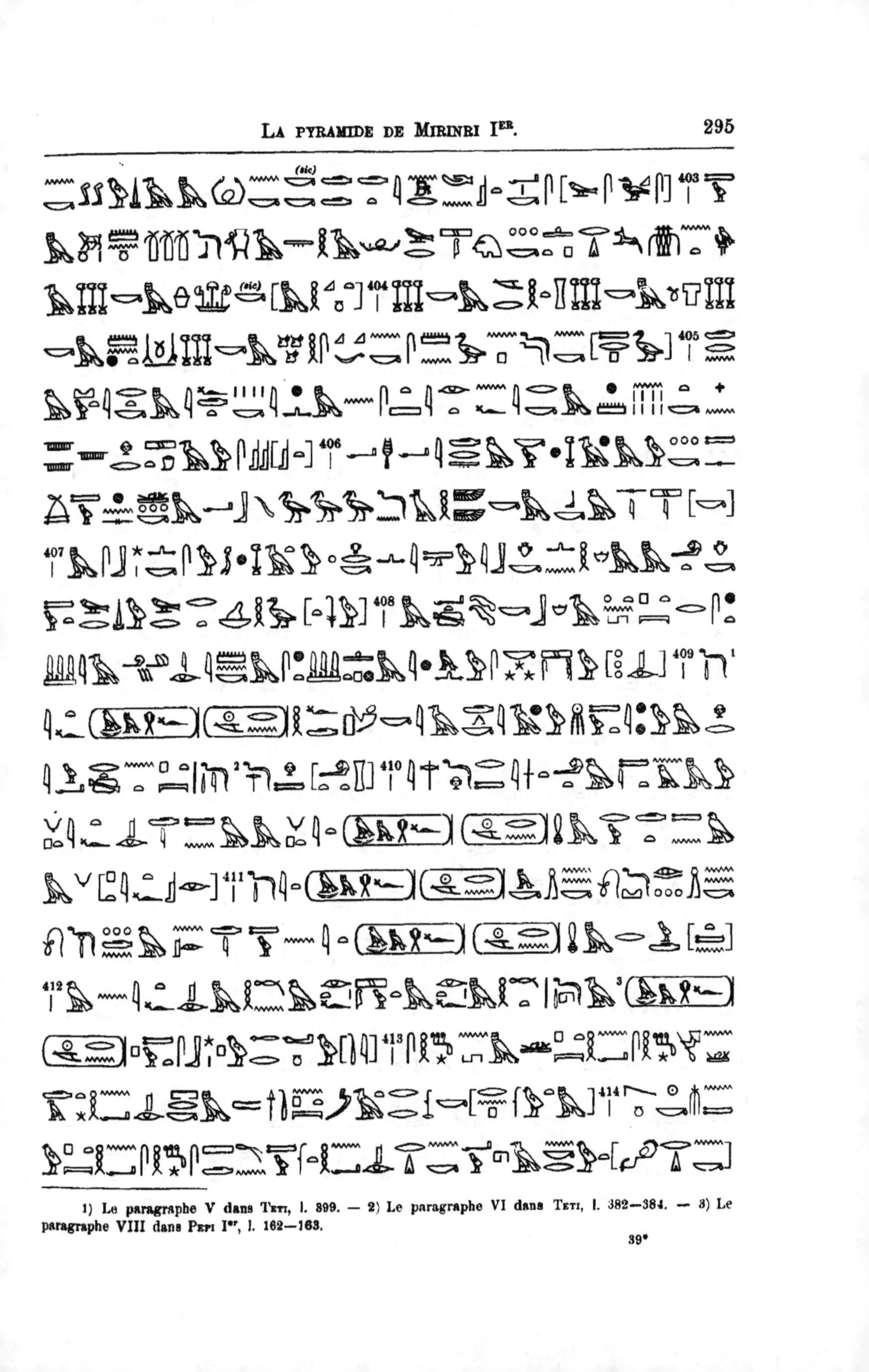

1) Le paragraphe V dans Teti, l. 399. — 2) Le paragraphe VI dans Teti, l. 382—384. — 3) Le paragraphe VIII dans Pepi Ier, l. 162—163.

415

416 [1]

417

418

419

420

421

(sic) 422

423

424

425

426

427

(sic) 428

429

430

431 432

433

1) Le paragraphe IX dans Teti, l. 264—270.

434 435

436 437

Pour compléter la description de ces chambres, j'ajouterai, qu'en remuant les blocs dont elles sont encombrées, j'en ai trouvé un, mais un seul, qui portât un fragment d'inscription assez long pour former un sens. D'après l'aspect de la pierre et la disposition matérielle des lignes, il provenait du couloir qui séparait la chambre de l'Est et la chambre de l'Ouest :

438 439

440

441 442

443 444

445

Chaque ligne a perdu environ les deux tiers de sa longueur.

III. COULOIR DES HERSES.

La partie du couloir qui est entre les herses et la chambre de l'Est a relativement peu souffert. Les blocs en calcaire qui touchent à la chambre ont péri complétement avec leurs inscriptions : au-delà du granit (I) les parois sont intactes et portent chacune cent dix lignes verticales de texte. Je commence par celle de l'Ouest :

446

447

448

449

450

I.

Dresse-toi pour moi, père, dresse-toi pour moi, Osiris qui es ce Mihtimsaouf Mirinri, car moi, ton fils, moi Hor, je suis venu à toi te laver, te purifier, te vivifier, resserrer pour toi tes os, rassembler pour toi ta texture, resserrer tes lambeaux, car je suis Hor qui venge son père, j'ai frappé pour toi, te frappant, et je t'ai défendu, ô père Osiris Mihtimsaouf Mirinrî, de ce qui te fait mal; je suis venu à toi en messager d'Hor qui t'installe, père Osiris Mihtimsaouf Mirinrî, sur le siége de Râ-Toumou, et tu guides les mortels, tu descends en cette barque de Râ, où les dieux aiment entrer, où les dieux aiment descendre, où Râ navigue vers l'horizon, quand Mihtimsaouf Mirinrî y descend, Râ . . . . [tu t'assieds sur] ce [trône] de Râ et tu adresses la parole aux dieux, car tu es Râ sortant de Nouit, et de même que Râ est enfanté chaque jour, ce Mihtimsaouf Mirinrî est enfanté chaque jour, comme Râ. Tu as pris l'héritage de Sibou par devant le corps [l'ensemble] de la neuvaine divine dans Onou, et, «Voici qu'il a été formé» dit la double neuvaine de dieux très grande qui est à la tête des esprits d'Onou, et ces deux dieux très grands qui sont à la tête des Champs d'Ialou te mettent sur le trône d'Horou, car ce sont eux qui te mettent Shou à ton côté Est, Tafnouit à ton côté Ouest, Nou à ton côté Sud, Nenit à ton côté Nord, et ils te conduisent vers leurs demeures excellentes, pures, qu'ils ont faites à Râ lorsqu'ils l'ont installé sur leurs trônes. O ce Mihtimsaouf Mirinrî, ils donnent que tu vives jusqu'à dépasser les années d'Harkhouti en ce qu'ils lui ont fait nom *Celui qui dépasse les dieux;* ils te font ce chapitre qu'ils font à Râ-Toumou, quand il culmine chaque jour, et ils installent ce Mihtimsaouf Mirinrî sur leurs trônes en tête de la neuvaine divine, maîtresse de Râ, celui qui a sa demeure fixe, car ils font que ce Mihtimsaouf Mirinrî soit comme Râ, en son nom de Scarabée, et tu es entré pour toi comme Râ, en son nom de Râ et tu marches à reculons à leur face comme Râ en son nom de Toumou, et la double neuvaine de dieux se réjouit pour eux à ton encontre, ô père Osiris Mihtimsaouf Mirinrî, et ils disent: «Vient à nous le frère de ceux-ci!» ainsi disent-ils la double neuvaine de dieux à Osiris Mihtimsaouf Mirinrî, ô père Osiris Mihtimsaouf Mirinrî[2]; «Vient à nous l'un de nous!» ainsi disent-ils la double neuvaine des dieux à toi, père Osiris Mihtimsaouf Mirinrî; «Vient à nous le fils aîné de son père!» ainsi disent-ils la double neuvaine des dieux à toi, père Osiris Mihtimsaouf Mirinrî, «celui qu'a procréé sa mère![1]» ainsi disent-ils la double neuvaine des dieux à toi, père Osiris Mihtimsaouf Mirinrî; «Vient à nous celui à qui a fait mal son frère Sit!» ainsi disent-ils la double neuvaine des dieux; «mais Sit ne peut empêcher que nous élevions lorsque nous te dressons à jamais, »père Osiris Mihtimsaouf Mirinrî!» ainsi disent-ils la double neuvaine des dieux à toi, père Osiris Mihtimsaouf Mirinrî; dresse-toi donc, père Osiris Mihtimsaouf Mirinrî, car tu es vivant.

1) Peut-être le scribe a-t-il passé ici la formule «il vient à nous», qui commence les autres versets de la litanie récitée par les dieux. Il n'est pas cependant indispensable de supposer ici une erreur: il suffit d'admettre que le membre de phrase est la suite du verset précédent, et que la phrase complète était .

2) Le paragraphe II dans PEPI Ier, l. 243—255

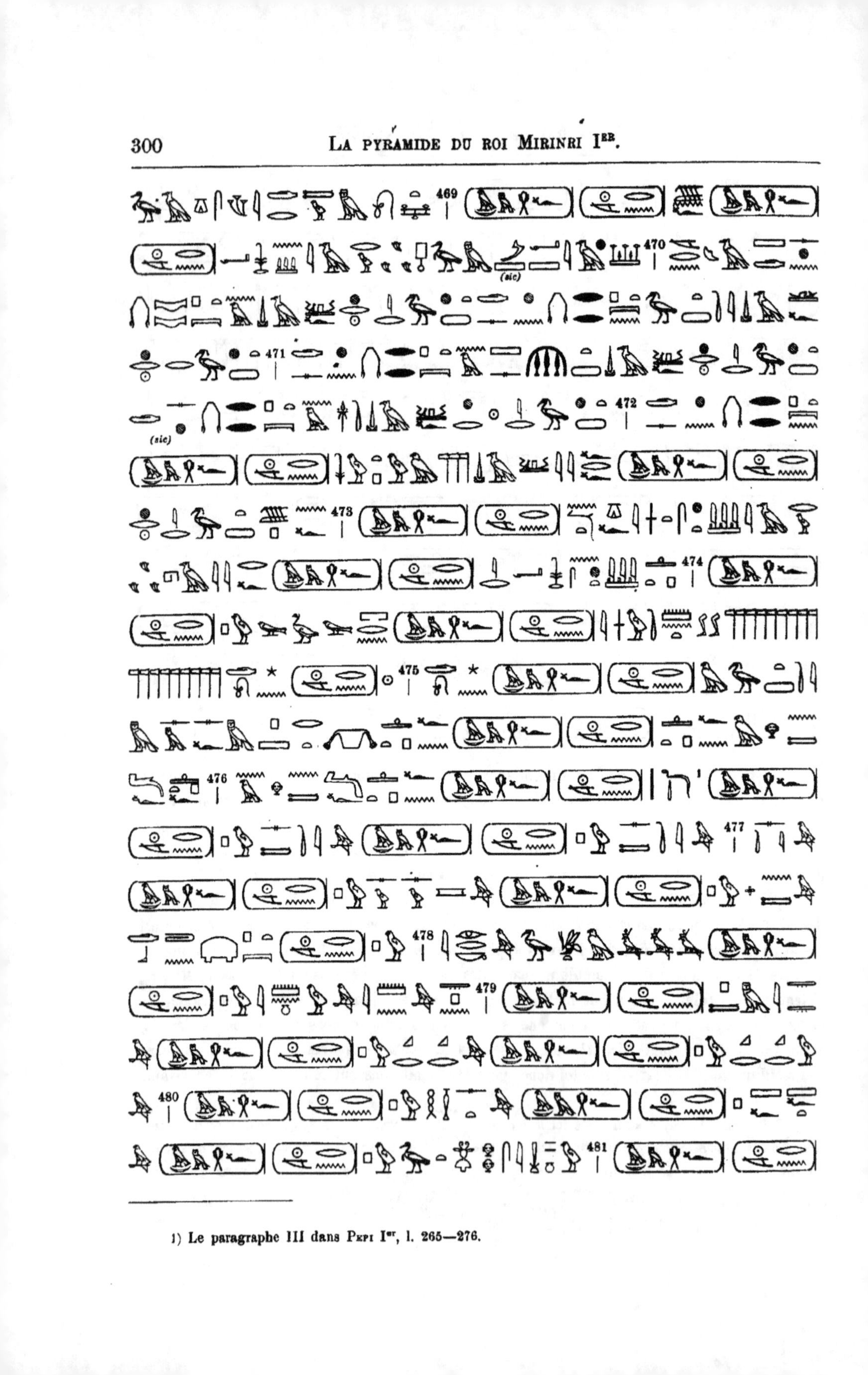

469

470

(sic)

471

(sic)

472

473

474

475

476

477

478

479

480

481

1) Le paragraphe III dans Pepi Ier, l. 265—276.

1) Le paragraphe IV dans Pepi Ier, l. 255—264.

495

1 (sic) 496

(sic) 497

498 2

499

500

501

502

503

504

3 505

506

507

508

1) Lisez probablement NTI et non NA.

2) Le paragraphe V dans PEPI Ier, l. 631—637.

3) Dans la traduction que j'ai donnée de ce texte, on lit : *quand sort sortie* pour . Il serait plus exact de mettre *quand sort sortant* . . et plus loin *sort ce Mirinri, sortant* , *et lavé* *des champs d'Ialou.*

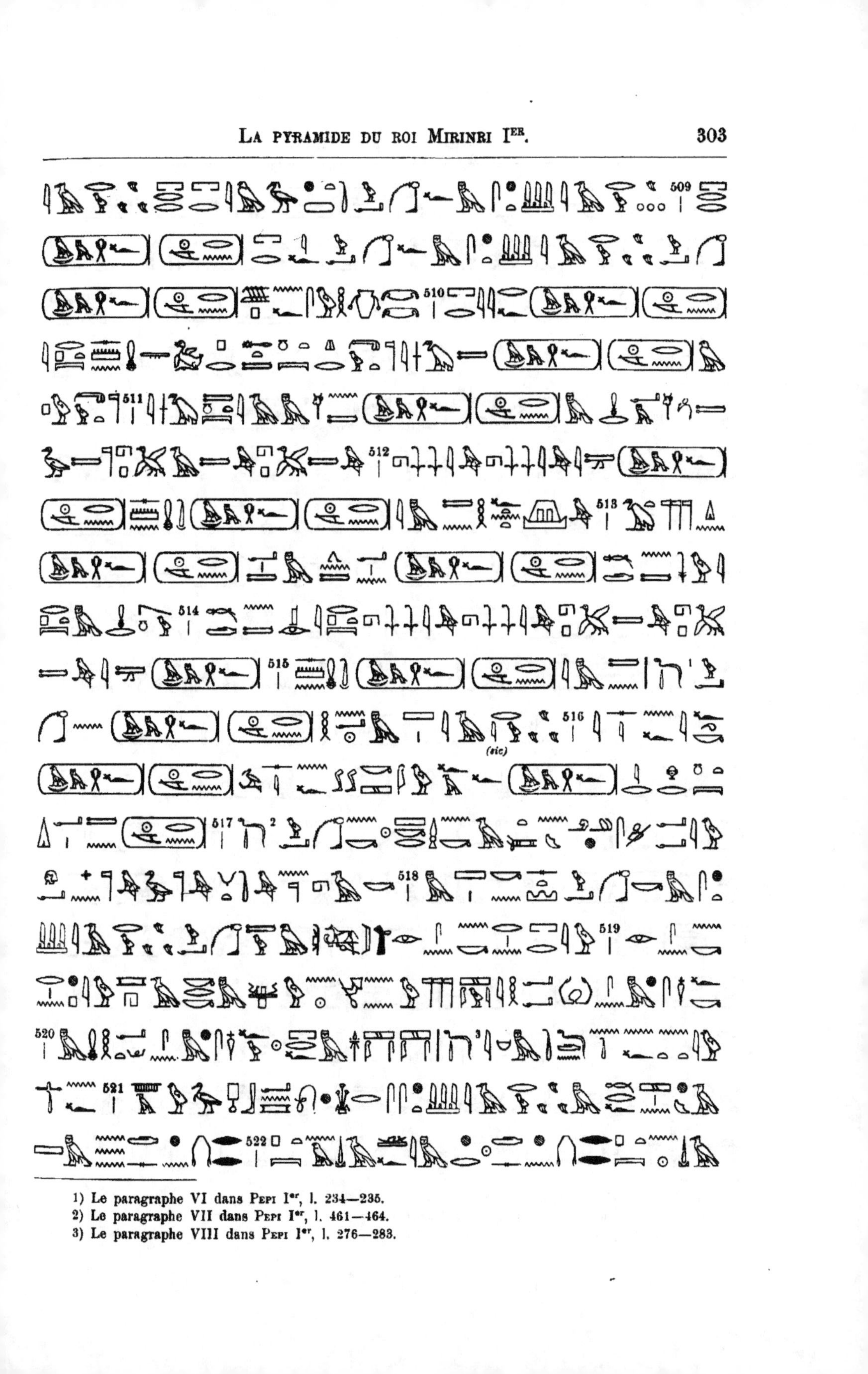

509

510

511

512

513

514

515 [1]

516 (sic)

517 [2]

518

519

520 [3]

521

522

1) Le paragraphe VI dans PEPI Ier, l. 234—235.
2) Le paragraphe VII dans PEPI Ier, l. 461—464.
3) Le paragraphe VIII dans PEPI Ier, l. 276—283.

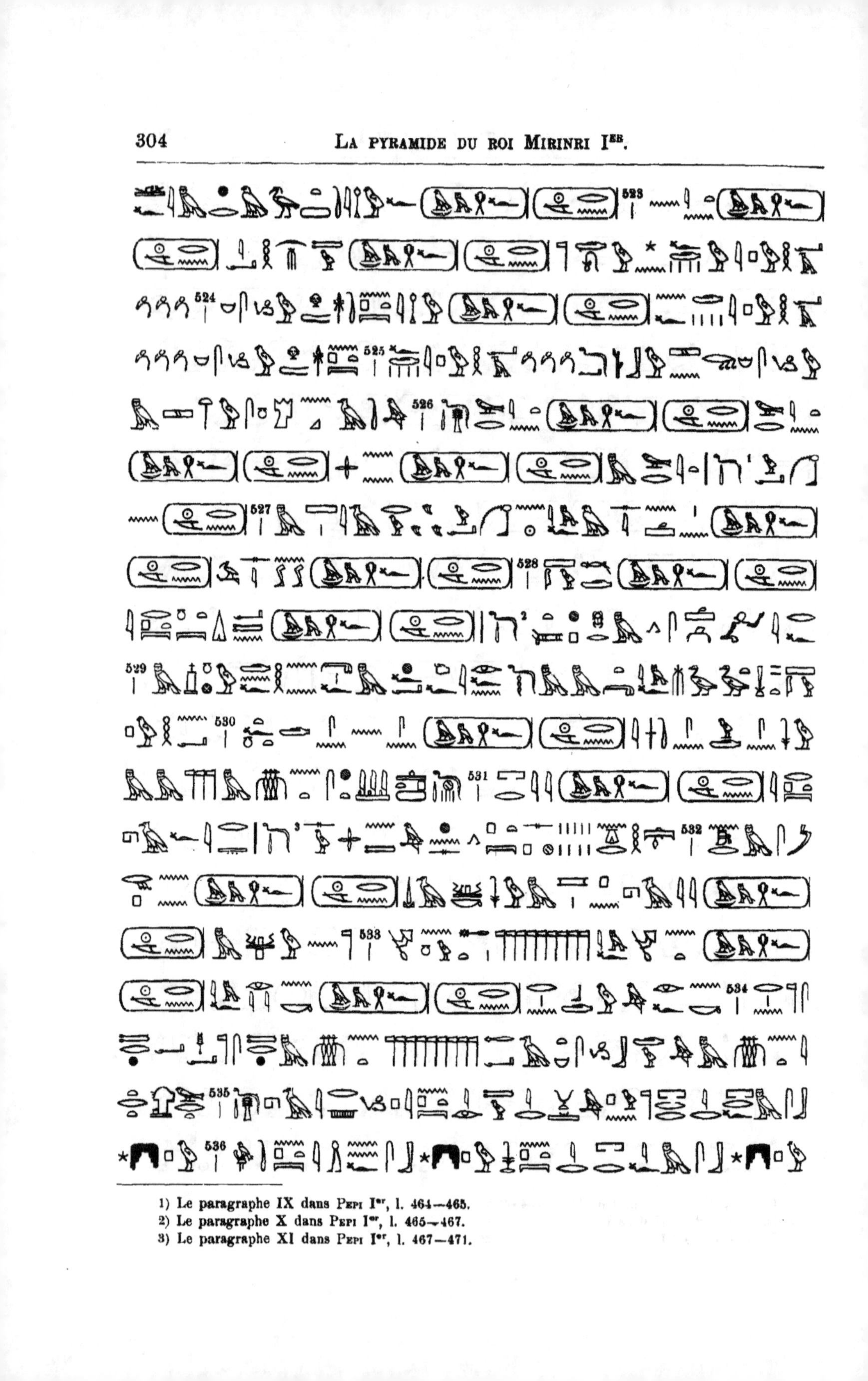

1) Le paragraphe IX dans PEPI Ier, l. 464—465.
2) Le paragraphe X dans PEPI Ier, l. 465—467.
3) Le paragraphe XI dans PEPI Ier, l. 467—471.

XVI.

L'enfant de Nou Mihtimsaouf Mirinri est sur ta paume gauche, le nourrisson insatiable Mihtimsaouf Mirinri il a délivré Mihtimsaouf Mirinri des dieux qui broient, il n'a pas livré Mihtimsaouf Mirinri aux dieux qui broient.

1) Le signe passé dans l'original. — 2) Le paragraphe XII dans Pepi Ier, l. 471—473. — 3) Le paragraphe XIII dans Pepi Ier, l. 473—474. — 4) Le paragraphe XIV dans Pepi Ier, l. 447—449. — 5) Le paragraphe XV dans Pepi Ier, l. 440—443. — 6) Le paragraphe XVII dans Pepi Ier, l. 443—447.

XVIII.

MIHTIMSAOUF MIRINRI, ton père LE GRAND est debout, ta mère NOUIT est assise, donne ta main à ton fils Hor; allons va car lui il vient à l'encontre de toi.

En face de cette inscription, sur la paroi Ouest, une longue bande d'hiéroglyphes qui s'étend jusqu'à la première herse nous a rendu cent-dix lignes de textes, déjà connus pour la plupart par la pyramide de Pepi Ier.

1) Le paragraphe Ier dans PEPI Ier, l. 390—396.

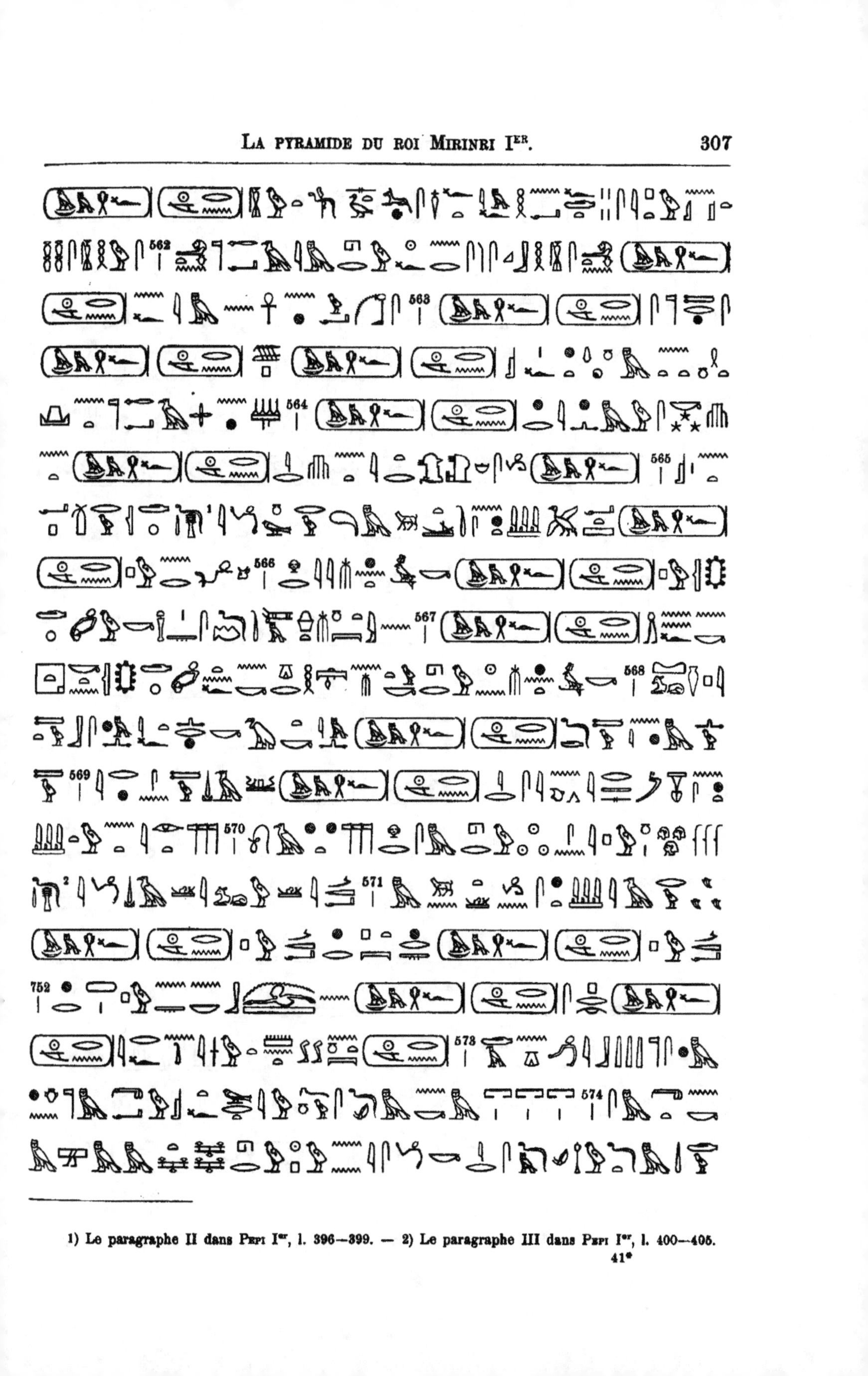

1) Le paragraphe II dans Pepi Ier, l. 396—399. — 2) Le paragraphe III dans Pepi Ier, l. 400—405.

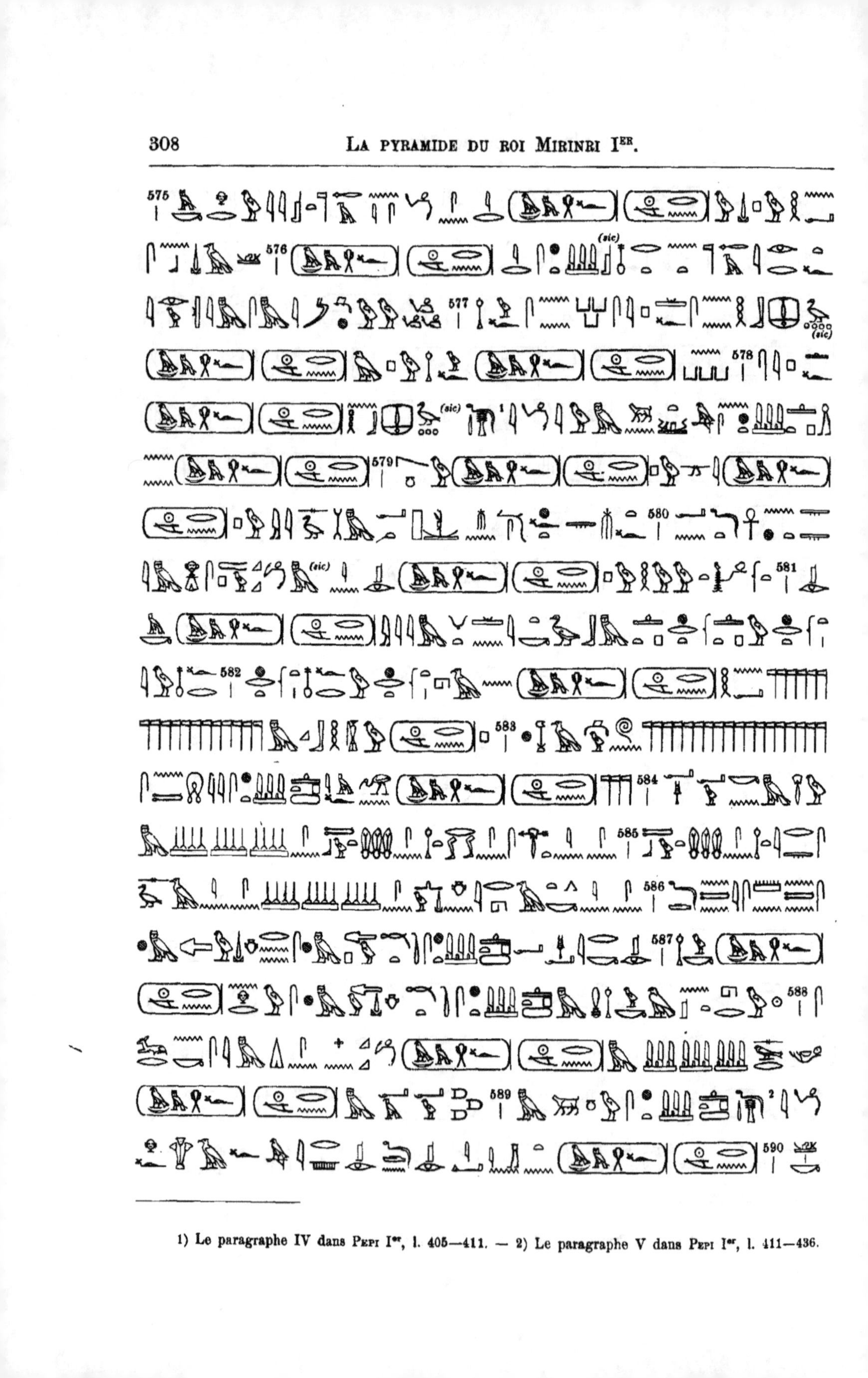

575

576 (sic)

577 (sic)

578

(sic) [1]

579

580

(sic) 581

582

583

584

585

586

587

588

589 [2]

590

1) Le paragraphe IV dans Pepi Ier, l. 405—411. — 2) Le paragraphe V dans Pepi Ier, l. 411—436.

591

592

593

594

595

596

597

598

599

600

601

602

603

604

605

606

607

(sic)

608 (sic)

609

610

611

612

613

614

615

616

617

618

619

620

621

1) Le paragraphe VI dans Pepi Ier, l. 315—349. [hiéroglyphe] est ici le phonétique de la négation [hiéroglyphe].

2) Dans le passage correspondant de Pepi Ier, t. VII, p. 156, lire Samtit au lieu de Nastit.

1) Dans le texte de PEPI Ier, l. 333, lire  . Le second  avait été passé à l'impression; sa présence était indiquée par la traduction qui accompagne ce passage (*Recueil*, t. VII, p. 156).

2) La variante de PEPI Ier, l. 344—345, donne le nom du serpent NAHBKOOU, au lieu du terme général HFAOU, *serpent* (cfr. *Recueil*, t. VII, p. 157).

1) Le paragraphe VII dans PEPI Ier, l. 436—440.
2) Le paragraphe VIII dans PEPI Ier, l. 669—674.

La partie du couloir située entre les herses et l'antichambre a beaucoup souffert. La paroi Ouest a été détruite entièrement par les chercheurs de trésors; la paroi Est n'a plus qu'une trentaine de lignes dont les premières, assez mutilées, forment la fin d'un paragraphe déjà publié dans les pyramides d'Ounas et de Pepi Ier.

1) La variante de PEPI Ier, l. 672, donne au lieu de (cfr. *Recueil*, t. VIII, p. 106). — 2) «. . . les quatre dieux qui sont là , à savoir , SAMIT.» Il y a allitération voulue entre les groupes et et le nom du dieu. — 3) Le texte de PEPI Ier, l. 673, donne la variante épervier au lieu de SMONOU, *sic*. — 4) La fin de ce texte, abrégée ici, se trouve plus complète dans la version de PEPI Ier, l. 673—674. — 5) Le paragraphe Ier est complet dans OUNAS, l. 485—489 et dans PEPI Ier, l. 638—641.

674 [1]

675

676

677

678

679 [2]

680

681

682 [3]

683

684

685

686

1) Le paragraphe II dans Pepi Ier, l. 641—643.

2) La variante qu'on trouve ici est exacte, et conforme à la version qu'on lira dans Pepi II.

3) est ici pour comme plus haut, l. 679 était pour . Le

IV. ANTICHAMBRE.

L'antichambre est plus d'à moitié détruite. La paroi Ouest a entièrement disparu : les chercheurs de trésors en ont brisé les blocs en fragments que les habitants de Saqqarah ont ramassés soigneusement et transformés en chaux. La paroi Est et les deux portes ont gardé en partie leur décoration d'hiéroglyphes.

La porte méridionale, celle qui ouvre sur le couloir des herses, nous a rendu trente-neuf lignes d'inégale longueur. Les longues lignes qui couvraient les jambages ont été endommagées; les petites lignes du linteau sont à peu près intactes :

syllabisme appliqué aux flexions grammaticales n'est pas dans les habitudes de l'époque classique, on en trouve des nombreux exemples dans les textes des pyramides pour , pour . Dans tous ces cas, on avait pour but d'exprimer plus exactement la voyelle · Aou-f, ni-s : ici la variante montre que l'on lisait les formes en avec une voyelle intermédiaire, le ou que j'ai déjà signalé, ni-s, ni-senou, ne-s, ne-senou.

1) Ce paragraphe Ier est l'abrégé d'un chapitre dont la version complète a été publiée dans la pyramide de PEPI Ier, l. 69—84; les lacunes peuvent être comblées aisément au moyen de ce duplicata. Cfr. également PEPI Ier, l. 479 sqq.

2) Notre texte porte bien [hiéroglyphes] au lieu de [hiéroglyphes] que donnent la pyramide de PEPI Ier, l. 77, et les autres textes analogues.

La paroi Ouest a été détruite entièrement par les chercheurs de trésors; la paroi Est a conservé en tout quarante-sept lignes d'écriture dont les premières ont souffert dans le haut et dans la partie la plus voisine du sol :

1) Les longues lignes qui occupaient le côté droit de la porte ont été détruites aux trois quarts par les chercheurs de trésors. Nous en retrouverons dans l'antichambre de PEPI II un duplicata, malheureusement trop mutilé pour qu'on puisse combler toutes les lacunes.

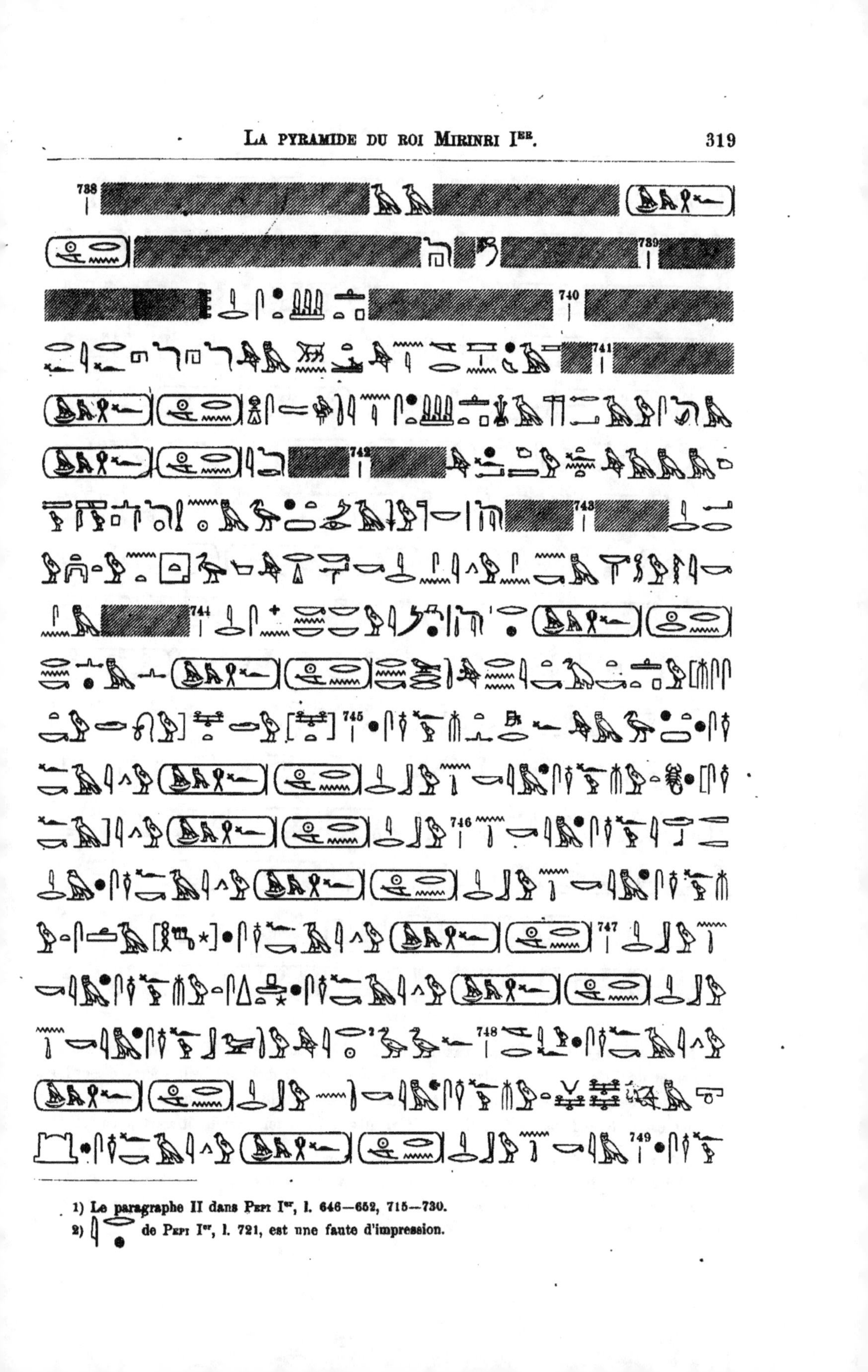

738

739

740

741

742

743

744

745

746

747

748

749

1) Le paragraphe II dans Pepi Ier, l. 646—652, 715—730.

2) de Pepi Ier, l. 721, est une faute d'impression.

III.

Monte vers le ciel, ô Moringa[2] flexible, car le ciel a enfanté un dieu sur les deux mains de Shou et de Tafnouit, sur les deux mains de Mirinri. «O dieu qui brilles fort» disent les dieux, «entends-le ce discours que te dit Mirinri, et qu'il incline ton cœur vers Mirinri, car »Mirinri est le Grand fils de Grand, que Mirinri soit avec toi, prends Mirinri avec toi. O

1) Ce paragraphe dans Pepi Ier, l. 652—663, 743—785, mais mutilé. — 2) Allusion au mythe, parallèle à celui de *Nouit dans le sycomore*, qui représente Osiris *Khri baqou-f* «sous son moringa». — 3) fait variante avec : c'est une forme vocalisée en I, AI, ÂI, AOUI, OI, *être*, dont on a quelques exemples aux époques postérieures.

»Khopirrou, entends-le ce discours que te dit Mirinrî, et qu'il incline ton cœur vers Mirinrî, »car Mirinrî est le Grand fils de Grand, que Mirinrî soit avec toi, prends Mirinrî avec toi. »O Nou, entends-le ce discours que te dit Mirinrî, et qu'il incline ton cœur vers Mirinrî, car »Mirinrî est le Grand fils de Grand, que Mirinrî soit avec toi, prends Mirinrî avec toi. Tou- »mou, entends-le ce discours que te dit Mirinrî, et qu'il incline ton cœur vers Mirinrî, car »Mirinrî est le Grand fils de Grand, que Mirinrî soit avec toi, prends Mirinrî avec toi. O »volontaire (Ouashou), fils de Sibou, ô fort fils d'Osiris, entends-le ce discours que te dit »Mirinrî, et qu'il incline ton cœur vers Mirinrî, prends Mirinrî avec toi, viens à Mirinrî en »ton nom de Râ qui repousse l'obscurité du ciel, et qu'Harkhouti lui donne qu'il entende »ses âmes et ses louanges dans la bouche du double cycle des dieux! «Sois parfait» dit sa »mère, «ô [ma] chair» dit Osiris; «Mirinrî n'a pas mangé l'Œil d'Hor» disent les hommes, «ou il en mourrait»; «Mirinrî n'a point dévoré la chair d'Osiris» disent les dieux, «ou il

1) Litt. : Sois donné, donne-toi [hiéroglyphes], comme plus haut, l. 753, [hiéroglyphes].

2) Corriger dans Pepi Ier, l. 655 [hiéroglyphes] en [hiéroglyphes] : le ● est tombé à l'impression.

»en mourrait, mais Mirinrî vit à l'égal de son père Toumou». — «Tu protéges Mirinrî, ô »Nekhabit, tu as protégé Mirinrî ô Nekhabit dans la Demeure du prince qui est dans Onou, »tu as adjugé MIRINRÎ à AMI-HONTI-F et AMI-HONTI-F l'a adjugé à AMI-SOPTI-F volontairement (?). »Car MIRINRÎ a subi (?) le jour qui appartient à la mort comme SIT a subi son jour de mort; »MIRINRÎ a subi ses quinzaines qui appartiennent à la mort, comme SIT a subi ses quin»zaines de mort; MIRINRÎ a subi ses mois qui appartiennent à la mort comme SIT a subi »ses mois de mort; MIRINRÎ a subi son année qui appartient à la mort comme SIT a subi »son année de mort. Au labourage de la terre, les deux bras de MIRINRÎ, c'est Shou qui »soulève Nouit, car les os de MIRINRÎ sont du métal, sa chair est indestructible, c'est MIRINRÎ »l'astre OUAPSHOU, et le ciel admet ce PEPI [en lui] comme dieu défenseur, le ciel n'est pas »privé de MIRINRÎ, SHOU n'écarte pas [ne prive pas] cette terre de lui [MIRINRÎ] jamais, mais »MIRINRÎ vit d'une vie plus forte que celle de vos sceptres AOU. O dieux du ciel indestruc»tibles qui parcourez en barque le pays de TAHONOU, et qui manœuvrez de vos sceptres

»Ouas et de vos sceptres Zâmou, Mirinri manœuvre avec vous de son sceptre Ouas et de »son sceptre Zam, car c'est Mirinri le troisième de vous; ô dieux du ciel indestructibles qui »parcourez en barque le pays de Tahonou, et qui manœuvrez de vos sceptres Ouas et de »vos sceptres Zâmou, Mirinri manœuvre avec vous de son sceptre Ouas et de son sceptre »Zâmou, car c'est Mirinri le quatrième de vous; ô dieux du ciel indestructibles qui par»courez en barque le pays de Tahonou et qui manœuvrez de vos sceptres Ouas et de vos »sceptres Zâmou, Mirinri manœuvre avec vous de son sceptre Ouas et de son sceptre Zâmou »selon l'ordre de Horou, prince héritier du roi des dieux, car c'est Mirinri qui empoigne la »couronne blanche liée à la couronne verte;[1] c'est Mirinri l'uræus issue de Sit, et qui prend »ce qu'elle porte, car Mirinri prend ce qu'il apporte; c'est Mirinri, ces rouleaux de papyrus »qui sortent de l'eau (?), c'est Mirinri l'œil d'Hor qui est blessé et qui suppure, et est blessé »et il suppure. Entends-le ce discours, ô Râ, que Mirinri t'a dit : ton corps est Mirinri, ô »Râ, vivifie donc ton corps en lui, ô Râ, égorge les cynocéphales (?). O toi qui es l'amant »[noir] de la vache noire mère, égorge la noire mère; ô [ces deux] cynocéphales, celui-ci »chasseur au filet, celui-là mâle, adorez à vous deux, sein premier, car Mirinri des linceuls »protecteurs, et de la voix juste, il est né, lui qui n'était pas, Zondou est né lui qui n'était »pas, Khroou (la voix) est né lui qui n'était pas, Shondit est né lui qui n'était pas, Khonou

1) La couronne qui est dite *la rouge* dans les textes d'époque classique reçoit souvent aux temps anciens le nom de *couronne verte*.

»est né et l'œil d'Hor n'est pas meurtri, les testicules de Sit ne sont pas arrachés, mais »c'est Mirinri l'étoffe rouge sortie d'Isis, c'est Mirinri la liqueur rouge sortie de Nephthys; »Mirinri fait la guerre à Bounouz et les dieux ne font rien contre Mirinri, car c'est Mirinri, »celui qui sert de place au soleil, et Mirinri ne meurt pas, Sibou le prince des dieux [l]'en»tend, Toumou le munit de ses rites, Thot entend [pour lui] ce qu'il y a dans les livres des »dieux, Hor lui ouvre, Sit le protége, et Mirinri se lève à la partie orientale du ciel comme »Râ se lève à la partie orientale du ciel.»

1) Lire dans Pepi Ier, l. 662. — 2) Insérer dans la lacune de Pepi Ier, au bas de la ligne 779. — 3) Lire dans Pepi Ier, l. 662. — 4) Corriger en dans Pepi Ier, l. 782. — 5) Le paragraphe IV dans Pepi Ier, l. 667—669. — 6) Le paragraphe V dans Pepi Ier, l. 614—616.

V.

Mirinri est sorti de Pou avec les esprits de Pou, il se bat comme Hor, muni du double cycle des dieux, et Mirinri se lève en roi, Mirinri entre [au ciel] comme Ouapouaïtou, il a pris les couronnes blanche et verte, la masse de Mirinri est avec lui, le Amsi de Mirinri est dans son poing, la mère de Mirinri est Isis, sa nourrice est Nephthys et la vache Sekhaït-Hor l'allaite; Nit est derrière Mirinri, Solkit sur ses deux mains; celui qui dispose les câbles, qui assemble les bacs c'est Mirinri pour le fils de Toumou, affamé, altéré, altéré, affamé, sur ce côté sud du lac de Kha, ô Thot qui es à l'ombre de ton arbre, prends Mirinri sur le fouet de ton aile en ce côté nord du lac de Kha, que Mirinri passe et que passe sa chair, que Mirinri passe et que passe [son] vêtement, car Mirinri est sorti au ciel, comme Montou, Mirinri est descendu comme Bâ, il chasse au filet comme Bâ-ashomou-f.

VI.

L'œil d'Hor se met sur l'aile de son frère Sit, quand le fils de Toumou manœuvre les cordages et dirige la barque, le fils de TOUMOU ne fait point naufrage : MIRINRI est le fils de TOUMOU et le fils de TOUMOU ne fait point naufrage.

La porte qui ouvrait sur le couloir ascendant était encadrée d'hiéroglyphes comme celle qui lui fait face. Les montants du côté droit n'ont plus que des commencements de lignes : le reste est assez bien conservé :

1) Ce paragraphe II est dans OUNAS, l. 584—591.

La momie de Mirinrî, trouvée sur un monceau de débris dans la chambre du sarcophage, est aujourd'hui déposée au musée de Boulaq.[1]

1) MASPERO, *Guide du Visiteur*, p. 347, n° 5250.

LA PYRAMIDE DU ROI PEPI II.

Cette pyramide porte le numéro 9 sur la carte de Perring, le numéro XLI sur celle de Lepsius. Tout ce qu'on en savait avant nos fouilles était contenu dans une notice d'une douzaine de lignes, que Perring avait rédigée pour l'ouvrage de Vyse (t. III, p. 52—53), et dont voici la traduction :

« Pyramide n° 9 de la carte. — On l'appelle *Haram el-Mastabèh*, parce qu'elle est » située près de l'édifice connu sous le nom de *Mastabat el-Faraoun*. Elle est construite à » degrés, avec des pierres de petite taille, et, tant par les matériaux que par son état actuel, » ressemble beaucoup à la pyramide n° 8 qui s'élève sur le rebord opposé de la vallée.

« Sur le flanc Est on distingue les fondations de plusieurs édifices, et au-delà, dans » la direction du village, court une longue chaussée, construite en pierre.

« Base actuelle, plus de . . . . 245 pieds anglais.
« Hauteur actuelle . . . . 95 pieds. »

Le succès des fouilles entreprises à la pyramide du roi Ounas me décida à mettre les ouvriers aux ruines de cette nouvelle pyramide vers la fin de février 1881. Quinze jours après, les réis Mohammed Châhîn et Rouby Hamzaoui, chargés plus spécialement de ce travail, découvraient, sur la face nord, les débris du long couloir incliné qui les mena rapidement dans une antichambre fort endommagée, mais dont les parois, aux endroits où elles avaient été respectées, étaient chargées d'inscriptions en petits hiéroglyphes très serrés, peints de couleur bleue ayant tourné au vert. Arrêtés par les herses en granit, ils reprirent la fouille un peu plus loin vers le S.-E., et poussèrent une tranchée de l'Est à l'Ouest, à travers les décombres amoncelés en cet endroit, de manière à tourner les herses et à passer sur le trajet du couloir. Au bout de quelques jours, le hasard leur fit découvrir un boyau tortueux, creusé dans la maçonnerie par les fellahs qui avaient pénétré les premiers dans l'intérieur. Ils le déblayèrent non sans danger. Les petits matériaux dont se composait le corps de la pyramide s'éboulaient au moindre choc et menaçaient d'ensevelir les ouvriers sous des avalanches de pierre et de gravois : de plus, le boyau était si étroit qu'un seul homme pouvait s'y glisser à plat ventre, et, la couffe remplie de déblais, devait revenir la vider à reculons, faute d'espace pour se retourner et la passer à un autre ouvrier. Après avoir cheminé de la sorte pendant une quarantaine de mètres, sans autre accident qu'un doigt écrasé et quelques égratignures insignifiantes, les deux réis arrivèrent en *a*, dans l'espace vide qui séparait la deuxième de la troisième herse, et virent que les fouilleurs anciens avaient procédé de la même manière que ceux qui ouvrirent la pyramide d'Ounas : ils avaient brisé le bloc de calcaire qui terminait le plafond du couloir et auquel abutait la troisième herse, et y avaient ménagé un trou suffisant pour laisser passer un seul individu, de taille mince. Le 13 avril 1881, l'accès des chambres intérieures était libre, mais le chemin était si incommode que je pris le parti de l'abandonner et d'en frayer un nouveau. On déblaya le couloir découvert en premier, de façon à pouvoir arriver sans trop de fatigue à la première herse, puis on brisa l'angle supérieur de droite du bloc en granit qui formait cette première herse; cette sorte de chatière donnait accès dans l'espace vide que la construction des pyramides ménage au-dessus de chaque herse, et l'on alla rejoindre, par-dessus les herses désormais inutiles, le trou que les premiers fouilleurs avaient percé dans le plafond du couloir intérieur. Ce chemin nouveau *b—a* avait sur l'ancien l'avantage de ne présenter de dangers que sur une longueur de quelques mètres. A l'endroit marqué *a* sur le plan, il passait sous une sorte de voûte en berceau, formée accidentellement par l'écroulement des matériaux, et d'un équilibre tellement hasardeux qu'un mouvement brusque de la personne qui passait risquait de le rompre et de précipiter sur l'imprudent toute la maçonnerie. A plusieurs reprises de petits éboulis se produisirent, et, la dernière fois où j'y pénétrai en avril 1886, nous fûmes bloqués pendant plusieurs heures, M. Bouriant et moi, dans les chambres, par la chute d'une partie de la voûte : il fallut rejeter les décombres dans le couloir intérieur.

Le plan de la pyramide est identique à celui des autres pyramides à inscriptions que nous avons découvertes à Saqqarah : une même école d'architectes les a construites et une même école de sculpteurs et de graveurs les a décorées toutes les cinq.

La pyramide a été violée au moyen-âge, vers le IXe ou Xe siècle, et j'y ai ramassé une ou deux de ces lampes en terre recouvertes d'émail vert qui éclairaient les fouilleurs. Elle a été ouverte de nouveau à la fin du siècle passé ou au commencement du siècle présent. Un de nos ouvriers racontait que son grand-père, étant enfant, avait travaillé à cette exploration et qu'on y avait trouvé beaucoup d'objets en marbre ou plutôt en albâtre, le mot رخام dont il se servait désignant également l'albâtre. De fait, les collectionneurs des premiers temps de Méhémet-Ali achetèrent aux gens de Saqqarah un certain nombre de petits vases en cette matière portant le cartouche et qui sont aujourd'hui dans nos musées. La même recherche des trésors cachés qui a causé tant de ravages dans les autres pyramides a nui également à celle-ci. Les parois Ouest de l'antichambre et du couloir qui précède les herses, la paroi Sud de la chambre Est et le Serdab presque entier ont péri; les autres parois ont beaucoup souffert.

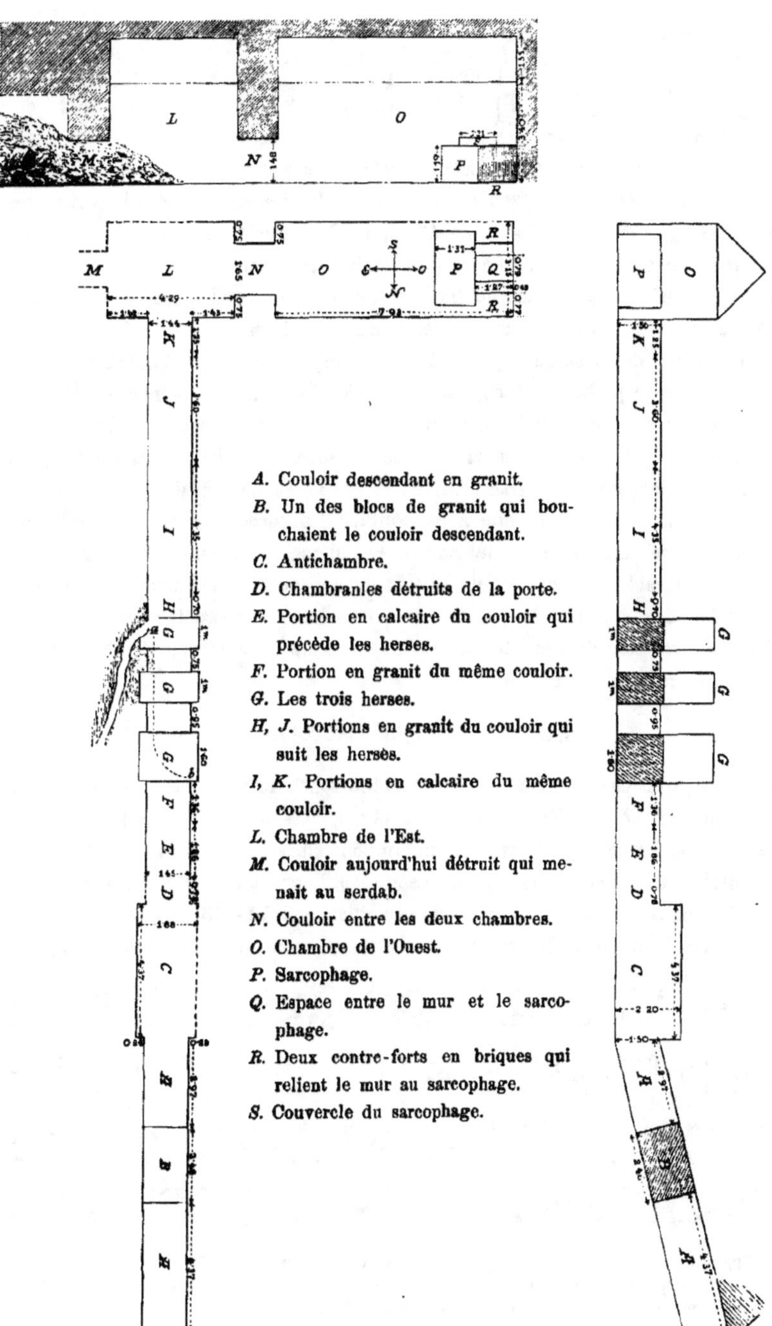

A. Couloir descendant en granit.
B. Un des blocs de granit qui bouchaient le couloir descendant.
C. Antichambre.
D. Chambranles détruits de la porte.
E. Portion en calcaire du couloir qui précède les herses.
F. Portion en granit du même couloir.
G. Les trois herses.
H, J. Portions en granit du couloir qui suit les herses.
I, K. Portions en calcaire du même couloir.
L. Chambre de l'Est.
M. Couloir aujourd'hui détruit qui menait au serdab.
N. Couloir entre les deux chambres.
O. Chambre de l'Ouest.
P. Sarcophage.
Q. Espace entre le mur et le sarcophage.
R. Deux contre-forts en briques qui relient le mur au sarcophage.
S. Couvercle du sarcophage.

Plan de la pyramide du roi Pepi II.

Le sarcophage est en granit et fort bien conservé. Il porte une inscription d'une seule ligne en très beaux caractères : . Il est placé à 1m 27 de la muraille Ouest, et en est séparé, comme ceux de Teti, de Pepi Ier et de Mehtimsaouf, par deux contre-forts en briques crues de 0m 43 d'épaisseur. Le couvercle a été repoussé par les voleurs et repose à moitié sur ces contre-forts. Il a 0m 39 de haut, et est légèrement bombé à la partie supérieure. La cuve est longue de 2m 80, haute de 1m 19, profonde de 0m 72; les parois latérales ont une épaisseur moyenne de 0m 29. Le corps a entièrement disparu, du moins je n'en ai trouvé aucune trace; quelques lambeaux de linge épars montrent seulement que la momie a été dépouillée dans la tombe même, avant d'être mise en pièces.

Ce qui reste des inscriptions a été en partie estampé par MM. EMILE BRUGSCH et BOURIANT, en grande partie copié à plusieurs reprises par moi sur la muraille dans beaucoup d'endroits où nos échelles n'atteignaient point assez haut pour permettre l'estampage; mes copies, remises au net, ont été comparées l'une à l'autre et collationnées sur l'original. J'ai copié et estampé tous ceux des fragments épars sur le sol qui offraient autre chose que des lettres éparses : j'ai réussi de la sorte à reconstituer des portions assez importantes de texte qui paraissaient être perdues irrémédiablement. Les hiéroglyphes sont fort petits, par rapport à ceux de la pyramide d'Ounas; les , les et en général tous les signes longs varient entre 0m 03 et 0m 04 de haut; aussi la quantité de textes est-elle encore très considérable malgré les dégâts. La pyramide de Pepi II contient à elle seule presque autant d'hiéroglyphes que toutes les autres réunies.

§ I. CHAMBRE DU SARCOPHAGE.

Les deux parois Ouest et Est de cette chambre sont encore debout. La paroi Ouest avait été attaquée par le pic des démolisseurs et a perdu, vers le milieu, des portions de lignes considérables. Le pignon renferme une inscription en soixante-trois colonnes verticales. Viennent ensuite, à l'endroit où le pignon cessait, sept lignes horizontales de texte (l. 64—70), après quoi les formules reprennent en colonnes verticales (l. 71—133). Tous les hiéroglyphes sont tournés vers la droite et les textes se suivent de droite à gauche selon l'usage.

1) Le paragraphe Ier est dans PEPI Ier, l. 69—84 et dans MIRINRI, l. 100—115.

2) Corriger la traduction de Pepi Ier : «comme Osiris-Khou (Osiris le *Lumineux*), c'est-à-dire le fils de Sibou, son premier», en d'autres termes : «le premier fils de Sibou.»

3) Traduire : «. . . ce que Râ a dit, lorsqu'il récite la formule pour PEPI NOFIRKERI, et qu'il accueille »(lit. : «prend») son Lumineux (le lumineux de Pepi) à la tête des dieux, car Hor, — celui qui est fils »d'Osiris (lit. : «à savoir fils d'Osiris») etc.»

1) «Car la terre parle, et alors les battants des deux lions (AKERoui) de l'horizon s'ouvrent pour »toi, les battants des huis de Sibou se séparent pour toi et tu sors grâce à la voix d'Anubis qui t'a »récité les formules, comme Thot, tu juges les dieux, et ton empire s'étend jusqu'aux fossés (?) qui sont »entre les images divines;» lit. : «ta borne frontière est les fossés» et «Grâce à ces formules qu'a énon- »cées pour toi Anubis, tu vas . . .»

2) «Râ t'a proclamé vainqueur du ciel» … parait être une forme en … prothétique de …

1) Le paragraphe II est dans Pepi Ier, l. 40—47 et dans Mirinri, l. 62—64.

2) Le paragraphe est dans Pepi Ier, l. 66—69.

3) «Tes deux narines sont charmées de parfums, les uræus de tes deux jambes frappent (la terre »pour marcher), tu es en fête par tes dents, et tes doigts (lit. : «tes ongles») supputent, etc.»

4) Le paragraphe IV est dans Teti, l. 42—45, dans Pepi Ier, l. 89—90 et dans Mirinri, l. 51—53.

1) Le paragraphe V est dans Pepi Ier, l. 31—34.

2) «Et Hor a donné que tu humiliasses les dieux (ou «que les dieux s'humiliassent pour toi») jusqu'à »tout lieu où tu vas.» est une forme en prothétique de .

3) Le paragraphe VI dans Pepi Ier, l. 95—96 et dans Mirinri, l. 114—115.

4) Le paragraphe VII dans Pepi Ier, l. 84—87.

5) Le paragraphe VIII est dans Pepi Ier, l. 97—100 et dans Mirinri, l. 67—69.

1) «Le bon de qui sa mère a dit : Ma chair! (c'est-à-dire : «Il est ma chair»); Lui de qui son père »a dit : «Le ciel a conçu, l'abîme a enfanté!» car qui a conçu Pepi, c'est le ciel et Orion, et Pepi est né »dans l'abîme avec Orion.»

2) Le paragraphe IX est dans Pepi Ier, l. 93—96.

3) «Je suis Hor, ô Pepi, ne paies pas ta rançon (?), mais sors et veille pour ceux qui sont en toi!»

4) Le paragraphe XI est dans Teti, l. 282—284, dans Pepi Ier, l. 48—56 et dans Mirinri, l. 30—32.

5) «Celui qu'Hor aime plus que toi, il ne l'a pas distingué par-dessus toi, mais il t'a fait vivre. »Accours donc que tu reçoives, etc.» La traduction du membre de phrase a été passée par mégarde dans Teti : il faut l'y rétablir.

6) «Il t'a amené tous les dieux tour à tour, dont la substance n'est pas avec lui (c'est-»à-dire tous les dieux autres que lui-même et ses parents ou alliés), Celui qu'Hor aime plus que ses »propres enfants, tu t'es uni avec lui (est pris ici absolument, «tu t'es uni *avec*»), et sa progéni- »ture (lit. : «ceux de son ventre») elle t'aime, car Hor a fait offrande (lit. : «a *fait*») à son double qui »est en toi, et tu es en paix en ton nom de Ka-hotpou.»

1) Le paragraphe XII est dans TETI, l. 284—286, dans PEPI Ier, l. 34—37, et dans MIRINRI, l. 42—46.

2) Peut-être vaudrait-il mieux traduire : « Il s'est fait KHOU en toi, » il s'est incorporé à ton KHOU.

3) « Hor a consenti à te porter lui-même, » (lit. : « Hor a donné qu'il te porte en ton nom, etc. »).

4) « Il se pose (?) sur toi, car tu es le père d'Hor qui l'engendre (?) en ton nom d'Engendreur? »

5) Le paragraphe XIII est dans TETI, l. 273—277, dans PEPI Ier, l. 25—31, et dans MIRINRI, l. 36—42; j'ai comblé les lacunes de notre pyramide d'après le texte des autres pyramides.

6) Corriger dans TETI, l. 273 en , et traduire : « Sibou t'a ouvert ta bouche » avec le couteau ou la hachette en pierre ou en métal.

7) « Tu as porté plus grand que toi » lui disent-ils ( ) « en ton nom de IOTFMIHOIRI; — Qui est plus grand que toi », disent-ils, « en ton nom de TERRE DU NOME THINITE? »

8) Corriger de Teti (l. 275) en et traduire : « en ton nom de OUAZ-OIRI, en ton nom de Mer ». C'est une faute de copie.

1) Ici, comme plus haut, l. 65, il faut peut-être traduire : « Tu t'es fait *khou* en lui. »

2) Le paragraphe XIV est dans Teti, l. 45—49, dans Pepi Ier, l. 87—89, et dans Mirinri, l. 53—61. — 3) Le paragraphe XV se traduit : « Osiris Pepi Nofirkeri, voici le parfum de l'Œil d'Hor pour toi; voici l'Œil d'Hor qui fait monter pour Pepi son parfum. »

4) Le paragraphe XVI ne se retrouve pas ailleurs : « Voici les jeunes gens qui circulent autour de »Râ et qui sont sur les deux mains de l'Etoile du matin; tu nais et tes lèvres sont comme la lune et Râ »t'adore à l'horizon, les Indestructibles te suivent, t'introduisent aux courses de Râ, tu es pur, tu sors »pour Râ et le ciel n'est point vide de toi, jamais. »

5) Le paragraphe XVII est dans Pepi Ier, l. 107, et dans Mirinri, l. 70.

6) Le paragraphe XVIII est dans Pepi Ier, l. 62, comme fin d'une formule plus considérable, et dans Mirinri, l. 69, comme formule indépendante.

7) Le paragraphe XIX est dans Pepi Ier, l. 103—104, et dans Mirinri, l. 70.

8) La variante [hiéroglyphe] avec les deux 𓏌 est une orthographe phonétique où la terminaison it du féminin est marquée par le duel 𓏌𓏌, noui de 𓏌 Nou, et par 𓏏 t : 𓏌𓏌 + 𓏏 = noui + t.

9) Le paragraphe XX dans Pepi Ier, l. 104—107, et dans Mirinri, l. 71—73.

10) Peut-être vaut-il mieux traduire : « Qui est-ce qui [hiéroglyphe] passe [hiéroglyphe] avec son double? »

1) Le paragraphe XXI est dans PEPI Ier, l. 107—111, et dans MIRINRÎ, l. 73—77.

2) Le paragraphe XXII dans PEPI Ier, l. 111—114, et dans MIRINRÎ, l. 77—80.

3) «O Pepi, éveillé, lève-toi, voici que tu es pur, ton double est pur, ton âme est pure, ta forme »est pure, car ta mère vient à toi, etc.»

4) Le paragraphe XXIII est dans TETI, l. 277—278, dans PEPI Ier, l. 59, et dans MIRINRÎ, l. 24—26.

1) «Pour que tu ne manques de rien, pour que tu ne sois lésé de rien (?).» est un doublet phonétique de comme plus haut, l. 70, dans . — 2) «Et il ne lui a pas échappé (?).»

3) Le paragraphe XXIV est dans TETI, l. 278—280, dans PEPI Ier, l. 59—61, et dans MIRINRI, l. 26—30. Ce chapitre tantôt est séparé du précédent, tantôt lui est réuni.

4) Peut-être faut-il traduire : «Hor est *ce que* tu as dans tes deux mains; et comme il te »défend, il s'est fait lumineux (?) de nouveau (?) sous toi, etc.»

5) «Et son fer n'est pas contre toi, et Hor n'a pas eu à donner de rançon pour toi (lit. : «n'a pas »donné ton prix»), mais Hor a mis ton ennemi sous tes pieds et tu vis.»

6) «Elle te garantit de toute chose mauvaise.»

7) Le paragraphe XXV est dans MIRINRI, l. 80—81, mais y est réuni au paragraphe XXVI de notre pyramide. — 8) Le paragraphe XXVI est dans MIRINRI, l. 81.

9) «Tu t'es dirigé (?) vers le père, et tu as dépassé le père, et NOURIT tombe sur son fils.»

10) Le paragraphe XXVII est dans PEPI Ier, l. 61—62 et dans MIRINRI, l. 82—83.

11) La séparation qu'indique notre pyramide en cet endroit est erronée, ainsi que l'indique la position de . Il faut donc supprimer la marque du paragraphe.

1) Ce paragraphe XXVIII ne fait qu'un avec le paragraphe précédent dans Pepi Ier et dans Mirinrî.

2) Le paragraphe XXIX est dans Pepi Ier, l. 62, et, avec une variante, dans Mirinrî, l. 83—84.

3) Le paragraphe XXX est dans Mirinrî, l. 84—85, tel quel, et dans Pepi Ier, l. 62—63, mais divisé en deux petits paragraphes.

4) Le paragraphe XXXI est dans Pepi Ier, l. 63 et dans Mirinrî, l. 85—86.

5) Le texte de Mirinrî est une faute d'impression, lisez : nomnem.

6) Le paragraphe XXXII dans Pepi Ier, l. 63—64 et dans Mirinrî, l. 86.

7) Le paragraphe XXXIII est dans Pepi Ier, l. 64 et dans Mirinrî, l. 86—88.

8) Le paragraphe XXXIV dans Pepi Ier, l. 100—101 et dans Mirinrî, l. 88—89.

9) que porte ici le texte de Pepi Ier est une faute d'impression pour .

10) Le paragraphe XXXV dans Pepi Ier, l. 101—102 et dans Mirinrî, l. 89—90.

1) Le paragraphe XXXVI dans PEPI Ier, l. 122 et dans MIRINRÎ, l. 90—91.

2) Le [hiéroglyphe] de MIRINRÎ est une faute d'impression.

3) Le paragraphe XXXVII dans PEPI Ier, l. 122 et dans MIRINRÎ, l. 91—92.

4) Le paragraphe XXXVIII est dans PEPI Ier, l. 123—128 et dans MIRINRÎ, l. 92—95.

5) «S'emplissent les lacs, les canaux, les étangs de l'eau pure sortie d'Osiris, le grand-prêtre [de »Phtah], le prince, le chef des dix du Palais, le chef des dix d'Onou; ô grand cycle des dieux, assis, »voyez ce père pur, etc.» — 6) «Elle te fait un territoire de chasse avec les purs parmi tes esprits.»

7) Le paragraphe XXXIX dans PEPI Ier, l. 114—118 et dans MIRINRÎ, l. 95—99. Dans PEPI Ier il est coupé en deux paragraphes, dans Mirinrî en trois : ici, une lacune empêche de dire si le graveur avait fait la coupure comme dans PEPI Ier.

8) Rétablir dans MIRINRÎ, ces mots [hiéroglyphes] qui ont été passés par mégarde.

1) Le paragraphe XL dans Teti, l. 170—176, dans Pepi Ier, l. 129—132 et dans Mirinri, l. 150—158 : le texte de Pepi Ier est presque entièrement détruit.

2) «Et il a repoussé pour toi le cœur de Sit.» manque dans les autres textes : l'analogie du membre de phrase précédent montre que le scribe de Pepi II a eu raison de le rétablir.

3) «Et tu es plus grand que lui (Sit), aussi, quand tu es sorti en face de lui Sibou, ta forme en »face de lui, et que Sibou voit ta forme, il t'a mis en ta place.»

4) «Hor a donné que les dieux te rassemblent», probablement «rassemblent les membres du mort Osiris pour le rappeler à la vie».

5) «En ton nom de Biôt» ou «d'Ame de père». La lecture de Teti ne doit pas se traduire *Celui dont le père est plus fort* que *le ciel*, ainsi que je l'avais fait. La variante de Mirinri nous donne en effet ; or nous savons que le signe , , etc. a entre autres valeurs phonétiques rapit (cfr. dans Lepsius, *Denkm.* II, pl. 106, le nom d'une fille de Khounas), ce qui nous oblige à voir dans de Teti l'équivalent phonétique du de Mirinri. Je lirai donc Bi-ot-rapit, et je traduirai *Ame du père du naos* (?).

6) «Ta mère Nouit s'est étendue sur toi en son nom de Mirinri (déesse de la) Ville du Natron, »Shit-pit.»

7) «Et sa grande herminette est sous toi en qualité de Grande herminette de la terre, qu'il manie »en ton nom de To-zosri; et Hor a donné que tu le jugeasses en son intimité, sans qu'il sorte avec toi.» Probablement pour combattre le mort; «il a donné que tu l'égorgeasses de ta main, sans qu'il fît violence »avec toi». Il y a dans ce dernier trait, comme semble l'indiquer le déterminatif du mot , une allusion au sort outrageant qui pouvait attendre les vaincus dans les temps barbares; cfr. l'épithète appliquée à des lâches et à des fuyards.

1) «Il a fait (*l'offrande rituelle,* [hieroglyphs] est pris absolument en cet endroit) à son double qui est en »toi et tu es en paix en ton nom de KA-HOTPOU, *Double qui est en paix*», ou avec le double sens de [hieroglyphs], de *Double qui a des offrandes.*

2) Le paragraphe XLI dans PEPI Ier, l. 1—21 et dans MIRINRI, l. 1—23.

3) «Tu es venu et tu es *khou*», tu es un esprit.

4) Le mot [hieroglyphs] signifie *travailler au couteau*, par suite *égorger*, — *travailler à l'herminette* ou *à la hache*, par suite *façonner, tailler*, etc. Il semble que [hieroglyphs] ait comme sens général *prendre la main de quelqu'un* : «Elle te prend la main et t'achemine vers l'horizon» et un peu plus bas : «Il te prend la main »pour lui et te guide sur les deux berges du ciel.» Ce n'est là qu'une traduction approchée : je ne vois pas encore l'équivalent exact de l'idiotisme égyptien.

1) «Tu fais qu'il cultive l'orge ειωτ, tu fais qu'il cultive le blé ϐωτε.»

2) «Râ t'a donné pour toi ta parole et ton corps.» Pepi Ier a une version différente : la version de Mirinri est identique à celle de Pepi II.

3) «O Pepi, puisque ce Pepi est sur le trône des vivants.» dans Pepi II et Mirinri au lieu de de Pepi Ier.

4) Le paragraphe XLII est dans Teti, l. 271—273, dans Pepi Ier, l. 22—25 et dans Mirinri, l. 32—36.

5) «Car tu es le lumineux qu'enfante Nouit, que Nephthys allaite et elle t'assemble »[en un seul tout], etc.»

6) «Tu joues ton rôle en présence (du dieu Grand, pris ici absolument, comme dans plusieurs formules des stèles funéraires), tu es un *Lumineux* plus que tous les *Lumineux*.»

7) «Tu pris le rôle d'Osiris, car tu es sur son trône; étant ce *Lumineux* très vaillant »que munit Sema-oir, tu n'es pas repoussé de tout lieu où tu vas, etc.»

8) Le paragraphe XLIII dans Teti, l. 287—290 et dans Mirinri, l. 65—69.

1) «Comme tu es aux portes face-à-face avec les Rokhitou, Khontimonitouf sort pour »toi, il te prend la main et t'introduit au ciel sous ton père Sibou.»

2) «Les grands te font offrande, les *Veilleurs* se tiennent là pour toi, arrachant pour toi l'orge, »moissonnant pour toi le blé dont on fait tes offrandes du début des mois, dont on fait tes offrandes du »début des demi-mois.»

3) Le paragraphe XLIV dans Teti, l. 280—282; il a été retrouvé par M. de Bergmann sur un sarcophage du musée de Vienne d'époque ptolémaïque (*Recueil*, t. VI, p. 165).

4) me paraît simplement doubler et indiquer une prononciation *ation* non *atouti*. Le texte de Vienne porte , ce qui porte M. de Bergmann à modifier la traduction que j'avais donnée pour Teti. On voit que Pepi II confirme la leçon de Teti, ce qui m'engage à maintenir ma traduction . . . *en ton nom de Château des Pères*, où répond évidemment au du premier membre de la phrase. La version me paraît provenir très naturellement d'une erreur cléricale. Au cours des âges, la forme des textes archaïques avait été remplacée par , et des orthographes comme , atiou du pluriel de étaient devenues hors d'usage. Un scribe quelconque substitua au mot pères, qu'il ne comprenait plus, le terme qu'il comprenait fort bien : cette variante se perpétua et arriva jusqu'au graveur du sarcophage de Vienne qui nous l'a transmise.

5) «En son nom (à l'Œil) d'Ouvreuse des voies.» D'après ce passage, la Nit, *ouvreuse des chemins*, c'est-à-dire la forme féminine d'Ouapouaitou, dont plusieurs grandes dames de l'Ancien Empire étaient prêtresses, serait l'Œil d'Horus.

6) Le paragraphe XLV est dans Teti, l. 33—35 et dans Mirinrî, l. 115—116.

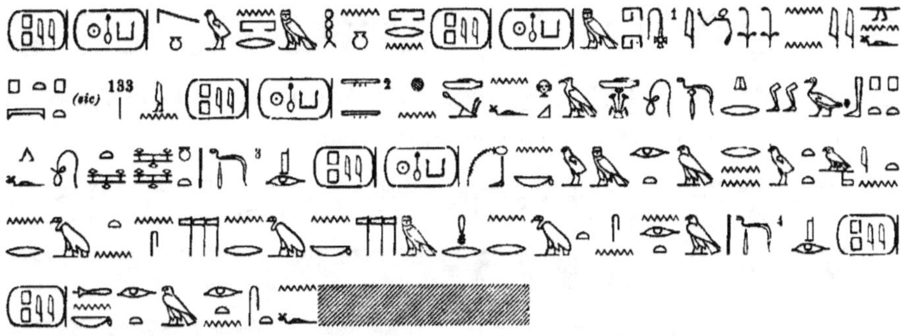

Les trois lignes longues par lesquelles l'inscription commence et par lesquelles elle finit étaient destinées à encadrer le sarcophage. La partie de la muraille correspondante à la paroi Ouest du sarcophage était couverte des mêmes ornements qu'on retrouve dans MIRINRI, et qui sont la réduction de la décoration en forme de porte d'OUNAS et de TETI. A la hauteur du couvercle, court, au milieu de l'ornementation, une inscription en une seule ligne, dont une partie est cachée par un des contreforts en briques sur lesquels le couvercle repose :
134 [hiéroglyphes].

La paroi Nord est très endommagée. Elle était ornée par le haut de sept lignes d'inscription horizontale, ajustées aux sept lignes de la paroi Ouest et formant bordure. Ces lignes ont été mutilées par les chercheurs de trésor et il n'en subsiste plus que des débris épars sur le sol. Le corps même de la muraille se divise en deux tableaux. Dans la partie qui joint à la muraille Nord, on lit une série d'inscriptions tracées de droite à gauche, et qui ne descendent que jusqu'à la hauteur du couvercle du sarcophage. A partir de cette hauteur jusqu'au sol, le parement est couvert des mêmes ornements qu'on voit sur la paroi Ouest. Affrontée à cette première série on remarque une seconde série d'inscriptions, allant de gauche à droite, en longues lignes descendant jusqu'au niveau du sol. Le haut de toutes les lignes manque d'un bout à l'autre de la muraille, mais j'en ai retrouvé sur le sol quelques fragments que j'ai pu remettre à leur place.

La première série d'inscriptions comprend deux registres. Un premier de quarante-trois lignes : un second, de trente lignes seulement, qui correspondent aux vingt-trois lignes de la fin du premier. Au-dessous de chacune de ces parties, et parmi les ornements dont j'ai indiqué l'existence, on lit une ligne d'hiéroglyphes énonçant le nom et les titres du Pharaon. Sous la partie qui est divisée en deux registres superposés : 135 [hiéroglyphes]

1) « Pepi est sorti de la flamme », MIRINRI donne la même version; TETI au contraire a [hiéroglyphes] « le crachat, le vomissement » de l'urne ou de la cruche.

2) « O reculant, il (PEPI) a couru le double ciel, PEPI est venu aux deux terres. »

3) Paragraphe XLVI : « Osiris PEPI, tu es pur comme l'Œil d'Hor, RANNOUTIT! O père de celui (l'Œil) » que les dieux ont fortifié, tu as fortifié les dieux comme ils ont fortifié l'Œil d'Hor. »

4) Il manque environ trois mots au paragraphe XLVII.

. Sur l'autre partie, on lit 136 . Voici maintenant les inscriptions des deux registres, en commençant par celles du registre supérieur.

137

138

139

140

141

[1] 142

[2]

143

144

145

146

147 [3]

1) Le paragraphe XLIX dans OUNAS, l. 479—483.

2) «Les hommes ont délivré NOFIRKERÎ de la chair qui était en lui», en d'autres termes «ont momifié le cadavre du roi».

3) d'OUNAS est une faute de copie : il faut lire . . , comme plus loin . . . . «PEPI est achevé en achèvement, et ses deux bras ne sont pas brisés; PEPI arrive en »arrivage et son double parvient jusqu'à lui.»

148

(sic) 149

150

151

152

153

154

155

156 [1]

157

158

159

160 [2]

1) Le paragraphe LI dans Ounas, l. 494—495 et dans Teti, l. 236—238.

2) Le déterminatif paraît représenter une espèce de courtilière fréquente en Égypte. signi-

161

162

163

164

165

166

167

168

169

170

171

fierait donc *courtilière* et ce sens conviendrait au passage où le scribe expose les misères du laboureur, et lui dit de son blé que *la courtilière* le mange.

1) Le paragraphe LIV est dans Teti, l. 346—367.

1) Lit. : « ton âme est à l'état d'âme agissante, ta volonté est à l'état de volonté agissante. »

2) La variante de TETI suppose un déplacement purement graphique de ; le est la vocalisation de , qu'on trouve parfois dans les textes des Pyramides. Le tout doit se lire NI ANTOU ou NI ATTOU par assimilation du de AN au de ; c'est la locution négative composée NI AN ou NI ATTOU qu'on confond presque toujours avec les formes simples AN et ATTOU.

3) Le graveur a supprimé, faute de place, les deux lignes qui terminent la formule dans TETI.

Les inscriptions du second registre commencent sous la ligne 156 et continuent sans interruption jusqu'à l'angle de la muraille Ouest. La plupart des formules qu'elles contiennent se rencontrent dans les autres pyramides. Les colonnes d'hiéroglyphes sont plus serrées qu'au registre supérieur, et les mots ont été entassés l'un sur l'autre dans la dernière colonne, pour permettre au graveur de terminer un chapitre.

La deuxième série d'inscriptions débute par six lignes, qui n'occupent encore que la portion supérieure de la paroi et posent sur la décoration dont j'ai parlé plus haut. Le début de chaque ligne manque, mais le sujet se laisse deviner facilement : c'est l'offrande qui commence, et dont chaque élément est introduit par une prière solennelle destinée à l'envoyer au mort dans son monde de fantômes. On rencontre d'abord une partie des formules

1) Le paragraphe LVIII dans TETI, l. 26—28.
2) Le paragraphe LIX dans TETI, l. 31—32.
3) Le paragraphe LX dans TETI, l. 32—33.
4) Le paragraphe LXI dans TETI, l. 26.

de l'*Ouverture de la bouche* que MM. DÜMICHEN et SCHIAPARELLI ont publiées d'après des textes très postérieurs.

Le paragraphe LXVIII paraît avoir été écourté. A partir de cet endroit la disposition est telle que je suis obligé de publier les textes en un fac-simile aussi exact que les ressources de la typographie le permettent. Le tout ne formera dans l'ensemble qu'un paragraphe que je numéroterai LXIX. Le haut des lignes manque et les lacunes se multiplient vers la fin : je les ai comblées tant d'après les variantes de certaines formules qu'on a déjà vues dans OUNAS et dans TETI, que d'après les textes publiés par DÜMICHEN. Ces restitutions permettront au lecteur de se faire une idée plus nette de ce qu'était cette partie curieuse des cérémonies qu'on accomplissait dans le tombeau.

1) Le paragraphe LXIII a été complété d'après TETI, l. 176—177.

2) Le paragraphe LXVII a été restitué d'après DÜMICHEN, *Der Grabpalast*, t. II, pl. I, l. 17—23, avec suppression de [hiéroglyphes] pour lequel la place manquerait.

3) Le paragraphe LXVIII a été restitué d'après DÜMICHEN, *Der Grabpalast*, t. II, pl. II, l. 24—33 avec la même suppression qu'au paragraphe LXVII.

La destruction partielle de cette paroi est d'autant plus regrettable que les textes dont elle est chargée contenaient outre les formules de prière déjà connues des indications ritualistiques sur la place que chacune d'elles occupait dans la cérémonie de l'enterrement. Elles nous fournissent, sur ce qu'on pourrait appeler l'emménagement du mort dans sa maison éternelle, des renseignements qu'on n'a retrouvés encore aussi développés nulle part ailleurs. C'est pourquoi j'ai cru utile de les restaurer et de les traduire de nouveau, malgré l'état de mutilation dans lequel sont quelques-unes d'entre elles. Si les textes du *Livre des Funérailles* et des autres Pyramides ont servi à combler les lacunes des formules, les tableaux des tombes thébaines et du temple d'Abydos en illustrent clairement la signification et nous rendent la physionomie du rite, ainsi que les manipulations des personnages qui l'exécutent.

Il commençait par le lavage . L'officiant prenait le vase d'eau parfumée et en versait le contenu dans une coupe qu'un aide agenouillé devant lui tenait entre ses mains,[1] puis il en frottait le corps de la statue, la préparant ainsi à la fête qu'on allait lui servir.

[L. 217]. «Osiris,[2] tu as pris tout ce qui était odieux à PEPI NOFIRKERÎ toutes les paroles »dites en son nom de *Mauvais*; Thoti, viens, prends-le à Osiris, portant les paroles dites en »son nom de *Mauvais*, et mets-le dans ta main! — *Dire quatre fois* : Que le *sa* ne soit »pas arraché de toi, et que tu ne sois pas arraché de lui!» . . . . PEPI NOFIR»KERÎ, à Osiris.»

La répétition par quatre de la plupart des formules du rite funéraire ou des rites ordinaires dans les temples est une des conceptions fondamentales du culte égyptien. Elle repose sur cette donnée que le monde est partagé en quatre secteurs ou, pour employer l'expression technique, en quatre *maisons*, dont chacune répond à l'un des quatre piliers qui soutiennent le ciel, c'est-à-dire à l'un des quatre points cardinaux, Est, Sud, Ouest, Nord, et se trouve placée sous la domination du dieu qui préside à ce pilier et à la *maison* correspondante. Cette division quadripartite du monde qu'on rencontre également aux bords du Tigre et de l'Euphrate — où elle a donné naissance au titre *shar kibrat arba'i*, que je traduirai *roi des quatre maisons du monde*, — a réglé toutes les cérémonies du culte. Comme le vivant et le mort, l'homme et les dieux, ont besoin de l'autorisation de chacun de ces quatre *dieux-étais* , pour entrer et pour circuler librement dans la *maison* qui lui appartient, l'offrande et le sacrifice doivent être répétés quatre fois, une fois pour chacun d'eux. Le sacrifice complet se compose de quatre bœufs, on lâche quatre oies aux quatre points cardinaux à certaines fêtes annuelles, le roi, en d'autres fêtes, lance quatre flèches ou quatre boules, l'oblateur présente quatre vases d'eau rouge ou d'eau ordinaire à la statue du mort ou du dieu, etc. Pendant la présentation il fait quatre fois le tour de la statue , en répétant quatre fois la formule correspondante, une fois pour chacune des maisons et pour chacun des dieux. Il *adore* de même quatre fois la statue, toujours dans la même intention. Bref, le nombre quatre et la répétition par quatre de chaque cérémonie caractérisent la cérémonie la plus solennelle, le sacrifice le plus complet du culte des dieux ou des morts. Parfois, le nombre des cérémonies augmente : on offre cinq grains

1) Les figures dans DÜMICHEN, *Der Grabpalast*, t. I, pl. V, 2—3.

2) Le texte dans OUNAS, l. 1—9, sauf la formule de la ligne 119 que je ne sais comment rétablir.

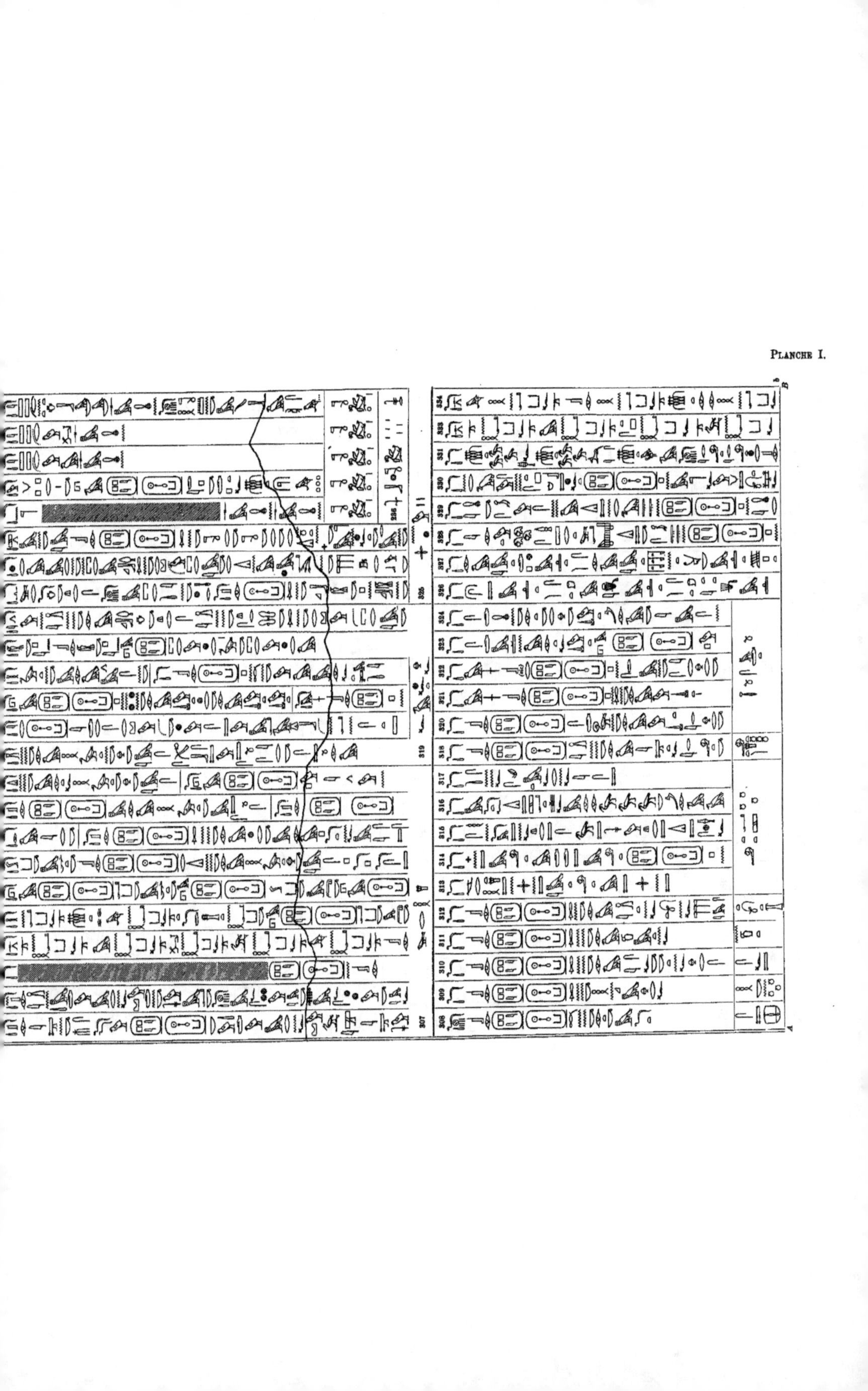

269
268
267
266
265
264
263
262
261
260
259
258
257
256
255
254
253
252
251
250
249
248
247
246
245
244
243
242

360
359
358
357
356
355
354
353
352
351
350
349
348
347
346
345
344
343
342
341
340
339
338
337
336
335
332

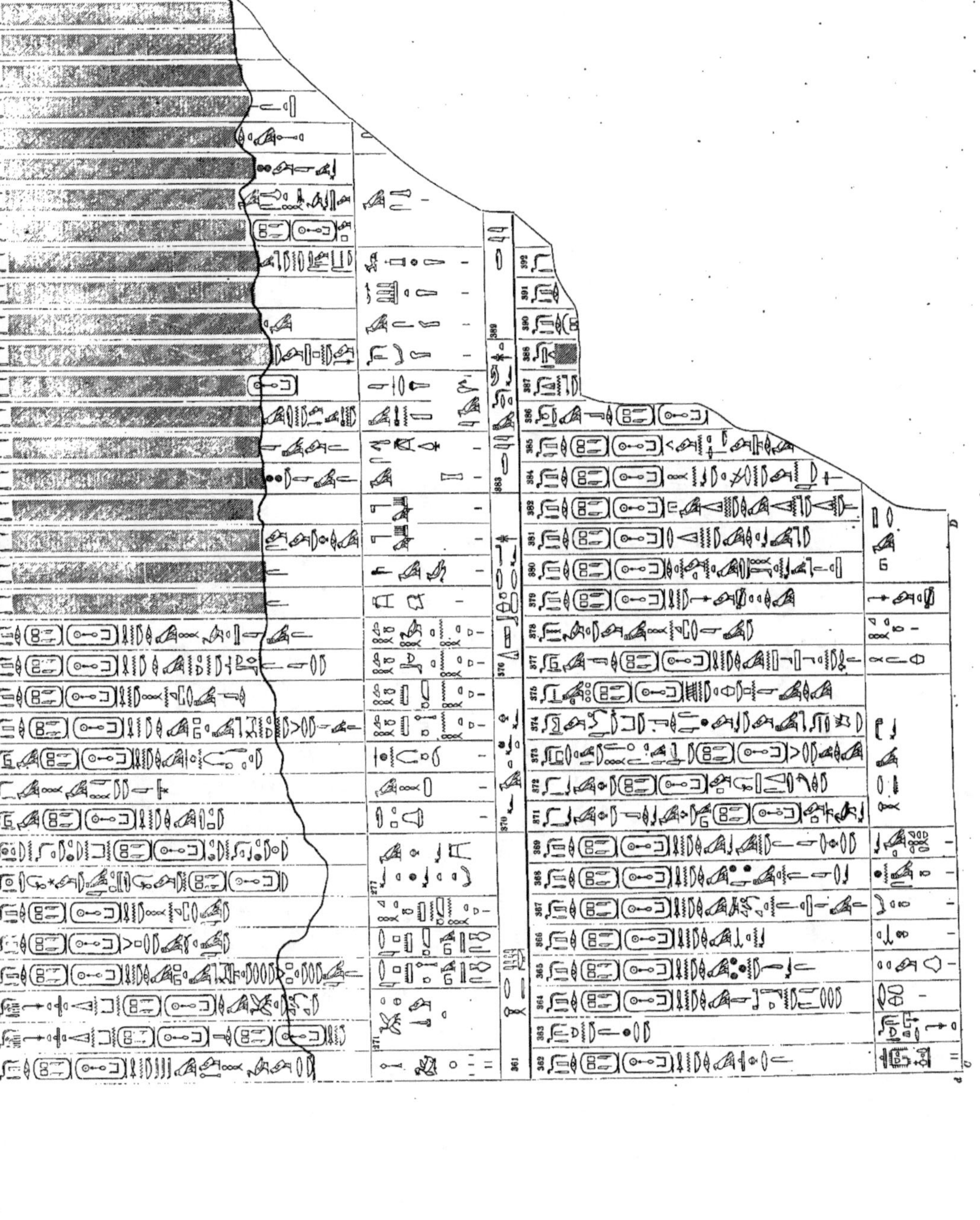

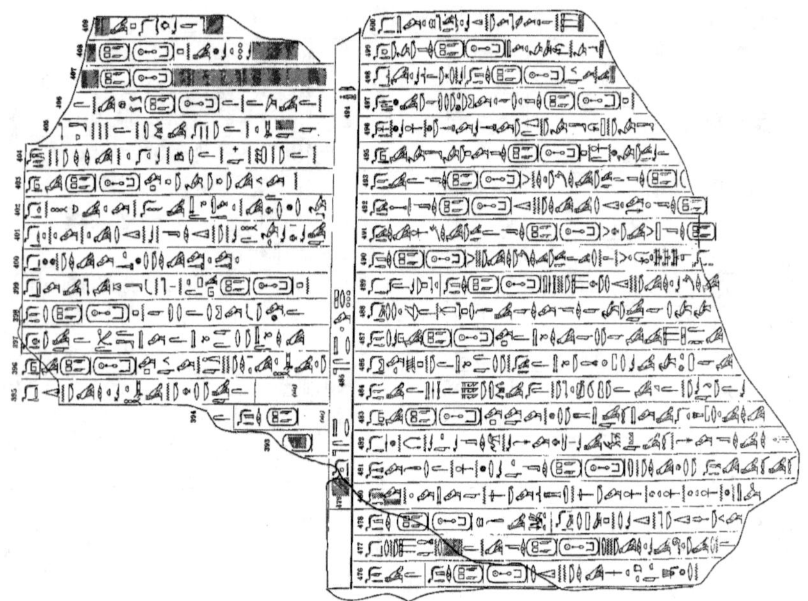

475
474
473
472
471
470
469
468
467
466
465
464
463
462
461 552
460 551
459 550
458 549
457 548
456 547
455 546
454 545
453 544
452 543
451 542
450 541
449 540
448 539
447 538
446 537
445 536
444 535
443 534
442 533

d'encens, un pour le dieu en général, les quatre autres pour les dieux des quatre maisons. Le plus souvent il diminue, surtout lorsqu'il s'agit de cérémonies très compliquées et couteuses comme le sacrifice des bœufs. Alors, on se souvient que les quatre maisons accouplées deux à deux, l'Est avec le Nord, le Sud avec l'Ouest forment *les deux terres* [hiéroglyphe], et on se borne à offrir deux taureaux : *le taureau du Nord* et le *taureau du Sud*, un par chaque deux maisons et par chaque deux divinités. C'est le sacrifice ordinaire dans les fêtes des morts riches et dans certaines fêtes aux dieux vivants. Le plus souvent enfin, on ne tuait qu'un taureau qu'on partageait entre les quatre dieux. Même alors, la répétition par quatre subsistait pour les petites cérémonies, et l'on continuait de *saluer* ou d'*adorer* [hiéroglyphe] *quatre fois* la statue, de lui offrir les quatre vases rouges, etc. Ici le lavage était répété quatre fois et à chaque fois l'officiant devait dire à haute voix : «Que le *sa* (que la vertu magique) ne »soit pas arraché de toi, et que tu ne sois pas arraché de lui!»

Le lavage s'arrêtait sur ces mots, et l'on passait à la *fumigation par l'encens* [hiéroglyphe] qui se faisait également par *quatre fois.*[1] L'officiant, prenant un vase en terre [hiéroglyphe], dans lequel brûlait de l'encens et tournait quatre fois autour de la statue[2] en répétant à chaque fois [hiéroglyphe] la formule :

[L. 221]. «Qui passe avec son double? Horou passe avec son double, Sit passe avec »son double, Thoti passe avec son double, Sapou passe avec son double, Osiris passe avec »son double, Khont-miriti passe avec son double, Zodit [hiéroglyphe][3] passe avec ton double. Ô Pepi »Nofirkerî, le bras de ton double est devant toi, ô Pepi Nofirkerî, le bras de ton double »est derrière toi! Ô Pepi Nofirkerî, la jambe de ton double est devant toi, ô Pepi Nofir»kerî, la jambe de ton double est derrière toi. Osiris Pepi Nofirkerî, je t'ai donné l'Œil »d'Hor qui garnit ta face, et l'odeur de l'Œil d'Hor monte vers toi!

[L. 224]. «Osiris Pepi Nofirkerî,[4] je t'ai donné l'Œil d'Hor sous toi et voici l'Œil »d'Hor qui est monté en son parfum!»

[L. 225]. «Osiris Pepi Nofirkerî, voici l'Œil d'Hor qui garnit ta face de son parfum.

[L. 225—226]. «Osiris Pepi Nofirkerî, Hor t'a donné son Œil et tu en as garni ta »face.»

[L. 226]. «Ô Pepi Nofirkerî, je suis venu, je t'ai apporté l'Œil d'Hor dont tu as »garni ta face et il t'a lavé, son parfum est vers toi, le parfum de l'Œil d'Hor est vers »Nofirkerî et il te donne tes humeurs, il te défend contre les flots (de poisons lancés) de »la main de Sit. . . . .»

[L. 230]. «Osiris ce Nofirkerî, Hor t'a rempli de son œil complétement.»

Ici s'arrête la première fumigation. La façon dont les formules procèdent suit la marche de la cérémonie. C'est d'abord la longue prière : «Qui passe avec son double?» où les dieux

1) Ounas, l. 5.

2) Dümichen, *Der Grabpalast*, t. V, 4—6.

3) Le fétiche [hiéroglyphe], le tronc branchu qu'on adorait à Mendès, une des idoles les plus vieilles d'Osiris, ici l'Osiris qui anime le fétiche, et sur lequel s'appuie le mort. C'est lui qu'on aperçoit souvent à l'époque thébaine au fond du cercueil, sur la planche même où la momie est couchée et qu'elle touche de son dos, si bien que le mort est appuyé à son [hiéroglyphe] d'Osiris, comme ces images en terre de Sokaris, de Phtah, d'Osiris et d'autres dieux morts qui sont dans nos musées et qui sont adossées à un [hiéroglyphe] presque aussi grand qu'elles.

4) Cette formule est restituée d'après un texte que nous rencontrons plus bas dans la table.

des quatre piliers ou des quatre maisons Hor, Sit, Thot, Sapou sont invoqués avec le dieu suprême qui complète *les cinq* ⁱ ⁱ ⁱ ⁱ ⁱ, et qui est ici le soleil mort Khont-miriti. On la répète quatre fois en présentant le vase à encens, puis viennent de petites formules qu'on récite, tandis que l'encens achève de se consumer et qui constatent les effets de la fumée parfumée qui *garnit* la face de la statue et du mort. Les dernières prières, à partir de la ligne 126, résument l'effet produit par les deux cérémonies accomplies, le lavage et la fumigation. L'Œil d'Hor, liquide et vaporeux, a *garni* la face de la statue, l'a lavée; il rend au cadavre les *humeurs* que la mort avait desséchées, et le protége contre l'atteinte du flot de Sit, c'est-à-dire des larmes et de la bave du dieu, ou de l'eau qui les représente, et au moyen de laquelle Sit crée toutes les plantes vénéneuses, tous les êtres dangereux, toutes les maladies, par opposition aux larmes ou à la bave d'Hor qui enfante toutes les bonnes choses.

Après la fumigation le lavage reprend, mais non plus un lavage général à l'eau pure ou simplement parfumée. Il s'agit ici d'assimiler au mort les substances préservatrices de l'embaumement, le natron d'Eilithyia et le natron du Nord.[1] C'étaient cinq pastilles de chaque espèce qu'on faisait tremper et peut-être dissoudre dans autant de vases remplis d'eau. Les Égyptiens modernes ont encore l'habitude de mettre dans les *zîr* et parfois dans les *goullèhs* des pastilles d'encens ou d'autres substances odoriférantes qui les purifient et leur communiquent un léger parfum. L'emploi du *Natron du midi et du Nord* nous montre que les Égyptiens anciens avaient un usage analogue. Je soupçonne que la substance, dont ils se servaient et que je qualifie du nom de *natron*, pourrait bien ici avoir été l'alun. L'alun d'Égypte était célèbre dans l'antiquité;[2] il agit puissamment sur l'eau pour la clarifier. De toute façon, le *natron* était mêlé à des résines, entre autres à l'encens, et formait des pastilles insolubles ou presque insolubles dans l'eau. L'officiant debout devant la statue versait l'eau parfumée dans un gobelet qu'un personnage agenouillé et lui tournant le dos, tenait à deux mains.[3]

«Cette tienne libation[4] Osiris, cette tienne libation ô Pepi, sortent de par ton fils, »sortent de par Hor. — Je suis venu, je t'ai apporté l'Œil d'Hor pour que tu rafraîchisses »ton cœur sous lui,[5] je te l'ai apporté sous tes sandales, te donnant les humeurs issues de »toi, pour que ton cœur ne s'arrête point faute d'elles. — *Dire Quatre fois* : Voici que la »voix sort vers toi![6]

«Osiris Nofirkeri,[7] je te présente cette tienne libation et tu t'es rafraîchi de par Hor »en ton nom de Qui sort du moringa! Je te présente les humeurs qui sortent de toi, et »Hor t'a donné que les dieux se rassemblent pour toi (?) en tout lieu où tu vas. Osiris

1) Sur le *Natron du Sud et le Natron du Nord*, leur nature et leur préparation, voir Dümichen, *Der Grabpalast*, t. I, p. 15—17.

2) Hérodote, II, CLXXX; Pline, *H. N.*, XXXV, 184.

3) Dümichen, *Der Grabpalast*, pl. VI, 7—13.

4) Ounas, l. 10—25.

5) *sous* marque la nuance exacte de l'opération. Le mort est entre Hor et Sit ou deux autres dieux, qui tiennent au-dessus de sa tête un vase dont le contenu se répand à droite et à gauche en se croisant. Il est donc littéralement *sous l'Œil d'Hor*, c'est-à-dire sous la libation purificatrice.

6) n'est pas ici la négation comme j'avais cru : il faut corriger la traduction de ce passage donnée dans Ounas.

7) Ce passage est restitué d'après Pepi II, l. 268—271.

»PEPI NOFIRKERI, je te donne ton alun et tu te parfumes et NOUIT donne que tu sois un »dieu pour ton ennemi en ton nom de DIEU . . . . . .»

Après cette formule préparatoire, l'officiant passe à la présentation particulière de chacune des deux espèces de *natron*. C'était d'abord : «NEKHABIT, natron, cinq pastilles, du midi.» Le détail de la cérémonie n'est figuré nulle part : la coupe du morceau me fait croire que l'officiant prenait les cinq pastilles l'une après l'autre et les jetait dans le vase, en prononçant sur chacune d'elles un fragment de la prière :

«Parfum, parfum — *natron, 1 pastille* — qui ouvre ta bouche! Ô Pepi Nofirkerî tu »goûtes son goût parmi les dieux de la salle Divine! — *natron, 1 pastille* — c'est salive »d'HOR le parfum, — *natron, 1 pastille*, — c'est salive de SIT le parfum, — *natron, 1 pastille*, »c'est ce qui est au cœur des deux HOR (maîtres de la Haute et de la Basse-Égypte), le »parfum. — *Dire quatre fois* : — Tu te laves au natron avec les SUIVANTS D'HOR!» — »*natron, 1 pastille.*

«SHIT-PIT, natron, cinq pastilles du nord.

«Tu es passé au natron et passé au natron est HOR, — *natron, 1 pastille*, — tu es »passé au natron et passé au natron est SIT, — *natron, 1 pastille*, — tu es passé au natron »et passé au natron est Thot, — *natron, 1 pastille*, — tu es passé au natron et passé au »natron est SAPOU, — *natron, 1 pastille*, — tu es dressé au milieu d'eux,[1] et ta bouche »est la bouche d'un veau de lait au jour qu'il naît — *natron, 1 pastille.*»

Cette seconde purification se terminait comme la première par la présentation de l'encens. Cette fois pourtant, l'encens ne brûle pas, mais l'officiant agenouillé en présente à la statue une grosse boule qu'il tient à deux mains : l'encens était allié au *natron* pour purifier et parfumer l'eau, comme on fait aujourd'hui encore en Égypte. Pendant la présentation l'officiant récite une formule générale qu'on rencontre souvent dans les textes, et qui permet au mort d'accomplir son lavage dans les quatre *maisons* du monde.

«*Encens, 1 pastille.* — Tu es passé au natron et passé au natron est HOR, tu es passé »au natron et passé au natron est SIT; tu es passé au natron et passé au natron est THOT, »tu es passé au natron et passé au natron est SAPOU, tu es passé au natron, ton double »est passé au natron, tu es passé au natron, tu es passé au natron, tu es passé au natron, »tu es passé au natron! Tandis que tu parles ainsi entre tes frères les dieux, tu passes ta »bouche au natron, tu laves tes os complétement si bien que tu es garni de ce qui te con- »vient. Car je t'ai donné l'ŒIL D'HOR pour en garnir ta face, et son parfum monte vers »toi![2]»

Cette cérémonie, où l'on invoquait les dieux des quatre *maisons* du monde, exigeait, comme toutes celles du même genre, une quadruple présentation.[3] Le texte de PEPI II et celui de PÉTÉMÉNOPHIS n'en disent rien, mais celui de Séti Ier porte la mention que le *Samir* fait quatre fois le tour de la statue. Après cette formalité de lavage et de fumigation, on

1) On voit en effet le mort debout entre les deux divinités qui lui versent l'eau sur la tête et répètent la formule.

2) ▭ ▭ est ici l'indication en abrégé de la formule que nous avons déjà rencontrée aux lignes 223—224.

3) SCHIAPARELLI, *Il libro dei Funerali*, pl. LI.

passait aux diverses manipulations qui permettaient à la statue d'ouvrir la bouche et de prendre sa part du repas ou de l'offrande. La première consiste dans la présentation de l'objet [hiéroglyphe] ou [hiéroglyphe], qu'on appellait [hiéroglyphes], KEF-PASHOU. M. DÜMICHEN pense que le *Kef-pashou* était *celui qui prévient la séparation*, un amulette destiné à prévenir l'ouverture de la bouche, la chute de la mâchoire inférieure après la mort.[1] Mais, au point où nous place notre inscription, on n'en était plus à indiquer les cérémonies qu'on devait accomplir au moment du décès d'un individu. Il s'agit ici de préparer le mort, ou, ce qui revient au même, sa statue, à recevoir sa part du repas. Toutes les précautions nécessaires ont été prises pour empêcher les accidents qui suivent immédiatement la mort de se produire; l'embaumement et l'emmaillotement sont terminés; loin d'avoir à prévenir l'ouverture de la bouche, il faut la favoriser, et c'est à quoi sert je crois le KEF-PASHOU. La bouche a été ouverte avec des herminettes, [hiéroglyphe] de diverses espèces; le KEF-PASHOU sert à consolider l'effet de l'opération, d'abord en empêchant les mâchoires de se refermer, ensuite en les empêchant de rester béantes, bref en rendant aux mâchoires la vigueur et l'élasticité qu'elles avaient pendant la vie. Je traduirai donc :

O PEPI NOFIRKERI,[2] voici qu'on t'a consolidé tes mâchoires qui ont été séparées — » *Kef-pashou*.

« OSIRIS PEPI NOFIRKERI, le dieu du midi t'ouvre la bouche, — *fer du dieu du midi*, » *1 briquette*.

« OSIRIS PEPI NOFIRKERI, le dieu du Nord t'ouvre la bouche, — *fer du dieu du Nord*, » *1 briquette*.

« OSIRIS PEPI NOFIRKERI, L'ŒIL D'HOR t'est donné avec lequel le dieu passe, — *fromage* » *du midi*, — je te l'apporte et tu le mets dans ta bouche, — *fromage du Nord*.[3]

« O PEPI NOFIRKERI on te donne les *Shakou* d'Osiris. — *Shakou*. Voici la pointe de la » mamelle[4] d'HOR, de son propre corps, tu l'as saisie dans ta bouche! — *Lait, une cruche*.

« Voici la mamelle de ta sœur ISIS, le philtre qui jaillit de la mère et que tu prends » en ta bouche. — *Petit lait* (?), *une phiole*. »

Les rites qui accompagnaient ces formules sont représentés au tombeau de Pétéménophis.[5] D'abord l'officiant agenouillé tend le [hiéroglyphe] KEF-PASHOU à deux mains, puis ce sont les deux objets [hiéroglyphe] qui ont l'air de représenter une sorte d'équerre ou deux hachettes [hiéroglyphe], puis trois vases portant chacun quatre boules des deux espèces de *fromage* et de *caillé*, enfin, un vase à lait [hiéroglyphe] et un vase à eau [hiéroglyphe]. L'ordre des cérémonies est conforme à ce que nous connaissons par ailleurs des rites du sacrifice. Après avoir affermi les mâchoires de la statue avec le KEF-PASHOU, on lui ouvrait, ou plutôt on faisait semblant de lui ouvrir les lèvres, avec deux amulettes en fer qu'on appelait *les deux dieux*, HOR et SIT, ou les deux hachettes-

1) DÜMICHEN, *Der Grabpalast*, t. I, p. 18. — 2) Le texte restauré d'après OUNAS, l. 26—31.

3) Le mot [hiéroglyphes] répond à deux mots coptes ⲥⲁⲉⲓⲣ *T.*, *caseus* et ⲥⲁⲓⲣⲉ *T.* ⲛ, *butyrus*. Les deux mots sont identiques et dérivent du même original ancien que j'ai traduit *beurre*. DÜMICHEN préférerait *fromage* (*Der Grabpalast*, t. I, p. 20). Mon impression est que [hiéroglyphes] a les deux sens à la fois. Il aurait désigné les produits divers du lait, le *fromage*, le *beurre* qu'on fabrique ferme comme chez nous, mais qu'on fait fondre pour le conserver.

4) Litt. : « *la tête* de la mamelle. »

5) DÜMICHEN, *Der Grabpalast*, t. I, pl. III, 14—22.

dieux. On trouve en effet dans les tombeaux de petites hachettes, à manche en bois, à lame en métal, qui ont de 0m 15 à 0m 20 de long, et qui ont dû servir à cet usage; on trouve aussi de petits amulettes, des équerres [hiéroglyphe] en hématite qui ont dû remplacer souvent les hachettes dans cet office. Les lèvres ouvertes on y introduit ces boulettes de fromage ou de beurre et de caillé qui les préparent à recevoir des nourritures plus variées, puis on leur présente le lait et le petit lait. Quand les voies sont ainsi ouvertes, on procède de nouveau à une nouvelle libation d'eau, pour achever l'œuvre commencée.

«*Donner l'eau du Canal du Nord.*[1] — Cette tienne libation, OSIRIS, cette tienne libation, »PEPI NOFIRKERI, sortent de par ton fils, sortent de par HOR. — Je suis venu, je t'ai apporté »L'ŒIL D'HOR pour que tu rafraîchisses ton cœur sous lui, je te l'ai apporté sous tes san- »dales, te donnant les humeurs issues de toi, pour que ton cœur ne s'arrête point faute »d'elles. — *Dire quatre fois* : — Voici que la voix sort vers toi!»

A partir de ce point commence un véritable repas. Il débute par la présentation de deux sortes [hiéroglyphe] MINOU, en copte ⲙⲓⲛⲉ, T. *modus, species, genus,* de vin, le noir et le blanc, chacune dans un vase de forme différente :

«O PEPI NOFIRKERI voici les deux yeux d'HOR, le blanc et le noir. — *Espèce blanche, »une mesure hates de l'Œil droit,* tu les as pris devant toi, et ils éclairent ta face. — »*Espèce noire, une mesure hates de l'Œil gauche.*»

Ensuite l'officiant agenouillé présente à deux mains un gâteau rond posé sur un vase, *le gâteau de passage* [hiéroglyphes], le gâteau qu'on porte, comme le coffret, les légumes, etc., dans le cortège funéraire et qui est partie du viatique du mort.[2]

«*Gâteau de passage.* — RÂ[3] te fait offrande au ciel, il te fait faire offrande par les deux »régions du midi et du Nord; la nuit te fait offrande, et les deux régions du midi et du »Nord te font offrande. — Offrande est ce qui t'est apporté, offrande ce que tu vois, offrande »ce que tu entends, — offrande devant toi, offrande derrière toi, offrande pour toi.»

L'officiant agenouillé présente un oignon : «OSIRIS PEPI NOFIRKERI, je te donne les »dents blanches d'HOR pour en garnir ta bouche. — *Oignons, cinq bulbes.*» Après quoi, le *gâteau de passage* reparaît, mais cette fois, au lieu de le présenter à deux mains, l'officiant le pose sur une table basse : «*Gâteau de passage.* — *Dire quatre fois* : Offrande royale »au double de PEPI NOFIRKERI. OSIRIS PEPI NOFIRKERI, je te donne l'ŒIL D'HOR, c'est ton »gâteau que tu manges.[4]»

Puis l'offrande des liqueurs reprend : «OSIRIS PEPI NOFIRKERI je te donne l'ŒIL D'HOR »retiré à SIT par jugement, pour que tu le portes à ta bouche et que tu ouvres ta bouche »avec lui. — *Vin, espèce blanche, une cruche.* — OSIRIS PEPI NOFIRKERI, je t'ouvre la bouche »par ce qui déborde de toi.[5] — *Vin, espèce noire, une cruche.* — OSIRIS PEPI NOFIRKERI, »je te donne le suc qui sort de toi. — *Bière, espèce noire, une tasse.*» Après les liqueurs

1) Sur le sens de ce terme, voir DÜMICHEN, *Der Grabpalast*, t. I, p. 21. — 2) DÜMICHEN, *Der Grabpalast*, t. I, pl. VIII, 27—28 et p. 22—23. Il est représenté sur la table de la princesse NOFRIOUPHTAH (Petrie, *Kahun*, pl. V).

3) RÂ est ici *le jour* par opposition à [hiéroglyphe] *la nuit* qui viendra plus bas dans la ligne.

4) Le proscynème est double comme le montre la version de Pétéménophis (DÜMICHEN, *Der Grabpalast*, t. I, pl. VII, l. 30—31), mais la formule en est indépendante et se continue de la ligne 272 à la ligne 273 sans en tenir compte.

5) [hiéroglyphe] est ici [hiéroglyphes] BRUGSCH, *Dict. H.*, p. 689. L'*Œil d'Hor*, en débordant de larmes, produit le vin.

l'officiant passe aux solides et tout d'abord présente le guéridon garni de pain sur lequel on servait le repas, la ZOSRIT [hiéroglyphes] qu'on portait en face du mort [hiéroglyphes].[1] «O RÂ, »quand tu reçois adoration au ciel, toute l'adoration que tu reçois est pour PEPI NOFIRKERI, »tous les biens de ton corps sont les biens du double de PEPI et tous les biens de son corps »sont tes biens chaque jour.» La prière est, comme on voit, l'affirmation énergique de l'idée d'après laquelle les offrandes faites au mort et celles qu'on faisait au dieu se confondant, le sacrifice funéraire devait être offert à un dieu, afin que celui-ci le transmît au mort, tout en conservant sa part. Le guéridon présenté, l'officiant apporte l'un après l'autre les objets dont il devait être recouvert. D'abord l'espèce de gâteau nommé [hiéroglyphes] TOPIT, qui est taillé en coin, long, mince, et qu'on pose sur l'un des grands côtés : on le cuisait dans un moule, ou on lui donnait cette forme au moule avant de le faire cuire.[2] «O PEPI NOFIRKERI, je te donne l'ŒIL D'HOR pour que tu y goûtes (TOPOUT-K).» Le [hiéroglyphes] AHOU qui suit est probablement l'ancêtre des *fattîr* de l'Égypte moderne, sorte de galettes au beurre, aplaties et repliées sur elle-même qu'on mange comme pain ou comme entremets selon qu'elles sont ou ne sont pas préparées au miel. Les AHOU, qui garnissaient le guéridon, devaient comme les *fattîr* non miellées ou les pains plats de nos jours, être employés en guise d'assiettes à poser les morceaux de viande trop grands pour être mangés d'un seul coup. «Les ténèbres s'entrechoquent — *Fattîrèh, une.*»[3] Avec cette phrase commence la série des calembourgs impossibles à rendre exactement; je me bornerai, comme je l'ai déjà fait pour OUNAS, à traduire littéralement les mots sans essayer de reproduire l'équivalent du choc des syllabes. A côté du gâteau et de la *fattîrèh*, l'officiant place un morceau de viande, le [hiéroglyphes] SOKHNOU, le rognon de veau ou de bœuf, tantôt seul [hiéroglyphe], tantôt attaché encore au morceau de la bête qu'on appelle le carré [hiéroglyphe].[4] «O PEPI NOFIRKERI, je te donne l'ŒIL »D'HOR pour que tu l'enfermes en toi. — *Rognon, un.*» Avec la viande la bière fait de nouveau son apparition sur la table. «OSIRIS PEPI NOFIRKERI, je te donne l'ŒIL D'HOR »retiré à SIT par jugement et que tu as délivré, pour que tu t'ouvres la bouche avec lui. »— *Bière, espèce blanche, une tasse.* — OSIRIS PEPI NOFIRKERI, je te donne le suc qui sort »d'OSIRIS. — *Bière, espèce noire, une tasse.* — OSIRIS PEPI NOFIRKERI, je te donne l'ŒIL »D'HOR que tu as délivré, et son fer n'est pas dirigé contre toi.[5] — *Bière ferrée,*[6] *une*

---

1) [hiéroglyphe] est ici le déterminatif de [hiéroglyphes], il faut donc traduire porter *en face* du mort, comme le montrent les scènes d'offrande et non pas *élever vers la face*. Je dois dire que DÜMICHEN (p. 18, note) donne à cette dernière traduction la sanction de son autorité, ce qui ne me fait présenter mon interprétation avec quelque doute. — 2) Il est représenté sur la table de NOFRIOUPHTAH (Petrie, *Kahun*, pl. V).

3) [hiéroglyphes] me paraît être une forme redoublée de la racine [hiéroglyphes], [hiéroglyphes], de [hiéroglyphes] *frapper, battre, se battre.* — 4) Il est représenté sous la première forme sur la table d'offrandes de NOFRIOUPHTAH (Petrie, *Kahun*, pl. V).

5) Le *fer* [hiéroglyphes] de l'Œil d'Hor est probablement la pique avec laquelle Hor se défend et défend son œil contre Sit.

6) [hiéroglyphes] est ici un adjectif au féminin tiré de [hiéroglyphes] et se rapporte à [hiéroglyphes]. La traduction *bière de fer, bière ferrée,* que je donne ici, n'est que la traduction littérale, mais je ne sais ce qu'avait de particulier la bière qu'on désignait sous ce nom. La traduction de DÜMICHEN (*Der Grabpalast*, t. I, p. 25) *bière dans un vase de fer* ne me paraît pas être d'accord avec l'ensemble du texte où les mots qui suivent [hiéroglyphes] sont des qualificatifs d'espèce, *bière de l'espèce blanche, bière de l'espèce noire*, etc.; [hiéroglyphes], et plus loin [hiéroglyphes], doivent marquer une qualité ou une variété de la bière, comme [hiéroglyphe] et [hiéroglyphe].

»*tasse.* — OSIRIS PEPI NOFIRKERI, je te donne l'ŒIL D'HOR qui te garnit de lui-même. — »*Bière garnie, une tasse.*»

A partir de cet endroit, les lacunes deviennent irrémédiables, pour le moment du moins. L'indication des objets, qui se continue pendant quelques lignes encore, nous montre, qu'après avoir présenté une partie de l'offrande en liquides et en gâteaux, on passait aux objets d'habillement et de parure, ainsi qu'aux insignes. Ces derniers sont figurés et dans les tombeaux de la VIe dynastie,[1] et sur les sarcophages de la XII[e][2] et sur les murs de la tombe de Pétéménophis;[3] nous apprenons ici pour la première fois qu'on présentait chacun d'eux à la statue, comme on faisait les vases pleins de liqueur et les portions de victime, en récitant une formule qui les consacrait. C'est ainsi que nous voyons apparaître successivement, le pagne simple [hiéroglyphe], pièce d'étoffe attachée à la taille par une ceinture et tombant un peu au-dessus du genou, avec sa queue de chacal pendant par derrière : puis une autre pièce d'habillement et deux espèces d'étoffes, puis une série de bâtons aux noms et aux formes diverses pour lesquelles je ne trouve pas d'équivalent dans nos langues. Les formules sont malheureusement perdues et ce qui en reste ne me permet pas d'y reconnaître un sens : on voit seulement qu'elles procédaient, comme les précédentes, par allitération avec le nom de chaque objet présenté. La longue lacune qui commence au-delà contenait la fin de l'énumération. L'inscription reprend, après une quinzaine au moins de lignes entièrement perdues, sur un gros bloc détaché de la muraille et qui gît au milieu de la chambre. Elle se terminait par une série de prières assez mutilées, de la teneur desquelles il résulte qu'après la présentation des vêtements et insignes on faisait de nouvelles libations et de nouvelles fumigations. «OSIRIS PEPI,[4] HOR t'a donné son œil et tu en as garni ta face. — O PEPI NOFIRKERI, je »suis venu, je t'apporte l'ŒIL D'HOR dont tu garnis ta face et il t'a lavé, son parfum est vers »toi, le parfum de l'ŒIL D'HOR est vers ce PEPI NOFIRKERI, et il te donne tes humeurs, il »te défend contre les flots de la main de SIT. O ce PEPI NOFIRKERI, quand tu as frappé »l'ŒIL D'HOR, il est sain[5] sous toi, cet ŒIL D'HOR est sain, sain, qu'il a donné à OSIRIS, »et tu lui as donné qu'il garnît sa face de cette substance suave d'odeur, de laquelle HOR »a parlé auprès de SIBOU. — O PEPI NOFIRKERI, moi ton fils, moi HOR, je suis venu, je t'apporte »les deux yeux d'HOR, les deux yeux de son corps; les travaillant à l'herminette tu les as »ouverts, tu les as lavés, tu les as réunis entièrement . . . . . .» Cette répétition de formules déjà connues amène au second registre (l. 324 sqq.) l'introduction des parfums canoniques. Il fallait en oindre la statue [hiéroglyphes], ou tout au moins les verser devant elle des vases qui les contenait. Bien que l'indication [hiéroglyphes] ne se trouve que la première fois, chacune des onctions devait être répétée *quatre fois.*

«*Dire quatre fois* : OSIRIS PEPI NOFIRKERI, je t'emplis ton œil d'huile. — *Parfum* »*de fête.*

«OSIRIS PEPI NOFIRKERI, je te donne le suc exprimé de ta face. — *Parfum d'accla-* »*mation.*

1) MASPERO, *Quatre années de fouilles* dans les *Mémoires de la Mission du Caire*, t. I, p. 200 sqq.
2) LEPSIUS, *Die ältesten Texte*, pl. 5—11, 21—29; MASPERO, *Quatre années de fouilles*, p. 214 sqq.
3) DÜMICHEN, *Der Grabpalast*, t. II, pl. X, XI, etc.
4) La formule mutilée était sans doute la même que la formule des lignes 224—225.
5) Il y a ici un jeu de mots que je ne puis rendre entre le nom de l'œil OUZAIT et le verbe [hiéroglyphes].

«Osiris Pepi Nofirkeri, je te donne l'Œil d'Hor dont il a scarifié la face.[1] — *Poix.*

«Osiris Pepi Nofirkeri, je te donne l'Œil d'Hor à qui Hor est joint. — *Essence de* » *tamarisque.*

«Osiris Pepi Nofirkeri, je te donne l'Œil d'Hor qu'Hor a apporté et avec lequel il »salue les dieux. — *Huile de salut.*

«O cette huile qui es au front de ton Hor, qui es, qui es au front d'Hor, mets-toi »au front de ce Pepi Nofirkeri, parfume-le sous toi, protége-le sous toi, donne qu'il soit »maître de son corps, donne qu'il soit enchanté contre les deux yeux de tous les Lumineux »qui le voient et qui entendent son nom, car — *Essence d'Acacia* — Osiris Pepi Nofirkeri, »je t'apporte l'Œil d'Hor qu'Hor prend vers ton front. — *Essence de Libye.*»

Après les huiles et les essences viennent les fards, qu'on porte devant la statue [hiéroglyphes], le vert [hiéroglyphes] et le noir d'antimoine [hiéroglyphes], qu'on présente dans de petites bourses en cuir, nouées par une lanière de cuir : j'en ai trouvé un beau spécimen, déposé aujourd'hui au musée de Boulaq, dans un tombeau de la XIe dynastie à Gébéléïn.[2] «Osiris Pepi »Nofirkeri, je te lève l'Œil d'Hor en bonne santé[3] vers ta face! — Hor qui est là, Osiris »Pepi Nofirkeri, je te donne l'Œil d'Hor en bonne santé. — Hor qui est là, Osiris Pepi »Nofirkeri, je l'élève à ta face! — De même que je farde à Hor son œil [si bien qu'il »est] sain, ô Pepi Nofirkeri, je te farde ton œil vers ta face [si bien qu'il est] sain, et tu »vois grâce à lui. — *Vert, un sachet; kohl, un sachet.*» La statue lavée, fumigée, habillée, revêtue de ses insignes, parfumée, fardée, il restait une dernière cérémonie à accomplir : on lui passait au corps deux bandes d'étoffe, ornées de franges et qui formaient tantôt une sorte de mantille, tantôt une écharpe : c'est ce qu'on nommait [hiéroglyphes], la *parure.* «Veille »en paix! veille Tait en paix, veille Taitit en paix![4] Œil d'Hor qui est dans Dopou en »paix, veille Œil d'Hor qui est dans les *Châteaux de Nit* en paix! La plus brillante (?) »des nourrices (?), celle qui orne le maître du tombeau (?), donne que les deux terres se »courbent devant ce Pepi Nofirkeri, comme elles se courbent devant Hor; donne que les »deux terres aient une crainte respectueuse devant ce Pepi Nofirkeri, comme elles ont une »crainte respectueuse devant Sit! Demeure avec ce Pepi Nofirkeri comme son dieu, ouvre »lui son chemin parmi les Lumineux, pour qu'il soit debout parmi les Lumineux [étant »comme] Anubis, celui qui est chez les morts! — *Dire quatre fois* : à l'avant, à l'avant, »sous Osiris.» Comme toujours, cette cérémonie est accompagnée d'une fumigation. Chaque pièce nouvelle de costume, chaque rite qui ajoutait un objet ou un ensemble d'objets à ce

1) Le jeu de mot est entre la combinaison [hiéroglyphes] Is fakkit et le mot [hiéroglyphes] pour le son : pour le sens, je crois que la nature même de la poix a suggéré la formule. On obtient la production abondante de la poix et des résines du même genre, en tailladant les arbres et en les blessant : l'auteur déclare de même que Hor, pour tirer la poix de son Œil, blesse et scarifie cet œil, comme les hommes font les arbres résineux. — 2) Enregistré sous le n° d'Inventaire 26601 (*Bulletin de l'Institut égyptien*, 1885, p. XI).

3) Il ne faut pas oublier que le fard noir est aujourd'hui encore considéré par les Égyptiens comme un médicament, qui préserve la santé de l'Œil ou le guérit des maladies. Le mot [hiéroglyphes] sert à désigner l'Œil fardé de noir, comme l'indique le déterminatif [hiéroglyphe], c'est-à-dire l'Œil médicamenté, l'Œil sain, l'Œil en bon état. Irit Hor ouzait, ou, par abréviation, Ouzait, est donc le terme appliqué à l'Œil d'Horus fardé, en bon état, c'est-à-dire au soleil ou à la lune bien portants, dans leur plein.

4) Le signe [hiéroglyphe], que j'avais pris pour une variante de [hiéroglyphe] dans Ounas, l. 66 sqq., est en réalité le mot ris, risou, *veiller*.

qui touchait la statue ou à ce qu'elle possédait déjà, exigeait une fumigation qui purifiât l'objet et le rendît propre à passer dans l'autre monde. Comme dans d'autres religions, l'encensement rendait une personne ou une chose incapable de revenir ici-bas : tout retour vers la terre lui devenait impossible, du moment qu'elle *sentait l'encens*. On voit donc reparaître le pot de terre où brûle l'encens, et que l'officiant porte quatre fois autour de la statue, en faisant une génuflexion et en présentant l'encensoir chaque fois qu'il passe devant la statue. Avec la fumigation reparaissent toutes les formules que nous avons vues précédemment : «Qui passe avec son double? Horou passe avec son double, Sit passe avec son »double, Thoti passe avec son double, Sapou passe avec son double, Osiris passe avec son »double, Khontmiriti passe avec son double, Zodit passe avec ton double! O Pepi Nofir»kert, la main de ton double est devant toi, O Pepi Nofirkert, la main de ton double est »derrière toi! O Pepi Nofirkert, le pied de ton double est devant toi, O Pepi Nofirkert, »le pied de ton double est derrière toi! Osiris Pepi Nofirkert, je t'ai donné l'Œil d'Hor »qui garnit ta face, et l'odeur de l'Œil d'Hor monte vers toi! — Osiris Pepi Nofirkert, »Hor t'a rempli de son œil complétement! Hor *qui est dans* Osiris Pepi Nofirkert, je te »donne l'Œil d'Hor sous toi; voici l'Œil d'Hor, qu'il est monté en son parfum! — Osiris »Pepi Nofirkert voici l'Œil d'Hor qui te garnit de son parfum! — Osiris Pepi Nofirkert, »Hor t'a donné son œil et tu en as garni ta face. — O Pepi Nofirkert, je suis venu, je »t'apporte l'Œil d'Hor dont tu as garni ta face, et il t'a lavé, son parfum est vers toi, le »parfum de l'Œil d'Hor est vers Nofirkert et il te donne tes humeurs, il te défend contre »les flots de la main de Sit. O ce Pepi Nofirkert, quand tu as grandi, l'Œil d'Hor est »sain sous toi, l'Œil d'Hor est sain, sain! — Hor *qui est dans* Osiris Pepi Nofirkert, tu »es garni de l'Œil d'Hor, car le voilà qui est venu vers toi!» La libation succède nécessairement à la fumigation : «*Natron, deux grains, un vase d'eau parfumée.* — Cette tienne »libation, Osiris, cette tienne libation Pepi Nofirkert, sortent de ton fils, sortent de par »Hor. — Je suis venu, je t'ai apporté l'Œil d'Hor pour que tu rafraîchisses ton cœur sous »lui, je te l'ai apporté sous tes sandales, te donnant les humeurs issues de toi, pour que »ton cœur ne s'arrête point faute d'elles. — *Dire quatre fois* : Voici la voix qui sort vers toi! »— Osiris Pepi Nofirkert, je te présente cette tienne libation et tu t'es rafraîchi de par »Hor en ton nom de *Qui sort du moringa*! Je te présente les humeurs qui sortent de toi, »et Hor t'a donné que les dieux se rassemblent pour toi (?) en tout lieu Osiris Pepi No»firkert, je te donne ton alun, et tu te parfumes et Nouit donne que tu sois un dieu »contre ton ennemi en ton nom de Dieu, et Hor t'assigne les années en ton nom de *Di»viseur des années* (?)»

Ici se termine la première partie de la cérémonie. On a ouvert la bouche du mort, on a lavé la statue, on l'a parfumée, encensée à diverses reprises, on lui a présenté une collation destinée à soutenir les forces du double pendant cette longue préparation, on l'a habillée, parée, armée : la voilà prête pour l'offrande réelle pour le grand repas funéraire, et le grand repas commence. On débute par dresser la table à laquelle le mort doit s'asseoir et l'officiant avec lui. C'est un guéridon bas, chargé de ce couronnement en forme de lames minces dont je ne sais ni l'usage, ni la nature : peut-être était-ce comme une balustrade légère, qui empêchait les objets entassés de tomber et de se répandre à terre. En la mettant devant la statue assise du mort, l'officiant dit : «Thot amène l'officiant avec la table,[1] — »*table* — car le voici qui est sorti avec l'Œil d'Hor — *Donner le pirkhrôou,* — et il a »donné l'Œil d'Hor sur lequel Hor se pose. — *O viens avec le hotpou souten!*» En effet on apporte la table d'offrandes sur laquelle on va faire l'offrande royale ; on la pose à terre, et on la garnit avant tout du gâteau rond et du vase d'eau qui en est l'accompagnement indispensable.[2] En présentant le gâteau, l'officiant dit : «Osiris »Pepi Nofirkerî, je te donne l'Œil d'Hor sur lequel Hor s'est posé. — *Donner l'offrande* »*du roi* *par deux fois.*» Il présente le vase en disant : «Osiris Pepi Nofirkerî, »je te donne l'Œil d'Hor sur lequel Hor se pose. — *Table d'offrandes de la Grande Salle* »*de réception, deux.*» La table ainsi préparée est comme le montre la légende, celle qu'on trouve parfois encore devant la stèle funéraire, dans la salle principale de certains tombeaux de l'époque Memphite, dans celle du tombeau de Ti par exemple. L'officiant allait s'asseoir devant elle, comme on le voit au tombeau de Pétéménophis, en disant : «Tu l'as jeté [l'Œil d'Hor] sous toi»,[3] ce qui me paraît être une allusion au geste par lequel le célébrant posait sur la table et en rejetait, l'un après l'autre, tous les objets qui composaient le menu. Puis il «*dit* : «S'asseoir avec le repas royal», ce qui semble indiquer que les assistants, ceux du moins qui faisaient partir du cortége des amis ou de la famille, s'asséyaient pour la durée des cérémonies qui suivaient : ils étaient les invités du mort et prenaient place à sa table afin de souper avec lui.

A partir de cet endroit, le menu défile devant nous, objet à objet et ligne à ligne, avec force jeux de mots intraduisibles dans nos langues. On commence par munir le mort d'un pain long et d'un gâteau : «Osiris Pepi Nofirkerî, je te donne l'Œil d'Hor et tu l'as »porté à ta bouche.» Les colonnes qui suivent nous apprennent quelles variétés de gâteaux et de liqueurs étaient plus spécialement offertes : «Osiris Pepi Nofirkerî, je te donne l'Œil »d'Hor qui protége qui le blesse (?). — *Pain Toutou, un* — Osiris Pepi Nofirkerî, je te »donne l'Œil d'Hor qui a enchaîné — *Gâteau Tourou, un.* — Osiris Pepi Nofirkerî, je »te donne l'Œil d'Hor, le peu qu'en a mangé Sit. — *Koumi, une cruche.* — Osiris Pepi »Nofirkerî, je te donne l'Œil d'Hor qui s'est sauvé d'Hor. — *Liqueur Khnomsi, une cruche.* »— Osiris Pepi Nofirkerî, je te donne l'Œil d'Hor et tu l'as porté à ta face. — *Porter un* »*pain et une tasse de bière.*» Ici le défilé des provisions s'interrompt. L'officiant prend le pain et la tasse de bière qu'il «porte devant le mort», en récitant une formule de cinq lignes : «Lève ta face Osiris, lève ta face o ce Pepi Nofirkerî, que ton Lu»mineux arrive! Lève ta face Pepi Nofirkerî, désire, choisis, vois ce qui sort de toi! Les »ordures tu les laves, Pepi Nofirkerî, et tu ouvres ta bouche en tant qu'Œil d'Hor, tu »adresses la parole à ton double, car Osiris il te protége de tout monstre annihilateur des »morts, Pepi Nofirkerî, et tu as pris ce pain qui est dans l'Œil d'Hor.» Après avoir récité cette formule, l'officiant pose le pain à terre devant la statue, , puis reprend

1) marque ici celui des officiants qui est chargé d'apporter l'autel ; se rapporte à Khait qui est du féminin, ou plutôt à l'Œil d'Horus qui est sur la table, avec les offrandes.

2) Les figures dans Dümichen, *Der Grabpalast*, t. I, pl. IX, 64—68. La table ainsi garnie est figurée sur le monument de Nofriouphtah (Petrie, *Kahun*, pl. V).

3) Pepi II a ici comme Ounas bahmi, tandis que les textes postérieurs ont (Dümichen, *Der Grabpalast*, t. I, p. 30).

d'autres objets qu'il met pêle-mêle à la main gauche du mort [hiéroglyphes]; «O »Pepi Nofirkeri, je te donne l'Œil d'Hor, pour que tu te confondes avec lui, — *Gâteau »Shonsou, un,* — et qu'il te fournisse du suc qui sort de toi. — *Bière, une cruche.* — Osiris »Pepi Nofirkeri, je te donne la chair de l'Œil d'Hor. — *Viande du gîte, un morceau.*» Les formules suivantes sont mutilées presque toutes, et, comme à l'ordinaire, les lacunes nous ont fait perdre l'indication de cérémonies encore inconnues. Une note à moitié brisée [hiéroglyphes] expliquait l'occasion de la formule : «Osiris Pepi Nofirkeri, c'est ici l'Œil »d'Hor,[1] qu'il a exorcisé de Sit! — Osiris Pepi Nofirkeri, Hor t'a donné son Œil avec »toi. — Osiris Pepi Nofirkeri, je viens, je t'ai donné l'Œil d'Hor, le donnant à ta main, »je te le donne.» Une rubrique nouvelle nous apprend que les objets suivants étaient placés, les uns, sur la paume de la main gauche de la statue [hiéroglyphes], les autres probablement sur la paume de la main droite. Par malheur les lacunes deviennent si considérables que nous ne savons plus quels sont les objets ainsi présentés. L'inscription reprend, après une quinzaine au moins de lignes entièrement perdues, sur un gros bloc détaché de la muraille et qui gît au milieu de la chambre. Elle se terminait par une série de prières assez mutilées, de la teneur desquelles il résulte, qu'après la présentation des vêtements ou insignes, on faisait de nouvelles libations et de nouvelles fumigations.[2] «Osiris Pepi Hor t'a »donné son œil et tu en as garni ta face. — O Pepi Nofirkeri, je suis venu, je t'apporte »l'Œil d'Hor, dont tu garnis ta face et il t'a lavé, son parfum est vers toi, le parfum de »l'Œil d'Hor est vers ce Pepi Nofirkeri, et il te donne tes humeurs, il te défend contre »les flots de la main de Sit. O ce Pepi Nofirkeri, quand tu as frappé l'Œil d'Hor, il est »sain[3] sous toi, cet Œil d'Hor est sain, qu'il a donné à Osiris, tu lui as donné qu'il garnît »ta face de cette substance suave d'odeur, sur laquelle Hor a parlé sous Sibou. — O Pepi »Nofirkeri, moi ton fils, moi Hor, je suis venu, je t'apporte les deux yeux d'Hor, les deux »yeux de son corps, les travaillant tu les as ouverts, tu les as lavés, tu les as réunis en»tièrement.» Cette répétition des formules déjà connues termine le second registre : au troisième registre, les formules de la table d'offrandes reprennent la présentation des objets qui forment le menu du mort.

Le repas commence naturellement par la présentation de l'eau à laver et des odeurs à parfumer le convive. «Osiris Pepi Nofirkeri, je te verse l'eau qui est dans l'Œil d'Hor.[4] »— *Dire quatre fois à ce* Pepi Nofirkeri *et lever l'offrande quatre fois. — Eau deux tasses.* »— Osiris Pepi Nofirkeri, je te donne l'Œil d'Hor, dont il parfume sa bouche. — *Dire »quatre fois à ce* Pepi Nofirkeri *et lever l'offrande quatre fois. — Pastilles de natron, deux »tasses pleines.*» Non seulement ces deux objets, mais tous ceux qui sont énumérés sur ce

1) Remarquez la répétition de [hiéroglyphes] après le démonstratif [hiéroglyphe], qui sert à donner plus d'emphase au pronom [hiéroglyphes] «Cet œil la d'Hor.» [hiéroglyphes] me paraît être ici la forme féminine de [hiéroglyphes], correspondant au ⲧⲉ du copte, et que j'ai cherchée longtemps dans cet emploi sans l'avoir trouvée. Ainsi se trouverait complété le paradigme des pronoms démonstratifs verbaux ⲡⲉ, ⲧⲉ, ⲛⲉ.

2) La formule mutilée était sans doute identique à celle des lignes 124—125.

3) Voir plus haut p. 362, note 3.

4) L'Œil d'Hor est remplacé par le pronom [hiéroglyphe] de la troisième personne, ici comme dans beaucoup des formules qui suivent.

registre sont ainsi présentés quatre fois, une fois après chaque tour fait autour de la statue, et la formule répétée quatre fois. Le mort gagnait à ces répétitions de pouvoir se procurer dans les quatre maisons du monde le repas dont il avait besoin, et de s'en assurer la jouissance en en donnant une part à celui des quatre dieux-étais dans la maison de qui il se trouvait. Comme l'indication ritualistique est toujours conçue dans les mêmes termes, je la laisserai de côté et me bornerai à traduire la formule, puis le nom de l'objet. « Osiris Pepi Nofirkerî, je te donne l'Œil d'Hor, je te le verse à ta bouche. — *Verser un pain long et un vase de liqueur, [en tout] deux.* — Osiris Pepi Nofirkerî, je te donne l'Œil d'Hor qui assomme Sit. — *Gâteaux Toutou, deux.* — Osiris Pepi Nofirkerî, je te donne l'Œil d'Hor qui a enchaîné. — *Gâteaux Tourou, deux.* — Osiris Pepi Nofirkerî, tu as pris ta face. — *Farine, deux cônes.* — Osiris Pepi Nofirkerî, je t'apporte tes voisinages (?). — *Gâteaux Nouhri, deux.* — Osiris Pepi Nofirkerî, je te donne ton œil[1] [que tu goûtes]. — *Gâteaux dopit, quatre.* — Osiris Pepi Nofirkerî, je te donne l'Œil d'Hor qui protége ce qui cuit sur lui.[2] — *Galettes, quatre.* — Osiris Pepi Nofirkerî, tu as reçu ta tête. — *Gâteau Shonsi, quatre.* — Osiris Pepi Nofirkerî, voici ton Œil, que tu as saisi. — *Gâteaux Mito, quatre.* — Je te donne l'Œil d'Hor qu'il a pétri. — *Gâteaux Khonfou, quatre.* — Osiris Pepi Nofirkerî, je te donne l'Œil d'Hor en son jaillissement. — *Croquettes, quatre tasses pleines.* — Osiris Pepi Nofirkerî, je te donne l'Œil d'Hor qu'il a enchaîné. — *Bouillie de froment du nord, quatre bols.* — Osiris Pepi Nofirkerî, je te donne l'Œil d'Hor que tu as mis dans ta bouche. — *Adit, quatre.* — Osiris Pepi Nofirkerî, je te donne l'Œil d'Hor, ton gâteau que tu manges. — *Gâteaux ronds, quatre.* — Osiris Pepi Nofirkerî, je te donne l'Œil d'Hor qu'il a emprisonné. — *Pains grillés, quatre.* — Osiris Pepi Nofirkerî, je te donne les dents blanches et saines. — *Oignons, quatre bottes.* — Osiris Pepi Nofirkerî, voici qu'accourt l'Œil d'Hor. — *Cuisse de bœuf, une.* — Osiris Pepi Nofirkerî, le marqué, de la chair duquel Sibou ne retranche pas chair! — *Viande, un os garni.* — Osiris Pepi Nofirkerî, je te donne l'Œil d'Hor que tu enserres. — *Rognon, un.* — Osiris Pepi, je te donne la chair de l'Œil d'Hor. — *Chair, un.* — Osiris Pepi Nofirkerî, je te donne ceux qui te sont hostiles. — *Côtelettes, quatre.* — Osiris Pepi Nofirkerî, je te donne tes habiletés (?). — *Viande rôtie.*[3] — Osiris Pepi Nofirkerî, je te donne l'Œil d'Hor pour que tu coures vers lui. — *Foie, un.* — Osiris Pepi Nofirkerî, je te donne l'Œil d'Hor vers qui va le dieu. — *Rate* [ⲕⲟⲉⲓϣ, *T.* ⲕⲟⲓϣ, *M.* ⲡ, ⲡⲓ, *splen*], *une.* — Osiris Pepi Nofirkerî, je te donne l'Œil d'Hor qui est en avant du dieu. — *Viande, un morceau.* — Osiris Pepi Nofirkerî, je te donne l'Œil d'Hor qui est devant Sit. — *Chair de devant, une tasse remplie de morceaux.* — Osiris Pepi Nofirkerî, je te donne les têtes des fidèles de Sit, les oies.[4] — *Oie ro, une.* — Osiris Pepi Nofirkerî, je te donne ce [présent] selon ton

---

1) [hiéroglyphes] qui complète cette phrase et qui forme allitération avec le mot [hiéroglyphes] a été oublié par le dessinateur ancien ou passé par le sculpteur.

2) Dümichen a le premier expliqué le sens de ce passage (*Der Grabpalast*, t. I, p. 33).

3) Ceci est un titre général sans indication de quantité : les quantités seront énoncées après chacun des morceaux qui sont compris parmi les viandes rôties.

4) Voici sur ce passage l'observation de Dümichen, *Der Grabpalast*, t. I, p. 36. Il faut se rappeler, si l'on veut comprendre l'allusion, que les compagnons de Sit avaient pris la forme d'oiseaux et d'animaux divers, et qu'en offrant ces oiseaux ou ces animaux à Hor c'était réellement les ennemis d'Osiris et les siens qu'on lui offrait.

» cœur. — *Oie torpou, une.* — Osiris Pepi Nofirkerî, je te donne l'Œil d'Hor, à qui il » est venu. — *Oie Sit, une.* — Osiris Pepi Nofirkerî, je te donne ceux qui viennent à » Hor.[1] — *Oie si, une.* — Osiris Pepi Nofirkerî, je te donne l'Œil d'Hor qui protége qui » l'affermit. — *Tourterelle, une.* — Osiris Pepi Nofirkerî, je te donne l'Œil d'Hor que le dieu » a attaché. — *Pain Sif, un.* — Osiris Pepi Nofirkerî, je te donne l'Œil d'Hor et il n'est » plus retranché de toi. — *Nêidêh, deux.*[2] — Osiris Pepi Nofirkerî, je transporte (?) pour » toi l'Œil d'Hor. — *Petits gâteaux pait, deux tasses pleines.* — Osiris Pepi Nofirkerî, voici » l'Œil d'Hor, à qui le dieu a exprimé l'eau qui est en lui. — *Masit, deux tasses.* — Osiris » Pepi Nofirkerî, je te donne l'Œil d'Hor, le peu que Sit en a mangé. — *Koumis (?), deux » tasses.* — Osiris Pepi Nofirkerî, je te donne l'Œil d'Hor, vers qui l'on vient le vider (?). » — *Hydromel (?), deux tasses.* — Osiris Pepi Nofirkerî, je te donne l'Œil d'Hor qu'on » apporte au dieu. — *Liqueur Khnomsou, deux tasses.* — Osiris Pepi Nofirkerî, je te garnis » du suc qui sort de toi. — *Bière, deux cruches.* — Osiris Pepi Nofirkerî, je te garnis du » suc qui sort de toi. — *Bière skhopit, deux vases.* — Osiris Pepi Nofirkerî, je te garnis » du suc qui sort de toi. — *Bière Pakhi, deux tasses.* — Osiris Pepi Nofirkerî, je te garnis » du suc qui sort de toi. — *Bière de Nubie (Bouza), deux tasses.* — Osiris Pepi Nofirkerî, » je te donne la mamelle d'Hor qu'on goûte. — *Boisson de figue, deux tasses.* — Osiris » Pepi Nofirkerî, je t'ouvre la bouche avec l'Œil d'Hor. — *Vin du Nord, deux tasses.* — » Osiris Pepi Nofirkerî, je te donne l'Œil d'Hor qui a débordé pour la protection de qui » le mange. — *Vin blanc, deux vases.* — Osiris Pepi Nofirkerî, je te donne la pupille (κορή) » qui est dans l'Œil d'Hor et j'ouvre ta bouche avec elle. — *Vin de Bouto, deux tasses.* — » Osiris Pepi Nofirkerî, je te donne l'Œil d'Hor que je pêche pour lui, et je t'ouvre la » bouche avec lui. — *Vin Maréotique, deux tasses.* — Osiris Pepi Nofirkerî, je te donne » l'Œil d'Hor pour qu'on ne te l'arrache point. — *Vin de Syène, deux tasses.* — Osiris Pepi » Nofirkerî, je te donne l'Œil d'Hor qui jaillit [comme source]. — *Gâteaux Sibonou, deux.* — » Osiris Pepi Nofirkerî, je te donne l'Œil d'Hor que j'exprime pour lui. — *Khonfou, deux » pleines tasses.* — Osiris Pepi Nofirkerî, je te donne l'Œil d'Hor que j'ai arraché pour » Hor à Sit. — *Fruits du sîdr, deux pleines tasses.* — Osiris Pepi Nofirkerî, je te » donne l'Œil d'Hor blanc qui protége qui le lie. — *Soshit blanche, deux pleines tasses.* » — Osiris Pepi Nofirkerî, je te donne l'Œil d'Hor vert qui protége qui le lie. — *Soshit » verte, deux pleines tasses.* — Osiris Pepi Nofirkerî, je te donne l'Œil d'Hor qui pro- » tége qui l'atteint. — *Froment grillé, deux mesures.* » Le reste est détruit, et l'on voit que la liste gravée sur la paroi nord de la chambre ouest de Pepi II se prolongeait au-delà de la liste gravée ordinairement dans les tombeaux. Comme aux registres supérieurs, il y avait là une énumération d'objets de parure, puis des fumigations nouvelles, puis la présentation de l'arc. Toutes les légendes qui accompagnaient cette portion intéressante du texte sont mutilées : le bas ou le haut des lignes manque, et je n'ose proposer aucune restitution.

---

1) [hiéroglyphes] forme un seul mot composé au féminin *un* ELLE-*vient-vers-lui* (Hor); ce mot élevé à la valeur verbale prend à son tour le pronom pluriel *des ils* ELLE-*vient-vers-lui*, des *objets* ou des *êtres qui viennent à Horus.*

2) Sur le *nêidêh*, voir S. de Sacy, *Chrestomathie arabe*, 2e édit., t. II, p. 25—27.

Le dernier registre débute lui aussi par une série de présentations qui ne se retrouvent pas sur les tables d'offrandes ordinaires. Cette fois, le dieu intermédiaire entre le mort et les vivants est Sibou, le dieu de la terre. «Offrande royale à Sibou pour Pepi Nofirkeri. — »Je te donne tout don sur l'autel, toute offrande posée à terre de pains et de liqueurs, que »tu aimes et qui est bonne pour toi, là, sous le dieu, pour la durée de l'éternité! — Osiris »Pepi Nofirkeri, Hor est venu, il te lave, car tu es son père. — *Graines Abitou.* —, il te »fait retourner à Sibou, — *graines Basni, deux tasses pleines.* — et Sibou te donne tes deux »yeux, pour que tu reposes. — *Autel d'offrandes, un.* — Osiris Pepi Nofirkeri, tu es son »double. — *Gâteaux Kaha, deux.* — Voici les deux yeux de Ce Grand (le dieu Osiris), »Osiris Pepi Nofirkeri. — *Gâteaux Toïrit, deux.* — Je fais offrande pour eux, — *table »d'offrandes de la grande salle de réception, deux,* — Hor fait offrande [se pose] sur toi, »car tu es son père. — *Offrande de pain, une.* — Voici les racines, l'Œil d'Hor que je »cueille, et qu'Hor t'a donné. — Bit, *deux pleines tasses.* — Voici la racine de l'Œil d'Hor »que j'ai sarclée, et qu'Hor t'a donné. — *Bisou, deux pleines corbeilles.* — Voici l'Œil d'Hor »que je laboure, et qu'Hor t'a donné. — *Ahâ, deux pleines corbeilles.* — Je te donne le »suc qui sort d'Osiris. — *Bière, deux cruches.* — Osiris Pepi Nofirkeri, voici les eaux qui »sont en toi, et qu'Hor te donne. — *Liqueur Tenomou, deux vases.* — Osiris Pepi Nofir»keri, je te donne l'Œil d'Hor et je t'ouvre la bouche avec lui. — *Vin du Nord, deux »tasses.* — Osiris Pepi Nofirkeri, voici l'Œil d'Hor vert que j'ai pris pour le dieu, et que »t'a donné Hor. — *Vert, deux vases.* — Voici l'Œil d'Hor qui jaillit et que t'a donné Hor. »— *Hobnit, deux pleines tasses.* — Voici l'Œil d'Hor que j'ai saisi pour lui, et que t'a donné »Hor, — *Khri-Khonfou, deux pleins vases.* — Voici l'Œil d'Hor blanc que je lie pour lui »et qu'Hor t'a donné. — *Soshit blanche, deux tasses.* — Voici l'Œil d'Hor vert que je lie »pour lui, et qu'Hor t'a donné. — *Soshit verte, deux vases.* — Voici l'Œil d'Hor que j'ai »coupé pour lui, et qu'Hor t'a donné, — *Nipait, deux pleins vases.* — Voici l'Œil d'Hor »que j'ai poursuivi pour lui, et qu'Hor t'a donné, — *Viande, un morceau.* — Osiris Pepi »Nofirkeri, je te donne l'Œil d'Hor que tu goûtes. — *Tobni, deux pleins vases.* — O Osiris »Pepi Nofirkeri, je te donne l'Œil d'Hor, doux au goût, et je te le fais reculer vers toi, »— *Toute sorte de fruit d'arbre fruitier, deux pleins vases.* — je te l'adjuge, — *toute plante »annuelle, deux vases,* — et je frappe devant toi. — *Toute sorte de dons sur l'autel, deux tas,* »— Osiris Pepi Nofirkeri, cet Œil d'Hor je le produis en toi, en toi en ton nom de qui »transperce ton ennemi — *en l'année entière,* — Osiris Pepi Nofirkeri, Hor t'a rempli »complètement de son Œil, — *à la fête Ouaga.*»

La liste s'arrête ici. Les formules qui suivent récapitulaient sous différentes formes les quantités d'offrandes présentées et en indiquaient les vertus. «Crie,[1] danse et exclame-toi »de joie, ô Pepi Nofirkeri! Debout, assis, [tu as] milliers de vases de bière, ou de pièces »de rôti, tu t'approvisionnes à la boucherie (?) de . . . . ., et comme le dieu est muni de »liturgies ainsi Pepi Nofirkeri est muni de ce pain-ci qui est sien. Viens à ton fils, Osiris, »Lumineux parmi les lumineux, dominateur en ses places, à qui rend hommage [hiéroglyphes]

1) Ce chapitre traduit dans Ounas, l. 295—297, mais avec des corrections qu'on trouvera aisément en rapprochant le texte d'Ounas de celui de Pepi II. La muraille du tombeau d'Ounas était fort salpêtrée en cet endroit, ce qui ne m'avait pas toujours permis d'y reconnaître aisément les caractères.

»le cycle des dieux qui réside dans le *Château du Chef*. O PEPI NOFIRKERI, je t'introduis,[1] »je te conduis[2] au tombeau,[3] à l'entrepôt funèbre , afin de te donner l'ŒIL D'HOR »et de te l'adjuger. Je viens, je te frappe avec lui (?). O PEPI NOFIRKERI, voici, tu as reçu »ce pain qui est tien, de moi! — *Dire quatre fois* : tu es à la porte . . . . (?).» — «Crie[4] »PEPI NOFIRKERI, saute de joie, PEPI NOFIRKERI, car tu es venu et tu donnes tes ordres aux »domaines de SIT; tu es venu et tu donnes tes ordres aux domaines d'OSIRIS, on te pré»sente l'offrande royale en toutes tes formes, revêtu de ton linge, de ta peau de panthère, »de ton pagne à queue de chacal; tu viens avec tes »deux vases à sang, tu égorges le bœuf, tu viens »en la barque OUAZ-ÂNOU, en toutes tes formes, en »toutes tes places, ton casse-tête [te mettant] à la »tête des vivants, ta parole [te mettant] à la tête »des Lumineux, et ANOUPOU, celui qui est le chef »des Occidentaux, ANZOU, celui qui est maître des »cantons d'Orient, te présentent tous deux ton bien, »et tu es lumineux, ô PEPI NOFERKERI, avec tes »frères les dieux, ... — *Dire quatre »fois : pare ton corps pour aller avec eux.*» Le dernier chapitre est à deux ou trois mots près la répétition du précédent. Au-delà le mur est brisé. Les quelques lignes, qui subsistent de cette partie détruite, nous montrent une nouvelle reprise de libations avec la formule tant de fois traduite : «*Cette »tienne libation,* OSIRIS, *cette tienne libation, ô* PEPI,» etc. La cérémonie se terminait, comme elle avait commencé, par des effusions d'eau parfumée et par une offrande d'encens.

553 554 555 556 557 558

559 560 561 562 563 564

Tout mutilé qu'il est, ce tableau nous enseigne bien des choses que nous ne savions pas encore. On se demandait, en examinant les nombreux textes d'offrandes que nous connaissions déjà, pourquoi les mêmes objets revenaient en plusieurs endroits différents, et pourquoi l'énumération semblait recommencer entièrement vers le milieu. C'est qu'en général ces listes ne sont pour ainsi dire qu'un sommaire, une sorte de table des matières, un index rappelant l'ordre des céré-

1) parallèle à dans OUNAS, l. 296; reparaît derrière le verbe suivant.

2) est ici, comme dans plusieurs autres passages, l'équivalent phonétique de , avec prothétique.

3) me paraît être une très vieille forme de . Le mot MHÂIR devenu MHÂI par chute de finale, serait devenu féminin par analogie de terminaison, et aurait pris le après coup.

4) Ce chapitre dans TETI, l. 141—149, et à quelques mots près dans OUNAS, l. 297—299.

monies aux prêtres égyptiens qui les connaissaient déjà, insuffisant pour nous qui n'avons pas les renseignements nécessaires et sommes forcés toujours de deviner à moitié les choses. La présentation de la table d'offrande, ou plutôt l'entrée en ménage du mort, se partageait en quatre moments distincts. C'était d'abord une sorte d'initiation générale, comprenant la préparation de la statue, sa purification, son habillement, et une sorte de repas fort court, où quelques-uns seulement des mets égyptiens figurent. Si la table nous représente, comme je le crois, une journée de la vie du mort, la journée-type qui se répétait aussi longtemps que durait la vertu de l'offrande et de la prière, cette première partie, comprise au premier registre, répond au lever du mort, à sa toilette, à son déjeuner du matin. Au second registre, nous avons la parure de la journée, et un repas plus long, correspondant à notre ancien dîner ou à notre second déjeuner, suivi des ablutions et purifications que l'habitude de manger avec les doigts rend indispensables après chaque repas. Au troisième registre, la journée est terminée, et nous avons le repas du soir, le repas par excellence, avec sa succession rapide de plats, innombrables comme ceux qu'on sert aujourd'hui dans les grands repas orientaux. Après cette série, la journée était close et le mort n'avait plus qu'à se retirer pour dormir dans l'intérieur de sa maison, sauf à recommencer le lendemain. Aussi presque toutes les tables d'offrandes s'arrêtent-elles après cette longue énumération. Les prières et les offrandes, que notre texte de Pepi II porte au quatrième registre, sont un hors-d'œuvre, et n'appartiennent pas au même ensemble que celles des registres supérieurs. Elles sont adressées au dieu de la terre, à Sibou, et forment à elles seules un tout complet qui suffisait à nourrir le mort. Le dieu Sibou, comme tous les dieux de la terre, est un dieu des morts puisqu'il reçoit les morts dans son sein, mais ce caractère funéraire est très ancien chez lui, et il fut presque entièrement remplacé dans cette partie de son rôle par d'autres divinités, Osiris, Sokaris, Khontamentit, etc. Le proscynème à Sibou était donc probablement une survivance à l'époque des pyramides; il appartenait à un ordre de conceptions déjà démodé par d'autres conceptions plus neuves, et c'est pour cela qu'on ne le rencontre pas ordinairement dans les tombes. S'il se trouve dans celle de Pepi II, c'est par une sorte de superfétation qu'explique fort bien la piété minutieuse et formaliste des Égyptiens. Le scribe et le graveur, ayant de la place à leur disposition, le reproduisirent en appendice, à la fin du texte ordinaire, comme par mesure de précaution : après tout, il ne pouvait qu'être utile au double du roi et confirmer l'effet produit par les formules plus modernes.

Pour achever ce qui a rapport à la paroi nord de cette chambre ouest, je dois ajouter que les débris de pierre qui l'encombrent sont en grande partie couverts d'hiéroglyphes. La plupart des fragments ne portent que trois ou quatre signes, et il faudrait un travail de plusieurs mois pour les assembler mécaniquement et en reconstituer des portions plus ou moins importantes du texte. D'autres au contraire nous ont conservé les restes de sept, huit ou même dix lignes. J'ai copié les principaux de ces derniers, et je les donne ici tels quels, sans essayer de retrouver les formules qui s'y trouvaient. La plupart appartiennent aux lignes

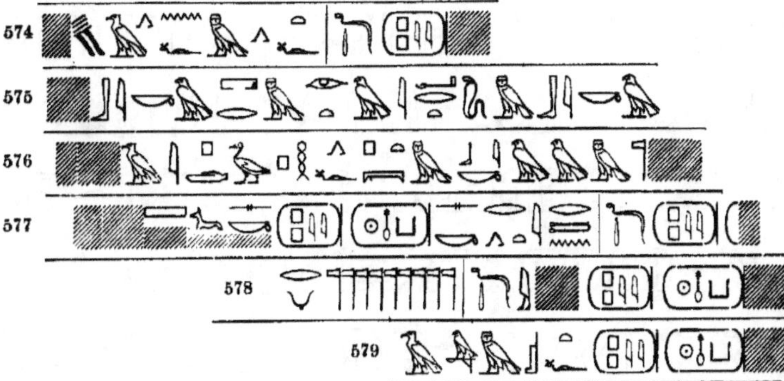

horizontales que couraient en haut de la paroi. Les fouilleurs avaient attaqué la pierre dans la partie qui touche à l'angle qu'elle fait avec la paroi Est. Il faut croire qu'il y avait là quelque détail encore inconnu qui attirait plus spécialement leur attention sur cette partie du tombeau, car c'est elle qu'ils ont partout démolie avec le plus d'acharnement. Peut-être était-ce là, au pied de la table d'offrandes, que les prêtres entassaient les objets du sacrifice, et le mobilier funéraire, vases d'albâtre et de pierres dures, plats et fioles en bronze ou en métaux précieux, etc. : la réunion de tant d'objets au même endroit a pu faire croire aux fouilleurs que le trésor qu'ils cherchaient était caché là. Il faut croire qu'au moment où ils pénétraient dans la pyramide de PEPI II, ils avaient reconnu la vanité de leur poursuite, car au lieu de briser la paroi entière comme ils firent dans PEPI Ier, dans MIRINRI, et dans TETI, ils se contentèrent d'en entamer la moitié orientale.

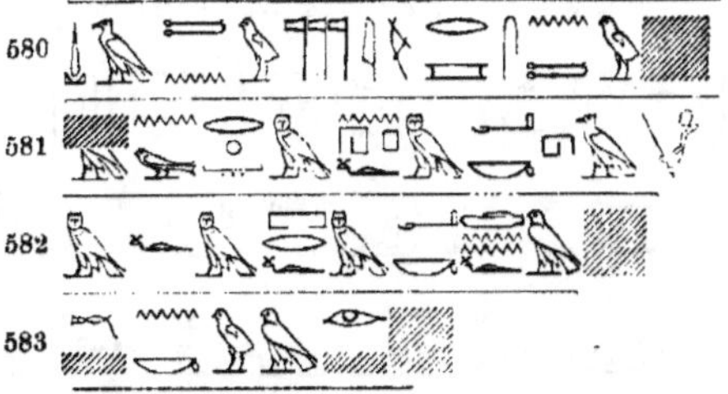

La paroi Est, au milieu de laquelle s'ouvre le couloir qui mène de la chambre du sarcophage à la première chambre, est intacte à quelques hiéroglyphes près. Elle est divisée en deux registres, un registre triangulaire, selon l'usage, dans le pignon, puis un long registre rectangulaire, séparé du premier par une seule ligne horizontale. La plupart des formules gravées sur le pignon sont déjà connues et ne demandent que peu de traductions nouvelles.

1) Le paragraphe Ier dans Teti, l. 54—61 et dans Mirinri, l. 216—219.
2) Le paragraphe II dans Teti, l. 62—64 et dans Mirinri, l. 219—220.
3) Le paragraphe III dans Ounas, l. 186—195, dans Teti, l. 65—74 et dans Mirinri, l. 220—228.

1) Le paragraphe IV est dans OUNAS, l. 195—200, dans Teti, l. 74—78 et dans MIRINRÎ, l. 228—231.

2) Corriger la traduction : «Car il est le suivant de RÂ qui est sur les deux mains de l'ÉTOILE DU MATIN, . . .»

3) Le paragraphe V est dans OUNAS, l. 201—205, dans TETI, l. 78—80 et dans MIRINRÎ, l. 231—234.

4) Le paragraphe VI dans TETI, l. 80—81 et dans MIRINRÎ, l. 234—235.

5) Le paragraphe VII dans TETI, l. 82—83 et dans MIRINRÎ, l. 235—237. «HOR se dévoile et c'est AKER : AKER se dévoile et c'est HOR.»

1) Le paragraphe VIII dans Teti, l. 83—85 et dans Mirinrî, l. 237—239.

2) Le paragraphe IX dans Teti, l. 85—86 et dans Mirinrî, l. 239—240.

3) «Et on donne tous les biens de l'offrande à Pepi Nofirkerî.»

4) Le paragraphe X dans Teti, l. 86—87.

5) Le paragraphe XI dans Teti, l. 87 et dans Mirinrî, l. 240. «O Oirkaf (être dont le double est »grand), madiou de Hor, Kharpsihit de Râ, oir-kotou de Phtah, donne beaucoup à Nofirkerî, car Nofirkerî »mange plus que tu ne donnes.» Les titres du personnage *dont le double est grand* sont ceux des prêtres chargés du service de l'offrande dans les temples d'Hor, de Râ et de Phtah; le dernier titre est complémentaire du protocole du grand-prêtre de Phtah à Memphis. Sur le Kharpsihit cfr. Maspéro, *Études égyptiennes*, t. II, p. 221—223.

6) Le paragraphe XII dans Teti, l. 88—90 et dans Mirinrî, l. 240—241.

7) Le … de Mirinrî, l. 241, est une faute d'impression pour ….

8) Le paragraphe XIII dans Teti, l. 331—332 et dans Mirinrî, l. 244—246.

9) «Tu fais prospérer la boucherie de Pepi-Nofirkerî.»

1) «Le dieu ROUROUTI a faim», peut-être le dieu qui préside à la constellation de l'hippopotame céleste, ou plutôt le dieu à tête de lion, ARI-HOS-NOFIR, qui préside au ciel du Nord, ici en opposition au vautour NEKHABIT qui préside au ciel du Sud.

2) Lire : «. . . le parfum que *tu as lancé* à TETI» au lieu de «. . . le parfum que *tu as apporté* à TETI», comme j'ai mis par inadvertance.

3) Le paragraphe XIV dans TETI, l. 90—91 et dans MIRINRI, l. 241—242; cfr. OUNAS, l. 183—185.

4) Le paragraphe XV dans TETI, l. 338—340.

5) TETI, l. 333 : . — 6) «En tes deux enveloppes.»

7) «Qu'il entende les *Voraces* pendant la plénitude des jours et se joigne à eux pendant les nuits, qu'il ait l'ensemble de biens qu'on leur offre sur leurs tables d'offrandes.» Les *Voraces* sont ici, d'après le contexte, les doubles et les âmes à qui on a institué des offrandes perpétuelles : est l'expression écrite souvent, dès l'Ancien Empire, à côté ou sous les tables chargées d'offrandes qui sont placées devant le mort, dans les tableaux du sacrifice funéraire.

8) Le paragraphe XVI est dans TETI, l. 92—94 avec quelques variantes. «La bouche de PEPI NOFIR-»KERI est d'encens, les deux lèvres de PEPI NOFIRKERI sont de myrrhe. O PEPI NOFIRKERI, voici que le pré »de ton double est plus [riche] que le PRÉ D'OFFRANDES et que les approvisionnements de PEPI NOFIRKERI »sont comme (ceux de) la barque divine, si bien que le vivre de PEPI NOFIRKERI est plus (abondant) que »(ce que produit) l'année, et la richesse de PEPI NOFIRKERI plus (forte) que (ce qu'apporte) le Nil.»

9) Ce paragraphe XVII ne forme qu'un avec le paragraphe précédent dans la version de TETI.

10) Le paragraphe XVIII dans TETI, l. 95—96, dans PEPI Ier, l. 806—807 et dans MIRINRI, l. 242.

Le corps de la paroi contient soixante-trois lignes de texte (l. 646—709) fort bien conservées, sauf quelques légères lacunes qu'on peut combler presque toutes au moyen des autres pyramides.

1) Le paragraphe XIX dans TETI, l. 97—98, dans PEPI Ier, l. 807—808 et dans MIRINRÎ, l. 242—243.

2) Le paragraphe XX dans OUNAS, l. 174—176 avec beaucoup de variantes, dans TETI, l. 335—336, dans PEPI Ier, l. 808—811 et dans MIRINRÎ, l. 246—247.

3) Le paragraphe XXI dans TETI, l. 336, dans PEPI Ier, l. 811—813 et dans MIRINRÎ, l. 253—254 dans ce dernier texte [hieroglyphs] est une faute d'impression pour [hieroglyphs].

4) Ce paragraphe XXII est le début d'une formule plus longue qu'on trouve dans TETI, l. 336—338, dans PEPI Ier, l. 816—820 et dans MIRINRÎ.

5) Le paragraphe Ier dans MIRINRÎ, l. 122—124 et dans HARHOTPOU, l. 178—181 (*Mémoires de la Mission du Caire*, t. I, p. 147).

6) Le paragraphe II dans MIRINRÎ, l. 131—150, et, avec un début différent, dans TETI, l. 274—277 et dans PEPI Ier, l. 27—31.

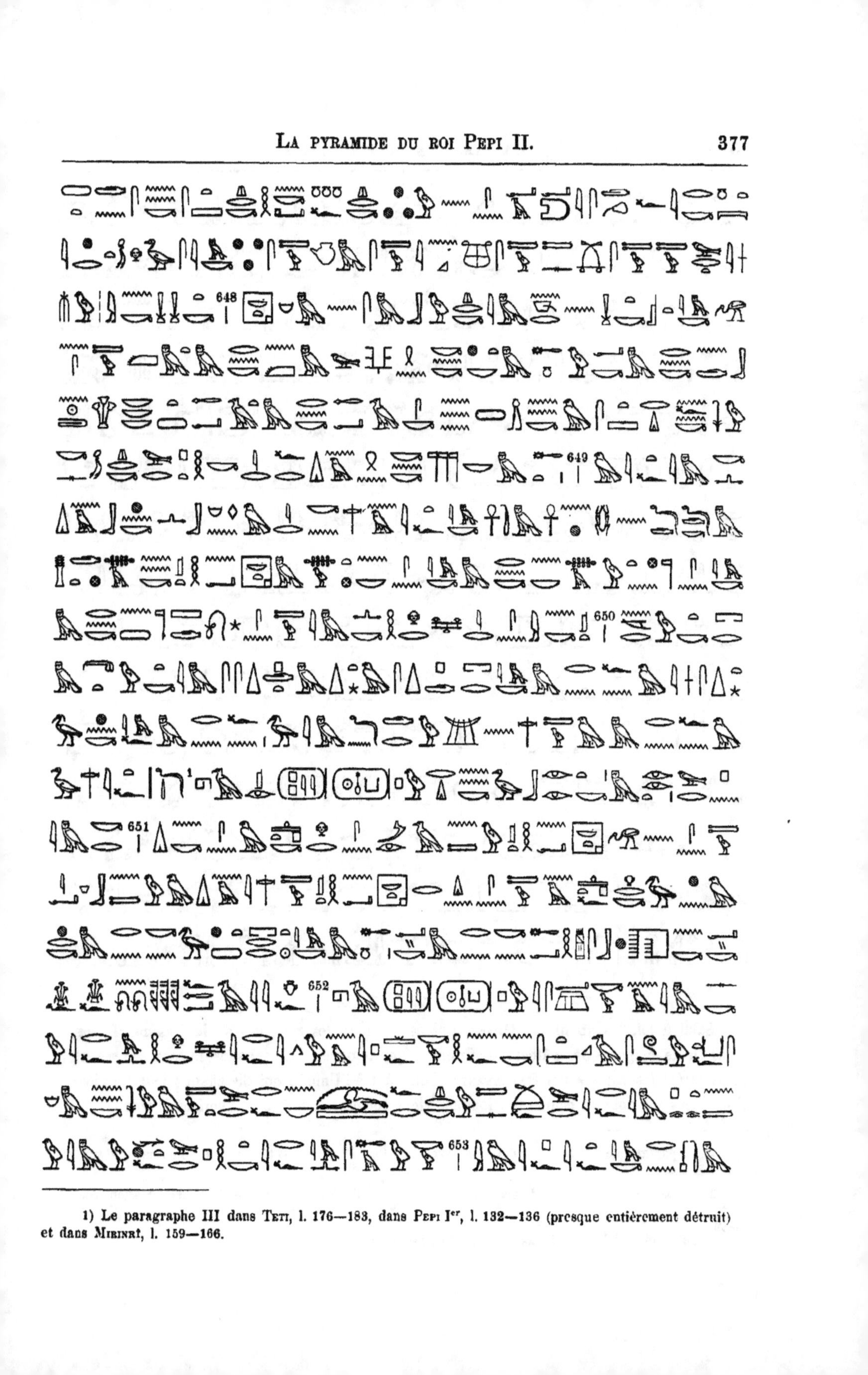

1) Le paragraphe III dans Teti, l. 176—183, dans Pepi Ier, l. 132—136 (presque entièrement détruit) et dans Mirinri, l. 159—166.

VI.[3]

Salut à toi, GRAND fils de GRAND, qui as parcouru les remparts de la GRANDE MAISON, qui as fui le magasin des gâteaux d'offrandes, qui as ouvert les cachettes de ceux qui voient, qui as arrêté les courses des RAYONNANTS. Salut à toi l'Unique qui dis chaque jour : «Viens »HOR, viens toi dont la course est longue, viens toi qui es maître de l'horizon, viens toi qui

1) Le paragraphe IV dans TETI, l. 340—342, dans PEPI Ier, l. 139—140 (presque entièrement détruit) et dans MIRINRI, l. 166—170.

2) Le paragraphe V dans MIRINRI, l. 170—171. de MIRINRI est une faute d'impression pour REMEN.

3) Le chapitre VI dans MIRINRI, l. 377—394, assez mutilé.

»es maître des dieux.» Salut à toi ÂME EN TON SANG,[1] unique de qui son père dit : «Sage (dieu SAA)!» de qui les dieux disent : «Prends ta place au front du ciel, au lieu où ton cœur »désire se poser!» Tu vogues au ciel de tes voyages, tu parcours le nord et le midi dans tes courses. Celui qui le connaît ce chapitre de RÂ et qui les fait ces formules magiques de HOR-KHOUTI, celui-là est connu de RÂ, celui-là est l'ami de HOR-KHOUTI.[2] Car PEPI NOFIRKERT le connaît ce chapitre de RÂ, PEPI NOFIRKERT les fait ces formules magiques de HOR-KHOUTI : PEPI NOFIRKERT est donc connu de RÂ, PEPI NOFIRKERT est l'ami de HOR-KHOUTI et PEPI NOFIRKERT est reçu au ciel en Suivant de RÂ.

VII.

Qu'est-ce cette tienne excursion? Qu'est-ce cette excursion de ces tiennes mères? L'excursion des mères de HOR qui est dans les bras de son père OSIRIS, l'apport de ses tributs, le défilé rapide de ses porteurs d'offrandes. Passent sous RÂ, dites sous RÂ : «. . . . . ». . . . ., dans les deux régions de l'horizon et tu entends la parole »de RÂ. Le dieu, c'est-à-dire HORUS, voici qu'il naît et tu as criblé de flèches ton frère

1) Comme il s'agit ici du Soleil sur le point de se lever, l'expression *âme en ton sang* fait allusion à la teinte rouge du ciel à l'aurore. Le *sang* est celui que répand la déesse, en mettant au monde son enfant : ailleurs la rougeur du matin est comparée aux linges qu'elle teint de son sang, à la naissance du Soleil. Je ne pense pas qu'il y ait ici une allusion à l'identité du sang et de l'âme.

2) Ce passage est important pour le sens des titres [hiéroglyphe] et [hiéroglyphe] des grands seigneurs égyptiens : on voit par ce texte, comme par d'autres, que, dès les temps les plus anciens, les Égyptiens en donnaient l'explication que j'ai rapportée dans mes *Études égyptiennes*, t. II, p. 196—197.

»Sopdou, car le voici qui vient,[1] le voici qui vient, voici ton frère qui vient en qualité de »Mkhontmèriti et viennent ceux qui font la ronde derrière eux comme une flèche, en leur »nom de Flèche, ta cuisse est au Ponent du nome Thinite, ta chair est en sa terre de »Konsit, le chacal du midi vient vers toi, c'est-à-dire Anubis, c'est-à-dire celui qui garde le »naos.[2] Tiens-toi donc aux deux pieds de ton père Pepi Nofirkerî, et grand est ton séjourner »devant eux; tu as ouvert les retraites du ciel visible, à savoir ce jour de repousser les »*Rayonnants* qui te disent la racine de Pepi Nofirkerî. — *Dire* : Ja, hai.

VIII.[3]

O Toumou-Scarabée, quand tu t'es haussé comme *Hauteur*, et que tu t'es levé comme *Grand de la cime* dans le Château du grand qui est dans Onou, tu dégorges comme Shou et tu craches comme Tafnouit,[4] tu as mis tes deux bras derrière eux (Shou et Tafnouit) avec un double, si bien que ton double est en eux. O Toumou, mets donc tes deux bras

---

1) appartient à la même formation que , , , etc., dont la forme absolue se trouve souvent dans les pyramides, et complète le paradigme que j'ai donné à plusieurs reprises de cette locution.

2) Le titre *Anubis gardien du naos* est la paraphrase du signe d'Anubis où le dieu est représenté allongé sur sa niche ou sur son naos.

3) Le paragraphe VIII dans Mirinrî, l. 103—107; cfr. Mariette, *Abydos*, t. I, pl. 21.

4) Le signe ⊿ qui est derrière ⊿ représente un plan incliné, la pente d'une hauteur; il est remplacé plus tard par l'escalier . Le Qa ainsi déterminé est le tertre, la hauteur dans Khmounou sur laquelle Shou a soulevé le ciel. *Toumou le Scarabée* est ici le Soleil levant, dont l'apparition est exprimée par deux phrases jouant, la première, sur l'allitération du verbe Qa *se hausser* avec Qaa *le tertre*, la seconde sur l'allitération de Oubnou, *briller, se lever*, avec Oub-ni-bnou, le Grand du sommet, du pyramidion, qui désigne un des rôles de Râ à Héliopolis. La fin de ce développement se termine par l'allitération connue entre ashshou, *dégorger* et Shou, entre Tafnou, *cracher* et Tafnouit : Quand le Soleil s'est hissé à l'horizon, il dégorge et crache ses rayons parce qu'il est Shou et Tafnouit (*le dégorgeur* et *la cracheuse* par calembourg).

665

666

667

668

derrière Pepi Nofirkerî avec un double pour que le double de Pepi Nofirkerî soit en toi florissant pour toute l'éternité; ô Toumou lance ta protection[1] sur ce Pepi Nofirkerî, sur cette pyramide — cette construction de Pepi Nofirkerî — et que tu la gardes de toute chose mauvaise qui se produise contre elle en toute l'éternité,[2] de la même façon que tu lances ta protection sur Shou-Tafnouit. O Grande Neuvaine des dieux qui est dans Onou, Toumou, Shou, Tafnouit, Sibou, Nouit, Osiri, Isit, Sit, Nebthâît, progéniture de Toumou, qui avez élargi son cœur, au moment où il vous a enfantés, en votre nom de Neuvaine qui vous êtes élancés quand il s'est multiplié en vous,[3] c'est Toumou, qui protége ce Pepi Nofirkerî, qui protége cette pyramide de Pepi Nofirkerî, qui protége cette construction de Pepi Nofirkerî contre tous les dieux, contre tous les morts, et qui la garde de toute chose mauvaise qui se produit contre elle en toute l'éternité. O Hor, c'est Osiris ce Pepi Nofirkerî, c'est Osiris cette pyramide de Pepi Nofirkerî, cette construction de Pepi Nofirkerî que voilà, pour que certes ne soit pas écartée de lui en son nom de pyramide[4] la longue durée qui est en ton nom de *Château de qui dure longtemps*, car Thot t'a mis les dieux sous toi qui naviguent et qui courent dans l'enceinte et dans la fortification de Hor, comme à ton

1) Lit. : « Donne ton lancer, ton protéger. » Il y a ici confusion voulue entre les deux sens *lancer* et *protéger*, du mot : le soleil *lance sa protection* sur le monument, ce qu'on exprimera au temps des rois hérétiques par les rayons terminés en mains qui tombent de son disque.

2) Lit. : « tu protéges, se produisant choses toutes contre lui mauvaises, au corps d'éternité. »

3) L'allitération est ici entre les deux prononciations paouit et psitou du nombre *neuf* et du nom de la neuvaine : les neuf arcs répondent à la prononciation paouit, la formule à la prononciation psit. J'ai désespéré de rendre le choc des lettres, et je me suis borné à exprimer le sens général tant bien que mal.

4) que porte en cet endroit le texte de Mirinrî est une faute d'impression pour . L'allitération se produit ici entre mirou et m-hirou.

père Osiris en son nom de *Forteresse du père*,[1] car Hor t'a donné les dieux et il te les a fait entrer dans les palais, et ils illuminent ta face dans les *palais blancs*.

IX.[2]

O Grande Neuvaine qui est dans Héliopolis, donnez que florisse Pepi Nofirkerî, donnez que florisse cette pyramide de Pepi Nofirkerî, sa construction d'éternité, comme florit le nom de Toumou, chef de la Grande Neuvaine; car si florit le nom de Shou, maître du sanctuaire d'en haut dans Onou, Pepi Nofirkerî florit, et florit cette sienne pyramide, cette sienne construction autant que l'éternité; si dure le nom de Tafnouit, dame du sanctuaire d'en bas dans Onou, le nom de ce Pepi Nofirkerî dure, dure cette pyramide autant que l'éternité; si florit le nom de Sibou plus que *l'hommage de la terre*, florit le nom de Pepi Nofirkerî, florit cette pyramide de Pepi Nofirkerî, florit cette sienne construction autant que l'éternité. Si florit le nom de Nouit dans le Labyrinthe d'Onou, le nom de ce Pepi Nofirkerî florit, florit cette sienne pyramide, florit cette sienne construction autant que l'éternité; si florit le nom d'Osiris dans le nome Thinite, florit le nom de ce Pepi Nofirkerî, florit cette pyramide de Pepi Nofirkerî, florit cette sienne construction autant que l'éternité; si florit

1) La variante de Mirinrî n'est pas une faute d'impression : l'estampage a un signe plus voisin de que de . C'est une faute du graveur antique.

2) Le texte du paragraphe IX dans Mirinrî, l. 207—212. C'est la forme pleine d'une prière qu'on rencontre, en abrégé, sur des statues de la XXe dynastie, et, avec des développements mythologiques, dans les textes de basse-époque dérivés du *Livre des Respirations*.

le nom d'Osiris Khontamentit, florit le nom de ce Pepi Nofirkerî, florit cette pyramide de Pepi Nofirkerî, florit cette sienne construction autant que l'éternité; si florit le nom de Sit dans Ombos, florit le nom de Pepi Nofirkerî, florit cette pyramide de Pepi Nofirkerî, florit cette sienne construction autant que l'éternité; si florit le nom de l'Hor d'Edfou, florit le nom de ce Pepi Nofirkerî, florit cette pyramide de Pepi Nofirkerî, florit cette sienne construction autant que l'éternité; si florit le nom de Râ plus que l'horizon, florit le nom de ce Pepi Nofirkerî, florit cette pyramide de Pepi Nofirkerî, florit cette sienne construction autant que l'éternité; si dure le nom de Khontmiriti plus que la ville de Sokhmou; florit le nom de ce Nofirkerî, florit cette sienne pyramide, florit cette construction de Pepi Nofirkerî autant que l'éternité; si florit le nom d'Ouazit dans Doupou, florit le nom de ce Pepi Nofirkerî, florit cette pyramide de Pepi Nofirkerî, florit cette sienne construction autant que l'éternité.

X.[1]

Comme ce Pepi Nofirkerî est Sibou, le prince des princes des dieux, Toumou, le chef de l'Ennéade divine a donné que les dieux s'unissent à ce qu'il dit, que tous les dieux s'unissent à toutes les choses que ce Pepi dit qui lui sont bonnes là pour toute l'éternité.

1) Le paragraphe X dans Mirinrî, l. 200—203.

Toumou a dit : « Pepi Nofirkerî voit le prince de ceux qui sont dans Nadou, c'est le gardien »qui accourt pour qui vient et pour qui lui a fait offrande. O dieux tous, comme voici que »vient le don, voici que vient l'offrande, semblable à ce que vous avez amené et à ce que vous »avez servi à Toumou dans Onou, Pepi vous adresse la parole, venez et faites ici toutes les »bonnes choses à Pepi Nofirkerî pour toute l'éternité. Offrande à Sibou, offrande de ces mor- »ceaux de viande choisis; repas funéraires en pains, vins, gâteaux, oies, bœufs, à tous les »dieux pour qu'ils donnent que toutes bonnes choses arrivent à Pepi Nofirkerî, pour qu'ils »donnent que florisse cette pyramide de Pepi Nofirkerî, pour qu'ils donnent que florisse cette »construction de Pepi Nofirkerî tout autant qu'il lui plaira, pour toute l'éternité, pour que »tous les dieux donnent que soit excellente la durée de cette pyramide, de cette construction »de Pepi Nofirkerî, si bien qu'eux soient fournis, qu'eux ils aient une destinée, qu'eux ils »aient une âme, qu'eux ils prédominent, qu'eux on leur donne une offrande royale en pains, »vin, gâteaux, bœufs, oies, étoffes, parfums, qu'eux ils reçoivent leurs biens divins, qu'eux »on abatte pour eux les morceaux choisis de leurs bœufs et de leurs oiseaux, qu'eux on leur »fasse leurs offrandes, qu'eux enfin ils reçoivent le diadème avec la double neuvaine divine.»

1) Le paragraphe XI dans Mirinrî, l. 212—216.

1) Le paragraphe XII dans MIRINRI, l. 173—174.

2) Le paragraphe XIII dans TETI, l. 157—170 et dans MIRINRI, l. 175—180.

3) Le paragraphe XIV dans MIRINRI, l. 171—173.

4) « Je t'ai apporté ton attirail pour territoire de chasse », pour chasser au désert.

5) Le paragraphe XV dans MIRINRI, l. 180—189.

6) « Ta provision de viande à bouillir est à la boucherie d'Osiris, ta provision de viande à griller » est à la boucherie de SIT. » Le mot employé, qui était de forme très simplifiée dans MIRINRI, est bien , la salle où l'on abat les bestiaux et où on les dépèce; je traduis faute de mieux *la boucherie, l'abattoir.*

XVIII.

. . . . c'est SHOU, fils de TOUMOU. O OSIRIS PEPI NOFIRKERÌ, tu es le fils aîné de TOUMOU, qu'il a émis [de lui-même], car TOUMOU t'a craché de sa bouche en ton nom de SHOU; dites-lui donc : Sois enfanté en ton nom d'Enfant de SIT pour incliner le front devant SHOU. Car cet OSIRIS PEPI NOFIRKERÌ que voilà est ton fils, tu as donné qu'il subsiste,[4] qu'il vive : comme tu vis il vit, car tu es le maître du Pays entier.

XIX.

HOR vient . . . . son père OSIRIS et le trouve à sa place au PAYS DES DEUX GAZELLES et OSIRIS s'empare de ce que fait celui qu'il a enfanté. O OSIRIS PEPI NOFIRKERÌ, je suis venu à toi : une fois établi là, t'étant saisi de l'huile odorante issue de l'ŒIL D'HOR et t'étant saisi de son parfum, cette huile t'a remis en ordre tes os, elle t'a

1) Le paragraphe XVI dans TETI, l. 373—375 et dans MIRINRÌ, l. 124—126.

2) Le paragraphe XVII dans MIRINRÌ, l. 189—192.

3) Le pluriel [hiéroglyphes] était probablement justifié par un sujet pluriel qui se trouvait dans la petite lacune du commencement.

4) Le pronom [hiéroglyphe] est ici de trop.

ressemblé tes chairs, elle t'a . . . . . ton corps . . . . tes impuretés . . . . ta chair, jetant tes impuretés à terre, et comme tu as pris son parfum pour toi, tu sens bon comme Râ quand il sort de l'horizon et que les dieux de l'horizon lui présentent Hor. O Pepi Nofirkeri l'odeur de l'Œil d'Hor monte vers toi, les dieux qui suivent Osiris sont bien disposés pour toi, et tu as pris leur diadème; muni des formes d'Osiris tu es plus Lumineux là que les Lumineux, selon l'ordre d'Horus lui-même, le maître des hommes.

1) Le paragraphe XX dans Pepi Ier, l. 90—92 et dans Mirinri, l. 119—122, dans les trois textes avec des variantes assez importantes.

2) Le paragraphe XXI peut se traduire malgré ses lacunes : « O père de Pepi Nofirkeri tu as donné » à ce [tien fils] le lait qui est dans les mamelles de ta mère Isis : O Nephthys donne lui ta main. »

3) Le paragraphe XXII se retrouve avec des variantes dans Teti, l. 98—99, 101—103, dans Pepi Ier, l. 213—216 et dans Mirinri, l. 243—244, où il est scindé en deux paragraphes.

1) Ce paragraphe XXIII, avec des variantes, dans Teti, l. 336—338 et dans Pepi Ier, l. 816—820.

2) Le paragraphe XXI n'est que le commencement du paragraphe XXII qui lui est réuni, avec une petite variante, dans Pepi Ier, l. 820—821.

3) Le même chapitre XXIII dans Teti, l. 332—333, dans Pepi Ier, l. 820—823 et dans Mirinri, l. 247—248, avec des variantes considérables.

4) Le paragraphe XXIV dans Teti, l. 333, dans Pepi Ier, l. 823—825 et dans Mirinri, l. 248.

5) Le paragraphe XXV dans Teti, l. 333—335, dans Pepi Ier, l. 825—826, mais incomplet, et dans Mirinri, l. 249—250.

XXVI.

O dieu qui te mets en boule, dieu qui te mets en boule,[1] scarabée, scarabée, tu es pour PEPI NOFIRKERI[2] et PEPI NOFIRKERI est pour toi, ta vie est pour PEPI NOFIRKERI[3] et la vie de PEPI NOFIRKERI est pour toi. O VERT sortant de la VERTE[4] tu es sorti de PEPI NOFIRKERI et PEPI NOFIRKERI est sorti de toi : PEPI NOFIRKERI est fort par ta force, car HOU est le repas de midi de PEPI NOFIRKERI, AQABOU le repas du soir de PEPI NOFIRKERI, les cynocéphales bondissant ne s'emparent pas de la vie de PEPI NOFIRKERI, la région de SONSINIT est écartée de PEPI NOFIRKERI et PEPI NOFIRKERI vit de ton regorgement, PEPI NOFIRKERI est inondé de l'inondation de ton repas, ô RÂ, chaque jour. O père PEPI NOFIR-

---

1) Le mot OUBNOU a pour premier déterminatif ○ un petit rond, qui plus tard s'est confondu avec le soleil ☉. C'est une forme en prothétique de la racine , rond, boule, comme verbe *rouler, se mettre en boule, marcher en rond.* Le mot s'applique au lever du soleil, et, dans ce sens, s'explique par les phases successives de l'apparition de l'astre : un point du disque paraît au-dessus de l'horizon, s'accroît, dessine de plus en plus sa rondeur, et, quand il s'est détaché de la ligne terrestre, forme la boule complète. est donc la *mise en boule* du soleil levant, et le mot, si on le rendait étymologiquement, devrait se traduire par *s'arrondir* : *tu t'arrondis, tu te mets en boule,* par suite *tu te lèves.* Comme ici le soleil est appelé *le Scarabée,* l'animal qui roule la boule de limon où sont déposés ses œufs, j'ai cru devoir traduire d'après l'étymologie , *dieu qui te mets en boule,* ou *dieu qui roules ta boule.*

2) est pour la seconde personne du singulier masculin ce que est pour la troisième, la forme non vocalisée dans l'écriture du verbe .

3) Le verbe n'est jamais auxiliaire, à ma connaissance, dans les plus vieux textes égyptiens. J'ai donc traduit *est* *ta vie pour* PEPI et non *Tu vis* *pour* PEPI.

4) J'ai traduit ainsi pour rendre autant que possible le jeu de mot entre le *dieu-pousse,* HORUS, représenté par la colonnette en feldspath vert, et OUAZIT, le nom de la déesse du Nord, l'Isis primordiale de Bouto.

KERÎ debout, car tu as reçu ces tiennes libations d'eau fraîche qui sortent d'AKHIT; ils se tiennent debout ceux qui sont dans leurs syringes qui battent toutes les quantités de grains, et mesurent au boisseau les pains à ta face. Te haussant sur ton côté gauche, t'étayant sur ton côté droit, tu lèves ta face et tu vois ce que je t'ai fait, car moi je suis ton fils, moi je suis ta chair, j'ai béni pour toi le blé, j'ai labouré pour toi l'orge, le grain de la fête des Morts, le blé de tes tributs annuels; l'Œil d'Hor te fait son cadeau, et ton destin s'affaiblit, ton destin passe, ô dieu maître de maison, et ton bras est sur tes revenus.

La paroi Sud présentait la même disposition que la paroi Nord : une bande d'inscriptions en lignes horizontales dans le haut, et au-dessous un développement ininterrompu de colonnes verticales. Toute la partie horizontale a disparu et les deux tiers environ de la partie verticale, à partir de la paroi Ouest. En remuant les débris qui jonchent le sol, j'ai retrouvé un assez gros bloc portant les fragments d'un texte déjà connu par OUNAS : les autres ne sont guères que des éclats de pierre portant une demi-douzaine de signes au plus. Voici le grand fragment :

1) Le paragraphe XXVII dans MIRINRI, l. 411—412.

2) Le paragraphe XXVIII dans TETI, l. 382—384 et dans MIRINRI, l. 409—410. Les petits paragraphes qui suivent reparaissent plus ou moins modifiés dans la table d'offrandes.

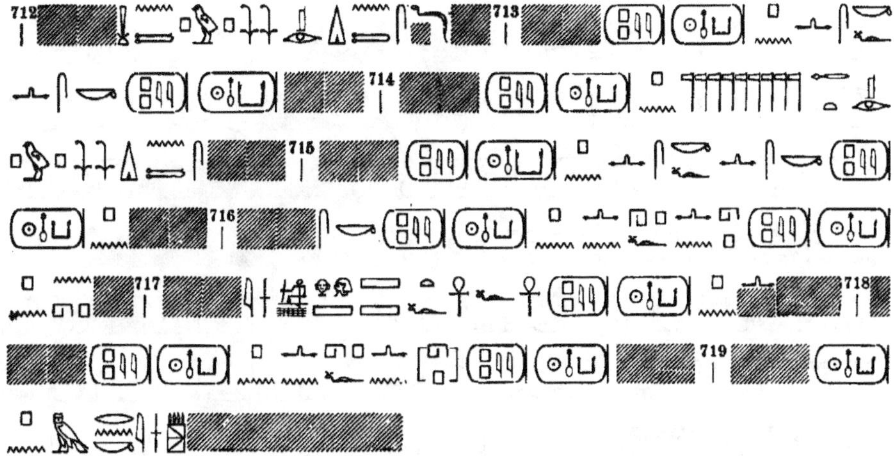

Les lignes étaient fort longues et remplies de petits caractères serrés : le peu qui en reste répond aux l. 245—258 d'Ounas. La partie conservée commence à la formule : « Isis, c'est ton frère cet Osiris là que voici □ . . . » et s'arrête à « Toi dont le nom est Résident dans le palais . . . . ». Les débris encore lisibles sur ce qui subsiste de la muraille commencent au bas des colonnes, et ne renferment qu'un petit nombre de lignes à peu près complètes.

1) Ce paragraphe dans OUNAS, l. 476—479.

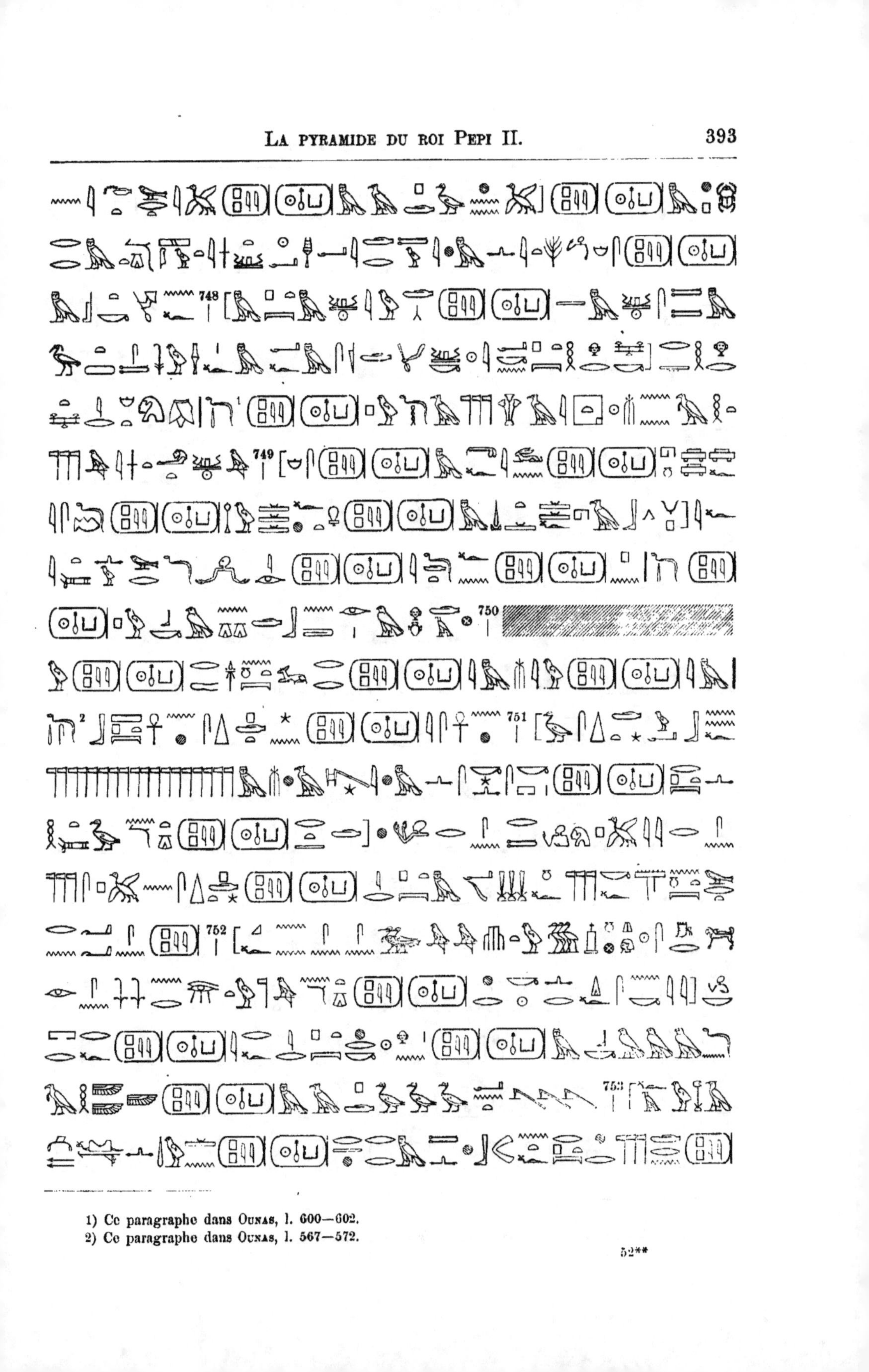

1) Ce paragraphe dans OUNAS, l. 600—602.
2) Ce paragraphe dans OUNAS, l. 567—572.

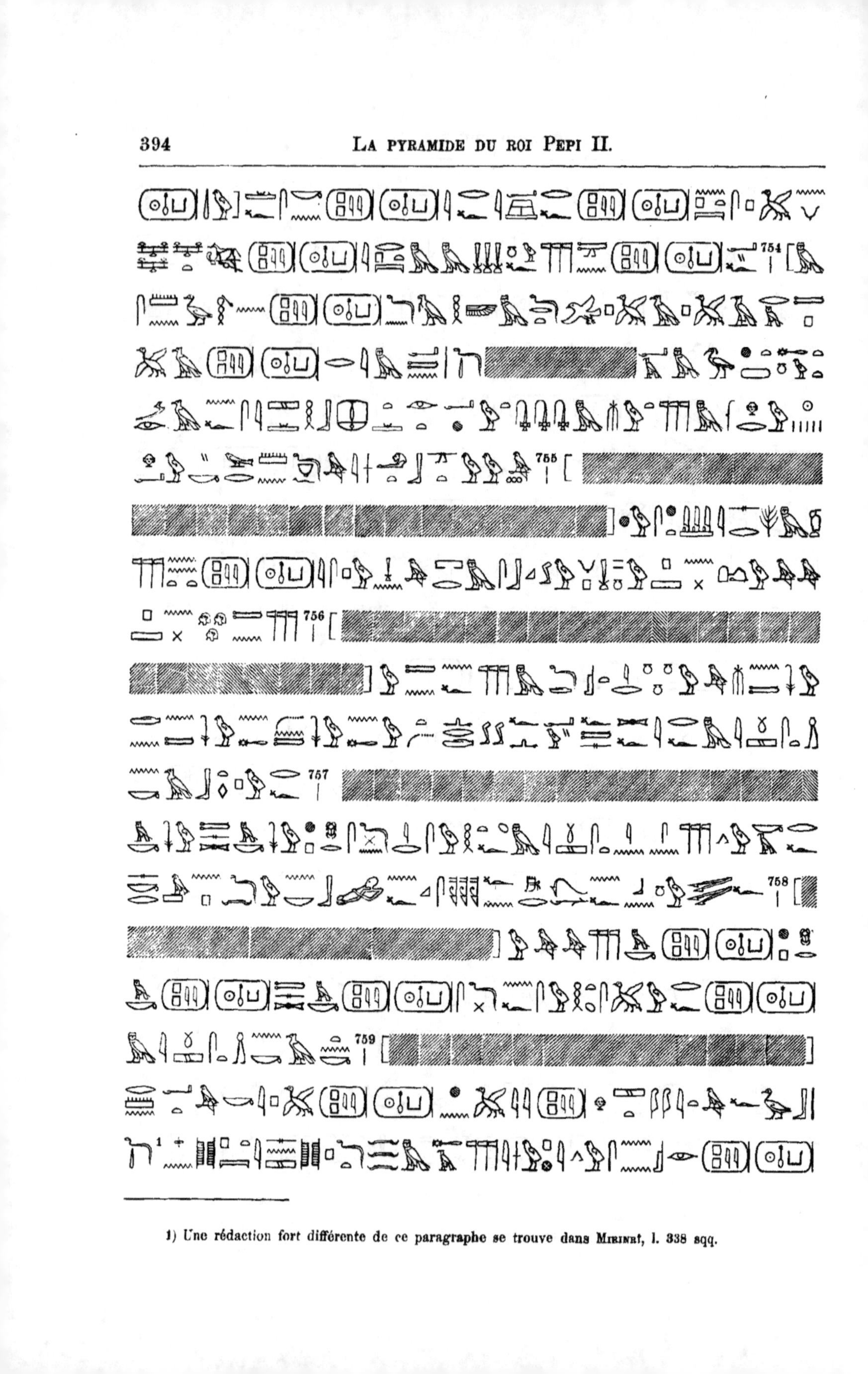

754

755

756

757

758

759

1) Une rédaction fort différente de ce paragraphe se trouve dans Mirinri, l. 338 sqq.

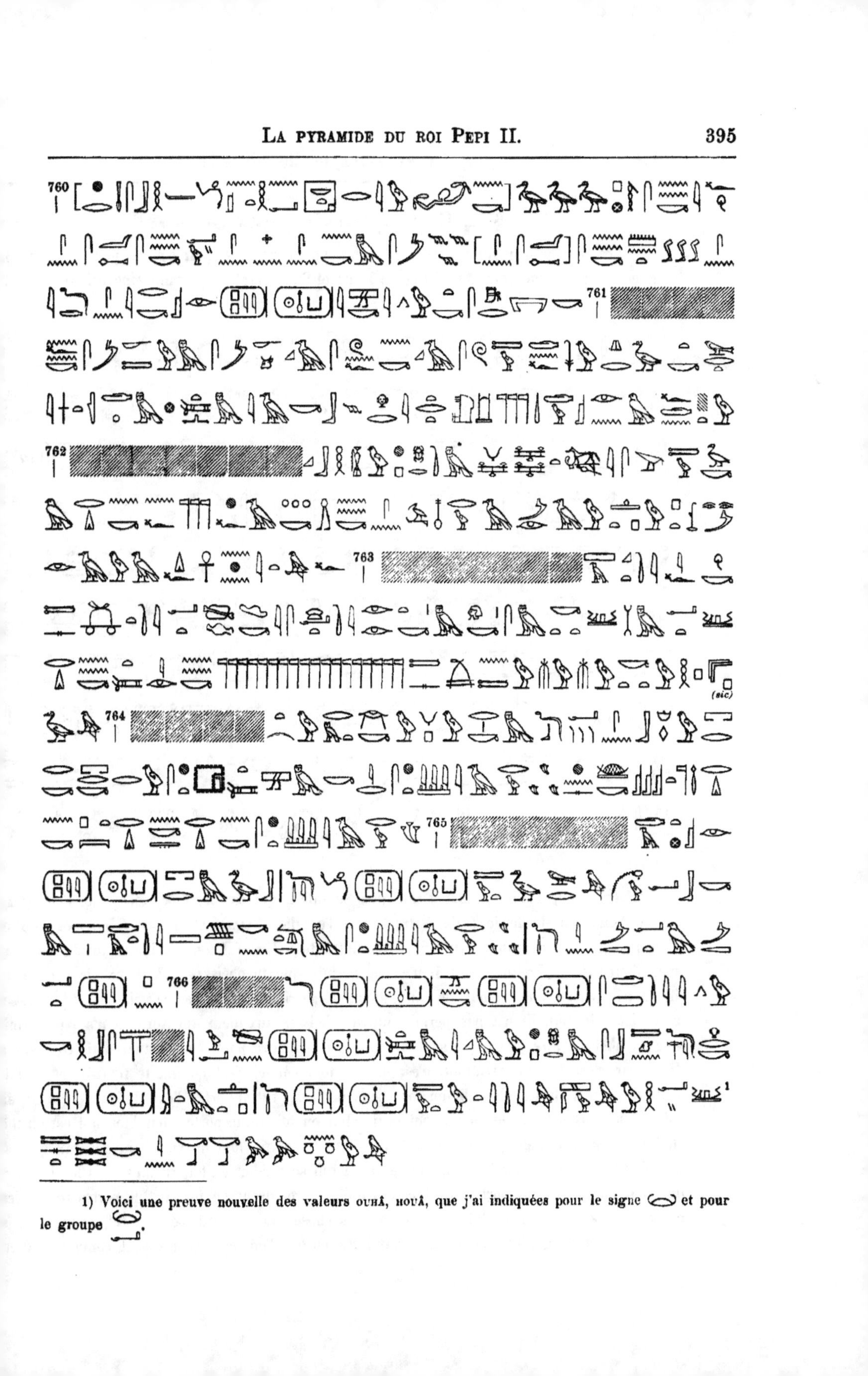

760

761

762

763

(sic)

764

765

766

[1]

1) Voici une preuve nouvelle des valeurs OUHÂ, HOUÂ, que j'ai indiquées pour le signe et pour le groupe .

§ II. COULOIR ENTRE LES DEUX CHAMBRES.

Les inscriptions qui couvrent les deux parois de ce couloir sont à peu de chose p[illegible] en bon état de conservation. Celles de la paroi Sud comptent quarante-cinq colonnes d'hié[illegible] glyphes :

Cfr. Pepi I l. 827-836.

I.

Salut à toi, TOUMOU, salut à toi, dieu Scarabée, qui es toi-même, toi qui te lèves (QA[illegible] en ce tien nom de levée («de tertre» *ou* «d'escalier» QAI), et qui es (KHOPIRROU) en c[illegible] tien nom de dieu Scarabée (KHOPIRROU)! Salut à toi, ŒIL D'HORUS, qu'il a muni de ses deu[illegible] mains créatrices (TOUMOUÎ), et il n'a pas permis que tu obéisses aux dieux de l'Occiden[illegible] il n'a pas permis que tu obéisses aux dieux de l'Orient, il n'a pas permis que tu obéisse[illegible] aux dieux du Midi, il n'a pas permis que tu obéisses aux dieux du Nord, il n'a pas permi[illegible] que tu obéisses aux dieux qui sont au milieu des quatre points cardinaux, mais tu obéis [illegible] Hor, car c'est lui qui te munit, c'est lui qui te façonne, c'est lui qui te fournit, et tu fai[illegible] pour lui toutes choses qu'il dit en tous lieux où il va, tu lui portes l'eau de source qui est e[illegible] toi, tu lui portes l'eau de source qui se produit en toi, tu lui portes tout bien qui est en to[illegible] tu lui portes tout bien qui se produit en toi, tu lui portes tout le pain, vin, gâteaux qui es[illegible] en toi, tu lui portes tout le pain, vin, gâteaux qui se produit en toi, tu lui portes les liqueur[illegible] qui sont en toi, tu lui portes les liqueurs qui se produisent en toi, tu lui portes toutes le[illegible] choses qui sont en toi, tu lui portes toutes les choses qui se produisent en toi, et tu l'as pri[illegible] vers tout lieu où il plaît son cœur; quand tes portes d'en haut se dressent comme le die[illegible]

ANOUMOUTF, elles ne s'ouvrent pas aux dieux de l'Occident, elles ne s'ouvrent pas aux dieux de l'Orient, elles ne s'ouvrent pas aux dieux du Midi, elles ne s'ouvrent pas aux dieux du Nord, elles ne s'ouvrent pas aux dieux qui sont dans les régions de la terre intermédiaires [entre les quatre points cardinaux], elles s'ouvrent à HOR, à lui qui les fait, à lui qui les dresse, à lui qui les délivre de tout mal que SIT leur fait, à lui qui te munit en ce ton nom de KHIR-SHOUOU, à lui qui court à ta suite en ton nom de NOUIT (domaine), à lui qui te délivre de tout mal que t'a fait SIT. Affaisse-toi, affaisse-toi, car NOUIT (ciel) a ordonné à SIBOU que tu t'affaissasses (tes affaissements, NENIOU-IT) en ce tien nom de NOUIT (domaine).

PEPI NOFIRKERI c'est HOR qui munit son œil de ses deux mains créatrices : munis pour PEPI NOFIRKERI tout ce qui se munit, approvisionne pour PEPI NOFIRKERI ces SHOOU-PEPI NOFIRKERI (domaines mortuaires de PEPI NOFIRKERI), construis pour PEPI NOFIRKERI en tant que NOUIT (personnification du domaine funéraire), fais à PEPI NOFIRKERI toutes choses bonnes, fais les lui en tout lieu où il va; n'obéis pas aux dieux de l'Occident, n'obéis pas aux dieux de l'Orient, n'obéis pas aux dieux du Nord, n'obéis pas aux dieux du Midi, n'obéis pas aux dieux qui sont dans les régions de la terre intermédiaires [entre les quatre points cardinaux], obéis à PEPI NOFIRKERI, lui qui te munit, et c'est PEPI NOFIRKERI qui te bâtit, lui qui t'approvisionne; fais lui toute chose qu'il te dit en tout lieu où va PEPI NOFIRKERI, porte lui les eaux de source qui sont en toi, porte lui les eaux qui se produisent en toi, porte lui tout bois qui est en toi, porte lui tout bois qui se produit en toi, porte à PEPI NOFIRKERI tout le pain-vin-gâteaux qui est en toi, porte lui tout le pain-vin-gâteaux qui se produit en toi, porte à PEPI NOFIRKERI toutes les liqueurs qui sont en toi, porte à PEPI NOFIRKERI toutes les liqueurs qui se produisent en toi, porte lui toute chose qui est en toi, prends PEPI NOFIRKERI vers tout lieu où il plaît le cœur de PEPI NOFIRKERI; quand tes portes d'en haut se dressent comme ANMOUTOUF, qu'elles ne s'ouvrent pas aux dieux de l'Occident, qu'elles ne s'ouvrent pas aux dieux de l'Orient, qu'elles ne s'ouvrent pas aux dieux du Nord, qu'elles ne s'ouvrent pas aux dieux du Midi, qu'elles ne s'ouvrent pas à ceux qui sont au milieu de la terre, qu'elles s'ouvrent à PEPI NOFIRKERI, car lui les fait, c'est PEPI NOFIRKERI qui les dresse, lui qui les délivre de toutes les choses mauvaises que les hommes ont faites contre elles, car c'est PEPI NOFIRKERI qui t'approvisionne en ton nom de SHITOU [domaines funéraires], c'est PEPI NOFIRKERI qui a couru derrière toi en ton nom de NOUIT (domaine), c'est PEPI NOFIRKERI qui te délivre de toutes choses mauvaises que les hommes ont faites contre vous. Obéis ce PEPI NOFIRKERI seul, c'est PEPI NOFIRKERI qui vous a fait, n'obéissez pas au couperet.[1]

---

1) Le de cette fin est probablement une erreur du scribe ancien pour , qui est souvent suivi dans ce texte du exposant de personnes , etc. : il aura vu là par distraction le pronom de la deuxième personne du pluriel au lieu du pronom de la deuxième personne du singulier féminin. — Bien que la forme grammaticale soit identique dans les deux moitiés de la formule, j'ai cru devoir adopter l'affirmation dans la première moitié, le commandement dans la seconde, afin de mieux marquer l'assimilation que le mort PEPI subit vers la fin au dieu dont les vertus sont énumérées dans le commencement.

2) Le paragraphe II dans PEPI Ier, l. 153—159, avec une lacune pour à la fin du texte.

La paroi Nord porte une inscription dont les lignes sont intactes pour la plupart. Elle ne renferme guère que des textes déjà connus par les autres pyramides et par Horhotpou.

1) Le de PEPI Ier ne doit pas se traduire *O Stable*, comme je l'ai fait : c'est la formule *dire* (avec déterminatif de son et non de sens) qui indique ordinairement une reprise, après un intervalle durant lequel le prêtre ou ses assistants ont accompli la cérémonie qui accompagnait ou suivait la récitation de la première partie d'une formule. Traduire : « *Dire.* — O très élevé parmi les Indestructibles, tu n'es pas détruit à jamais. »

2) Le paragraphe IV dans TETI, l. 200—202.

3) Le paragraphe V dans TETI, l. 202—204.

4) Traduire : « Je suis HORUS, qui te donne ton bâton (MÂHOU) parmi les LUMINEUX. »

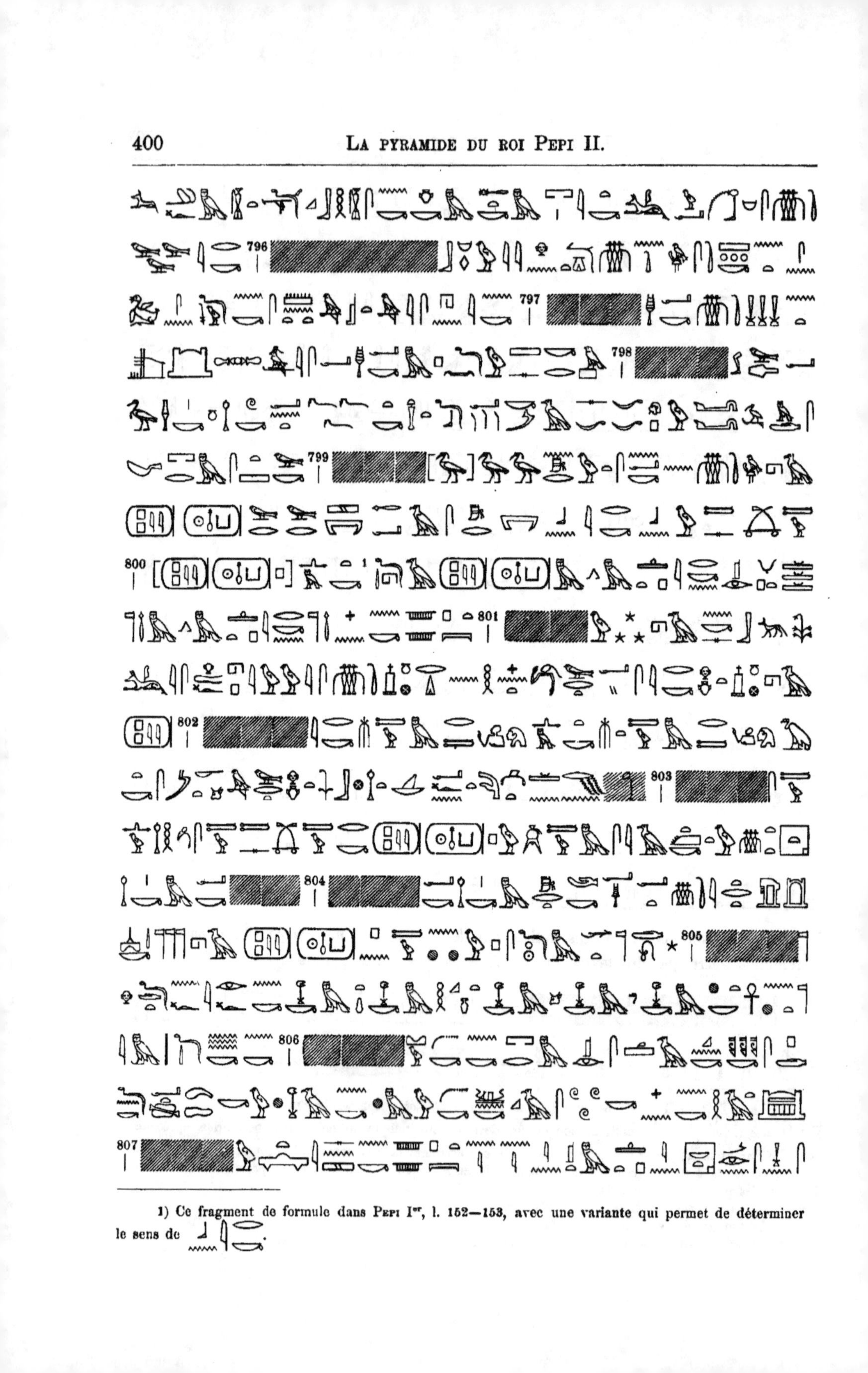

1) Ce fragment de formule dans PEPI Ier, l. 152—153, avec une variante qui permet de déterminer le sens de [hieroglyphs].

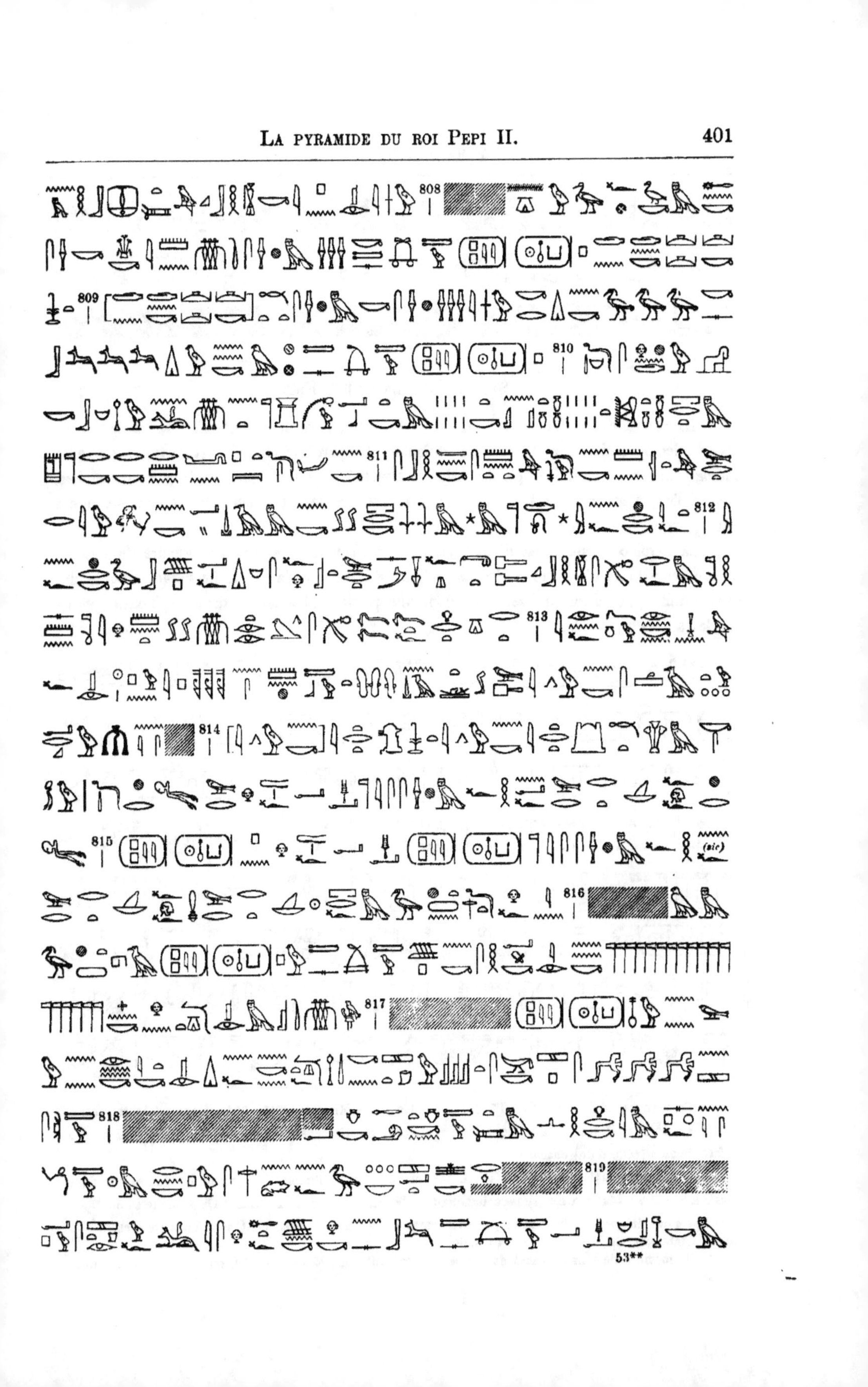

808

809

810

811

812

813

814

815 (sic)

816

817

818

819

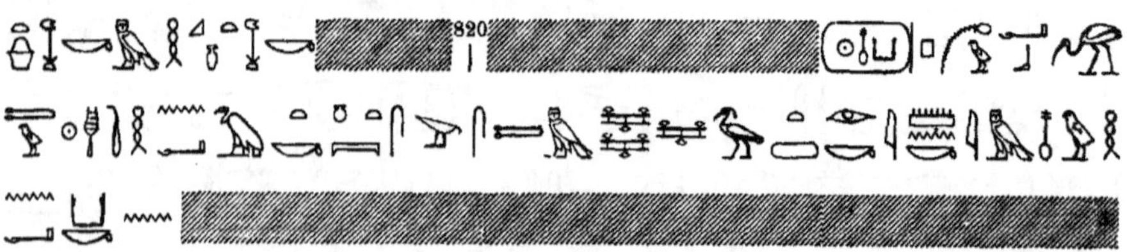

§ III. CHAMBRE DE L'EST.

La chambre de l'Est a beaucoup souffert elle aussi par le fait des chercheurs de trésors. Ils ont démoli entièrement la paroi méridionale. La paroi occidentale est exacte à quelques hiéroglyphes près, mais la septentrionale est à moitié détruite à partir de la porte du couloir, jusqu'à l'angle du mur, et l'orientale n'a conservé que le commencement de quelques lignes dans le triangle du pignon.

La paroi occidentale est divisée en deux registres : le registre triangulaire du pignon, qu'une seule ligne d'écriture horizontale sépare du reste de la paroi. Le pignon compte cinquante-trois lignes d'écriture verticale, dont une partie seulement contient des textes connus par les autres pyramides :

1) Le paragraphe Ier dans PEPI Ier, l. 165—168 et dans MIRINRI, l. 317—324, ce second texte mutilé.

2) «O ce PEPI NOFIRKERI, être dont les formes sont mystérieuses, chacal ANUBIS, car tu as pris »ta face comme [celle d'un] chacal.»

3) La leçon de PEPI Ier, l. 166 est une faute d'impression reproduite par erreur dans MIRINRI, l. 318. La traduction du passage indiquait ici la vraie lecture . De même le signe du *gardien* avait été passé : il n'existe pas sous cette forme dans le type dont nous nous servons et l'on a oublié d'intercaler le bois qui le représentait.

4) Ce membre de phrase, passé dans PEPI Ier, existait dans MIRINRI, l. 319, où les portions mutilées

834

835

836

837

838

839

840

841

842

843

844

ont été rétablies d'après le texte de PEPI II. Traduire : « HOR t'a défendu, ô ce PEPI NOFIRKERÎ, HOR t'a » pacifié en paix sous lui, si bien que ton cœur repose en lui, ô ce PEPI NOFIRKERÎ, au mois et au demi- » mois, les orantes font oraison pour toi, ô ce chacal ANUBIS, qui es à la porte du dieu, ISIS rit avec toi, » NEPHTHYS t'interpelle; ô HOR le défenseur de son père OSIRIS, de même que le fils a défendu son père, » HOR a défendu ce PEPI NOFIRKERÎ. »

1) « C'est ton livre que cet ŒIL D'HOR bien portant, la couronne blanche avec l'uræus qui est dans NEKHAB. » J'ai déjà expliqué le sens de plus haut, à propos du texte de la ligne 320 de PEPI II, p. 86, note 3 du volume XII du *Recueil*.

2) de PEPI Ier est une faute d'impression pour .

3) PEPI Ier, l. 167, donne .

4) PEPI Ier, l. 167, intercale ici et MIRINRÎ, l. 322, . Je crois que doit se prononcer MI, non MI M : le mot est écrit par le syllabique placé en avant, comme c'est assez souvent le cas à cette époque, , etc.

5) de PEPI Ier, l. 167, est une faute d'impression pour SAM; la traduction est correcte en cet endroit.

II.[2]

Adoration, ô ce PEPI NOFIRKERÎ, Lumineux dans l'horizon de lumière, Stable dans la région stable, qui rends ton décret en qualité de Chef des vivants éternellement; te dressant sur ton côté gauche, puis te mettant vers ton côté droit, tu as pris ce pain qui est à toi et que je t'ai donné, moi ton fils, ta chair.

III.

Versez l'eau, versez, THOT et OUAPOUAÎTOU! OSIRIS, fils de SIBOU et son aîné, de qui le grand cycle des dieux a peur, tu te laves au mois, tu te lèves à la nuit qu'on t'a fait des [offrandes de] prémisses, et que MONIT la grande t'a parlé, de la même manière que le *Dieu qui n'a pas été immobile résident en Abydos* se dresse, écoutant ce qu'a dit SIBOU lorsqu'il installe OSIRIS par ses rites en dieu à qui les *Veilleurs de* POU font offrande, et que vénèrent les *Veilleurs de* KHONOU; SOKARIS celui qui est maître du *lac Sinueux*, AHOU, HMONOU, qui adressent la parole à la terre, qui ouvrent les doubles portes du double Horizon, t'ouvrent

1) Comme je n'ai pu prendre l'estampage de cette partie de la muraille, je ne réponds pas de la variante pour que présente ici notre texte. Si elle est légitime, il faut traduire : «O ce PEPI NOFIRKERÎ, HOR t'a fait l'offrande royale, ton pain, etc.» La variante s'agence fort bien, comme on voit, avec le reste du contexte.

2) Le paragraphe II dans MIRINRÎ, l. 309—316.

3) Le paragraphe III dans PEPI Ier, l. 69—87 et dans MIRINRÎ, l. 698—721, avec une variété d'additions et de leçons différentes; on le rencontre mutilé dans MIRINRÎ, l. 329—335. Corriger la traduction de PEPI Ier d'après celle qui est donnée ci-dessus.

les battants de SIBOU, ta tête à toi sort, et tu discours devant ANUBIS, ta forme sort de la bouche d'ANUBIS, comme le dieu *Qui est maître de sa marche,* le dieu remorqueur maître de SIOUT, le chacal du midi, administrateur du Grand cycle des dieux. Ton [corps de] fer au ciel, sur ton siége de fer, tu navigues le Lac des Autels, ta face au Nord du ciel, RÂ t'interpelle comme dieu ASKENOU DU CIEL, ton entrée est d'un dieu, et le parfum de SIT va vers toi, l'odeur de DOUDOUN va vers toi, l'*Enfant du midi* il te donne son parfum et ses vapeurs odorantes te lavent pour les dieux, aux naissances des deux premières filles de la *Dame grande.* L'inondation vient vers toi dans le pré des verdures, l'inondation vient aux enfants de SIBOU qui y sont,. qui portent tes couteaux et sont redoutables par les arcs, et qui donnent l'offrande à ANUBIS, le napéca incline sa tête devant toi, tandis que tu parcours le ciel comme SOUNTI.

IV.[3]

Eh RÂ! Qu'est-ce que t'a dit RÂ? RÂ te munit [et te rend] âme forte, doué de volonté, rapace de tes mains, circulant largement. Voici PEPI NOFIRKERÎ, ô RÂ, ce PEPI NOFIRKERÎ est ton fils, PEPI NOFIRKERÎ est doué d'âme, PEPI NOFIRKERÎ est doué de volonté, PEPI NOFIRKERÎ est fort, PEPI NOFIRKERÎ est rapace des mains, PEPI NOFIRKERÎ circule large-

1) La navette de fabricant de filets étant la variante de , le titre qu'ANUBIS porte ici et ailleurs, serait identique au titre que M. DE BERGMANN a signalé (*Recueil*, t. VII, p. 179), et qui donnerait lui-même la lecture longtemps cherchée de (cfr. MASPERO, *Études égyptiennes*, t. II. p. 152).

2) ici est l'équivalent du de MIRINRÎ, l. 336.

3) Ce paragraphe IV dans PEPI Ier, l. 163—165 et dans MIRINRÎ, l. 324—329, assez mutilé.

ment; Pepi Nofirkeri monte à l'Orient comme Râ, Pepi Nofirkeri chemine à l'Occident comme Khopirrou, le dieu scarabée. Pepi Nofirkeri vit de ce dont vit Hor, maître du ciel, de ce qu'ordonne Hor, maître du ciel, et Pepi Nofirkeri est propre, ô Râ, Pepi Nofirkeri descend de son siége, Pepi Nofirkeri prend sa rame-gouvernail, Pepi Nofirkeri pilote Râ dans le parcours du ciel, l'astre Sehoud d'or, le taureau qui verse sa lumière semblable à l'or sur le parcours du ciel. Il vole, vole, vole Pepi Nofirkeri, avec vous, ô hommes; Pepi Nofirkeri ne va pas vers la terre, Pepi Nofirkeri va au ciel. O dieu de la ville, le double de Pepi Nofirkeri est pour tes deux doigts; Pepi Nofirkeri a tourbillonné vers le ciel comme grue, Pepi Nofirkeri a touché (lit. : flairé) le ciel comme épervier, Pepi Nofirkeri a atteint le ciel comme sauterelle de Râ, Pepi Nofirkeri ne peut être repoussé, ô roi, il n'y a point d'herbe pour Pepi Nofirkeri, ô Bastit, on n'a point fait de danses à Pepi Nofirkeri comme au grand de la porte. Si c'est le fils de Râ qui fait sa place? il fait la place Pepi Nofirkeri; si c'est le fils de Râ qui est en bonne santé? Pepi Nofirkeri est en bonne santé; a-t-il faim? Pepi Nofirkeri a faim.

V.[1]

Gloire Pepi Nofirkeri, soulève-toi sur ton côté gauche, mets-toi vers ton côté droit, vers cette eau de Jouvence que je t'ai donnée! Gloire Pepi Nofirkeri, soulève-toi sur ton

1) Ce paragraphe V dans Mirinri, l. 336—345, très mutilé.

côté gauche, mets-toi vers ton côté droit, vers ce manger chaud (?) que je t'ai fait. Gloire PEPI NOFIRKERI, les portes du ciel te sont ouvertes, les portes des couloirs sinueux te sont ouvertes par le corps des dieux qui sont dans BOUTO, quand ils sont venus à OSIRIS à la voix des sanglots d'ISIS et de NEPHTHYS; les âmes de BOUTO se sont battues pour toi quand ils ont frappé pour toi leurs chairs et qu'ils ont tailladé leurs bras afin qu'ils devinssent pour toi comme leurs boucles, et qu'ils ont dit à OSIRIS : «Tu es allé, tu es venu; tu as »veillé, tu t'es couché, durable en vie; debout, tu vois, debout, tu entends ces choses-ci que »je t'ai faites.» HOR, il t'a frappé te frappant, il t'a lié de bandelettes te liant, il se met vers ta fille aînée *la déesse qui est dans le cercle*, comme ta sœur aînée qui assemble tes chairs, qui lie tes mains, qui te serre entre ses bras, qui te trouve sur ton côté, sur ta rive du pays de NADIT, si bien qu'il n'y a plus deuil sur les deux parties de l'Égypte, et les dieux disent devant lui : «Vous l'avez donc amené!» Sors au ciel, sois OUAPOUAÏTOU; ton fils HOR te guide aux chemins du ciel, et le ciel t'est donné, donnés te sont les prés d'IALOU avec ces deux dieux grands qui sortent d'ONOU.

VII.

Dieu qui repousses, Dieu qui domptes, ne repousse PEPI NOFIRKERI, ne dompte PEPI NOFIRKERI, n'arrache le charme à PEPI NOFIRKERI, ne ravis point par prière le charme de PEPI NOFIRKERI à PEPI NOFIRKERI : comme ton charme est à toi, le charme de PEPI NOFIRKERI soit à lui —; que PEPI NOFIRKERI ne compte point . . . ., car son poids est pesé, et tes membres c'est ce PEPI NOFIRKERI avec les biens [de son tombeau].

Le corps même de la paroi contient soixante-quatre lignes d'inscriptions, — la première horizontale, — dont quelques-unes seulement sont nouvelles pour nous :

I.

Les fourrés d'eau sont en paix, fleuris comme les bassins de ce PEPI NOFIRKERI, en ce jour où lui est donné son Lumineux, où lui est donnée sa forme. Lève-toi donc, ce PEPI NOFIRKERI, puisque tu as reçu ton eau et que tu as rassemblé tes os; dresse-toi sur tes pieds, Lumineux parmi les Lumineux; soulève-toi vers ton pain que voici et qui est imputrescible, vers ta bière que voici et qui est incorruptible, dont tu es garni, dont tu es muni, dont est ta force, dont tu donnes à qui est devant toi. O PEPI NOFIRKERI . . . .

1) Le paragraphe II dans PEPI Ier, l. 176—181 et dans MIRINRI, l. 255—284.

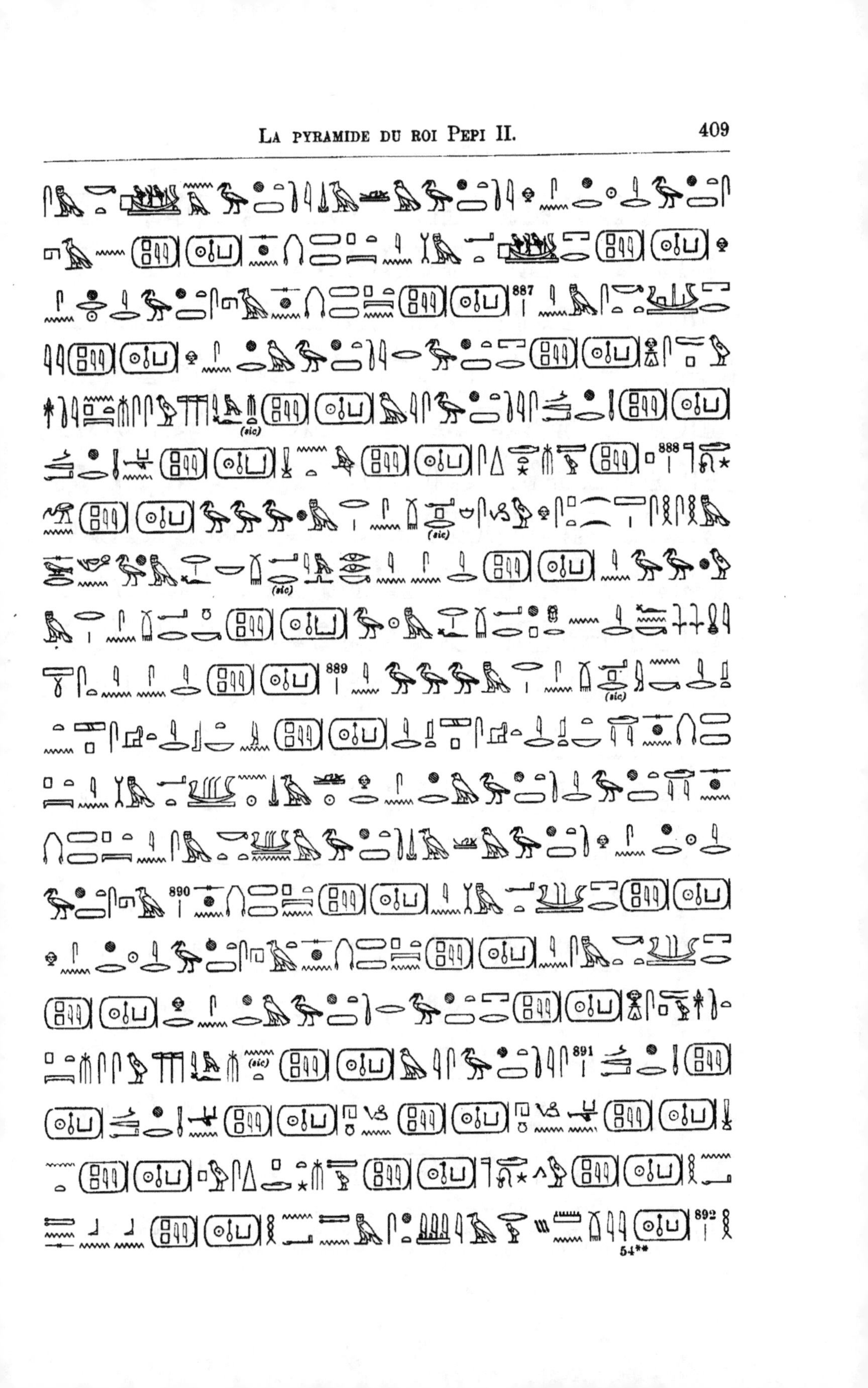

887

888

889

890

891

892

893

894

895

896

897

1) Le paragraphe III dans PEPI Ier, l. 181—183 et dans MIRINRI, l. 284—290.

2) Le déterminatif ⟨hieroglyph⟩, que le texte de PEPI Ier donne à ce mot, est une faute d'impression.

3) Le paragraphe IV dans PEPI Ier, l. 183—184 et dans MIRINRI, l. 290—295.

898

899

2

900

3

(sic)

901

902

903

1) Le paragraphe V dans PEPI Ier, l. 185—186 et dans MIRINRI, l. 295—302.

2) Le [hieroglyphs] du texte de PEPI Ier est une faute d'impression pour [hieroglyphs], faute qu'on pouvait du reste corriger au moyen de la traduction.

3) Le paragraphe VI dans PEPI Ier, l. 186—191 et dans MIRINRI, l. 345—361.

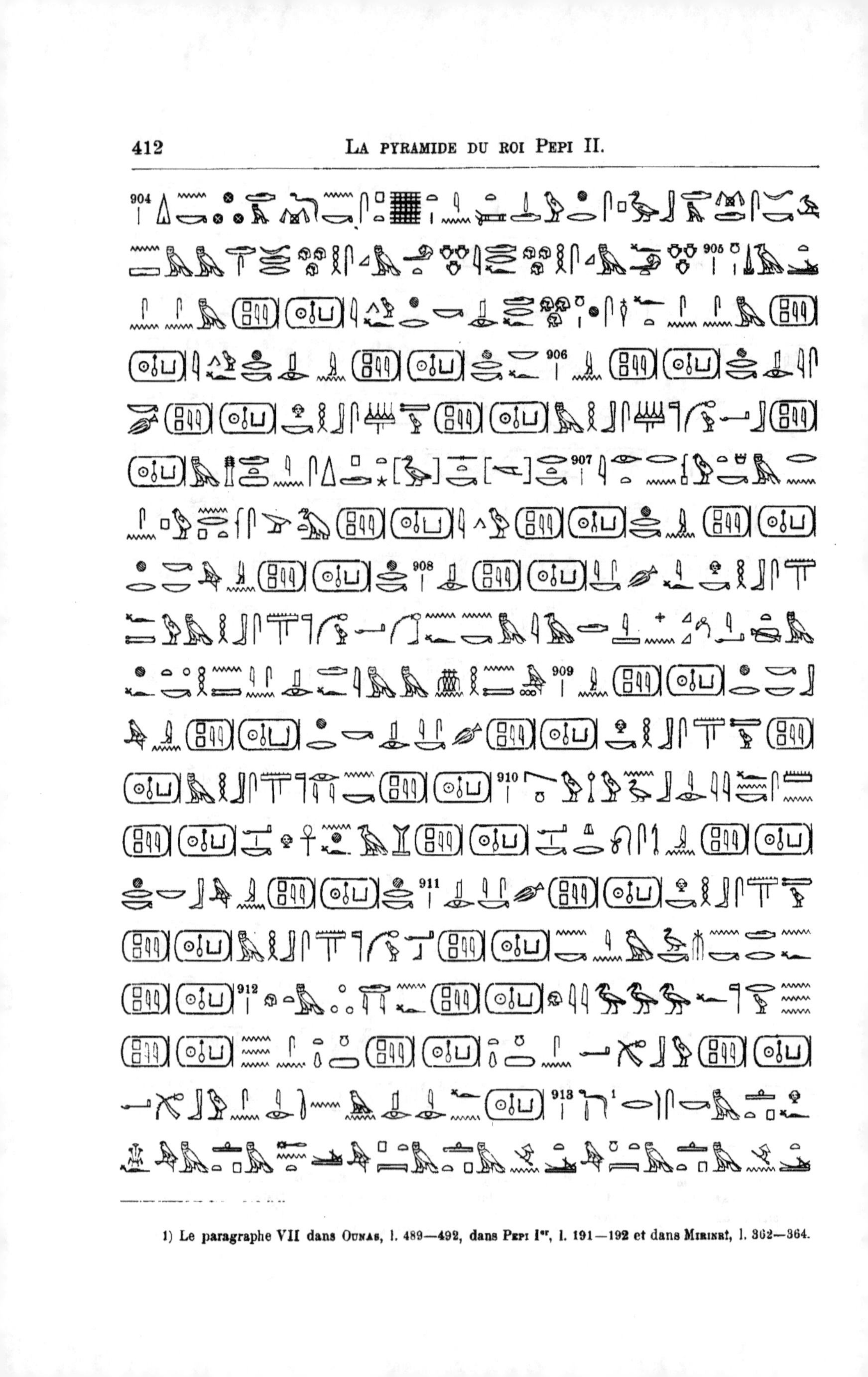

1) Le paragraphe VII dans Ounas, l. 489—492, dans Pepi Ier, l. 191—192 et dans Mirinri, l. 362—364.

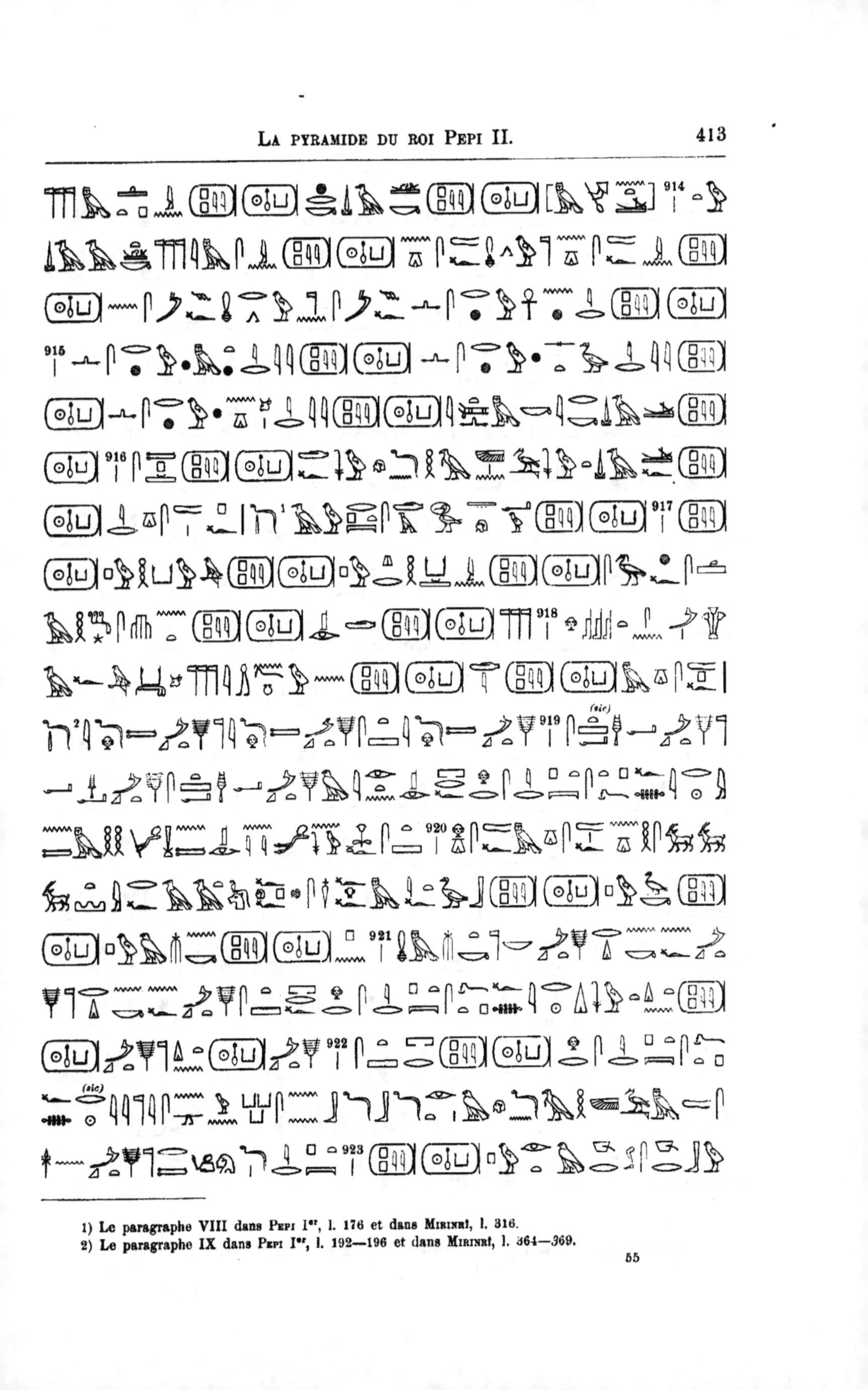

914

915

916

917 [1]

918

919 (sic) [2]

920

921

922

(sic)

923

1) Le paragraphe VIII dans Pepi Ier, l. 176 et dans Mirinrî, l. 316.
2) Le paragraphe IX dans Pepi Ier, l. 192—196 et dans Mirinrî, l. 364—369.

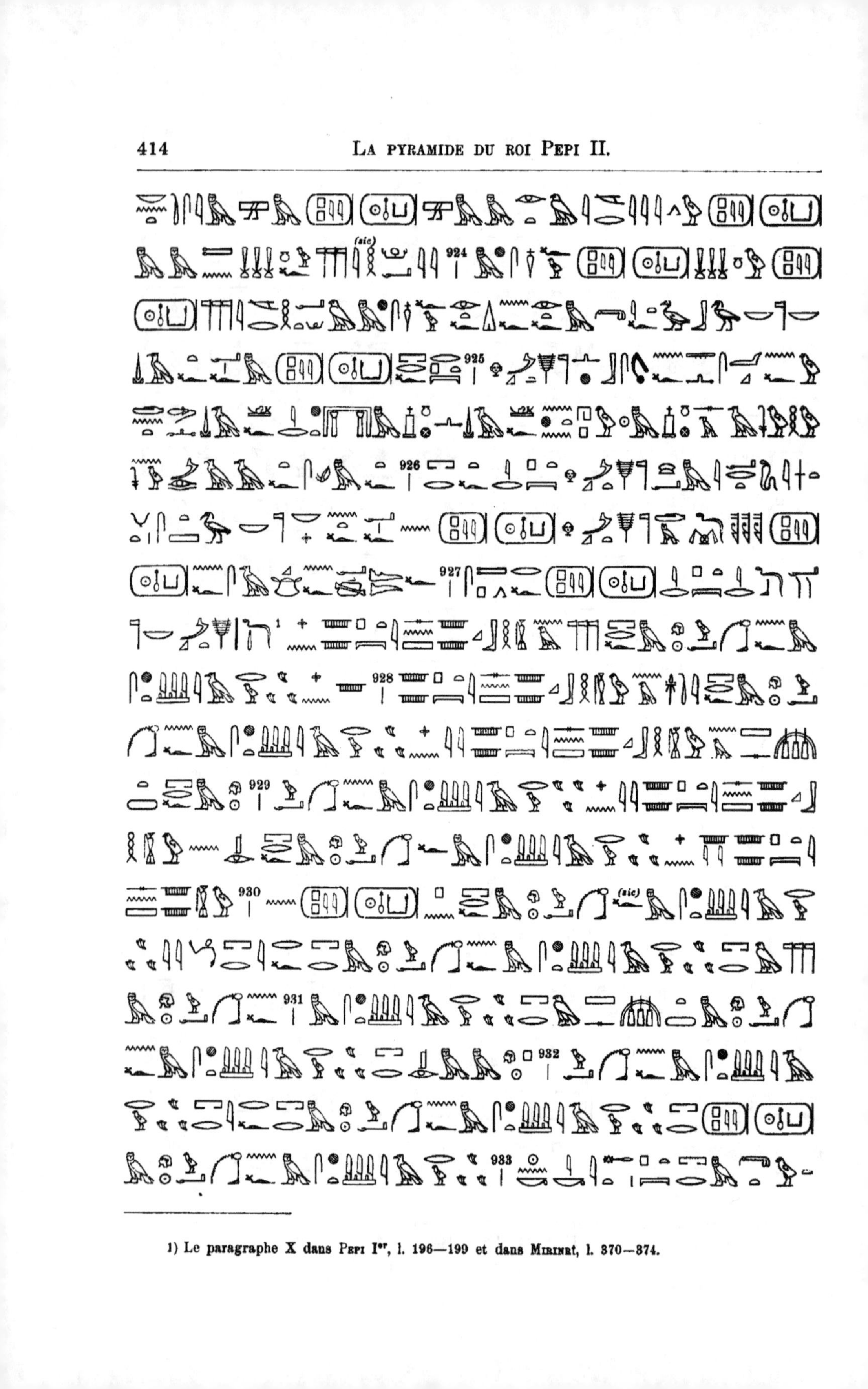

(sic) 924

925

926

927

1

928

929

930 (sic)

931

932

933

1) Le paragraphe X dans Pepi Ier, l. 196—199 et dans Mirinri, l. 370—374.

1) Le paragraphe XI dans OUNAS, l. 584—590, dans PEPI Ier, l. 199—202 et dans MIRINRI, l. 794—823, complet dans PEPI Ier, abrégé dans OUNAS et dans MIRINRI.

2) Le paragraphe XII dans PEPI Ier, l. 172—175.

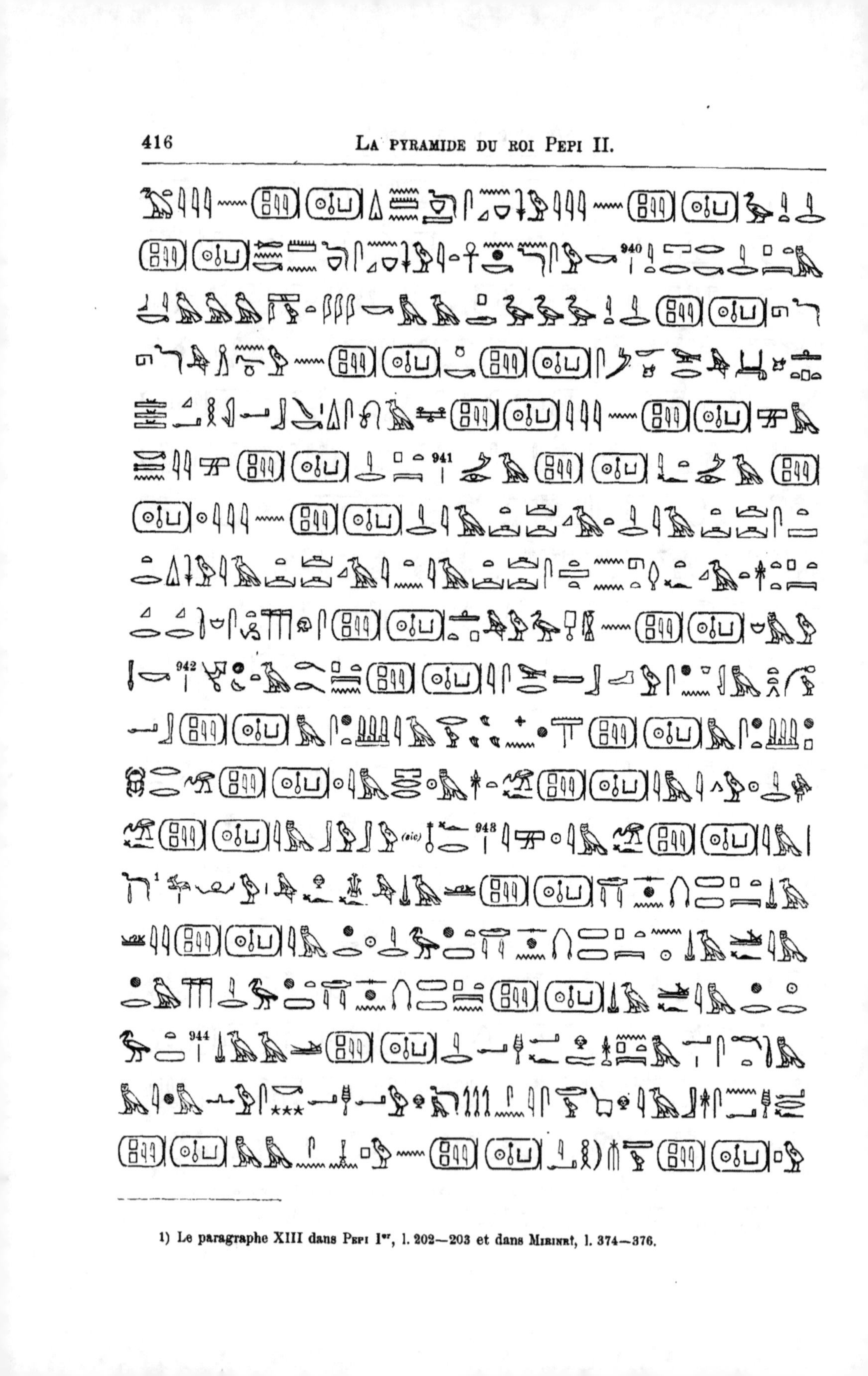

940

941

942

(sic) 943

[1]

944

1) Le paragraphe XIII dans Pepi Ier, l. 202—203 et dans Mirinri, l. 374—376.

XVII.

O PEPI NOFIRKERÎ quand tu sors comme Etoile du matin, et que tu navigues l'Océan du Nord, tu as effrayé les habitants du NOU; donnant tes décrets aux Lumineux, tu as appelé ISIS, tu as interpellé NEPHTHYS, tu as frappé *la Grande* MONIT, ... O NOU, NOU,

1) Le paragraphe XIV dans OUNAS, l. 492—494.

2) «C'est PEPI, le nageur qui sort du lac, c'est PEPI le lotus vert!» Lire dans OUNAS .

3) La lecture d'OUNAS (l. 493) est une faute d'impression. Traduire : «le héron (?) qui se dresse stable et descend aux étangs (?)».

4) Le paragraphe XVI dans PEPI Ier, l. 175—176.

5) Le paragraphe XVII dans MIRINRÎ, l. 394—399, assez mutilé.

prends garde du grand lac. Assieds-toi sur ce trône de fer qui est à toi, que tu adresses la parole à ceux dont les demeures sont cachées; car les portes du ciel s'ouvrent pour toi, les portes du Qobhou s'ouvrent pour toi, tu gouvernes vers les Prés d'Ialou, et tu sèmes le grain, tu moissonnes le blé, y faisant tes récoltes annuelles comme Hor, fils de Toumou.

La paroi Nord n'est plus conservée qu'en partie. Elle renferme encore pourtant une vingtaine de lignes complètes et des débris plus ou moins considérables du reste de l'inscription :

950 (sic) [1] [2]

951

952

I.

O grand ciel, tends ta main à (aide) Pepi Nofirkerî! O grand Nouit, donne ta main à Pepi Nofirkerî, car Pepi Nofirkerî est ton épervier divin, Pepi Nofirkerî est venu sortant au ciel, Pepi Nofirkerî pénètre le Qobhou, Pepi Nofirkerî rend hommage à son père, Pepi Nofirkerî le fait se lever[2] comme Hor. Quand donc Pepi Nofirkerî est venu où il (son père Osiris) est, il (son père) donne à Pepi Nofirkerî qu'il se lève, il établit à Pepi Nofirkerî ses deux yeux divins, et quand Pepi Nofirkerî sort sous lui (son père), grand

1) L'épervier que donne dans ce mot le texte de Mirinrî est une faute d'impression pour [hieroglyphe] complément phonétique du verbe Sa.

2) C'est le verbe Sourнou dont les éléments ont été brouillés par le dessinateur et gravés hors leur place régulière, le déterminatif en avant.

953

954

955

comme Hor qui appartient à Nouit, comme l'enfant à la tresse, frappant les couronnes, donnant des ordres aux dieux Outinou, les dieux Afa suivent Pepi Nofirkeri, ceux qui sont au ciel et sur la terre viennent à lui l'échine courbée, avec les deux uræus pour guide ainsi que les chacals, les lumineux, les Sit supérieurs et inférieurs; et, frotté d'essence, vêtu d'être, vivant d'offrandes, Pepi Nofirkeri rend des ordres, Pepi Nofirkeri assemble les doubles, Pepi Nofirkeri met les places en joie, Pepi Nofirkeri donne des offrandes, Pepi Nofirkeri conduit les sacrifices, car ce Pepi Nofirkeri c'est lui, c'est ce Pepi Nofirkeri qui est l'unique du ciel, maître de ce qu'il fait, chef des gens de Nouit.

II.

«Salut à toi!» dit Sokaris, «Pepi Nofirkeri!» — «Montre ta face», dit l'Etoile du matin! Et Pepi Nofirkeri tourbillonne comme un épervier divin, Pepi Nofirkeri se baigne (*lit.* se rafraîchit) comme le héron, Pepi Nofirkeri crie comme l'oie Smonou, les ailes de Pepi Nofirkeri sont comme celles de l'épervier divin, le fouet des ailes de ce Pepi Nofirkeri est comme celui de l'épervier divin, Pepi Nofirkeri soulève ses os, Pepi Nofirkeri est propre, le pagne de Pepi Nofirkeri est sur ses reins, le camail de Pepi Nofirkeri est sur lui, sa ceinture est une étoffe fine : Pepi Nofirkeri descend avec Râ en cette sienne grande barque sur laquelle il croise à l'horizon pour y juger les dieux, et dans laquelle Hor croise avec lui, à l'horizon et dans laquelle Pepi Nofirkeri juge les dieux avec lui à l'horizon, car Pepi Nofirkeri est l'un d'entre eux.

956

957

958

III.

Voici ce qu'ils ont dit à Pepi Nofirkerî, ce qu'ont dit les dieux à Pepi Nofirkerî, la voix des dieux à Pepi Nofirkerî : «Cet Hor-là qui sort du Nil, ce taureau-là qui sort »de l'enceinte du parc, ce serpent-là qui sort de Râ, cette uræus-là qui sort de Sit, toute »chose qui se produit pour Pepi Nofirkerî se produit comme pour la déesse Mazdit-iot, »fille de Râ, qui est sur les pieds de Râ, toute chose qui se produit pour Pepi Nofirkerî »se produit comme pour la déesse Maza, fille de Râ, qui est sur les pieds de Râ. Car c'est »Pepi Nofirkerî qui est le Sain, fils du Sain, issu de la Saine (l'Œil d'Hor); Pepi Nofir»kerî est sain, et si Pepi Nofirkerî est sain, sain est l'Œil d'Hor qui est dans Onou; Pepi »Nofirkerî vit, et si Pepi Nofirkerî vit, vit l'Œil d'Hor qui est dans Onou.»

IV.

Pepi Nofirkerî est sorti en ta sortie, Osiris, et Pepi Nofirkerî a dit son double au ciel, les os de Pepi Nofirkerî sont de fer, les chairs de Pepi Nofirkerî sont des étoiles Indestructibles. Si Pepi Nofirkerî est mis là, la *Grande* tombe sur les deux mains de Nofirkerî. La mère de Pepi Nofirekrî est Nouit, le père de Pepi Nofirkerî est Shou, la mère de Pepi Nofirkerî est Tafnouit, ils élèvent Pepi Nofirkerî au ciel, au ciel, sur la flamme de l'encens. Pepi Nofirkerî est pur, Pepi Nofirkerî vit, Pepi Nofirkerî se fait sa place, o Osiris, car Pepi Nofirkerî s'assied à ton épaule, ô Osiris, et que Pepi Nofirkerî oint ta chevelure, Osiris, il ne met pas sa souffrance, Pepi Nofirkerî ne met pas sa tresse de barbe à la bouche de PEPI NOFIRKERI, chaque jour, à chaque demi-mois, à chaque mois. Quand PEPI NOFIRKERI s'assied pour t'appuyer, HOR, et que PEPI NOFIRKERI oint ta chevelure, HOR, PEPI NOFIRKERI ne met pas sa souffrance, PEPI NOFIRKERI ne met pas son deuil en la bouche de PEPI NOFIRKERI, chaque jour, à chaque demi-mois, à chaque mois, car ce PEPI NOFIRKERI est un de ces quatre qui sont les enfants de TOUMOU et les enfants de NOUIT; tant qu'ils ne sont pas pourris, PEPI NOFIRKERI ne pourrit pas, tant qu'ils ne se gâtent pas, PEPI NOFIRKERI ne se gâte pas, tant qu'ils ne sont pas tombés à terre du ciel, PEPI NOFIRKERI ne tombe pas à terre du ciel, mais tant qu'ils embrassent PEPI NOFIRKERI, PEPI NOFIRKERI trouve leur bouche, PEPI NOFIRKERI est l'un d'eux, le favori du taureau du ciel. PEPI NOFIRKERI soulève son double, PEPI NOFIRKERI revient sur ses pas, PEPI NOFIRKERI s'arrête. O gardien excellent, qui soulève le double, qui revient sur ses pas, qui s'arrête, PEPI NOFIRKERI est stable plus que toi sous le ventre du ciel, comme l'étoile excellente aux coudes du LAC DE KHA. Quand PEPI NOFIRKERI sort au ciel, tu lui as donné à PEPI NOFIRKERI ce chapitre excellent, ô RÂ, chaque jour, et PEPI se met sur ton chemin, HOR SHOSTI, celui sur lequel tu guides les dieux vers les voies excellentes du CHAMP D'OFFRANDES.

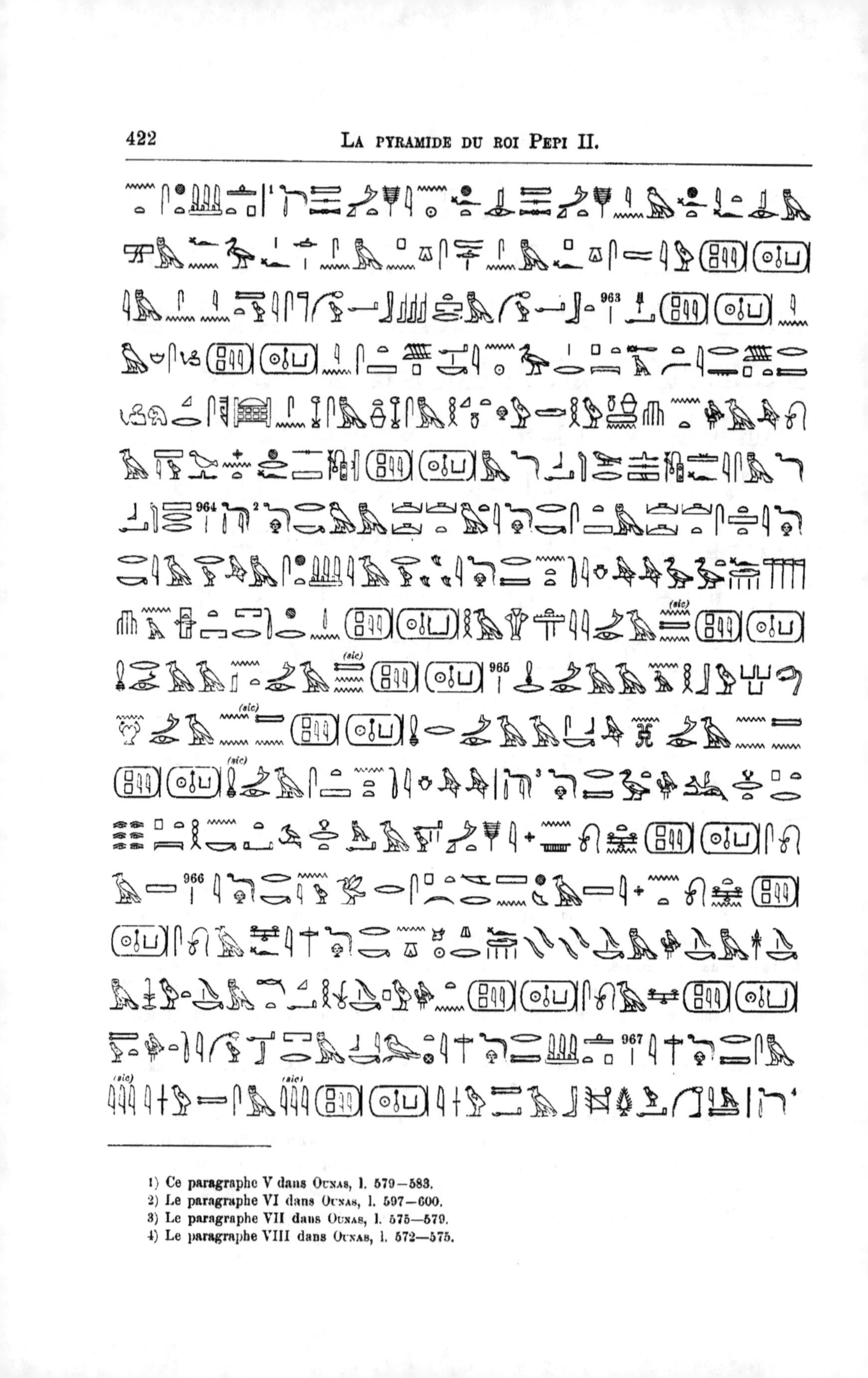

1) Ce paragraphe V dans OUNAS, l. 579—583.
2) Le paragraphe VI dans OUNAS, l. 597—600.
3) Le paragraphe VII dans OUNAS, l. 575—579.
4) Le paragraphe VIII dans OUNAS, l. 572—575.

IX.

Vienne l'eau et ceux qui sont au ciel vivent, vienne l'eau et ceux qui sont sur terre vivent, et le ciel a flambé pour toi, la terre a eu peur de toi, par le fait (litt. : « aux mains ») des enfants du dieu; comme, lorsque s'ouvrent les deux montagnes, le dieu se produit, le dieu s'empare de son corps, de même, lorsque s'ouvrent les deux montagnes, ce Pepi Nofirkerî se produit, ce Pepi Nofirkerî s'empare de son corps. Voici donc ce Pepi Nofirkerî, ce qui baigne (*litt.* : « ce qui flaire ») ses pieds ce sont les eaux propres qui sont sous Toumou qu'a émises le phallus de Shou, qu'a produites la vulve de Tafnouit : car ils [Shou et Tafnouit] sont venus, ils t'ont apporté leurs eaux propres, [qui sont] sous leur père, ils t'ont lavé, ils t'ont encensé, et maintenant, Pepi Nofirkerî, tu portes le ciel de la paume de tes mains, tu étends la terre de tes sandales; l'eau fraîche étant versée à la porte de ce Pepi Nofirkerî et tout dieu se lavant la face, tu laves tes mains, Osiris, tu laves tes mains Pepi Nofirkerî, et tu rajeunis le dieu qui fait le troisième d'entre vous, le dieu Outou hotpit qui commande l'offrande. Le parfum de l'uræus monte vers Pepi Nofirkerî, ainsi que le gâteau en pyramide du Château de Sokaris et la cuisse de bœuf de la maison d'Anubis, et alors ce Pepi Nofirkerî est sain; la chapelle dressée, le mois né, le domaine en vie, les hâlages (au tombeau et dans l'autre monde) accomplis, tu récoltes le blé, tu récoltes le froment dont on fait cadeau à ce Pepi Nofirkerî pour l'éternité.

X.

Huile d'Hor, huile de Sit : quand son œil vient à Hor, Hor l'a délivré de ses ennemis, sans que Sit ait pu s'en emparer. Quand Hor s'est emparé de l'huile parfumée, il se pose sur son œil, Hor se munit de sa viande [à manger], l'Œil d'Hor s'assimile à lui (à Hor), et le parfum de l'Œil est pour lui, et la malignité de l'Œil tombe sur les ennemis d'Hor. Huile de ce Pepi Nofirkerî : quand ce Pepi Nofirkerî s'en est empli, l'Œil s'assimile [à lui] et le parfum de l'Œil est pour lui, et la malignité de l'Œil tombe sur les ennemis d'Hor. O ce Pepi Nofirkerî, je suis venu à toi, je t'ai apporté cet Œil d'Hor qui est dans son linge, pour que son parfum soit pour toi, Pepi Nofirkerî, et son parfum est pour toi, le parfum de l'Œil d'Hor est pour toi, Pepi Nofirkerî, et tu as une âme, grâce à lui, tu es fort grâce à lui, tu fais ta volonté grâce à lui, tu prends le diadème grâce à lui, parmi les dieux. Hor vient allégrement à la rencontre, plein d'allégresse au rencontrer son œil, et ta primauté est en sa garde. Pepi Nofirkerî qui es chef des dieux, fourni comme un dieu, soulevant ses os comme Osiris, et les dieux font l'adoration à la rencontre de ce Pepi No-

975 (sic)

976

977

firkerі, comme les dieux font l'adoration à la rencontre du lever de Râ, quand Râ sort de l'horizon.

XI.

Voici debout ces quatre dieux des quatre angles de Pepi Nofirkerі, Amsiti, Hapi, Touatimoutf, Qabhsonouf, enfants d'Hor de Létopolis, et ils lient les liens de l'échelle de ce Pepi Nofirkerі, ils font solide l'échelle de ce Pepi Nofirkerі, ils introduisent Pepi Nofirkerі à Khopirrou, le dieu Scarabée, lorsqu'il se produit à la partie orientale du ciel. Quand le dieu Sashsa a façonné à l'herminette les bois de l'échelle, que le dieu Gasout, le taureau du ciel, a fixé solidement les cordes qui font partie d'elle par des nœuds, que les attaches de ses montants ont été consolidés du cuir du dieu Outes (?), né de la déesse Hosit, et qu'on a soulevé le grand, le double lion sous elle, c'est le dieu Spoh oirit (celui qui prend la Grande au lasso) qui soulève le double de ce Pepi Nofirkerі jusqu'au dieu, qui le conduit jusqu'à Rourouti (le portier), qui l'introduit à Toumou. Et Toumou a donc fait ce qu'il a dit qu'il ferait à ce Pepi Nofirkerі, liant pour lui le lien de son échelle, faisant solide l'échelle de ce Pepi Nofirkerі, si bien que ce Pepi Nofirkerі s'éloigne de ce qui est en abomination aux hommes, que ce Pepi Nofirkerі ne s'adonne pas à ce qui est en abomination aux dieux, que ce Pepi Nofirkerі mange, [que ce Pepi Nofirkerі] navigue [au ciel?] au commencement du mois [au commencement du demi-mois?], qu'il ne reste pas couché dans la nuit, qu'il ne veille pas ignorant son corps comme un des deux [rejetons?] de Khopirrou. Ceux qui sont au Tait leurs corps leur sont adjugés, leurs oreilles leur sont ouvertes à la voix de ce Pepi Nofirkerî qui descend parmi eux, leur disant ce qu'a décrété le dieu Sokhmouf «que Pepi Nofirkerî est l'un d'eux», que Pepi Nofirkerî aura mémoire parmi eux, comme un dieu Gan-oirou (de longue mémoire), qu'après avoir voyagé à l'Occident le corps momifié de Pepi Nofirkerî sera grand au château de Rourouti, et que les imperfections propres à ce Pepi Nofirkerî seront écartées par le dieu Adour asfitou (qui écrase le péché) en présence de Khontmiriti de Sokhimou.

Le reste des textes qui couvrent la paroi est trop mutilé à partir de cet endroit pour que j'en donne la traduction courante. Beaucoup d'entre eux pourraient être restaurés avec certitude, mais il faudrait pour justifier les restitutions des développements considérables. Je les remets à plus tard, au temps où il me sera donné de reprendre partie à partie l'étude des formules contenues dans les Pyramides.

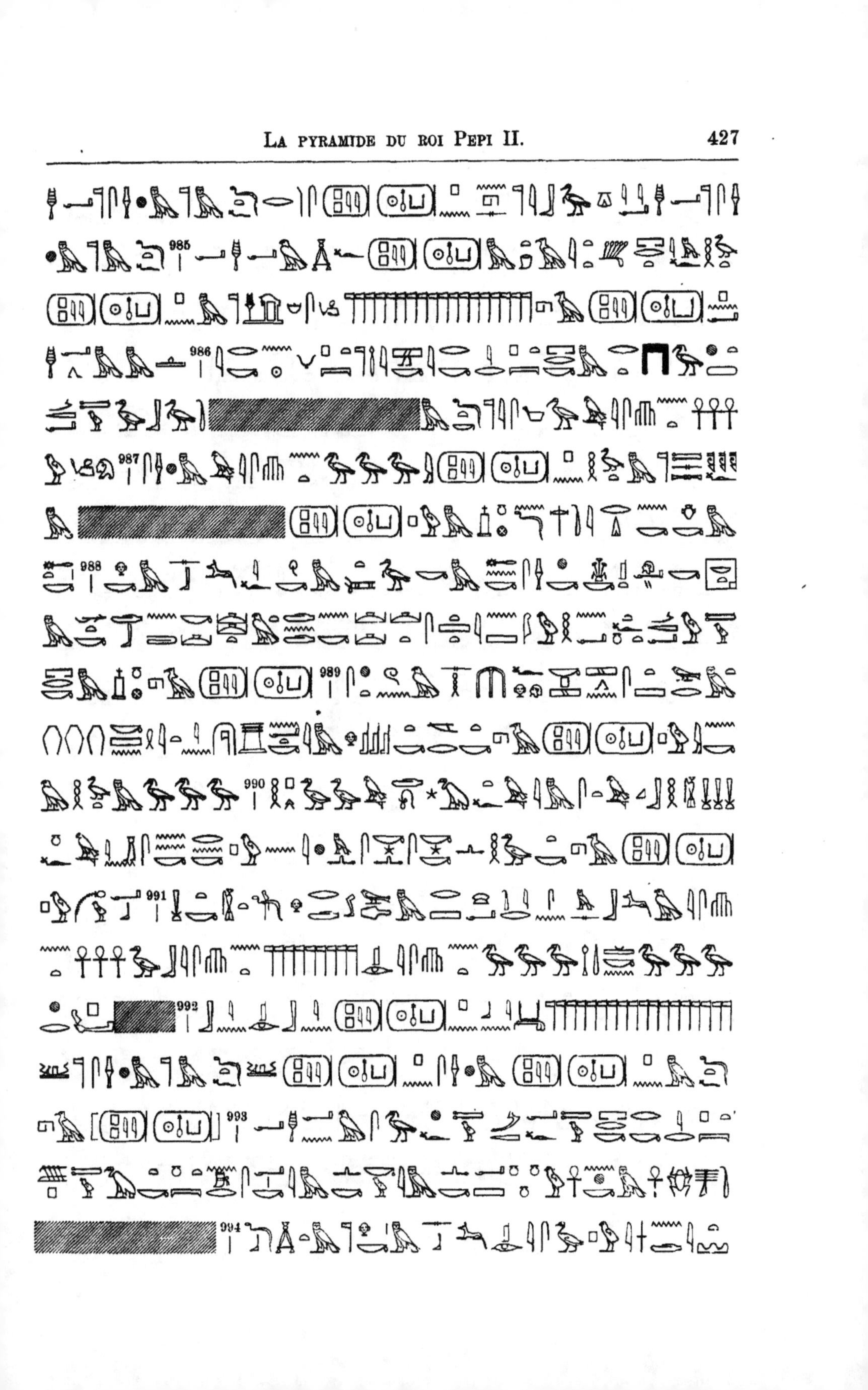

985

986

987

988

989

990

991

992

993

994

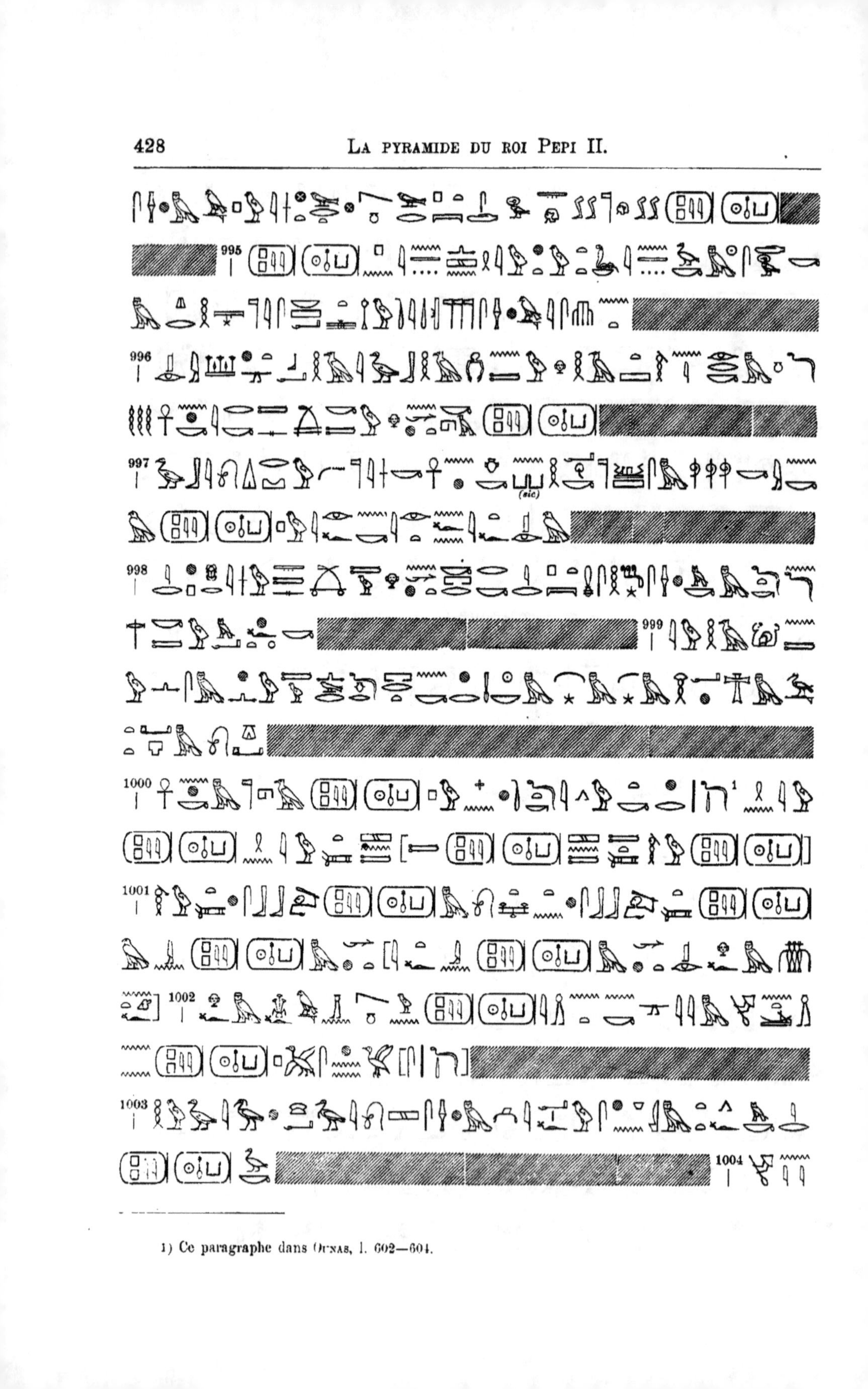

995

996

997 (sic)

998

999

1000 [1]

1001

1002

1003

1004

1) Ce paragraphe dans Ounas, l. 602—604.

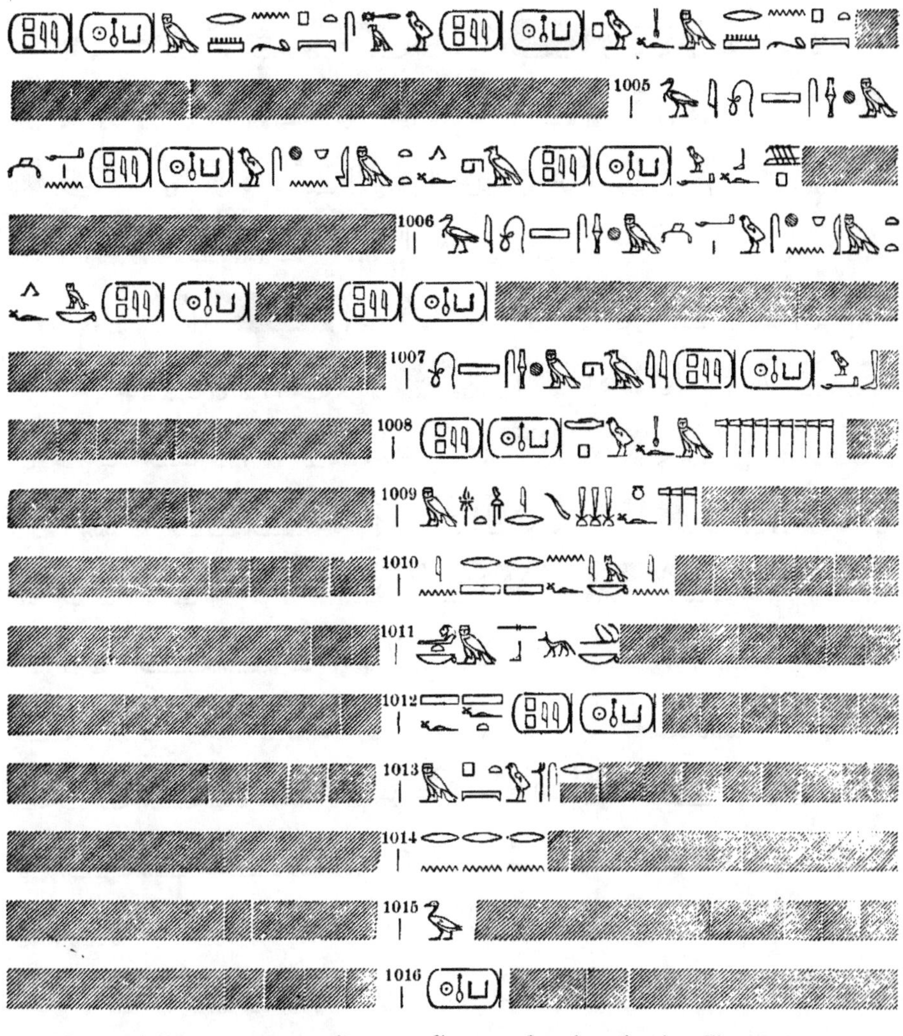

La paroi Est a presque entièrement disparu. On n'y voit plus d'inscriptions qu'à la pointe du pignon où trente huit lignes de texte ont échappé en partie à la rage des fouilleurs :

1017 1018 1019 1020

1021 1022 1023

1) Ce paragraphe dans Maspero, I. 399—401.

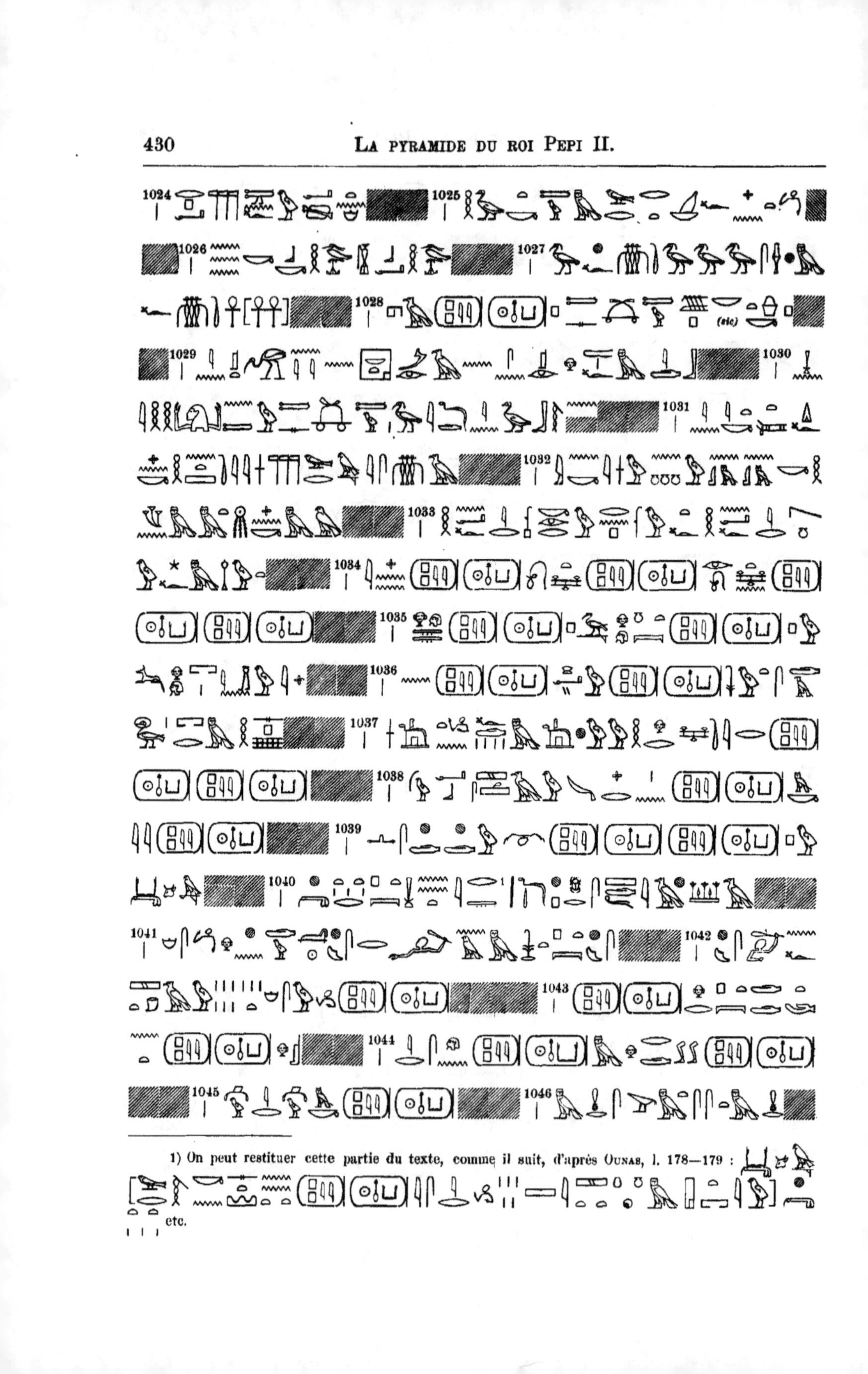

1024 1025

1026 1027

1028

1029 1030

1031

1032

1033

1034

1035

1036

1037

1038

1039

1040

1041 1042

1043

1044

1045 1046

1) On peut restituer cette partie du texte, comme il suit, d'après OUNAS, l. 178—179 :

etc.

Toutes les lignes sont arrêtées en bas au même niveau horizontal. La longueur des lacunes et la quantité de signes à ajouter pour obtenir une restitution est donnée à peu près par le texte de la ligne 1020, que j'ai pu rétablir d'après MIRINRI.

§ IV. LE COULOIR DES HERSES.

Le couloir des herses est à peu près intact dans la partie qui s'étend entre la Chambre Est et les herses. Il est pratiqué à travers le calcaire qui revêt la Chambre Est sur une longueur de 1m 25, puis à travers le granit sur une longueur de 3m 60, après quoi le calcaire revient pendant 4m 35 et le granit jusqu'aux herses sur une longueur de 0m 70. Les parois de calcaire ont été décorées d'inscriptions en colonnes verticales, séparées par les espaces nus des parois de granit.

La partie écrite qui débouchait dans la Chambre de l'Est n'est plus complète aujourd'hui. La paroi Est en a été détruite par les chercheurs de trésors : la paroi Ouest porte encore vingt-quatre lignes d'inscription bien conservées.

1) Le paragraphe Ier dans PEPI Ier, l. 243—255 et dans MIRINRI, l. 466—476.

1) Le paragraphe II dans Pepi Ier, l. 349—366.

1075 1076

1077 1078

1079

La série d'inscriptions qui s'étend jusqu'aux herses ne présente qu'un petit nombre de lacunes faciles à combler. Elle comprend, en effet, le même ensemble de textes qu'on lit à la même place dans les pyramides de Pepi Ier et de Mirinri. La paroi Ouest en a quatre-vingt-trois lignes pour sa part :

1080 [1]

1081

1082

1083

1084

1085

1086

1) Le paragraphe Ier dans Pepi Ier, l. 631—637 et dans Mirinri, l. 498—515.

1) «O déesse Hafit-nti-Âa, mère des dieux, donne ta main à Pepi Nofirkerî.»

2) Le paragraphe II dans Pepi Ier, l. 461—464 et dans Mirinrî, l. 517—520.

3) Le paragraphe III dans Pepi Ier, l. 276—283 et dans Mirinrî, l. 520—526.

1) Le paragraphe IV dans Pepi Ier, l. 465—467, et dans Mirinri, l. 528—531.
2) Le paragraphe V dans Pepi Ier, l. 467—471, et dans Mirinri, l. 531—537.
3) Le paragraphe VI dans Pepi Ier, l. 471—473, et dans Mirinri, l. 537—539.

1117

1118 [1]

1119

[2] 1120

1121 [3]

1122

1123

1124

[4] 1125

1126

1127

1128

[5] 1129

[6] 1130

1131

1132

1) Le paragraphe VII dans Pepi Ier, l. 473—474, et dans Mirinrî, l. 539—541.
2) Le paragraphe VIII dans Pepi Ier, l. 464—465, et dans Mirinrî, l. 526—528.
3) Le paragraphe IX dans Pepi Ier, l. 447—449, et dans Mirinrî, l. 541—543.
4) Le paragraphe X dans Pepi Ier, l. 440—443, et dans Mirinrî, l. 543—547.
5) Le paragraphe XI dans Mirinrî, l. 554—555.
6) Le paragraphe XII dans Pepi Ier, l. 443—447, et dans Mirinrî, l. 549—554.

1) Le paragraphe XIII dans Mirinri, l. 548—549.

2) Le paragraphe XIV deux fois dans Pepi Ier, l. 255—264, 614—616, puis deux fois dans Mirinri, l. 490—497, 780—784.

3) Le paragraphe XV dans Pepi Ier, l. 369—377. On remarquera le changement brusque de personne, à partir de la seconde ligne de notre texte.

XV.

On a fait son cœur au père PEPI NOFIRKERI, — *variante* — on lui a pratiqué son emmaillotement, et quand il se sort au ciel ou qu'il chemine dans les courants du LAC DE KHA, ANUBIS vient à ta rencontre ô PEPI NOFIRKERI, SIBOU te tend la main, ô père PEPI NOFIRKERI, [et lui] le gardien de la terre, le chef des Mânes, il pleure des larmes, ô père PEPI NOFIRKERI. Ah! lève-toi père PEPI NOFIRKERI, car tu as reçu ces quatre vases d'eau des offrandes, et tu te laves dans le lac du CHACAL, tu te parfumes d'encens dans le lac de l'HADÈS, tu te purifies sur tes fleurs dans le PRÉ D'IALOU, tu parcours le ciel en barque et tu fais ta station journalière dans les PRÉS DES OFFRANDES parmi les dieux qui vont à leurs doubles; assieds-toi sur ton trône de fer, car tu as pris ta massue blanche et ton bâton avec le fléau, et tu guides ceux qui sont dans le NOU, tu rends tes décrets aux dieux, tu donnes que chaque Mâne ait sa personne de Mâne, tu prends ta course, et tu navigues sur ton lac comme RÂ sur les rives du ciel, ô père PEPI NOFIRKERI, lève-toi et passe devenu Mâne!

---

1) Le paragraphe XVI dans PEPI Ier, l. 601—604, avec quelques modifications très légères dans la première partie; à partir de la ligne 104, notre texte diffère entièrement de celui de PEPI Ier. Les lacunes m'empêchent de la traduire pour le moment.

Les quatre-vingt-une lignes de la paroi Est ont un peu plus souffert vers le milieu que les textes de la paroi opposée. Néanmoins le mal n'est pas considérable, car la plupart des formules endommagées se retrouvent dans les Pyramides de PEPI Ier et de MIHTIMSAF.

1) Le paragraphe Ier dans PEPI Ier, l. 390—396 et dans MIRINRÎ, l. 556—565.

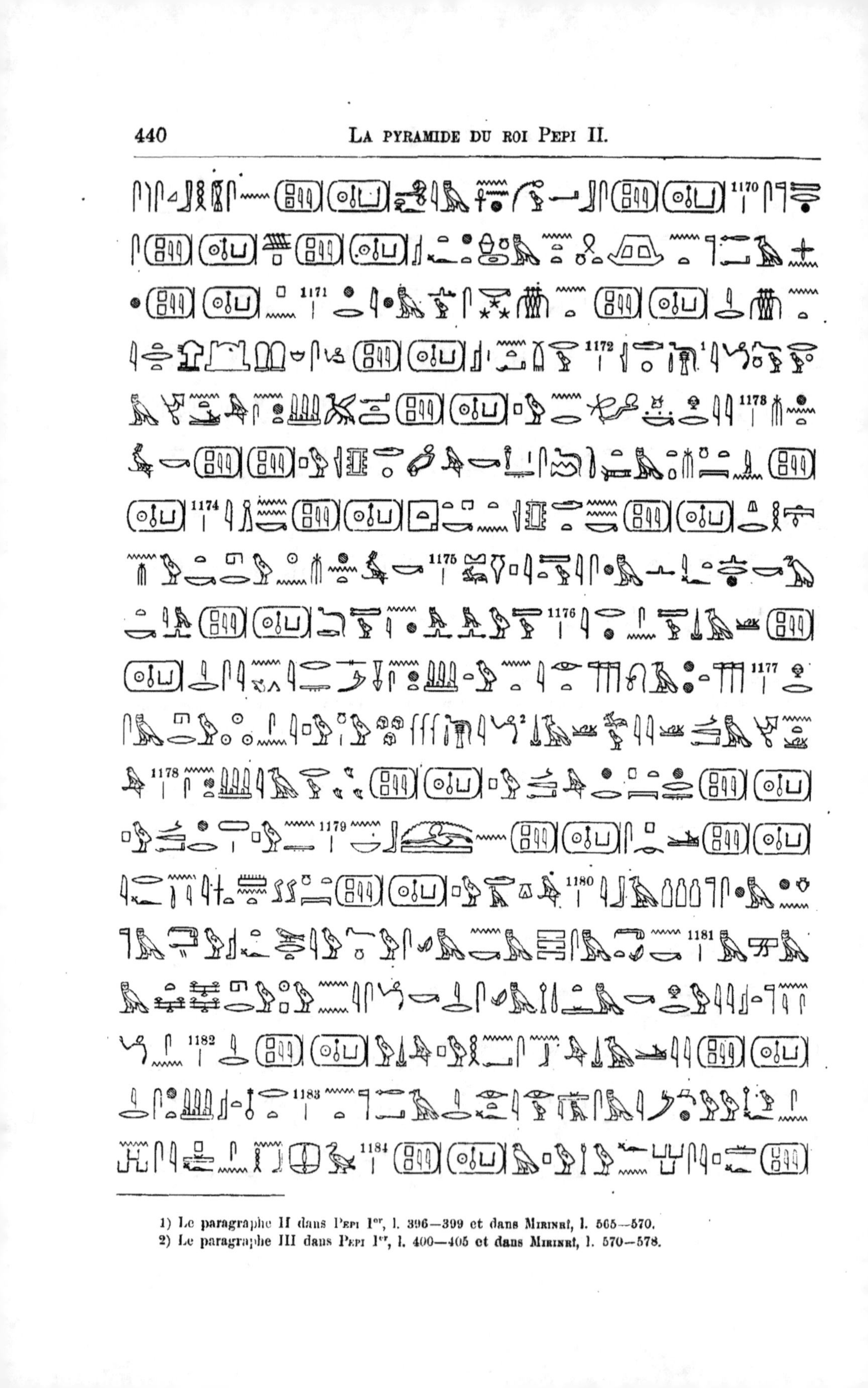

1) Le paragraphe II dans Pepi Ier, l. 396—399 et dans Mirinri, l. 565—570.
2) Le paragraphe III dans Pepi Ier, l. 400—405 et dans Mirinri, l. 570—578.

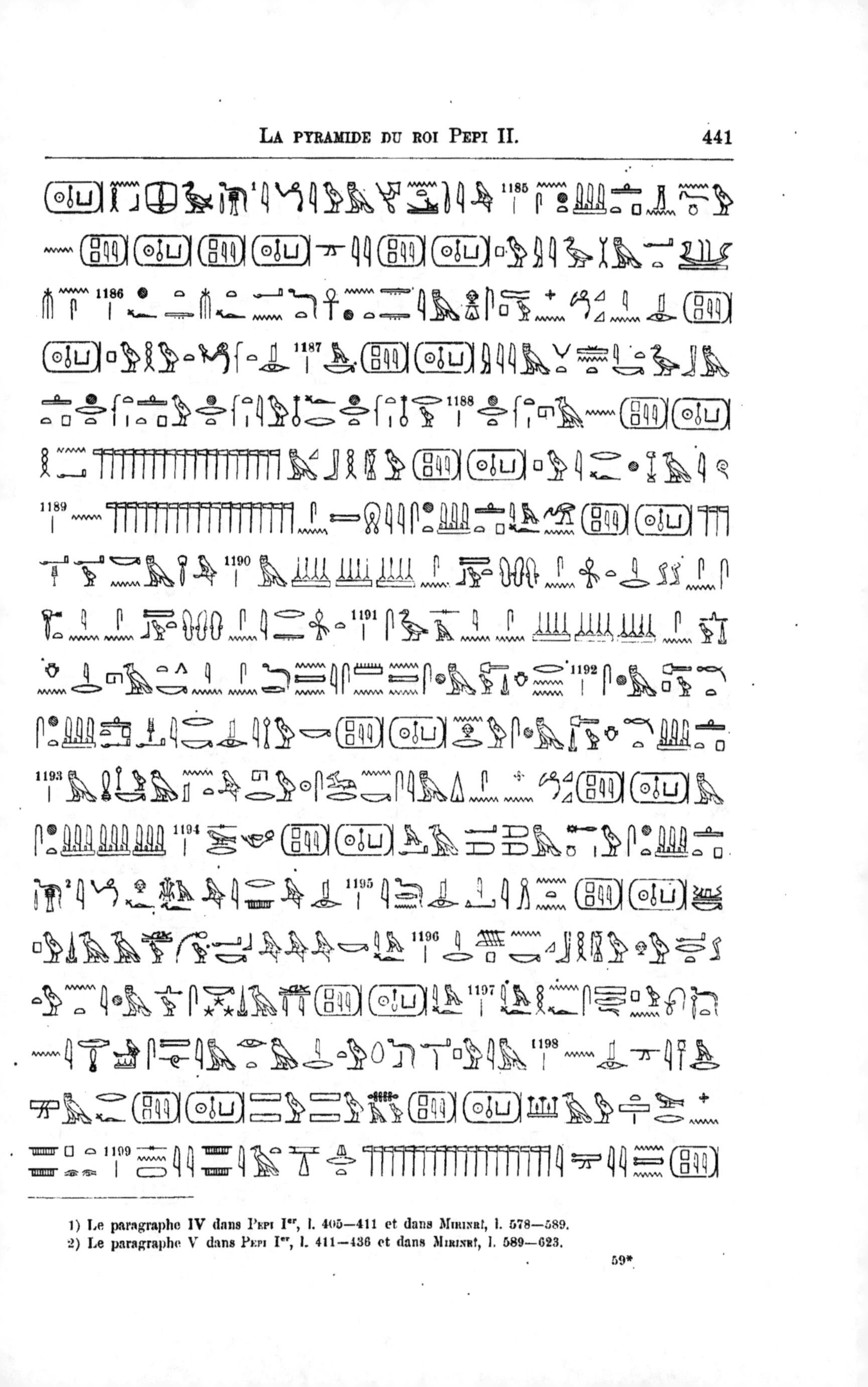

[1] 1185

1186

1187

1188

1189

1190

1191

1192

1193

1194

[2] 1195

1196

1197

1198

1199

1) Le paragraphe IV dans Pepi Ier, l. 405—411 et dans Mirinrî, l. 578—589.
2) Le paragraphe V dans Pepi Ier, l. 411—436 et dans Mirinrî, l. 589—623.

1200

1201

1202

1203

1204

1205

1206

1207

1208

1209

1210

1211

1212

1213

1214

1215

1216

1217

1218

1219

1220

1221

1222

1223

1224

1225

1226

1227

1228

1229

VI. cfr. Papi I, l. 204+13 édit. Sethe.

Salut à vous, Eaux que Shou apporte, que le dieu Monatifti soulève, où Sibou lave ses membres, les cœurs après la crainte, les ventricules [du cœur] après les charmes, [eaux] nées du Nou, quand le ciel n'était pas encore, que la terre n'était pas, quand il n'y avait pas [de dieu] qui étayât [le ciel], quand il n'y avait pas de troubles, quand il n'y avait pas encore cette crainte qui se produit par l'Œil d'Horus! Ce Pepi Nofirkeri est un de ce grand corps [de dieux] né dans Onou qui ne sont point gouvernés par un roi, et que des princes ne dirigent pas, qui sont invulnérables et qui ne faussent point leur voix : Pepi Nofirkeri est Horus, et Pepi Nofirkeri est invulnérable, aucun roi ne gouverne Pepi Nofirkeri, aucun prince ne dirige Pepi Nofirkeri, ses ennemis ne sont point justes de voix [ne prévalent point] contre lui, Pepi Nofirkeri n'est pas misérable, ses ongles ne croissent point, la misère de Pepi Nofirkeri n'est pas comptée. Si Pepi Nofirkeri tombe à l'eau Osiris le relève, le double cycle des dieux l'épaule, et Râ aide Pepi Nofirkeri vers tout lieu où le dieu se trouve. Si Pepi Nofirkeri tombe à terre, Sibou le relève, le double cycle des dieux l'épaule, Râ aide Pepi Nofirkeri vers tout lieu où le dieu se trouve.

VII.

Ce Pepi Nofirkeri est pur, lorsque Pepi Nofirkeri revient là au ciel, ce Pepi Nofirkeri est plus durable que les hommes et il se lève pour les dieux; lorsque Pepi Nofirkeri

1) Le paragraphe VII dans Pepi Ier, l. 641—643 et dans Mirinri, 674—682.

se lève avec Râ en son lever, les trois qui sont avec lui, l'un d'eux est derrière Pepi Nofirkerî, l'un est à côté de lui [ϩιτοοτϥ], l'un donne l'eau, l'autre donne les gâteaux (le sable), et Pepi se lève à côté de toi (sur ta main), ô Shou, comme Râ se lève à côté de toi (sur ta main), et ils trouvent tous les deux Pepi Nofirkerî avec les deux génies maîtres de cette terre assis à l'encontre de lui, Nouit se réjouit à l'encontre de Pepi Nofirkerî, le linge qui appartient à . . . . le reçoit, et elles sont assises l'une pour l'autre. Voici Pepi Nofirkerî, Pepi Nofirkerî a détruit tout ce qui lui était mauvais, Selkit a donné sa main à Pepi Nofirkerî, elle a passé sa mamelle dans la bouche de Pepi Nofirkerî, Doua-oir, l'étoile du matin, a fait la toilette de Pepi Nofirkerî, et Sopdit lui a tendu la main, car c'est la naissance de Pepi Nofirkerî aujourd'hui et les dieux ne connaissent pas Pepi Nofirkerî, sa première mère ne connaît pas Pepi Nofirkerî que Nouit vient d'enfanter avec Osiris.

Au-delà des herses, le couloir a été fort endommagé. Il ne reste plus sur la paroi Ouest que dix-sept lignes assez mutilées, dont le texte peut se rétablir au moyen des textes correspondants des autres pyramides :

1) Le paragraphe Ier dans Pepi Ier, l. 265—276 et dans Mirinrî, l. 476—490.

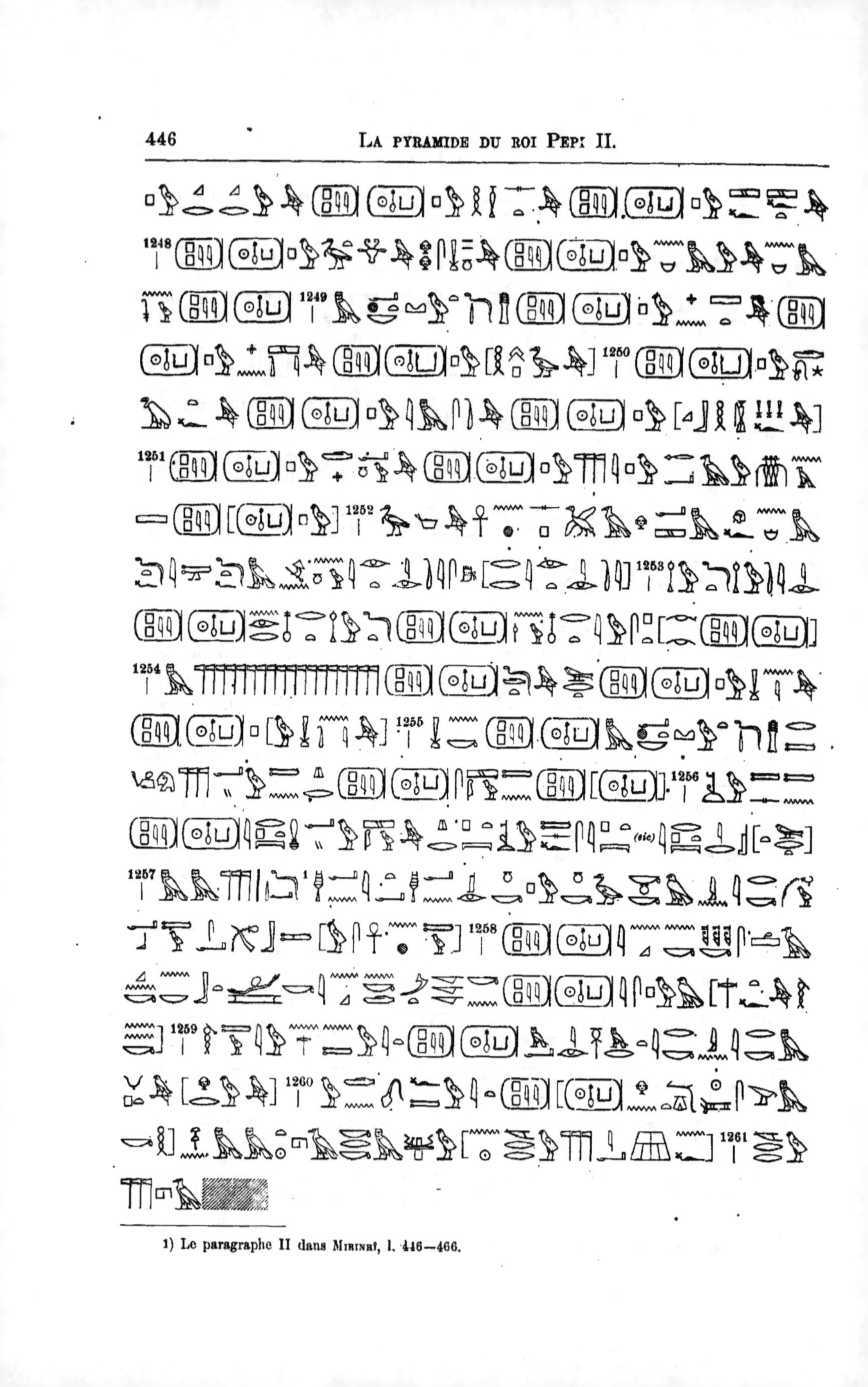

1248

1249

1250

1251

1252

1253

1254

1255

1256

(sic)

1257 [1]

1258

1259

1260

1261

1) Le paragraphe II dans MIRINRI, l. 446—466.

En face sur la paroi Est, le texte a conservé toutes ses lignes presque intactes, au nombre de trente-cinq :

1262 [1] [2]

1263

1264 [3]

1265

I.

C'est une barque durable la MÂDIT de son maître, c'est une barque durable la MÂDIT de qui est derrière elle! ISIS vient, et vient NEPHTHYS, l'une d'elles deux à la droite, l'une d'elles deux à la gauche, l'une d'elles deux en forme de bergeronnette, l'une d'elles deux en forme de colombe, et elles trouvent OSIRIS que son frère a laissé par terre (NI-DI NI-SOU) dans NIDIT, disant : « OSIRIS passe vers moi (SAOU-K-AR-I) ici », d'où lui vient le nom SAOUKARI.[3]

---

1) Le paragraphe Ier est dans PEPI Ier, l. 474—482 tout entier, mais mutilé et d'une lecture difficile, comme le montrent les fautes que j'ai faites en le copiant, et qu'il est inutile de relever dans le détail, puisqu'on les reconnaîtra aisément en collationnant le texte de PEPI Ier avec celui de PEPI II. Le chapitre est formé de deux parties indépendantes à l'origine, et qu'on s'est borné à juxtaposer sans se donner la peine de les souder. La première partie se retrouve au tombeau thébain d'HARHOTPOU (l. 258—265), publié dans les *Mémoires de la Mission du Caire* (t. Ier, p. 152—153).

2) Le qu'on retrouve deux fois dans la version de PEPI Ier (l. 474) est une faute pour la barque, qui était mutilée dans l'original.

3) Ici commence une explication par calembourg de plusieurs des noms du dieu. La première s'explique d'elle-même; la seconde porte sur le nom de SOKARI ou plutôt SAOUKARI (l'o d'époque postérieure résulte souvent d'une diphthongue ancienne AOU) : il est décomposé en , *passe vers moi*, où le jeu de mots nous permet de fixer la vocalisation du groupe SAOU-K-AR-I, I étant le pronom de la première personne. La troisième qui établit une assonance entre et la ANOUPOU, comme le prouve la variante phonétique du tombeau d'HARHOTPOU (l. 260), est plus difficile à saisir que les précédentes. Je crois qu'elle s'explique par la prononciation spéciale du nom d'Anubis qu'indique la variante ANROUPOU, ARROUPOU, ALLOUPOU; il faut alors prononcer le groupe avec ce initial qui s'ajoute si souvent aux mots égyptiens KHOU-SIKI AROUPOU-K AR RIKOU-K POU NI ANROUPOU (ARROUPOU). D'autre part la combinaison ne peut pas être décomposée : le pronom suffixe qui la suit et s'appuie sur elle montre que les trois lettres n'en font qu'un seul mot. C'est, ou le masculin de ce mot ROPIT dont nous ne connaissons que le sens *vierge, jeune fille*, ou une forme de ce mot que BRUGSCH cite (*Dict. H. S.*, p. 118) sans en préciser le sens : en l'absence de tout déterminatif je l'ai traduit par conjecture *pâte, substance* dont le corps est composé. Les versets suivants roulent sur le choc de *écoulement, effluve, émanation*, avec *chacal* et de *suintement*, avec , avec cette orthographe par des noms qui plus tard ou à la même époque renferment un , et dont j'ai signalé des exemples dans nos textes des Pyramides.

1266

1267

1268

1269

1270

1271

1272

Comme elles protégent ta substance, c'est là [l'origine de] ton nom d'ANUBIS;[1] comme elles empêchent par leur protection l'écoulement (SABOU) de tes humeurs à terre, c'est là [l'origine de] ton nom de *Chacal* [SABOU] *du midi,* comme elles empêchent par leur protection la mauvaise odeur de ton corps (KHAÏTOU), c'est l'origine de ton nom d'HOR-KHAITI (HOR incarné dans un corps); elles préviennent la putréfaction d'HOR l'ORIENTAL, elles préviennent la putréfaction de HOR, MAÎTRE DES HUMAINS, elles préviennent la putréfaction d'HOR DU DAIT, elles préviennent la putréfaction d'HOR, MAÎTRE DES DEUX PAYS, et SIT n'a pas mis SHOU en fuite lors de ton soulèvement, jamais, ô OSIRIS.[2] — HOR a veillé se dressant contre SIT, lève-toi donc ô OSIRIS, fils de SIBOU, son aîné; il (HOR) a rempli de terreur la double neuvaine des dieux, et tu t'es dressé à ton tour et le gardien du temple t'a fait l'hommage, tandis que tu te lèves au mois; remonte donc à la voile vers le lac, ô PEPI NOFIRKERI, afin que tu croises sur la TRÈS VERTE, car c'est toi certes celui qui se dresse prince, non *le dieu qui reste immobile* résidant dans ABYDOS, le Lumineux dans l'horizon, le stable dans MENDÈS, les esprits d'ONOU te prennent la main, PEPI NOFIRKERI, RÂ te prend la main, la double neuvaine des dieux te lève la tête PEPI NOFIRKERI, et ils font de toi, OSIRIS PEPI NOFIRKERI, le dieu chef des deux moitiés du monde les esprits d'ONOU, vivant, vivant, lève-toi!

1) Il ne faut pas oublier que SHOU est représenté parfois soulevant sur ses bras la momie d'OSIRIS de la même manière qu'il soulève le ciel : SIT, qui est pourtant un des quatre dieux-piliers, ne peut jamais empêcher ce soulèvement qui met la momie de son rival à l'abri de mutilations nouvelles.

2) Le paragraphe II dans PEPI Ier, l. 669—674 et dans MIRINRI, l. 656—666.

1273

1274

1275

1276

1277

1278

1279

1280

1) du texte de Pepi Ier, l. 671, ne figure pas dans le nôtre : le passage correspondant du texte de Mirinri est mutilé.

2) Pepi Ier (l. 671) et Mirinri (l. 659) donnent que j'avais pris pour le verbe *être*, ce qui m'avait entraîné à voir dans qui suit, le mot ari, *compagnon* : de plus notre texte, comme celui de Mirinri, passe le membre de phrase que Pepi Ier donne. Il faut donc traduire : «Les portes du »Qobhou s'ouvrent à l'epi Nofirkeri, et comme tu viens toi-même (lit. : «tu viens pour toi») [afin de lui »donner la vie], tu as donné ordre que l'epi Nofirkeri s'assît auprès de toi.»

3) Pepi Ier (l. 671—672) passe deux fois dans cette phrase le nom du roi; dans Mirinri (l. 661) le groupe qui suit le cartouche est une faute pour . Traduire : «Attribue par »décret Pepi Nofirkeri à cette Grande Ourse qui est près de toi, pour qu'elle établisse comme place de »Pepi cette Grande Jambe qui est sous le Qobhou; attribue par décret Pepi Nofirkeri à Onkhou, le fils de »Sothis, pour qu'il dise la coiffure-amulette (lit. «le *sur-tête*») de Pepi Nofirkeri, et qu'il établisse le siége »de Pepi Nofirkeri au ciel; attribue par décret Pepi Nofirkeri à Oirshopsouf, celui qui se concilie Phtah, »le fils de Phtah, etc.»

4) Pepi Ier, l. 672 : ; Mirinri, l. 662 : .

5) Pepi Ier, l. 672 : , etc.; Mirinri, l. 663 : , etc. La version de Pepi Ier me paraît résulter d'une faute de transcription du graveur qui ne comprenant pas la phrase aura transformé le complément phonétique de et le pronom en le mot . Traduire : «et pour qu'il fasse prospérer à Pepi Nofirkeri l'intérieur de sa maison».

6) «Les compagnons terrestres de Pepi Nofirkeri c'est à savoir (ou) un de ces quatre dieux.»

1) Ce paragraphe III dans Teti, l. 185—200, dans Pepi Ier, l. 674—679.

2) variante de Teti et de Pepi Ier : c'est, je crois, la forme non déterminée du verbe , et la variante de Pepi II donne la vocalisation Jou du groupe. « Pepi Nofirkeri vient, il parle devant Sit. » Plus loin : « Pepi Nofirkeri vient vers ce palais d'Horou. » Ici pourtant Pepi Ier (l. 676) donne qui est, comme je l'ai dit ailleurs, une forme assez commune à cette époque de , *il est* : le graveur aura sans doute confondu pour , *il vient* avec , *il est*.

3) Le caractère est coupé en deux dans le texte original.

ANTICHAMBRE EN AVANT DES HERSES.

Comme dans les pyramides de PEPI Ier et de MIHTIMSAOUF, l'antichambre était entièrement couverte d'inscriptions. Les chercheurs de trésors ont démoli entièrement le mur de l'Ouest et celui du Sud; le mur de l'Est et celui du Nord sont conservés en partie.

Quelques-uns des hiéroglyphes qui entouraient la porte du couloir pratiqué dans la paroi Sud ont échappé à la destruction. On distingue encore sur les restes du montant Est et du linteau plusieurs commencements de lignes :

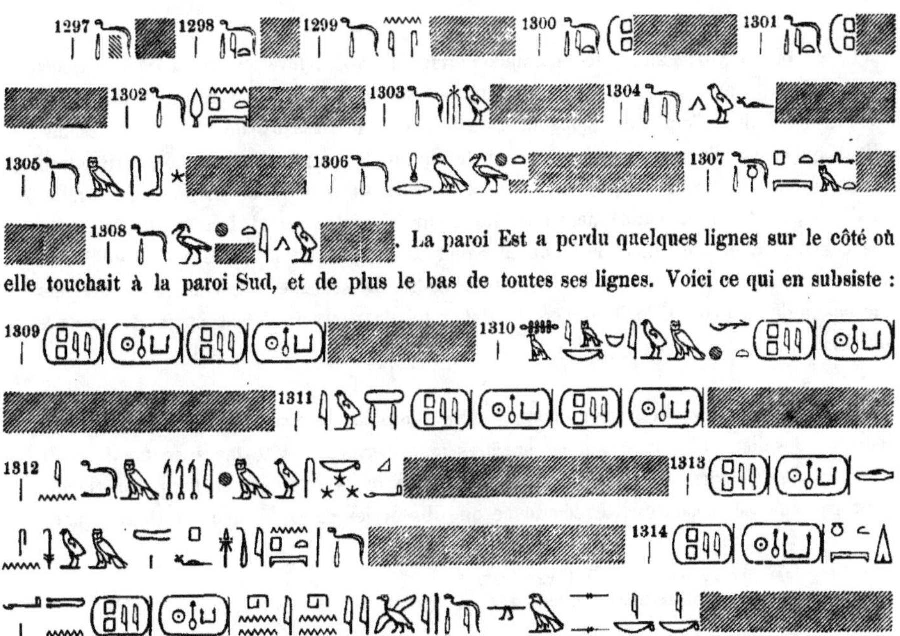

. La paroi Est a perdu quelques lignes sur le côté où elle touchait à la paroi Sud, et de plus le bas de toutes ses lignes. Voici ce qui en subsiste :

IV.

Lève-toi PEPI NOFIRKERÎ, lève-toi grande herminette NOUA, lève-toi sur ta gauche, mets-toi sur ta droite, car . . . . . . t'a donné ton bras en son nom de RANPOU [renouveleur], OSIRIS t'a donné de cultiver l'orge, de moissonner le blé, tous les oiseaux de fête t'ont acclamé, les dieux qui sont à l'Ourse t'ont fait ta face de chacal, ton corps de lynx, ton arrière-train de OUOSKHIT qui se dirige vers le ciel. Quand donc tu sors, tu rends tes décrets entre les deux dieux grands et la double neuvaine des dieux t'épaule, [alors] ISIS te rit, NEPHTHYS t'appelle assises auprès du dieu habitant de Samit aux pieds de la place où tu es. Tu as pris tes deux rames, celles-là dont l'une est de cèdre, la seconde d'acacia, et tu navigues sur le bassin de ta maison, la Très Verte. Salut à toi de par cela. Viens et que te garde le Grand Lac.

V.

HORUS a veillé, SIT s'est tenu debout; soulève-toi, fils de SIBOU et son aîné, toi dont la neuvaine des dieux a peur, à qui les ancêtres font sacrifice, qui te laves en ton lever de chaque mois, que MONIT LA GRANDE appelle; et, comme tu es celui qui se tient droit et qui ne s'est pas affaissé dans Abydos, écoute ce que disent les dieux ce que dit HORUS quand

---

1) Le paragraphe IV dans MIRINRÎ, l. 823—826.

2) Le paragraphe V dans MIRINRÎ, l. 698—722.

il fait les cérémonies pour son père AHOU qui est MINOU et SOKARI qui est KHONTI-PADU. Quand tu as parlé, que tu as ouvert les deux portes du double horizon, et que tu as ouvert les deux portes de SIBOU, tu sors à la voix ô PEPI NOFIRKERI,[1] et THOT te célèbre les cérémonies ô PEPI NOFIRKERI, ainsi qu'ANUBIS, ainsi que le *Prince Greffier* : tu rends jugement et tu t'épaules sur la double neuvaine des dieux qui est dans les formes, en ton Mâne. Comme les dieux ont ordonné que tu fusses tu vas comme va HOR, tu parles comme parle SIT, par tes jambes et par les jambes des dieux tu passes vers le bassin, tu cours à l'Occident du nome Thinite, tu vas en barque à l'Orient d'Abydos, en ton mâne. Les dieux ont ordonné que tu fusses et tu as marché vers l'Hadès, vers le dieu où est SAHOU, l'Étoile BŒUF DU CIEL t'a pris la main [t'a aidé] PEPI NOFIRKERI; ton manger[2] s'approvisionne aux provisions des dieux et l'odeur de DOUDOUN [monte] vers toi, [lui] l'enfant du Midi, sorti de la Nubie, il te donne l'encens dont on parfume les dieux, les deux déesses-oiseaux [NEKHABIT et OUAZIT] qui sont sur le MAÎTRE DU DIADÈME, t'ont enfanté, RÂ t'appelle, PEPI NOFIRKERI, et voici que l'ASKEN du ciel, voici que le Chacal administrateur de la double Neuvaine des Dieux, voici que KHONT-MONITOUF il te

1) C'est-à-dire : « Tu reçois l'offrande » le [hieroglyphes].

2) Rétablir [hieroglyphes] à la fin de la ligne 704 dans le texte imprimé de MIRSKI

met comme l'Étoile du matin qui réside au PRÉ D'IALOU. Quand tu as ouvert la porte qui mène à l'horizon, le cœur des dieux vole à ta rencontre, PEPI NOFIRKERI toi qui es l'Étoile qui navigue au ciel sous le sein de NOUIT, et c'est ta forme qui sort de la bouche de RÂ; et quand tu t'assieds sur ce siége de fer, celui qui est le Grand dans ONOU, tu guides les MÂNES, tu mets en paix les INDESTRUCTIBLES, tu foisonnes comme ce foin dont foisonnent les dieux, dont s'approvisionnent les Mânes; la terre ouvre tes yeux, NIB-SABIT soulève ta gerbe, KHONTI-SOKHMIT te soulève, il te donne libation de vin, *ceux qui sont dans les Palmiers* te suivent, *celui qui a le Nabq sur lui* te fait offrande et le SOUTON DI HOTPOU t'est donné de ce que t'a fait ANUBIS.

1) Le paragraphe VI dans MIRINRÎ, l. 722—732.

2) Le paragraphe VII dans MIRINRÎ, l. 732—737.

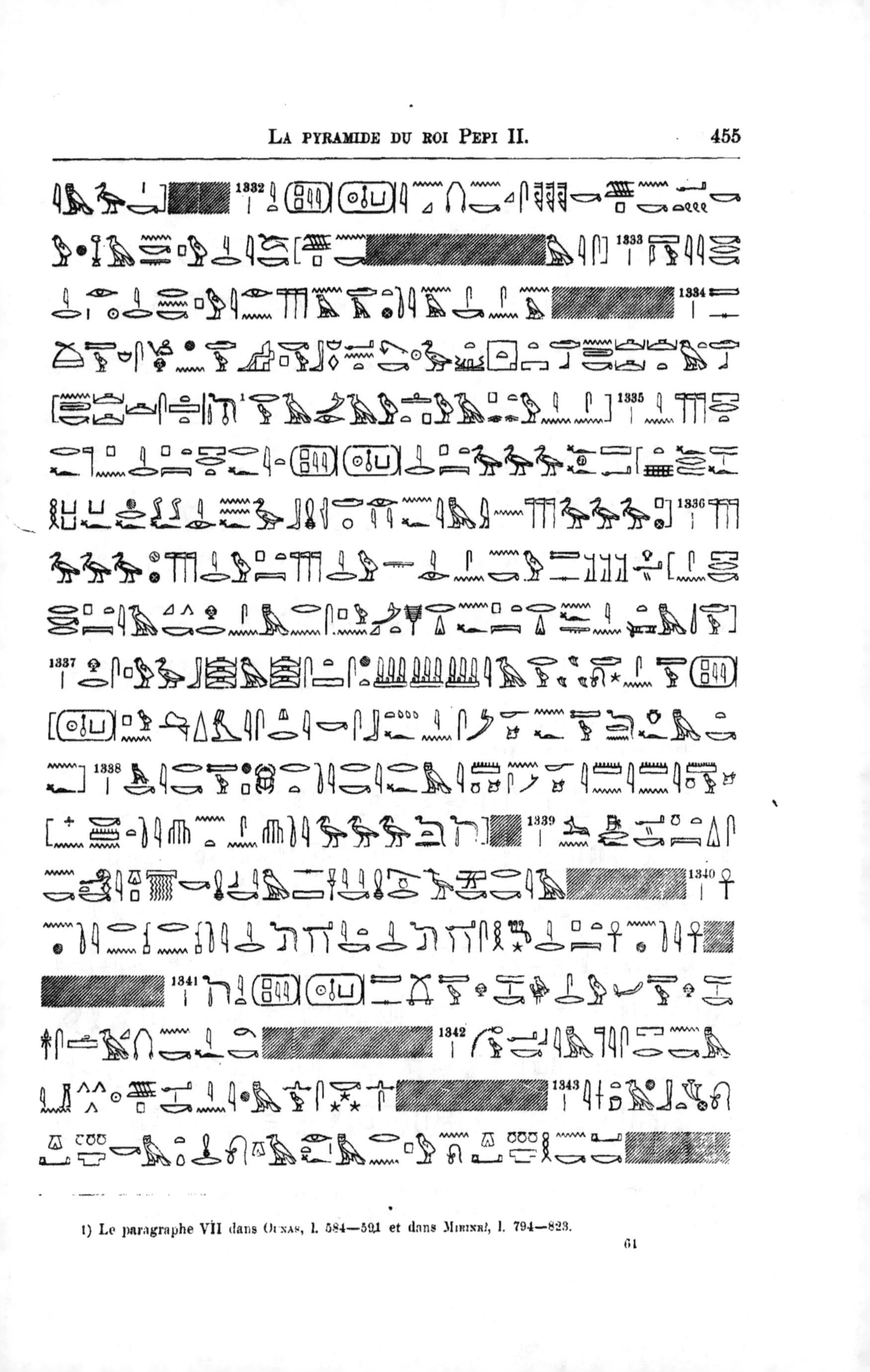

1332

1333

1334

[1] 1335

1336

1337

1338

1339

1340

1341

1342

1343

1) Le paragraphe VII dans Ounas, l. 584—591 et dans Mirinrî, l. 794—823.

L'inscription qui encadrait la porte du couloir incliné a perdu les parties situées sur le montant Est attenant à la paroi Est.

1351 [1] ...

1352 ...

1353 ...

1354 ...

1) Le paragraphe Ier dans PEPI Ier, l. 709—712. «PEPI est venu à toi, HORUS, dis-le-lui ce discours »grand et bon que tu as tenu à OSIRIS, que PEPI en soit grand, que PEPI en soit agrandi, que PEPI en soit »puissant!»

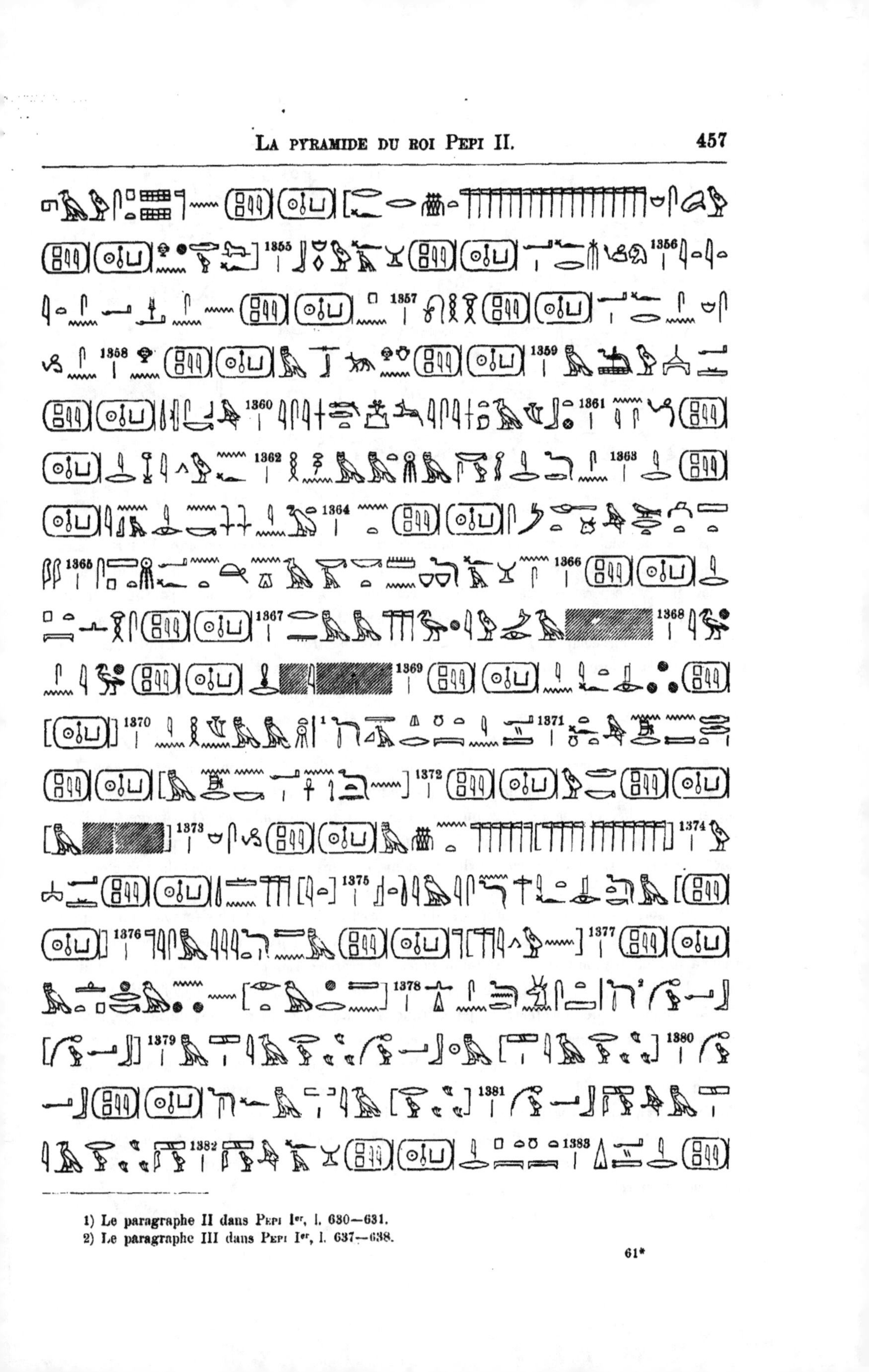

1) Le paragraphe II dans Pepi Ier, l. 630—631.
2) Le paragraphe III dans Pepi Ier, l. 637—638.

1384 1385

1386

1387

Ici se termine la série des pyramides écrites que j'ai eu la fortune d'ouvrir. Les estampages qui m'ont servi à les publier sont à la Bibliothèque Nationale où chacun pourra les consulter. J'espère ne pas avoir laissé échapper trop de fautes, mais j'ai dû en commettre beaucoup : je le regrette sans m'en étonner. J'ai copié trop de textes dans ma vie pour ne pas savoir combien l'attention faiblit ou l'œil se trompe pendant ce travail; c'est une infirmité de la nature humaine dont on finit par prendre son parti, comme de bien d'autres.

J'avais, en commençant ma tâche, il y a douze ans, l'intention de joindre à la traduction un commentaire philologique et mythologique. J'ai dû y renoncer, pour ne pas prolonger outre mesure les délais de la publication. Les cours du Collége de France et de l'École des Hautes Études, où depuis mon retour d'Égypte en 1886, j'ai expliqué minutieusement les plus curieux de ces textes, ont montré à mes auditeurs que tout dans mes traductions a été longuement étudié, et que tel sens qui leur paraissait invraisemblable, tel passage qui leur paraissait incompréhensible au début, se justifiait par une série de déductions et d'analyses menée avec soin. Le rôle particulier des pronoms et leurs formes nouvelles, la conjugaison, la syntaxe, d'une part, la personne des dieux, leur rôle, la structure et l'intention des formules, de l'autre, m'ont fourni matière à de nombreuses leçons que plusieurs des mes auditeurs, surtout M. MALLET, ont bien voulu recueillir, avec une patience dont je les remercie, en vue d'une publication future. Sera-t-elle jamais exécutée? Les travaux, dont les pyramides sont l'objet chaque jour, me détourneront peut-être de la donner telle que je l'avais conçue. Je désire seulement que le lecteur, en parcourant ces pages où j'ai mis tant de ma vie, sache bien que ce qu'il voit ne représente pas la centième partie de mon labeur. Je le prie de vouloir bien ne pas oublier que rien n'était fait pour l'étude de la langue archaïque au moment où j'ai abordé cette masse formidable de matériaux : j'ai dû tout ne demander qu'à moi-même, grammaire, vocabulaire, mythes, particularités du système graphique. Si je me suis trompé souvent, c'est un malheur dont je serai le seul à pâtir : les textes sont là qui permettront de corriger mes erreurs, et maintenant que la voie est ouverte, d'autres sauront promptement la rectifier et l'élargir.

PARIS, le 22 décembre 1892.

www.ingramcontent.com/pod-product-compliance
Lightning Source LLC
Chambersburg PA
CBHW070202240426
43671CB00007B/521

* 9 7 8 2 0 1 2 5 7 6 8 5 8 *